哲学のプラグマティズム的転回

哲学のプラグマティズム的転回

リチャード・J・バーンスタイン
廣瀬覚／佐藤駿 訳

THE PRAGMATIC TURN

岩波書店

THE PRAGMATIC TURN

by Richard J. Bernstein

First published 2010
by Polity Press Ltd, Cambridge.

This Japanese edition published 2017
by Iwanami Shoten, Publishers, Tokyo
by arrangement with
Polity Press Ltd, Cambridge
through The English Agency (Japan) Ltd., Tokyo.

リチャードとメアリーのローティ夫妻に

近年の哲学に「大転換」が起きつつあるというデイヴィドソンの言葉は、正しかったことになるかもしれない。「けた外れの規模のため、いまそれが起きていることさえ見落としかねない転換」。いつの日か、デイヴィドソンのいう転換が事実だと認められる時が来るとすれば……パース、ジェイムズ、デューイの田舎人士あつかいも過去のものになるかもしれない。西洋の知的進歩の物語のなかに、筆者が当然と信じるふさわしい場所が、彼らに与えられるようになるかもしれない。

リチャード・ローティ

謝辞

書肆からは、既発表の論考に手をくわえて再録する許可をいただいた。記して感謝する。それぞれの初出は次の通りである。「ジョン・デューイの根源的民主主義のヴィジョン」(モリー・コクロン編『ケンブリッジ・コンパニオン――デューイ』、ケンブリッジ大学出版局、二〇一〇年)。「ヘーゲルとプラグマティズム」(R・ブプナー、G・ヒントリクス編『論理から言語へ――シュトゥットガルト・ヘーゲル会議・二〇〇五』(ケット＝コッタ、二〇〇七年)。「プラグマティズム・客観性・真理」(『フィロソフィカル・トピックス』三六巻一号、二〇〇八年春)。「プラグマティズム的転回――事実と価値の絡み合い」(Y・ベン＝メナヘム編『ヒラリー・パットナム』、ケンブリッジ大学出版局、二〇〇五年)。「ローティのディープ・ヒューマニズム」(『ニュー・リテラリー・ヒストリー』三九巻一号、二〇〇八年冬)。

編集段階で多くの力添えをいただいたスコット・シュシャンとエリック・ラファエル・ヒメネスにも感謝したい。キャロル・バーンスタイン教授は、いつもと変わることなく、きわめて貴重な、細部にわたる鋭いコメントと手強い批判を寄せてくれた。ジャン・ヴァン・アルテーナは、もちまえの卓越した判断と注意力で編集の任にあたってくれた。本書に取り組むあいだ、たえず著者を励ましてくれたジョン・トンプスンにもお礼を言いたい。

まえがき

筆者がデューイについての博士論文に取り組んでいた一九五〇年代当時、アカデミズムの哲学者がデューイやプラグマティズムにむける視線は文字どおり冷めきっていた。プラグマティストはすでに過去の存在であり、分析哲学の世界では言語論的転回という新たな動きにとって代わられたものと考えられていた。しかし、当時のわたしの印象では、パースもジェイムズも、デューイもミードも、時代の先を行っているように思われた（その印象は、いまも変わらない）。彼らは哲学に大転換をもたらしつつあると感じたのだ。わたしは長年にわたって、英米とヨーロッパ大陸の伝統のなかで思索するさまざまな思想家の仕事を研究してきた。そうしたなかで幾度も気づかされたのは、二〇世紀と二一世紀の多くの哲学者が、似たようなテーマを論じ、似たような結論に至っているという事実だった。なかには、古典的プラグマティズムの思想家についてほとんど――あるいはまったく――知識のない哲学者もいた。だがそれぞれにスタイルの異なる研究を追っていくと、米国の古典的プラグマティストの主要テーマをとりあげ、洗練をくわえている（ときには異論をとなえている）場面に再三でくわしたのだ。そのうち、このように議論が収束していく理由も見えてきた。プラグマティズムは、パースのいう「デカルト主義の精神」への根底的批判から始まる。心的なものと物理的なもの、主観と客体との明確な二分法。「真の」知識は不可疑の基礎のうえに築かれるという立場。方法的懐疑によっていっさいの先入見を遮断できるという考え方――。近代哲学の大部分を支配するようになったこうした思考の枠組みが、パースのいう「デカルト主義の精神」である。たがいに関連する一群の問題がこの枠組みから浮かび上がり、それが哲学者たちを夢中にさせていった。外部世界の問題、他我にかんする知識の問題、いかにして実在を正しく表象するかという問題だ。ところがプラグマティズムの思想家たちは、こうした伝統的問題が生まれる枠組みそのものを疑問視した。彼らは、デューイのいう「確実性の探究」や「見物人の知識説」をしりぞけた。そして、デカルト主義に代わる包括的な理論を展開しようとした。規範的な社会実践によって、人間が行為の主体としてどのように形づくられるか。そうした社会実践の形成に、人間はどう加わっているのか。こうした問題をふまえて、人間の探究を、基礎づけ主義によらない、自己修正を重ねていく営みとしてとらえようとしたのである。そしてまた、われわれの行動を導き、日々の経験を豊かにし、「創造的民主主義」を推進するうえで、哲学が決定的に重要な役割をはたせることを示したのだ。

デカルト主義への痛烈な批判は、二〇世紀に絶大な影響力をふるった二人の哲学者、ウィトゲンシュタインとハイデガーの特徴でもある。たしかに両人とも、米国のプラグマティズムについての本格的な知識はなかった。しかし、それぞれがまったく別のやり方で、プラグマティストを突き動かしたのと同じ近代哲学の欠点に向き合おうとしたのである。「世界内存在」や「生活形式」といった概念のかたちで、二人が(そしてまた、彼らに影響を受けた人びとが)プラグマティストと多くの洞察を共有するようになった点はとくに印象ぶかい。

プラグマティズムは二〇世紀半ばに言語論的転回と分析哲学にとって代わられてしまった、という説が一般には流布している。しかしこの数十年のあいだに、米国の古典的プラグマティストと、クワイン、デイヴィドソン、セラーズをはじめとする分析哲学者がなしとげた最良の仕事の多くが地続きであることが、次第に明らかになってきた。また、プラグマティズムは米国独自の哲学運動として始まったが、いまでは世界規模の広がりをもつまでに至っている。第二次大戦後のドイツ哲学におけるプラグマティズムの影響をみれば、それは明らかだろう。アーペル、ハーバマス、ヴェルマー、ホネット、ヨアスのいずれもが、プラグマティズムの主題をとりいれ、その展開に寄与している。今日、世界中でますます多くの哲学者が、米国の古典的プラグマティストの貢献を理解するようになっているのだ。

アカデミズムの哲学者のあいだでは、「英米系の分析哲学と大陸系の哲学との分裂」という言い方がよくされる。しかし、この不幸な二分法は事態に光をあてるというよりも、むしろ覆い隠すたぐいのものでしかない。「分裂」の溝をはさんで向かい合う両陣営の哲学者が、はじめはまったく異質にみえた思考様式から、いかに多くを学べるかに気づきつつある。過去一五〇年のあいだ、さまざまな伝統につらなる哲学者が、プラグマティズム運動の主要テーマを探究し洗練してきた、というのが筆者の基本テーゼである。プロローグでは、米国のプラグマティズムの起源について考察し、プラグマティズムの主題が現代哲学で大きな力をもっているという総論的テーゼを述べる。つづく三つの章では、パース、ジェイムズ、デューイが取り組んだ中心的問題を検討する。次に、ヘーゲルがプラグマティズムにおよぼした影響を吟味し、正当化、客観性、真理をプラグマティズムがどう理解しているかを分析し、さらに言語論的転回のあとで経験がどのような役割をになうようになったかを検討する。残りの章では、プラグマティズムの伝統から育ったもっとも重要な三人の思想家、ヒラリー・パットナム、ユルゲン・ハーバマス、リチャード・ローティについて論じる。

本書は、プラグマティズムの歴史を綴ったものでも、概観を意図したものでもない。これまでプラグマティストたちとともに五〇余年を生きてきた者として、彼らから学んだことを読者と分かち合うのが狙いである。プラグマティズムの重要性や、それを起点とする大転換について、筆者が最初にいだいた直観が正しかったことは、すでに十分に立証されている。今日では、過去に例をみないほど、世界中の思想家がプラグマティズムの主題について、創造的な議論を活発にくり広げているのである。

目次

プロローグ

哲学に登場する「なになに主義」や「なになにイズム」なる名称の評判は、プラグマティズムもふくめて、あまり芳しいものではない。たしかに哲学の議論では、そういった名前がよく口にされる。「唯物論《マテリアリズム》」、「観念論《アイディアリズム》」、「実存主義」、「実在論《リアリズム》」、「唯名論《ノミナリズム》」、「自然主義」等々。こうした呼称をもちいれば、同じ特徴をもつと目される哲学的立場や方向性、テーゼに、ラベルを貼ることができる。だがその利点は危うさの裏返しでもある。当の「主義」に本質的な核があると思わせかねないからだ。しかも、話し手も聞き手もその意味をすみずみまで心得ていると早合点して、こうした名称が無神経に使われる例があとを絶たないから始末が悪い。実際、つぶさに検討してみれば、同じ「主義」を代表する論者でも大きな不一致があることに気づく。意見の食い違いはもちろんのこと、主張が真っ向からぶつかりあうケースさえある。こうした事情を「家族的類似性」という反本質主義の用語で言い表すのは、もはや陳腐である。そもそも、同じ家族の一員には似ている点も似ていない点もあるとはいえ、共通の生物学的因子から一族かどうかの判定がつくが、哲学ではそういった因子にあたるものがない。だからいっそのこと、混乱や多義性や曖昧さを避けるために、「なになに主義」や「なになにイズム」といった呼称を捨てるべきではないかという気もしないではない。だがそうすると今度は、世にいう思想的立場の把握がむずかしくなる。また、無視できない違いがあるにせよ、重要な共通点でむすばれた思想家たちのことも理解しにくくなってしまう。
以上の観察は、プラグマティズムにとっても無関係ではない。プラグマティズムの場合、幸いにも、哲学上の立場を指す言葉としてこの語がはじめて一般にお披露目された正確な日付がわかっている。一八九八年八月二六日、バークリーで開催されたカリフォルニア大学哲学連合の大会で、ウィリアム・ジェイムズの講演が催された。いかにも彼らしく、雄弁で、品がよく、肩のこらない調子で、ジェイムズはプラグマティズムを話題にした。「哲学的概念と実際的効果」と題された講演である。

こうした場では、専門的な言葉は控えめにしてお話をするのがいいでしょう。……実際に効果のあるメッセージを、心に響きわたるような調べに添えてお伝えすべきだと思います。いわば、市井の民に興味をもっていただけるような、それでいて哲学者の期待にもこたえるようなお話です。どんなに奇人を気どろうと、哲学者も心の奥底では市井の民と変わりないのですから。このバークリーでもそれは同じです。(1)

「哲学者とは、要するに詩人のようなものです」とジェイムズは言う。森に新しい道をひらく開拓者だと。彼らは「いくばくかの公式、いくばくかの専門的な概念、いくばくかの言葉による指針」を提案する。「進むべき道の少なくとも最初の方向を決めるものを」(2)。こう枕をふったあと、ジェイムズはプラグマティズムに話を進める。

ここで皆さんといっしょに、真理の道に踏み出すには、どの方角に進むのがいちばん有望かをはっきりさせようと思います。数年前、その方角をわたしに授けてくれたのは、ある米国人哲学者でした。彼は東部の人で、あちらこちらの雑誌にいくつか論文を発表しているだけですが、公刊された仕事はとうてい彼の力量を反映しているとはいえません。チャールズ・S・パース氏がその人です。そういう名前の哲学者がいることさえ、皆さんの多くは初耳でしょう。パースは、この時代に生きるもっとも独創的な思想家の一人です。七〇年代初頭のケンブリッジではじめて彼から実践主義の原理を聞かされたとき、彼はそれを「プラグマティズム」と呼んでいましたが、わたし自身でその原理にしたがってみて、いよいよ確信を深めつつあるところです。これこそが、正しい道を踏み外さないための手掛かりというか、指針であると。(3)

哲学者が公の場で「プラグマティズム」という言葉をもちい、米国のプラグマティズムの起源を物語風に説明したのは、これが最初だった。(4) ジェイムズは一八七〇年代にプラグマティズムの原理を聞く機会があったと述べているが、これはマサチューセッツ州のケンブリッジで開かれていた「形而上学クラブ」という学外の集まりを指している。ジェイムズは、今日よく知られるパースの一八七八年の論文「観念を明晰にする方法」をとくにあげ、こう語っている。(5)

パースの原理と呼べるものには、いろんな表現の仕方がありますが、どれもごく単純です。『ポピュラー・サイエンス・マンスリー』の一八七八年一月号では、彼はこう紹介しています。曰く、考えるという作業の眼目は、信念の形成を措いてほかにない。信念は、知的生活という交響曲を織りなすフレーズの一つひとつを区切る、半終止の調べである。(6)

次に紹介するのは、のちに「プラグマティズムの根本指針」と呼ばれるものの、パース自身による定式化である。ただしこの論文では、「プラグマティズム」という言葉は使われていない。

概念の対象が有する効果には、実際的な意味をもつと思われるものとして何があると考えられるかを吟味せよ。当の対象の概念は、そうした吟味で得られた効果の概念に尽きる。(7)

一八九八年より前には、パースも、現在プラグマティズムの運動と結びつけられている他の思想家も、活字になった著作や論考で「プラグマティズム」の呼称はもちいていない。しかしジェイムズがバークリーでの講演を出版すると、それは流行語となり、瞬く間に広まっていった。バークリー講演の九年後、彼は『プラグマティズム——古くからある考え方につけられた新しい名』を上梓したが、そこでは「パースの原理」についてこう述べている。

この言葉は、行為を意味するギリシャ語の「プラグマ」に由来している。「プラクティス」(実践)や「プラクティカル」(実践的)の語源にあたる言葉である。哲学ではじめてこれを使ったのはチャールズ・パース氏で、一八七八年のことだった。「観念を明晰にする方法」という論考で……パース氏は、思想とは実は行為の規則のことであると指摘し、さらに続けて次のように述べた。すなわち、思想の意味を明確にするには、それがいかなる行為を生み出すのに向いているかをはっきりさせるだけでいい。われわれにとって、行為こそが思想の意味である。思想の違いというものは、それがどれほど微妙であっても、かならず実践上の違いとして現れる。これは明白な事実である。ある対象について明晰に考えるには、それが実践面でどういった効果をもちうるかを考えさえすればいい。どんな感覚がそこから得られそうか、どういった反応の構えをとるべきかを考えればいいのだ。対象の概念に積極的な意味があるかぎり、すぐに現れる効果であれ、遅れて現れる効果であれ、そうした効果の概念によって対象の概念は尽くされるのである――。

これがパースの原理であり、プラグマティズムの原理である。二〇年ものあいだ、この原理に目をとめる者はいなかったが、筆者は……あらためてこれを取り上げ、宗教の分析に適用することを試みた。この時(一八九八年)にはすでに、時代がこの原理を迎え入れるまでに熟していたのだろう。「プラグマティズム」という言葉はひろく知れ渡り、いまでは哲学系の雑誌のあらゆるページに登場しようかという勢いである。(8)

「プラグマティズム」という用語が世に流布しただけではなかった。手ひどく戯画化され、猛烈な批判を浴びせられたのだ。パースはこの言葉が大衆文学の世界にまで広まってしまったことに胸を痛め、ついには「プラグマティズム」という呼称と縁を切ってしまう。『モニスト』(一九〇五年四月号)に掲載された「プラグマティズムとは何か」という論文で、彼はこう述べている。

だがいまでは、文芸誌でこの言葉が無残に誤用されているのを目にするまでになった。文学者の手に落ちれば、言葉の誤用は当然予期されることである。……というわけで、「プラグマティズム」という我が子がそこまで成長するのを見届けたいま、著者としてはその子に別れを告げ、崇高な運命の手に委ねるべきときだと感じる次第である。一方で、本来の定義を正確に表現するために、はばかりながら「プラグマティシズム」という言葉を生み出したことをお知らせ申し上げよう。これほど醜い名前の子なら、誰かに拐《かどわ》かされる心配もせずにすむだろうから。(9)

プラグマティズムの意味をめぐっては、多くの人のあいだで混乱が見られた。そこで、ジェイムズがこの言葉を世に紹介してちょうど一〇年目に、アーサー・O・ラヴジョイがプラグマティズムの意味を一三に区分することを試みた。いたずらっぽい皮肉をこめて、ラヴジョイはこう記している。

一九〇八年の今年、「プラグマティズム」という言葉は――学説の中身はともかくとして――一〇回目の誕生日を祝うことになった。この言葉が表す哲学の様式をめぐる論争が一一年目を迎えるに先だって、現在の哲学者たちが意見を同じくして、この言葉に決まったひとつの意味を込めているかどうかを問うてみるのも悪くはあるまい。……かくも変幻自在な対象の変身ぶりを遺漏なく数え上げるのは、たしかに無理難題ではある。しかし、プラグマティズムを奉じる論者自身がおそらく真面目に受け取られることを望まない砕けた表現や、現代の哲学者ならまず異論のないただの決まり文句を度外視しても、少なくとも一三ものプラグマティズムがあることがわかる。たんに区別が可能だという意味だけでなく、論理的にそれぞれが独立しているという意味で、一三の主張があるということである。したがって、そのうちのどれかひとつを採用して、残りすべてを否定しても、また、ひとつを論駁して残りの哲学的立場は批判せずに放っておいても、矛盾を犯したことにはならない。一般に、あるいは頻繁に、これら一三の主張のそれぞれにプラグマティズムという名称が冠せられ、一個の思想体系のごとく擁護されたり攻撃されたりしてきたのである。ときには、それぞれの主張がおたがい自由に言い換えられるかのように。(10)

ラヴジョイの論評から百年たったいま、こう言いたいという哲学者は少なくないかもしれない。ラヴジョイはあまりに保守的すぎて、プラグマティズムをたった一三しか区別しなかった、と。

文化的背景

プラグマティズムの(複数の)意味と、この運動の変遷を多少なりとも解き明かすために、一九世紀の最後の数十年、とくに南北戦争のあと、米国の哲学がどんな状況にあったかを簡単に振り返っておこう。南北戦争以前の米国に、学問としての哲学が存在したことを示す証拠はないに等しい。もちろん、過去の大哲学者の著作に親しむエリート教養人はいた(多くは聖職者だった)。しかし、いまあるような、生きた学問としての「哲学」はまだ生まれていなかった。一般に、一九世紀の米国の大学は学部学生のための教育機関であり、若者を聖職につかせたり、市民権を得させたりするための準備を主な役割としていた。「学部学生のための大学」という言い方じたいがすでに時代錯誤である。当時はまだ、厳密な意味での大学院教育など影も形もなかったからだ。大学が学術研究の府として位置づけられるようになるのは、一九世紀もかなり後になってからでしかない。しかし、南北戦争後の米国は、知的生活があでやかに花ひらく特筆すべき時を迎えた。非公式の討論グループのなかで、飛び抜けて創造性にあふれる議論がかわされた。そうした知的生活の中心拠点のひとつが、マサチューセッツ州のケンブリッジだった。この街では哲学の討論グループがいくつも自然発生的に生まれた。形而上学クラブはそのひとつでしかない。そうした場では、きわめて多様な関心(と職業的背景)をもつ教養人たちがつどい、論文を発表し、さまざまなテキストについて議論し、活発に意見をたたかわせる光景がくり広げられたのである。

実際のところ、パースもジェイムズも、哲学者として正式の訓練を受けたことはない。パースは、ハーヴァード大学の著名な数学者ベンジャミン・パースを父とし、みずからは実験科学者かつ論理学者を任じていた。ジェイムズは医学の教育を受けたが(ただし臨床の場に立つことはなかった)、最初に手にした名声は心理学の研究によるものだった。二人の知識人の関心は人間のあらゆる問題におよんだ。彼らの哲学は、ひとつの専門領域として他の分野からはっきりと区別されるものではなく、人間の幅広い知識と活動への省察からおのずと浮かび上がってきたものだった。宇宙の本質について思弁をめぐらすことさえためらわなかった。「哲学の目的は、抽象的に言えば、もっとも広い意味での事物が、もっとも広い意味でどう連関しているかを理解することである」とウィルフリッド・セラーズは述べたが[11]、パースもジェイムズも、哲学的省察をそのようなものとしてとらえ、実践したのである。

南北戦争後のこの時期、ケンブリッジだけが米国の哲学の拠点だったわけではない。一九世紀にドイツから米国に移民した教養人はかなりの数にのぼった。なかには高い社会的地位についた者もいた。こうした移民は、ドイツ哲学への深い関心、とりわけカントとヘーゲルへの関心を米国にもたらした。ミズーリ州やオハイオ州では、「カント・クラブ」や「ヘーゲル・クラブ」が相次いで生まれた。多種多様な人びと——多くは学術組織と無縁であった——がつどい、哲学の問題について意見を戦わせた。今日の哲学者で、ヘンリー・C・ブロックマイアー(一八二六〜一九〇六)を知る者はほとんどいない。ドイツからの移民で、弁護士であり、ミズーリ州の副知事を務めるかたわら、多年を費やしてヘーゲルの『論理学』を翻訳した人物である。翻訳は出版の日の目こそ見なかったものの、同じようにヘーゲルへの情熱を燃やす人びとのあいだで回覧され、写しが作られた。さらに有名なのはニュー・イングランド出身のウィリアム・T・ハリスだろう。ブロックマイアーと協力してセントルイス哲学協会を設立し、「セントルイス・ヘーゲル派」として知られるようになった人物である。のちに連邦教育局の長官職についたハリスは、一八六七年に『思弁哲学雑誌』を創刊している。米国ではじめての、哲学研究だけのためのジャーナルである。この雑誌を媒体にして、米国にヘーゲルとドイツ観念論の影響力を広めようというのがハリスの構想だった。初期の号は、ドイツ哲学の翻訳と評論で埋め尽くされた。パースがもっとも早い時期に発表した哲学関係の論考には、ヘーゲルの『論理学』の専門的な話題についてハリスとかわした、書簡形式の対論もある。[12] パース、ジェイムズ、デューイのもっとも重要な初期論文は、その一部がハリスのこの雑誌で発表されたのである。

ハリスは別の理由からも注目に値する。デューイが二二歳のとき、はじめて書いた哲学論文を送った相手がハリスだった。自分に哲学の才能があるか、ためらいがちにデューイは尋ねた。そんなデューイをハリスは激励する。そのはげましに背中を押されるかたちで、デューイは、新設まもないジョンズ・ホプキンズ大学の大学院哲学課程に出願する意思をかためたのだった。デューイが院生の当時、パースはジョンズ・ホプキンズで論理学を講じていた。けれども、大学院時代の研究で彼に大きな影響を与えたのは、ネオ・ヘーゲリアンのG・S・モリスだった。米国のプラグマティズムの展開については、デューイ自身の説明があるが、それによれば、新カント派やヘーゲル派の影響は「一八九〇年代のアメリカでとくに顕著だった。わたし自身も、わたしとの共同作業で道具主義を展開した人たちも、新カント派として最初の一歩を踏みだした。ちょうどパースがカント主義から出発し、ジェイムズがイギリスの経験論から出発したように[13]」。

一八八八年、デューイはミネソタ大学ではじめて教職についたが、翌年にはミシガン大学に移動している。ミシガンでは、終生の友にして同僚となるジョージ・H・ミードとの出会いがあった。ミードはハーヴァード大学の出身で、ネオ・ヘーゲリアンのジョサイア・ロイスの学生だった[14]。ドイツで生理学的心理学にはげみ、ヴィルヘルム・ディルタイの講筵に列してもいた。一八九四年、創立まもないシカゴ大学の哲学心理学部の学部長ポストに誘われると、デューイはミードとともにシカゴへと移った。哲学のうえでたがいに学びあう関係は、二人が出会った当時からのものだ。

米国のプラグマティズムの「古典」期にあたるこの時代が豊饒で活気にあふれていたのには、いくつもの理由がある[15]。ひとつは、当時の思想家がきわめて多岐にわたる伝統のうえに思索を繰り広げたことである。パースのアイデアの源泉はカントだった。彼には哲学史と科学史の高度な知識もあった。中世思想の機微、とくにドゥンス・スコトゥスの思想にまで通じていた。中世の伝統など、哲学者が歯牙にもかけなかった時代である。ジェイムズはイギリス経験論の主題を摂取し、自著『プラグマティズム』をジョン・ステュアート・ミルに捧げた。ただし、イギリス経験論が〝経験〟を静的、抽象的にとらえたことについては、さかんに批判した。一方、デューイを触発したのは、一九世紀の終わりに英米で影響力をふるったヘーゲル主義だった。もっとも、ほどなくして、デューイの知的ヒーローはヘーゲルからダーウィンへと変わるのだが[16]。米国の哲学は、特定の学派や伝統による独占的支配をまぬかれたので、プラグマティズムの思想家たちは、哲学のさまざまなテーマを創造的に取り入れる自由に恵まれたのである。さらに当時はまだ、いまのような専門分野の細分化も進んでいなかった。

そのため、多方面にわたる知識や人の営みの知的渉猟はむずかしいことではなかった。彼らについて研究すればするほど、気質、才能、背景、関心の違いに気づかされる。数学、論理学、確率論、自然科学の洗練された知識があったパースは、なかでもとくに「硬い心」の持ち主だった。[*1]ジェイムズは卓越した心理学的洞察力をそなえ、終生変わることなく、多様な宗教的経験に深い関心をよせつづけた。人間の多元的な経験を描きだすその筆致には、たぐいまれな現象学的繊細さと隠喩の鮮やかさが息づいている。[17]パースとジェイムズの違いについて、デューイがどう記しているかを見てみよう。

パースは何よりもまず論理学者であった。一方、ジェイムズは教育家であり、ヒューマニストであった。ある種の問題、ある種の哲学論争が人間にとって掛け値なしに重要であることを広く人びとに知ってほしい。どんな信念を生かすか次第で、行動のあり方も大きく変わってくるのだから――。そうジェイムズは考えたのだ。二人のこの肝心な違いを見落とすと、後期のプラグマティズム運動にあった曖昧さや過誤の大半が理解できなくなる。[18]

シカゴ時代のデューイは、仲間とともに実験的道具主義を生み出しつつあったが、当時の彼に大きな影響を与えたのは、パースではなくジェイムズの方だった。[19]ジェイムズの『心理学原理』に含まれる生物学のモチーフにデューイは魅了された。[20]生物の比喩へのこだわりは、ヘーゲルの思想に染まった当時もはっきりと見てとれたが、興味の対象がダーウィンに転じると、その傾向はますます顕著になった。[21]ダーウィンの『種の起源』が出版されたのが一八五九年。同じ年にデューイは生まれている。[22]プラグマティズムの思想家で、ダーウィンの進化仮説に感化されなかった者は一人としていなかった。

デューイのプラグマティズムでは、民主主義と教育と社会改革が中心テーマとなった。一方のミードは、哲学と社会改革への関心という点でデューイと大きく重なるものの、言語とコミュニケーションの社会的性格や起源にも熱心にとりくんだ。プラグマティズムの思想家として、行為と言語の包括的な社会理論を誰よりもくわしく展開したのもミードだった。

しかし、共通点も見逃してはならない。彼らの誰もが自然主義をかたく信じ、人間と自然界との連続性を強調した。同時に、科学至上主義や還元主義的な自然主義、機械論的決定論にはまっこうから反対した。この宇宙では、偶然性や偶発性が積極的な役割をになっていると主張した。哲学的省察と科学の営みを截然と区別する試みには、疑いの視線をむけた。哲学も科学の重要な新知見に目配りし、これを吸収しなければならないと訴えた。哲学がこれまで課題としてきた絶対的確実性の追求や、デューイのいう「見物人の知識説」[*2]を批判した。方法知《ノウハウ》、社会的実践、行為者としての人間の役割を説いて倦むことがなかった。

彼らには、ほかにも強調すべきところがある。プラグマティズムは米国の生活の重要な特徴にかかわりがあると、みずから認識していた点である。（とくにジェイムズ、デューイ、ミードがそうだった。ただしパースはさほどではない。）ここまで筆者は、古典的プラグマティストがヨーロッパの哲学から取り入れたテーマにどう影響され、それをどう変容させたかという点を中心に話を進めてきた。けれども彼らには、米国人としての自覚があった。もともとヨーロッパの読者を念頭において書かれた「米国におけるプラグマティズムの展開」という論考で、デューイは、プラグマティズム運動がヨーロッパの思想を米国に「再適応させたもの」であると述べている。プラグマティズムにはアメリカ的な物質主義の最悪の面が反映されているという評があるが、そのような戯画は見当違いもはなはだしい、と彼は反論する。米国における多様な哲学の展開は、「当世のアメリカ的な生活が強調するような、行動を愛し、そこに力を注ぐ気風を讃美するのが目的ではない。アメリカ的生活の法外な商業主義を反映するものでもない。……道具主義は、米国の風土を覆うさまざまな思潮にあらがい、行動には知性と反省の裏づけがなければならないこと、生活の中心には思想がなければならないことを訴えるのだ」(23)。デューイはこうも述べている。

世界はつねに形成の途上にあること。不確定性、新しいものが出来《しゅったい》する可能性、紛うかたなき未来の可能性を秘めていること——。このような世界観をもつ哲学の誕生には、アメリカ的生活や文明が進歩的であり不安定なものであることも、間違いなく一役買っている。とはいえ、この思想が米国だけのものというのは正しくない。アメリカ的な生活のあり方が、それを自覚させたのは確かであるにしても(24)。

プラグマティズムの風刺的描写に対するパースの反発はもっと激しかった。「プラグマティズムとは何か」で彼は、プラグマティシストと質問者との架空の対話を次のように描いている。

質問者——そんなふうに行動が人生にとってもっとも大切だと考えるのなら、意味とは要するに行動の問題だとなぜおっしゃらないのですか？……

プラグマティシスト——とても鋭いご指摘です。……なるほど……プラグマティシズムが、行動こそ人生にとっていちばん大切だと本当に考えているのなら、プラグマティシズムは死んだも同然でしょう。行動がどんな思想を体現しているかを無視して、人生は行動それ自体が目的であるといってしまうのは、理性的な意図のたぐいなど存在しないというようなものだからです[25]。

『メタフィジカル・クラブ――米国百年の精神史』でルイ・メナンドは、プラグマティズム運動を米国史の文脈に位置づけてみせた。メナンドの功績は、プラグマティズムの起源のひとつが、南北戦争における残虐行為への批判的反応にあると考えられることを示した点である。メナンドは四人の人物に注目した。オリヴァー・ウェンデル・ホウムズ・ジュニア（形而上学クラブの議論に加わった一人）、ウィリアム・ジェイムズ、チャールズ・S・パース、ジョン・デューイである。もちろんこの他にも、当時活躍した数多くの人物をメナンドは論じている。しかし、とくにこの四人の影響について、彼は大胆にもこう主張する。

彼らの思想は、教育、民主主義、自由、正義、寛容についての米国人の考え方を変化させた。そしてその結果、米国人の生き方そのもの――学び方、自己表現の仕方、自分たちとは異質な他者への接し方――をも変えることになった。いまわれわれが暮らすこの国は、大部分が彼らの力をかりて築かれたのである[26]。

四人を結びつけるものとは何か。それは思想に対する共通の態度だ、というのがメナンドのテーゼである。

その態度とは何か。哲学や信条の違いを別とすれば、四人に共通するのは思想ではなく、ただひとつの考え方、思想というものについての考え方だったといってよい。思想は、「すぐそこ」で誰かに発見されるのを待っているのではなく、人びとが自分のいる世界で生きていくために案出した……道具である、というのが彼らに共通の信念だった。思想は個人が生み出すものではない。思想は社会的なものである。思想は、それ自身の内的論理にしたがって発展するのではなく、にない手である人間や環境に細菌のごとく全面的に寄宿している。思想は個々の具体的状況に対する暫定的な応答であり、またそうである以上、思想が生き残れるか否かは、それが万古不易のものかどうかではなく、適応能力をもつかどうかに掛かっている――。そう彼らは考えたのだ。[27]

プラグマティズムの栄枯盛衰

米国におけるプラグマティズムの歴史と盛衰に話をもどそう。[28]「プラグマティズム」という言葉はもともと、ある限られた意味でもちいられていた。それはまずパースの意味の理論を指すものであり、ジェイムズが真理を特徴づけるために行った、パースの根本指針の拡大適用を指すものだった。パースもジェイムズも、じぶんの哲学的な立場全体を指す名称としてこれを使用したことはない。デューイはみずからの哲学を「実験主義」や「道具主義」、ときには「道具的実験主義」と呼ぶのを好んだ。[29]しかし、「プラグマティズム」は次第に意味を拡大し、多様な思想家からなるこの集団を指す便利な呼称になっていった。「プラグマティズム」という名前はアコーディオンに似ている。幅広い立場や思想家（哲学者にかぎらない）を包括する場合もあれば、鼻祖にあたる米国のプラグマティストの教義だけを指す場合もあるからだ。実をいえば、米国でプラグマティズムが生まれてから今日に至るまで、その支持者や反対者のあいだで、何がプラグマティズムを形づくる要素であり、誰がプラグマティストで誰がそうでないかをめぐって延々と議論が繰り返されてきた[30]。筆者としては、ここで改めてプラグマティズムを定義するつもりはない。かわりに、具体的なテーマをいくつか論じるなかから、プラグマティズムの最良の伝統と思うものを示すことにしたい。

生前のパースは、世間的にはほぼ無名であった。ジェイムズ、デューイ、ロイス、ミードなど、わずかばかりの崇拝者がいるだけだった。ジェイムズの名前は驚くほど広く浸透しており、その巧みな講演ぶりには毎回数百人もの聴衆が耳を傾けた。デューイはといえば、二〇世紀初頭に、多くの進歩的な米国人に大きな影響を及ぼしている。しかし、アカデミズムの哲学の同僚は、彼のプラグマティズムや実験主義、自然主義に批判的だった。一九三〇年代になると、プラグマティズムは哲学運動としての活気にも翳りが見え始め、米国の表舞台から消えていく。運動はもてる創造性を使い果たしたかのようであった。ジェイムズはプラグマティズムを、「硬い心」と「柔らかい心」をあわせもつ哲学だと述べた。だがアカデミズムの哲学者のあいだでは、「柔らかい心」に傾きすぎるという評価が次第に定着していった。散漫で、曖昧で、堅い核をもたない哲学だと。見下すような態度がプラグマティズムに対して向けられるようになっていった。プラグマティストの側も、その誠実さに偽りはなかったとしても、知力という点では物足りないところがあったかもしれない。彼らの議論の曖昧さや明晰さの欠如は、真摯な哲学研究に求められる「厳密性」の基準に見合うものではなかった。

米国のアカデミズムの哲学を変容させつつあった、この静かな革命的変化の意義はきわめて大きい。ある意味でそれは、ヨーロッパを逃れて米国の大学の哲学部に加わった移民の哲学者――ライヘンバッハ、カルナップ、タルスキー、ファイグル、ヘンペルをはじめとする多くの人びと――が、次第に大きな影響力をもつようになった結果でもあった。名高いウィーン学団とつながりのある者も少なくなかった。論理学の巧みな技量、物理科学の素養、論証に課する高い基準を、彼らすべてが共有していた。そのどれもが、(パースをのぞく)古典的プラグマティストの能力を凌駕していた。こうした論理経験主義者は、プラグマティズムの伝統のなかで育った米国の哲学者と手をむすぼうとした。彼らにとって、古典的なプラグマティズムの思想家は、いまでは遥かにはっきり見えるものを、ガラス越しにぼんやりと眺めている連中でしかなかった。プラグマティズムとは、何よりもまず、論理実証主義――とくに、意味の検証可能性という実証主義者の規準――の先駆であるという神話が広まっていった(残念ながら、神話はそのまま定着してしまった)。

二〇世紀半ばの米国の哲学は、他からも大きな影響を受けている。デューイやミードの世代の哲学者が学問的刺激をドイツに求めたのに対して、第二次大戦後はケンブリッジやとくにオックスフォードといった英国の大学が、米国の若手哲学者の知的巡礼地となった。ムア、ラッセル、ウィトゲンシュタイン(少なくとも、英米の弟子たちの解釈を経たウィトゲンシュタイン)、ライル、オースティンによって始まった、新しいタイプの哲学に魅了されたのだ。

第二次大戦後のある時期、米国の大学は急成長を遂げるが、アカデミズムの哲学もその間にすっかり様変わりした(ただし一部では抵抗があった)。主要な大学の「まっとうな」大学院はほぼ例外なく、硬い心をもつ言語分析哲学の新たな精神に衣替えした。哲学者たちは「言語論的転回」を成し遂げたことを誇りにした(31)。そうしたなかで米国のプラグマティストは傍流へと押しやられ、歴史の屑かごに捨て去られていった。古典的プラグマティストを研究対象にとりあげる者がいたとしても、たいていがアメリカ思想史の研究者であり、哲学者ではなかった。たまに哲学者がプラグマティズムにリップサービスで言及することがあっても、「真摯な」哲学徒にとって、プラグマティストから学ぶことなど大してありはしないという空気がはびこっていた。当時から今日に至るまで、米国の一流の大学院に在籍する哲学科の学生には、古典的プラグマティストの著作を手にとろうとさえしない者も少なくない。

以上のお話は、二〇世紀の米国におけるプラグマティズムの興亡を、ごく単純化して整理したものでしかない。しかし、米国の哲学の展開については、おおよそこうした話が相変わらず幅を利かせているのが現状である。ある者にとって、分析哲学の勝利とは進歩とテクニカルな洗練の物語にほかならない。その一方で、これを悲しい衰亡の物語とみる者もいる。アメリカ哲学の「黄金期」には思弁的精神が息づいていたのに、いまでは同好の哲学者の職業サークル以外にはどうでもいい専門的な問題にだけ、やせ細った関心が向けられるようになってしまった、と。しかし、この間に何が起こったと考えるにせよ、米国の哲学について語られる物語の基本構造は同じである。

けれども、この数十年のあいだに、哲学の世界は劇的に様変わりしつつある。世界のほうぼうで、哲学にプラグマティズムの主題が復活し、古典的プラグマティストの著作への関心が高まっている。そして、プラグマティズムの遺産が絶えることなく受け継がれてきた点に注目した、より精妙で入り組んだ米国の哲学の物語が語られ始めたのである。ローティとパットナムは、自身の哲学のアプローチをプラグマティズムの伝統の中に位置づけているが、ともに米国におけるプラグマティズムの歴史をとらえ直し、書き換えるうえで、大きな役割をはたした。ローティはこう述べている。クワイン、セラーズ、デイヴィドソンのような「分析」哲学の重要人物の仕事は、古典的プラグマティストが先んじて取り上げたプラグマティズムの基本テーマ――とくにジェイムズとデューイの主題――を洗練したものとして読むことができるし、またそう読むべきだ、と。彼によれば、『哲学と自然の鏡』の核は、セラーズとクワインを論じた章にある。

セラーズによる「所与」への攻撃と、クワインによる「必然性」への攻撃は、いわゆる「認識論」の成立する可能性をくつがえす決定的な一歩だったというのが、わたしの解釈である。二人の哲学者に共通する全体論とプラグマティズム——いずれも後期のウィトゲンシュタインが共有していたものだが——こそ、わたしが分析哲学の枠内で追求しようと思うものだ。その路線をあるかたちで推し進めていけば、真理とは「実在の正確な表象」ではなく、「信を置くによりふさわしいもの」(ジェイムズ)であることがわかるだろう。[32]

ローティの解釈によれば、クワインやセラーズ以上にプラグマティズムの理念を追求したのがデイヴィドソンだった。ジョン・P・マーフィーの『プラグマティズム——パースからデイヴィドソンへ』に寄せた序文で、ローティは次のように述べている。

デイヴィドソンがデューイの仕事につけ加えたのは、表象主義に与しない知識の説明だった。別の機会でも論じたが、哲学における「言語論的転回」は、表象主義のいわば最後の逃げ場にほかならない。そして、後期ウィトゲンシュタインとデイヴィドソンが言語の写像理論を棄てるに至った弁証法的プロセスは、デューイが見物人の知識説を棄てるに至ったプロセスと同じなのだ。もしほかに逃げ場が見つからなければ、近年の哲学に「大転換」が起こりつつあるというデイヴィドソンの言葉は、正しかったことになるかもしれない。「けた外れの規模のため、いまそれが起きていることさえ見落としかねない転換」。いつの日か、デイヴィドソンのいう転換が事実だと認められる時が来るとすれば……パース、ジェイムズ、デューイの田舎人士あつかいも過去のものになるかもしれない。西洋の知的進歩の物語のなかに、筆者が当然と信じるふさわしい場所が、彼らに与えられるようになるかもしれない。[33]

ローティ自身の特異なプラグマティズムをどう考えるにせよ、二〇世紀のアメリカ哲学の展開について語られる、お定まりの物語に異を唱えたその功績は評価すべきだろう。分析哲学の登場とともにプラグマティズムは終わったとみるのは浅薄であり、誤解を招きかねない。むしろ反対に、言語論的転回を経たからこそ、ウィトゲンシュタイン、クワイン、セラーズ、デイヴィドソンなどの哲学者は、古典的プラグマティストが先取りした主題を洗練し提起できたのだ。最良の分析哲学者のもっとも独創的で創造性にあふれる思索は、プラグマティズムの理念を掲げて、古典的プラグマティストから始まった大転換をさらに推し進めるものなのである。

ローティの立場には、パットナムも合流した。ローティとは数多くの論戦をかわしてきたパットナムだが、彼もまたプラグマティズムの連続性と重要性を強調してやまない。『人間の顔をした実在論』でパットナムは、自身が探究する思想を次のように描写している。そんなパットナムを、ローティはかつて、当代随一のプラグマティストと呼んでいた。

事実と価値の二分法は維持できないこと。事実と規約の二分法もやはり維持できないこと。真理と正当化は密接に結びついていること。形而上学的実在論への対案はいかなる懐疑主義でもないこと。哲学は善を実現する試みであること――。そのどれもが、米国のプラグマティズムの伝統と古くから結びついてきた思想である。それに気づいてからは、(ときにルース・アナ・パットナムの助けをかりて)パースからクワインとデイヴィドソンに至る伝統をより深く理解しようと努めるようになった。(34)

話を進めるまえに、ひとつ基本的な点を強調しておきたい。ローティがプラグマティズムの課題を追求する仕事として後期ウィトゲンシュタイン、クワイン、セラーズ、デイヴィドソンを読むとき、あるいはパットナムが「ウィトゲンシュタインはプラグマティストだったか?」と問うとき、彼らの業績が古典的プラグマティストの影響を直接受けていると言いたいわけではない。フランク・ラムジーからパースについて聞かされていたという話はあるが、ウィトゲンシュタインがジェイムズ以外の古典的プラグマティストの著作を読んだ形跡はない。「何が存在するかについて」という有名な論文でクワインは「プラグマティック」という言葉を使っているが、その用法は古典的プラグマティストよりもむしろカルナップを踏襲したものだった。なるほどセラーズには、古典的プラグマティストについての豊富な知識があった。しかし、パースと同じく、彼の発想の源泉はカントだった。デイヴィドソンは折にふれプラグマティズムについて発言しているが、彼の念頭にあるのは、あくまでもローティの解釈をへたプラグマティズムでしかなかった。たがいにかけ離れた立場から出発し、古典的プラグマティストの影響をじかに受けることもなかった哲学者たち――そんな彼らが明確にした洞察やテーゼが、プラグマティズムとの相性の良さにとどまらず、この立場に含まれる哲学的な意味に洗練をくわえるものになっていることが肝心なのだ。『新しいプラグマティストたち』の序文で、シェリル・ミサックはこの点を簡潔に指摘している。

こうした哲学者が実際に古典的プラグマティストの影響を受けたかどうか、自分をプラグマティズムの伝統の一部とみなしているかどうかは……さほど重要ではない。パース、ジェイムズ、デューイの最良の部分が、深みと面白さと豊かさとともに、ふたたび世に現れたということが重要なのである。(35)

ここまでは、一九世紀後半に生まれ、今日に至るまでさまざまに形を変えながら続いている、米国の哲学運動としてのプラグマティズムを主に論じてきた。「プラグマティズムは分析哲学にとって代わられた」――そんな紋切り型の物語が流布しているが、むしろ、過去一五〇年のあいだに米国で、幾つもの支流を従えながら展開した複雑な運動とみるべきなのだ。だが、プラグマティズムの主題は北米の哲学だけのものではない。それはより広い世界で重要な意味をもっているのである。

プラグマティズムの世界的広がり

プラグマティズムの受けとめ方としてもっとも野心的なのは、ロバート・ブランダムの解釈だろう。『推論主義序説』で彼はこう述べている。

認知活動に伏在する規範にかんして、プラグマティズムの視点は、二〇世紀の前半に三つの方面から独立に伝わってきた。デューイを頂点とする米国の古典的プラグマティスト、『存在と時間』のハイデガー、『哲学探究』のウィトゲンシュタインである。しかし、それぞれの伝統にふくまれる(なかば共通し、なかば補完しあう)洞察が現代の言語哲学や心の哲学を前進させるのにどう役立つかを分析するうち、気がつけば著者は、原点にあたるヘーゲルの思想へと立ち戻っていた。あとから登場したこれら三つの社会的実践理論とは違って、ヘーゲルの理論は合理主義的なプラグマティズムだからである。前者が概念の同化主義を採るのに対して、ヘーゲルは、発話や行為を理解するうえで理由の文脈がもっとも重要な役割をになっていると考えた。(36)

「ウィトゲンシュタイン、ハイデガー、ヘーゲルの三人は、同じプラグマティズムを共有していた」といわれると、最初は大げさに聞こえるかもしれない。ブランダムが強調したいのは、概念をもちい、理由をあげ、理由をもとめる社会的実践そのものに概念的規範が伏在しているという、彼独自のプラグマティズムの核をなす主題である。『明示化する』(一九九四年)でブランダムは精緻きわまる言語的実践の理論を構築し、そうした実践のなかで、いかにして規範が生じ明示化されていくかを示してみせた。言語的概念規範は社会的・実践的な営みによって――つまり方法知によって――生みだされるというのだ。ブランダムの理論は、規範的語用論と緊密にむすびついた推論主義的な意味論である。さて、このようにプラグマティズムを理解するならば、米国の古典的プラグマティストだけでなく、ハイデガー、ウィトゲンシュタイン、ヘーゲルの著作のなかに、そうした社会的実践理論の先駆けや洞察や寄与があるという見方にも合点がいく。また、『明示化する』と『大いなる死者たちの物語』(二〇〇二年)で、そのような解釈を裏づける三人のテキストの読み方を提示してみせたことも、ブランダムの功績といっていい。「ウィトゲンシュタイン、ハイデガー、ヘーゲルには、三者三様のプラグマティズムがある」といえば、それはさすがに行きすぎだろう。けれども、米国の古典的プラグマティストの中心思想と両立するばかりか、その斬新な発展型といえる主題が三人のなかに明確に見てとれるという考えは間違っていないと思う。思想上の大きな隔たりにもかかわらず、生活のあらゆる面で社会的実践が何より重要であることを三人は教えている。その点にかんするかぎり、筆者もブランダムに異論はない。

ウィトゲンシュタインとハイデガーのプラグマティズムについてブランダムが書いたものを読むと、彼の師であるリチャード・ローティの印象的な言葉を思い出す。二〇世紀の三大哲学者として、デューイ、ウィトゲンシュタイン、ハイデガーの三人の名前をローティはあげたのだ。「みな若いころには、哲学を〝基礎学〟たらしめる新たな道を模索した。思想の究極的な地盤を定式化する新たな道を。……やがて三人とも、初期の試みを自己欺瞞とみなすようになった。……認識論も形而上学も、学問としては成り立ちえないとして捨て去った[37]」。彼らが共有していたのは、近代哲学への批判にとどまらない。新しい展望、新しいものの考え方を、三人は切り拓いたのである。哲学が終焉したあとのプラグマティックな文化を思い描くとき、ローティが拠り所にしたのもそうした考え方だった。

それでもなお、「ウィトゲンシュタインやハイデガーの著作には、重要なプラグマティズムの主題が含まれている」というもっと控えめな主張でさえ、腑に落ちないという声もあるかもしれない。そこで、米国のプラグマティストとウィトゲンシュタインやハイデガーとの、深いところでの類似点が浮き彫りになるように、さらに別の角度から眺めてみることにしよう。

のちほどパースについての章で論じるが、米国のプラグマティズムの起源は、『思弁哲学雑誌』に一八六八年から六九年にかけて彼が発表した一連の注目すべき論文にある。[38] パースの著作の大半がそうだったように、これらの論文もまた才気にあふれ、極端なまでに難解で、ときに謎めいていた。米国のプラグマティズムにかんする標準的な説明(ジェイムズの語った物語もそのひとつである)では、パースのもっと有名な論文――一八七八年の「信念の確定」と「観念を明晰にする方法」――にこの運動の出発点があるとされる。しかし、同誌に発表された初期の論文、とりわけ最初の二編――「人に備わるとされる能力についての問い」と「四つの能力の否定から帰結するもの」――は、プラグマティズムの理解にとっても、ひいては有名な一八七八年の論文の意義を知るうえでも、けっして欠かすことができない。その後の多くの研究を理解するための背景的知識を与えてくれるし、パースが何を課題にしていたかも教えてくれるからである。二つの論文が奏でる調べは、他の古典的プラグマティストはもちろん、セラーズやパットナム、ローティ、ブランダム、ハーバマスなど多くの論者の著作にこだましている。

パースは、一連の論文の二編目にあたる「四能力の否定」論文を、デカルト主義批判の簡潔な要約から始めている。「デカルトは近代哲学の父であり、デカルト哲学の精神――みずからがとって代わったスコラ哲学との大きな違い――は、次のように要約できる」。[39] そして、デカルト主義とそれ以前のスコラ哲学との著しい相違点を四つ列挙する。

一　哲学は普遍的懐疑から始まらねばならないという信念。これに対して、スコラ哲学は根本原理の存在を疑わなかった。

二　確実性の究極的な判断基準は、聖賢の証言ではなく、個人の意識のなかにあるという信念。

三　スコラ哲学流の複線的論証に訴えるのではなく、（多くはなにげない前提にもとづく）筋の通った一本の推論に特権的な地位をみとめる点。

四　デカルト主義では、多くのことが説明されないだけでなく、そもそも絶対に解明できないものとみなされる。一方、スコラ哲学は、信仰上の秘儀こそあるものの、被造物のすべてを説明しようとした。

このように違いを並べたうえで、パースは特筆すべき主張を述べる。

これらの一部、あるいはすべての点で、近代の哲学者の大半はデカルト主義者だったといってもかまわないだろう。しかしいま現代の科学と論理学は、スコラ哲学へのあと戻りでこそないものの、デカルト主義ともまったく異なる基盤に立つことを求めているように見受けられる。(40)

パースのデカルト主義批判は、結果として、四つの否定へと行き着く。

一　われわれに内観の能力はない。心の内部の世界にかんする知識はすべて、外部世界の事実にかんする知識から仮説的推論によって導かれたものである。

二　われわれに直観の能力はない。すべての認識は、それ以前の認識によって論理的に限定される。

三　われわれには、記号をもちいずに考える能力はない。

四　絶対に認識できないものについては、想像すらできない。(41)

こうした否定が何を意味し、何を帰結するかは、パースについての章で検討するとしよう。ともかくプラグマティズムは、デカルト哲学への根本的批判から出発しているということだ。デカルト主義を構成する各モチーフ――それぞれには関連がある――の誤りを、パースは一挙に示そうとする。精神と身体の存在論的二元論。正しさの根拠を真っ先に個人に求める主観的個体主義。訂正の余地なき真理に導くとされる、方法としての普遍的懐疑。知識の堅固な基盤が見つからないかぎり、認識論上の懐疑主義は避けられないという信念。世界を知るとは、世界を正しく表象する観念、世界と正しく対応する観念を手にすることであるという信念。曖昧さは「非実在」的なものであり、余すところなく確定した実在を明晰判明に知ることが認識の営みであるという説。そして、これがもっとも重要な点だが、言語や記号体系の殻をうちやぶり、非言語的対象について直接無媒介的に知ることができるという説。パースは、この最後の主張こそがデカルト主義の核心であり、近代哲学のさまざまな立場にとってセントラル・ドグマにあたるものだと考えた。デカルト主義に対するパースの攻撃とは、要するに、セラーズのいう「所与の神話」に対する攻撃だったのである。「感覚内容、物質的対象、普遍的対象、命題、実在的結合、第一原理、所与性それ自体」[42]――認識にとって所与とされるものは、の大きなみ標的になったのだ。もっとも、パースの興味はデカルト主義批判だけにあったわけではない。人間や、人間が宇宙に占める位置について、プラグマティズム流の理解を対案として構築することにも、彼は力を注いでいる。パースの時代から最近の復活へと至るプラグマティズムの展開は、哲学の方向性がこのように根本から変わり、洗練の度を増していった、大転換の歴史といっていい。古典的プラグマティストとその後継者たちをひとつに結ぶのは、(あらゆる形の)デカルト主義にとって代わる哲学の方向性なのだ。

パースの企図とプラグマティズム運動をこのような角度から眺めれば、「ウィトゲンシュタインとハイデガーに共通のプラグマティズム」というブランダムの言い方にも納得がいく。哲学のスタイルや語法こそ大きくかけ離れていても、ハイデガーも後期ウィトゲンシュタインも、近代哲学におけるデカルト主義の根元的批判を企てていると見ることができるからだ。ともに認識論や形而上学の基礎づけ主義を批判していること。近代哲学の大半を特徴づける伝統的二元論を攻撃したこと。所与の神話批判への貢献。主観主義はアポリアに逢着せざるをえないという主張。「われわれには直接何かを直観する能力はないし、記号によらずに思考する能力もない」というパースのテーゼには、二人とも異存はないだろう。理由はまったく違ったものであるにしても。

パース、ウィトゲンシュタイン、ハイデガーの三人は、すこぶる異質な伝統の周辺で仕事をしていても、同じような問題、同じような「難題の感触」を研究の動機としていた。ともにデカルト哲学の根本的な誤りを見抜き、われわれの生活形式や世界内存在について、よりふさわしい理解をうみだそうと努力した。ともにデューイのいう「見物人の知識説」を批判し、方法知に――われわれが世界や社会実践にどうかかわっているかに――注意を向けさせた。ともにローティのいう「自然の鏡としての哲学」をしりぞけた。彼らの企図の類似や部分的な一致は、誰かから直接影響を受けたせいではない。残された資料を見るかぎり、ハイデガーがプラグマティストの著作を読んだ形跡はないし、パースの存在を知っていたかすらも疑わしい。ウィトゲンシュタインはジェイムズについて繰り返し論じているが、彼を魅了したのは『心理学原理』や『宗教的経験の諸相』であり、プラグマティズムを正面から話題にした著作ではなかった。だが、米国のプラグマティスト、ハイデガー、ウィトゲンシュタインの思想には、同じような弁証法が働いている。共通の問題意識から出発し、その帰結をとことん考えぬく弁証法である。

ハイデガーは『存在と時間』で道具的存在と事物的存在の区別を導入し、後者に対する前者の優位を説いたが、これは、プラグマティズムが唱える〝実践と行為の優位〟を思い起こさせる。道具が道具的存在の性格をもつとは、（ハイデガー自身の有名な例をかりれば）金槌のように独自の実践的意義をもつということである。金槌はその種のあり方をしめす存在者というわけだ。何かを金槌とみなすことは、たんにそれを知覚することではなく、釘を打つのに使う道具であると知ることなのである（もちろん他にも用途はあるが）。ハイデガーは道具的存在の意味と帰結をさぐり、事物的存在とのかかわりを掘り下げていく。そうした中で見えてくるのは、彼が世界内存在についての理解を根本から変えつつあったということである。たしかに米国の古典的プラグマティストは、「世界内存在」という言い方をしてはいない。だがこの表現は、生物としての人間と環境との相互作用――命題知の基礎となる、方法知を活用した相互作用――をプラグマティストがどう理解しているかを見事に言い当てている。たとえばアクセル・ホネットは次のように述べているが、その言葉は同時に、米国のプラグマティストが掲げるもっとも基本的なテーゼのひとつを表現してもいるのだ。[43]「ハイデガーによれば、われわれが現実と出会うのは、認知主体の立場からではない。われわれにとって世界とは実践的意味の場であり、それに対する処し方も実践を旨とするものなのである」。[44] ハイデガーとプラグマティストとの共鳴は、ハイデガーが「関心」や「投企」や「情態性」について論じる場面でも確認できる。

ハイデガーとプラグマティズムのどこが似ていて、どこが違うのかを検討した文献は、すでにかなりの数にのぼる。二人の近さはブランダムとローティが指摘した点だけではない。ヒューバート・ドレイファスとジョン・ホーグランドは英米のハイデガー解釈に大きな影響をあたえた研究者だが、彼らも両者の別の類似点を強調している[45]。ハイデガーの著作にうかがえるプラグマティズムの主題については、包括的な研究としてマーク・オクレントの『ハイデガーのプラグマティズム』(一九八八年)がある。ハイデガーの著作のうち、どの側面がプラグマティズムともっとも近しい関係にあるかについては、いまも活発な議論がかわされており、意見もするどく対立している。プラグマティズムの視点から読むこと自体、ハイデガーを大きく歪めることになるという批判もある。なるほど、ハイデガーを「プラグマティスト」と呼び、米国のプラグマティストと共通の洞察や関心、主題に注目することで、結果として「文化帝国主義」に陥ってしまう危険があることは否めない。しかし、一方を読むことが他方の深い理解につながることは、そうした過ちを犯さなくてもわかることだ。

ウィトゲンシュタインについて言えば、彼よりあとの世代の著名な哲学者で、プラグマティズムの伝統に共感をよせる者は、例外なく後期ウィトゲンシュタインの影響下にあることを指摘しておきたい。プラグマティズムと多くを共有する哲学者、言語論的転回ののち、プラグマティズムの主題を洗練させた哲学者——。彼らのだれもが、そのような存在としてウィトゲンシュタインを読んでいる。ローティ、パットナム、セラーズ、ブランダム、ハーバマスをはじめとする多くの論者がそうだ。パットナムに至っては、三つの講義をもとに編まれた『プラグマティズム』という本で、講義のひとつに「ウィトゲンシュタインはプラグマティストだったか?」という題をつけてさえいる。彼の結論はこうだ。ウィトゲンシュタインは「厳密な意味」ではプラグマティストではなかった。だが、「ある重要な点、もっとも重要とすら言えるかもしれない点、すなわち実践の優位を強調するかぎりで、プラグマティズムと軌を一にしていた[46]」。

プラグマティズムの思想家、とりわけパースと、ウィトゲンシュタインの共通点を最初に指摘した哲学者の一人がリチャード・ローティだった。彼がまだ駆け出しのころに書いた論文に「プラグマティズム・カテゴリー・言語」(一九六一年)という出色の一篇があるが、それはこんな言葉から始まっている。「プラグマティズムがふたたび評価を高めつつある。いまもっとも新しいプラグマティストはパースだ」[47]。そして、「パースの思想が、論理実証主義に代表される経験主義の発展の諸段階を予見し、あらかじめそれを否定するものであったこと。さらにその思想は、『哲学探究』や、後期ウィトゲンシュタインの影響をうけた哲学者の著作にそっくりの、一群の洞察と哲学的雰囲気に収斂していったこと」[48]を彼は示そうとする。パースとウィトゲンシュタインが重なる点としてローティがあげるのは、次の五つである。

一　パースのいう「唯名論」と今日の哲学者のいう「還元主義」は、形こそ違うものの、同じ錯誤を犯している。

二　いずれの場合も、その錯誤は「言語を超えようとする、プロテウス神さながらの千変万化の形而上学的衝動」に由来する。

三　パースは、「普遍は個物に先立つ」という考え方に意味をもたせようとする。しかしそれは、先の衝動に屈したからではなく、完膚なきまでにこの考え方を否定するためである。

四　パースが「曖昧さは実在する」といい、ウィトゲンシュタインが因果的限定と論理的限定の違いを指摘するとき、それはたんなる言葉のうえの違いでしかない(「言葉のうえの違い」というのは月並みな言い方だが、要するに取るに足らない違いしかないということである)。

五　二人とも言語について似た洞察を述べているが、これは、「意味を探すなかれ。使用を探すべし」と「概念の意味は、行為に及ぼしうる影響の総和である」というスローガンがおたがいに支え合っているという事実を反映している。(49)

ローティはさらに分析を進めて、パースとウィトゲンシュタインの相補的な関係を解き明かしていく。「ここで示そうと思うのは、プラグマティズムを、後期ウィトゲンシュタインやその影響を受けた論者の著作と密接に関連づけて読めば読むほど、それぞれの意味も明らかになってくるということである」(50)。至言というべきだろう。筆者としては、さらにこう付け加えたい。ウィトゲンシュタインをパース以外の古典的プラグマティストと突き合わせて読んでも、そこに共通する有益な洞察を浮き彫りにすることができる、と。(51)

先ほど、プラグマティズムの伝統は、分析哲学のなかで連綿と受け継がれてきたと述べた。また、(二〇世紀でもっとも影響力のある二人の哲学者)ハイデガーとウィトゲンシュタインに、プラグマティズムの主題が読み取れることにも簡単に触れた。こうした点を論じたのは、過去一五〇年の哲学について、これまでとは大きく異なる読み方、解釈の仕方を提示したかったからだ。プラグマティズム、分析哲学、大陸系の哲学といった具合に、哲学を「学派」に分けてとらえるのがこの分野では約束事のようになっているが、それでは共通のプラグマティズム的主題が見えにくくなってしまう。しかし、ひとたびそのようなイデオロギーの目隠しを取り去ってしまえば、米国の古典的プラグマティスト、ハイデガー、ウィトゲンシュタインの哲学的探究は、斬新でいっそう刺激的な姿で立ち現れてくる。誤解を招きやすいお定まりの区分は脇において、彼らが実際に何を語り、何をしているかを見つめるなら、まったく別の風景が見えてくるのである。反発の矛先にあるもの。伝統的な認識論や形而上学への批判。そして、とくにこれが重要なのだが、哲学の方向性を大転換させるための苦闘。こうしたものの中に、プラグマティスト、ハイデガー、ウィトゲンシュタインの共通点を見つけることができるのだ。もちろん、三者の違いにたいした意味はないという話ではない。それはちょうど、プラグマティストたちのあいだの大きな違いが一致点に劣らず重要であるのと同じである。ただ、共通点を下敷きにして眺めることで、いっそうきめ細やかに違いも把握できるようになるということだ。

ドイツにおけるプラグマティズムの主題の摂取

筆者の考えでは、プラグマティズムの重要性は国境を越えて高まりをみせつつある。それを裏づける材料として、戦後ドイツの知識人にとってこの思想がいかに重要な意味をもったかを検討することにしよう。二〇世紀前半のドイツでは、プラグマティズムがどういったものかはまだ知られていなかった。わずかな例外をのぞけば、これは根深い偏見のせいというしかない。大戦後、ドイツの文化や政治や社会は根本的な変化を経験したが、それは知識人の世界も同じだった(二つの変化は密接につながっている)。三つの重要課題が、戦後のドイツ哲学のあり方を決定した。「生」とは何かというドイツ哲学の伝統的問題をふたたび取り上げ、検討し直すこと。現代哲学のさまざまな運動――とりわけ分析哲学とプラグマティズム――に批判的に取り組むこと。そして最後に、哲学を変革して、科学至上主義、還元主義的な自然主義、相対主義、歴史主義を超克すること。この三つである。

ここでは四人の傑出したドイツ人思想家の仕事を取り上げるとしよう。プラグマティズムについて洗練された知識をもつとともに、その主題を批判的に摂取してきた、カール＝オットー・アーペル、ユルゲン・ハーバマス、ハンス・ヨアス、アクセル・ホネットの仕事である。いずれも、プラグマティズムの思想家が取り組んだ課題が現代哲学の問題そのものであると訴え、プラグマティズムの洞察を新しいやり方で摂取し発展させようとしてきた人びとだ。なかでも、ドイツの読者にパースとプラグマティズムを紹介する上で、アーペルがはたした役割は大きい。彼は一九六七年と一九七〇年に、長大な序文を付した二冊のパースの著作集を出版した。そして、のちにこれらの序文をひとつにまとめ、パース哲学の展開にかんする本格的な研究書である『チャールズ・S・パースの思索の歩み――アメリカ・プラグマティズム入門』を上梓した。一九八一年にはその英訳が『チャールズ・パース――プラグマティズムからプラグマティシズムへ』として刊行されたが、同書は世界的にみてもパースについて書かれた最良の本のひとつと呼べるだろう[52]。アーペルによれば、ヘーゲル以後の哲学は、マルクス主義、実存主義、プラグマティズムという三つの異なる(そして競合関係にある)方向に展開していった[53]。この点については、彼の親しい同僚であるハーバマスも同じ見方をしている。アーペルもハーバマスも、次第に、自身の哲学的企図がプラグマティズムの流れに棹さしていると認識するに至った。アーペルの言葉をかりれば、「最終的に、パースはわたしにとって大切な存在になった。なによりも〝(超越論的)哲学の転換〟を組織だてて企てる盟友として[54]」。「考える(つまり「議論する」という意味だが)主体は、必然的にみずからをコミュニケーション共同体の一員とみなすことになる。この洞察に裏打ちされた超越論的記号論、あるいは超越論的語用論」は、倫理学の究極的な基礎となりうる、というのがアーペルの立場である[55]。こうしたアーペルのプラグマティズム研究に刺激を受けたのがハーバマスだった。彼は次のように述べている。一九世紀末に大がかりなパラダイム・シフトが起こった。それは、意識の哲学や主観性の哲学から、行為と理性のコミュニケーション・モデルへの移行であり、この転換を最初に引き起こしたのは古典的プラグマティストだった——。ハーバマスによれば、彼のコミュニケーション行為の理論とは、相互主観性にかんするこうしたプラグマティズム的理解を発展させたものだった。『コミュニケーション行為の理論』で彼は、ミードによる言語起源の社会的理解を足がかりに、相互主観性にかんする独自の規範理論を展開した。真理と正当化の理解についてはパースが、民主主義とコミュニケーションの自由の理論を展開する場面ではデューイが、彼の拠りどころになった。ハーバマスの哲学が描く発展の軌跡は、次第にプラグマティズムのなかのカント的傾向へと接近していった。その結果、彼はみずからを「カント派プラグマティスト」と任じるまでになった。[56] 洗練された理論分析と実践的・政治的・倫理的介入とを結びつける、民主派知識人の硬骨漢として、ハーバマスはドイツ社会に寄与してきた。その働きは、二〇世紀初頭のアメリカ社会でデューイがはたした役割に似ている。

ハンス・ヨアスは社会学畑の出身だが、米国のプラグマティズム(とくにミードとデューイ)の解釈にかけてはもっとも鋭い理解力を示すドイツ人である。彼の『実践的相互主観性——ジョージ・ハーバート・ミードの著作の発展』(一九八〇年)は『G・H・ミード——その思想の現代的再評価』(一九八五年)として英訳された。これは、ミードの知的発展にかんする、細緻きわまりない研究書である。ヨアスの興味は、ミードの重要性をふたたび世に知らしめることだけにあったわけではない。現代の哲学的・社会学的行為論に対するミードの貢献を明らかにすることも、ヨアスが課題としたことだった。ミードをはじめとするプラグマティストは、ハーバマスの「合理主義」に傾斜した行為論よりも、もっと優れた理論を提示している、とヨアスは言う。『行為の創造性』(一九九六年)では、そのプラグマティズム的行為論がさらに踏み込んだかたちで展開されている。

最後に紹介するアクセル・ホネットは、要所要所でプラグマティストの議論に依拠しながら、包括的な承認論を展開している論客である。彼の考えはこうだ。民主主義を共和主義に即して理解するか手続き論として理解するかで、いま論者の立場は揺れている。しかしデューイには、そうした理論にまさる、社会的協働にもとづく根源的民主主義論を展開するための材料がある。(57)近年のホネットは、物象化概念の復権を試みるなかで、客観的思想は非反省的「質的思想」に根ざし、そこから立ち現れてくるというテーゼを唱えているが、その裏づけとしてデューイの議論を援用している。(58)ドイツでのこうしたプラグマティズムの主題の摂取でとくに面白いのは、現代哲学の最先端の問題を論じるために、豊かなプラグマティズムの伝統が利用されている点である。そして、プラグマティズムの主題へのこのような創造的取り組みは、世界の至るところでなされているように見受けられるのだ。

プラグマティズムと歩んだ知の旅路

最後に、筆者がプラグマティズムの思想家たちとどのようにして出会い、彼らとともにどんな旅をしてきたか、個人的な履歴をお話してこのプロローグを締めくくるとしよう。(59)五〇年以上も昔、わたしは「ジョン・デューイの経験の形而上学」という学位論文を書いた。イェール大学の哲学の助教授だったジョン・E・スミスが、学外で、デューイの『経験と自然』の読書会を主催していた。*3わたしがデューイに取り組むようになったのも、その会がきっかけだった。情熱と鋭い洞察力をもつスミスは、アメリカ哲学の解釈にかけては当代きっての人物だった。学外のこの討論グループ――かつての形而上学クラブに似ているかもしれない――は、筆者にとって目から鱗が落ちるような体験の場となった。一九五〇年代といえば、デューイをはじめとする古典的プラグマティストが二〇世紀でもっとも蔑《ないがし》ろにされていた頃である。シカゴ大学（まだロバート・ハチンズが学長を務めていた）で学部時代をすごしたわたしには、すでに偏見が染みついていた。デューイは本物の哲学者と呼ぶに値しない、と。ところが『経験と自然』で知ったデューイは、世間に浸透していた彼やプラグマティズムの戯画的イメージとは別ものだった。頑固でへそ曲がりだったわたしは、デューイで学位論文を書くことに決めた。当時としては、まったく流行らないテーマを選んだのだ。ずっとあとになって、オリヴァー・ウエンデル・ホウムズ・ジュニアが『経験と自然』について素晴らしいコメントを残していることを知った。「デューイのこの本は信じがたいほどまとまりが悪いが、わたしには……宇宙との比類のない一体感であふれているように感じられた。思うに、もし神が口下手で、それでも宇宙がどんな姿かを痛切に伝えたがっているとしたら、きっとこの本のような語り口になるに違いない(60)」。

イェール大学では、パースへの関心も並々ならぬものがあった。『パース著作集』の編者の一人であるポール・ワイスがいたことも、そうした学風の醸成に一役買っていた。わたしも初期の論文でデューイやパースを取り上げた(61)。やがて、彼らの哲学的背景を理解するために、カントやヘーゲルにさかのぼって研究するようになった。その後、ジェイムズ、ミード、ロイスが、プラグマティズムをめぐってどんな「会話」を繰り広げていたかを知った。当時、プラグマティズムの思想家は過去の遺物にすぎないという偏見が幅をきかせていたが、わたしの直観は逆だった。本当は斬新すぎて理解されていないだけではないのか。哲学者が彼らの創造性に気づき、その洞察に「追いつく」日が、いつかやって来るに違いない——。そんな印象をもったのだ。

一九五〇年代から六〇年代にかけて、アカデミズム内部の多くの哲学者は「分析系のイデオロギー」に染まっていた。筆者個人としては、この不幸なイデオロギーと、分析哲学のスタイルで活動する哲学者の真の貢献とをつねづね区別してきたつもりだ。わたしのいう「分析系のイデオロギー」とは、「一流」の分析哲学系ジャーナルの最新号で論じられている問題に取り組むことだけが最上の選択肢であり、厳密に「哲学する」唯一の道だという、鼻持ちならない思い込みのことである。たしかに当時でも、哲学史に興味がもたれることはあった。しかしそれは、昔の哲学者の「論証」をどう救い出したり再構成したりすれば、いま論じられている問題の解決や解消に役立つか、確かめるためでしかなかった。反事実的条件文の問題、心身問題、還元主義、検証と反証の論理的性格、分析的と総合的の区別、概念分析と経験的探究の区別、理由と原因、および若干の関連問題がそのようにして検討された。これこそが哲学の最先端の問題だといわんばかりに。[62] 俗にいう「大陸系」の哲学者(および、過去の哲学者のほとんどすべて)は無視してかまわないとされた。彼らの仕事は言葉のレベルで混乱しており、哲学の健全な論証に求められる「厳密な」規準を満たしていないから、という理由だ。

　わたしが哲学によせる関心は、従前から、もっと幅広くもっと多元的だった。哲学にあるのは思索としての良し悪しだけであり、玉石混淆なのはヨーロッパも米国も変わらない、という立場である。属する伝統や語法が違っていても、それぞれが大切な問題と格闘している。解釈学的な寛大さと繊細な想像力が多少ありさえすれば、そのことは誰にでもわかるはずだと感じていた(いまも思いは同じだ)。わたし自身、旅の途上で、ヨギ・ベラのいう「デジャ・ヴュの繰り返し」を経験してきた。[*4] 哲学のアプローチとして最初は根本的に異質に思えても、研究するにしたがって、米国の古典的プラグマティストの中心テーマと重なる重要な接点が次々と見えてきたのだ。思想家の名前と問題をいくつかあげて説明しよう。

　一九五〇年代の後半、セラーズがスタッフに加わったイェール大学で教鞭をとることができたのは、わたしにとって幸運だった。イェールの哲学科は、分析哲学や言語哲学に敵対していた(カール・ヘンペルやわたしの先生であるアーサー・パップも教えていたのだが)。けれども、そこでセラーズと出会ったことが転機になった。彼が担当した大学院の授業の大半をわたしは聴講した。セラーズは、並外れた哲学史の知識と、分析哲学の精緻な理解とを結びつけた。そして、哲学の偉大な伝統のなかでもっとも重要とされる問題を解明するのに、分析哲学の手法が利用できることを実証してみせたのだ。「経験論と心の哲学」が最初に発表されたのは、彼がイェール大学に移る少し前の一九五六年だが、それに触れたときには、まるで「新しい言葉づかい」で綴られたパースの本を読んでいるような気がしたものだ(63)。所与の神話に対するセラーズの包括的な批判は、直観主義に対するパースの批判に似ている。認識論における基礎づけ主義批判と、概念形成の「抽象」説批判とには、きわだった類似点があるのだ*5。セラーズの哲学的ヴィジョンにそなわる厳密さ、繊細さ、洞察力に、わたしの心はふるえた。そのヴィジョンは、安易な理解を許さない、密度の高い一連の論文で構築されたものだった。わたしも彼の仕事について批判的研究を発表したが、その種の論文としては、もっとも早い時期に書かれたものである(64)。

一九六〇年代は、米国はもとより世界中が政治的に混乱した時代でもあった。わたしも初期の公民権運動とベトナム反戦運動に積極的に加わった。(一九六四年の夏には、ミシシッピーにも足を運んだ(65))。自分にとって、政治活動は哲学的関心と無縁ではなかった。そんなわたしの目にデューイは魅力的に映じた。すべての市民が積極的に参加する根源的民主主義に、彼が一貫してコミットしていたからだ。当時の分析哲学には本格的な政治哲学が欠落しており、この学統にとって重大な不備となっていた。わたしは西欧型マルクス主義とヘーゲルの伝統に興味をもったが、そのいちばんの理由は、政治問題を哲学の視点から扱うための肥沃なカンバスがそこにあったからだ。青年ヘーゲル派のように、デューイも理論と実践をひとつに統合する道を模索した。一九七一年にわたしは『実践と行動』を上梓したが、この本では、マルクス主義、実存主義、プラグマティズム、分析哲学の四つの伝統で、実践と行動という二つの概念がどんな役割を演じているかを吟味した。

一九七二年は、わたしの知的旅路にとって重要な年になった。ユルゲン・ハーバマスとハンナ・アーレントとの出会いがあったからだ。ハーバマスの著作には六〇年代から接していた。とくに『知識と関心』を読んだときの衝撃は大きかった。自分が胸の奥で考えていたことが語られていると感じたのだ。ハーバマスの思想は初期フランクフルト学派のヘーゲル＝マルクス主義的伝統のもとで形づくられたが、次第に米国のプラグマティズムと合流する方向にむかいつつあるようだった。一方、米国のプラグマティズムの伝統から出発したわたしは、その補強材料を、ヘーゲル＝マルクス主義的伝統の洞察のなかに探し求めていたところだった。拙著『社会・政治理論の再構築』(一九七六年)では、社会科学における実証主義の遺産を批判し、経験的、解釈的、批判的次元を包摂した社会・政治理論の構想にまとめた。社会的・政治的学問をプラグマティズムの観点から理解すればどうなるかを、同書では詳しく展開した。そこには、民主的な社会改革の実現をねがうデューイの精神を深化させ、批判的社会科学についてのハーバマスの理解を補完する狙いがあった。多年にわたり友情を育むなかで、わたしはハーバマスを「脱超越論化」し、デューイのプラグマティズムの精神に近づけようとしてきた。彼もまた、あえて理論哲学と実践哲学の明確な区別にこだわる「カント的プラグマティズム」の美点をわたしに示そうとしてきた。

はじめてハンナ・アーレントと会った一九七二年当時、彼女の仕事にはさほど興味がなかった。むしろ大いなる敵意さえ抱いていた。ひとつには、彼女のヘーゲル解釈やマルクス解釈が噴飯ものに思えたからだ。(この評価はいまも変わらない！)われわれは、最初の出会いでいきなり、ヘーゲルとマルクスについて何時間も議論を戦わせた。その後、彼女の仕事をテーマにした会議に招かれ[66]、その機会に彼女の著作を丁寧に読んでみた。するとそこには素晴らしい発見があった。行動、政治、公的自由が、きわめて鋭く、雄弁で、現象学的に繊細な筆致で論じられていたのだ。たしかにアーレントはプラグマティストではない。しかし、市民の平等性(権利平等)、具体的自由の行使される公共空間、「革命精神」についての記述は、デューイの民主的エートスの理解を見事に補完している[67]。

あと二人、プラグマティズムとは一見無縁な思想家にも触れておきたい。ハンス゠ゲオルク・ガーダマーとジャック・デリダである。ガーダマーとの出会いは、彼がはじめて米国を訪れた一九六八年にさかのぼる。その後もクロアチアのドゥブロヴニクやドイツのハイデルベルクで、さらには当地で(ある時期、彼は頻繁に米国を訪れていた)彼とは何度も会うことになった。ガーダマーを読むにしたがい、「経験」の特徴の描写が、自分の馴染みのあるものに思えてきた。質的直接性の広がりによってひとつにまとまった、意味を蓄えた経験という、デューイの概念にそれは似ていた。次第にその理由も明らかになっていった。ガーダマーもデューイも、経験がヘーゲルの著作——とくに『精神現象学』——でになった大きな役割に、強い影響をうけていたのだ。全体性や体系性、絶対者をめぐって展開される、ヘーゲルの壮大な主張に反発している点も一緒だった。また、何かを理解する上で、先入見や予断が果たす役割についてガーダマーが述べていることは、パースの次の主張に似ている。「完全な懐疑から始めることはできない。哲学の研究に着手しようと思うなら、いま抱えている先入見をまるごと引き受けるかたちで始めるしかない[68]」。フロネーシス(思慮)と対話が哲学と解釈学にとって重要であると説くガーダマーの議論は、実践と対話に力点をおくプラグマティズムの立場を補うものとなっている。

一九八三年、わたしは『科学・解釈学・実践』を世に問うた。そこでは、「デカルト的不安」という新しい言葉で、近代哲学と現代哲学に巣くう不安を描き出した。[69] 米国の古典的プラグマティストを正面から論じたわけではないが、この本を満たしているのはプラグマティズムの感性である。客観主義と相対主義の不毛な対立関係(と両者のあいだでの逡巡)を真に乗り越えた哲学こそ、彼らが指し示すものなのだ。

一九八〇年代後半は、いわゆる「ポストモダニズム」があちこちで持てはやされた時代だったようだ。フーコー、デリダ、リオタール、ドゥルーズ(およびその他のフランスの思想家)などの「理論家」に、多くの若い知識人が想像力をかき立てられた。「ポストモダン」の言説の新しさなるものを耳にして、わたしははじめ当惑した。ポストモダニズムでやり玉に挙げられているものをつぶさに見てみると、基礎づけ主義や現前の形而上学、大きな物語、体系など、見覚えのあるものばかりだったからである。そうしたものへの批判こそ、一九世紀の古典的プラグマティストの出発点であった。ハイデガー、アドルノ、デリダについてハーバマスが述べたことが、すべてを言い当てているように思えた。

> 彼らの誰もが、さながら〝最後の〟哲学者の陰で生きているかのように、自分の立場を主張していた。ヘーゲルの最初の弟子たちがそうだったように。いまも彼らが戦うその相手とは、理論、真理、体系といった〝強い〟概念である。だが実は、こうした概念は一五〇年以上も昔のものでしかない。……最終的な決定権をもつ理論を展開するというのは狂気にほかならず、その狂気か

ら哲学を切り離さねばならないという思いに、彼らは相変わらずとらわれているのだ。[70]

ハーバマスによれば、彼らの失敗は「科学の可謬主義的な意識が、とうの昔に哲学にも届いている」[71]ことに気づいておらず、その意味もよく理解していないという点にある。デリダの意図に反して、「脱構築」は一個のスローガンに祭り上げられてしまった。拙著『手すりなき思考』(一九九一年)では、古典的プラグマティストの教えが示すように、脱構築だけでは十分とはいえず、再構築で補わねばならないと論じた。[72]

一九七〇年代にはじめてデリダを読んだときの印象は、彼を批判する人たちの多くと似たようなものだった。とにかく腹が立ったのだ。たいした意味もなく、言葉をもてあそんでいるだけではないのか、と。それでもあきらめずに理解しようとした。突破口になったのは「暴力と形而上学」というレヴィナス論だった。レヴィナスを讃えて書かれたこの論文には、生真面目さ、雄弁、血の通った優しさがあった。それは、「ニヒル」な言葉遊びにふけっているだけという、当時流布していた彼のイメージを裏切るものだった。その後、すでに初期の著作で、彼がプラグマティズムの思想家たちの中心テーマだった倫理的・政治的問題に取り組んでいることに気づいた。哲学の語法こそ大きくかけ離れているが、プラグマティストが否定したのと同じものを、彼も批判してきた。「応答」、「責任」、「決定不可能性」、「決断」といった概念をめぐる脱構築の粘り強い思索には、米国のプラグマティストとの啓発的な接点がいくつもある。[73]

哲学的省察から導かれる実践的帰結と、知性に裏打ちされた実践や行動の必要性を明確にし、擁護すること。それが自分の知的経歴を通じて一貫して追求してきたことだった。プラグマティズムの批判的な可謬主義の精神は、米国の伝統のもっとも優れた部分であり、世界的にも重要な意味をもつものである。しかし、九・一一の事件直後から、開かれた対話を尊重する可謬主義の姿勢そのものが攻撃の的とされるようになってしまった。拙著『悪の乱用――九・一一以後の政治と宗教の腐敗』(二〇〇五年)では、揺るぎのない絶対的なものに惹かれる心理、対話や議論を封じ込めようとする心理をきびしく批判した。その蔓延ぶりは目を覆うばかりだったのだ。米国の古典的プラグマティストはこう考えていた。ひとたび「確実性の探究」なるものの実態が暴かれるならば、ひとたび絶対的なものへの渇望に疑問が投じられるならば、ひとたび永遠の形而上学的な慰めなどありはしないことを学び、予期せぬ偶然や危険には知性と想像力を働かせて対処するしかないことを学ぶならば、もはや後戻りはありえない。善と悪の単純な二項対立の世界に戻ることはできない、と。けれども彼らは、自分たちが否定しようとした心理の力をみくびっていたようだ。とりわけ、危機や不安や恐怖が肌で感じられる時に、人がそうした心理にどれほど魅入られやすいかを。時代が逆行する恐れはつねにある。だからこそ、プラグマティズムの可謬主義を庶民の日常生活に生かすために、たゆみない努力が必要だと考えるのだ。

(新旧の)プラグマティズムを扱う授業で、学生にいいきかせていることがある。プラグマティズムについての議論は、中途半端に論じられた問題や、本筋から外れた話題をたくさん含んだ、結論も進行のルールもない会話のようなものだと考えればいい、と。哲学者はよく「理想的な」会話や対話の姿を描いて称揚するが、そういったものではない。むしろタイプとしては、ニューヨークのディナー・パーティーで交わされるおしゃべりに似ている。それぞれが(時には相手の話にかぶせるようにして)別の見方をぶつけ合い、誤解が生まれたり、話がかみ合わなかったり、対立したり、矛盾したりする場なのだ。確かにそれはカオスと呼べなくもない。だがどういうものか、おしゃべりを全体としてみれば、誰か一人の声だけを聞かされるよりも、エネルギーにあふれ、得るところが多いのである。プラグマティズムの会話とは、ずっとそのようなものだった。(74)

プロローグを締めくくるこの節では、プラグマティズムの思想家たちと歩んだ筆者の知的遍歴のハイライトを素描してきた。そしてまた、ほかの思想家や哲学的伝統との出会いのおかげで、自分の視野がどう広がり、どう豊かになったかを述べてきた。プラグマティズムの主題の意義や重要性にかんして、筆者の最初の直観が正しかったことは見事に立証されたものと信じる。哲学者はプラグマティズムにようやく「追いついた」のだ。誕生以来、プラグマティズムの多様な側面について、世界中でいまほど活発に、広範に、啓発的に論じられている時代はない。プラグマティズムの粘り強さと生命力は、いまや誰の目にも明らかである。

第一章　パースのデカルト主義批判

一八六八年から六九年にかけて、創刊まもない『思弁哲学雑誌』で、パースは一連の画期的論文を世に問うた。(1) 当時、彼はまだ二〇歳台。パースの論文といえば、『ポピュラー・サイエンス・マンスリー』に掲載された「信念の確定」と「観念を明晰にする方法」のほうが有名だが、それよりも一〇年ちかく前のことになる。しかし、パース流のプラグマティズムと哲学的企図の全体像を理解しようと思うなら、これらの初期論文で研究されている主要テーマはぜひとも吟味しておく必要がある。先のプロローグでは、第二論文の冒頭を引用しておいた。「デカルトは近代哲学の父であり、デカルト哲学の精神——みずからがとって代わったスコラ哲学との大きな違い——は、次のように要約できる」(2)。続いてパースは、デカルト主義とスコラ哲学の大きな違いを四つ列挙する。そして、「現代の科学と論理学は、スコラ哲学への後戻りでこそないものの、デカルト主義とはまったく異なる基盤に立つことを求めているように見受けられる」(3)と述べるのである。

デカルト主義の問題点について、パースは四点にわたって重要な指摘をしている。ここでは、彼自身による説明をくわしく見ていくことにしよう。

（一）完全な懐疑から始めることはできない。哲学の研究に着手しようと思うなら、いま抱えている先入見をそのまま引き受けるかたちで始めるしかない。そうした先入見は、何かの根本指針にしたがえば払拭できるというものではない。疑いをはさむ余地があるなど、思いもよらないのが先入見だからである。……たしかに研究が進むなかで、はじめに信じていたことを疑う理由がでてくる場合もあるだろう。しかしそれは、疑うだけの積極的な理由が見つかったからであって、デカルトの指針が理由ではない。腹の底では疑ってもいないことを、哲学だからといって疑うふりをするのはよそうではないか。(4)

ここでの話題は、哲学の研究を始める場面での先入見である。パースの考えはこうだ。あらゆる探究は先入見を背負いながら始まる。疑うふりをしたり、形だけ疑ってみたりするだけでは、先入見をぬぐい去ることはできない。形だけの懐疑と本物の懐疑、つまり疑う積極的な理由があるケースとを区別する必要がある。疑いはたんなる心の状態ではない。疑うには積極的な理由が必要であり、その意味で、懐疑は規範的な概念である(5)——。だが、パースの主張はこれだけにとどまらない。「先入見」という言葉にいろいろと否定的な含みがあることは承知のうえで、デカルト主義や、ガーダマーのいう「先入見に対する啓蒙主義的先入見」とは逆の立場を明らかにするのである。*1 パースは言う。科学や哲学をはじめとするあらゆる探究は、暗黙の先入見や予断から始まる。(6) 探究に必要な背景と方向をさずけてくれるのが、先入見や予断なのである。たしかに、探究の途上で一部の先入見は捨て去られるかもしれない。しかし、そのうしろには必ず、疑われることのない予断が控えている。どの先入見を批判し退けるべきかは、探究を始める段階で片づく問題ではない。それは最終的な結果として、探究の成果として解決されることである――。パースを「あらゆる時代を通じて最大の哲学者のひとり(7)」と呼んだのはカール・ポパーだが、彼もまた同じ趣旨のことを力説している。近代哲学では知識の由来が最大のテーマとされていたが、そうした問題を追究すること自体をポパーは攻撃した。その太刀筋は、パースのデカルト主義批判を思わせずにはいない。ポパーもまた、そのような追究は近代哲学の合理主義と経験主義に共通する特徴であり、見当違いの試みだと断じた。批判的探究とは大胆に推測をたて、それを批判し、テストし、反駁しようとすることだとポパーが言うとき(8)、彼は批判的探究にかんするパース流の理解を再確認しているのである。パースはわれわれの注意のむかう先を、観念や仮説がどこに由来するかという問題から、それが何を行動面にもたらすかという問題へと転換させたのだ。

晩年のパースは「批判的常識主義」の彫琢に力をそそいだ。クリストファー・フックウェイは、パースがスコットランドの常識学派から採り入れた三つの点を、次のように簡潔に整理している。

第一に、正当化の作業は「どこかで中断しなければならない」。そして、根拠も正当な理由もなしに受け入れた臆見に支えを求めなければならない。第二に、「真理の岩床」となる信念は疑う余地のないものであり、合理的な裏づけも批判もできない。第三に、そうした信念こそ「真理そのものと見なさなくてはならない」。また、こうした支えがある以上、知識が安定した基礎を欠くことにはならない。このような精神をふまえて、パースは言う。「命題の正しさにかんして露ほども疑う余地がないとなれば……それより多くを望めないのは明らかである(9)」(6. 498)。

一見すると、こうしたパースの主張は、デカルトの普遍的懐疑を批判していることと相容れないように映る。しかしここで彼が意図しているのは、従来の自説の明確化であり洗練である。なるほどわれわれは、一部の信念にかんするかぎり、確実で疑いをはさむ余地がないと思っている。常識的な見方からすれば、誰も疑うことのない、「真理の岩床」となる信念は数多くあることになるだろう。しかし、パースの常識主義はあくまでも批判的な常識主義である。不可疑であることは、訂正がありえないこととは違う。パースの言葉をかりれば、「昨日まで不可疑とされてきたことが、次の日に誤りと判明した例は珍しくないのだ[10]」。不可疑とされる信念(先入見や予断)からのスタートは避けられない。その意味で、これを探究の出発点となる「土台」と呼ぶこともできるだろう。平明とはいえないものの、パースの論点は重要である。基礎づけ主義が、改訂されることのない基礎的真理、訂正のありえない真理が存在するという立場のことならば、たしかにパースは反基礎づけ主義者と呼べるだろう。だが彼は、知の営みに基礎があることを否定しているわけではない。むしろそれを積極的に認めるのが彼の立場なのである。われわれは暗黙のうちに何らかの信念を抱いている。その正しさが疑われることはない。それは真理の岩床とみなされている――。そうパースは考えるからだ。彼ならば、セラーズの有名な言葉を是とするに違いない。「けだし、経験的知識は、それを精巧に拡張した科学と同じく合理的なものだからである。基礎があるから合理的なのではない。どんな主張も無事が保証されているわけではないが、全部の主張がいちどきに危うくなることもない、みずからを訂正していく企てだから合理的なのだ[11]」。パースなら、さらにこう付け加えるだろう。このことはどんな探究にもあてはまる。論理学であれ、数学であれ、哲学であれ、と。

デカルト主義に対する二つめの批判を、パースはこう説明する。

（二）　いまと同じような杓子定規が、デカルトの判定規準にもみられる。その基準とは要するに、「わたしが明晰に確信しているものはすべて真である」というものだ。もしわたしが本当に確信しているのなら、理性的な裏づけはすでに済んでおり、確実かどうかをテストする必要もないはずだ、というわけである。しかし、このように一人ひとりを真理の絶対的な裁判官とするのは有害このうえない。そのようなことを許せば、形而上学者は口をそろえて、自然科学の確実性など形而上学の足もとにも及ばないというに決まっている。もっとも、彼らの意見が一致をみるのはその点だけなのだが。研究者たちの合意が成立する科学では、新たに提起された説は、合意が得られるまで試験的なものと見なされる。そしていったん合意が得られれば、確実性の問題は意味を失ってしまう。もはや誰もその説を疑わないからである。われわれが追い求める究極の哲学が個人の力で手にはいるなどと思うのは、理にそぐわない。それを追い求めることができるのは、集団としての哲学者たちだけである。したがって、専門的な訓練をつんだ率直な知性の持ち主が、その説を慎重に検討したうえで認めるのを拒んだなら、提唱した本人も自分の説に疑念をいだいて当然なのだ。(12)

内容豊かなこの一節について、いくつかコメントしておく。

(a)　デカルトの真理の規準を、「わたしが明晰に確信しているものはすべて真である」と要約してしまうのは、かならずしもフェアではないし的確でもない。実際、デカルトは「明晰判明」の意味をつまびらかにしようと果敢に試みている。しかし、明晰判明と思われるものと、本当に明晰判明なものとを区別する厳密な規準を提示するまでには至っていない。不可疑性のような主観的確信は、たとえどれほど強く揺るぎがなくても、真理の規準として十分とはいえない。明晰判明と思えたことが、あとで誤りだったとわかるかもしれないからだ。

(b) 明晰性や判明性についてのデカルトの解釈にパースは満足できなかった。のちのいわゆる「プラグマティズムの根本指針」は、その不満が動機のひとつとなって定式化されたものだった。「観念を明晰にする方法」論文ではこう述べられている。「信念の本質は習慣の確立にある。信念は、それが生み出す行動様式の違いによって区別される[13]」。パースによれば、明晰さの度合いは三つの段階に区別されるが、第三段階の明晰さに達するための規則とされるのが次の指針である。「概念の対象が有する効果には、実際的な意味をもつと思われるものとして何があると考えられるかを吟味せよ。当の対象の概念は、そうした吟味で得られた効果の概念に尽きる[14]」。言い回しのいかにもぎくしゃくした感じや、あとになってパースがその意味を明確にしようとしたことについては、のちほど触れるとしよう。率直にいって、プラグマティズムを理解するうえでこの指針がもつ意義は、大げさに受け取られすぎてきたと思う。ただし、パースがこの指針を導入した狙いは、概念や信念の意味を明確にすることであり、信念が真であるとはどういうことかを明確にするのが目的ではなかったという点は押さえておくべきだろう。概念や信念の意味をはっきりさせないかぎり、真偽を云々することはできないからだ。

(c) パースは「一人ひとりを真理の絶対的な裁判官とするのは有害このうえない」と述べたが、そこで表明されている思想は、のちに彼の哲学にとって主要なテーゼのひとつになった。近代の認識論は主観主義を核とする場合がほとんどだが、パースはその主観主義に容赦のない批判をあびせた。そして、探究、知識獲得、コミュニケーション、論理について、相互主観的(社会的)に理解する道を切り拓いていったのである。ハーバマスによれば、二〇世紀初頭に、「主観性の哲学」あるいは「意識の哲学」から、相互主観的(社会的)なコミュニケーション・モデルにもとづく人間の行動や合理性の理解へと、大規模なパラダイム・シフトが起きた。パースの初期論文は、疑いもなく、この変化をもたらした大きな動因のひとつであった。先ほどの一節はまた、パースのプラグマティズムにとって、やがて探究者たちの共同体が中心的役割をになうようになることも示唆している。探究者の批判的共同体の実践と規範が、仮説や理論を洗練し、テストし、妥当かどうかを判定する場となるのだ。探究がみずからを訂正していく営みであるとは、すなわち、そうした集団にみずからを訂正する知的資源があるということである。同じ論文のあとの方でパースは、知識獲得、実在、共同体の三つの概念を緊密に結びつけている。

だとすれば、実在とは知識や推論が遅かれ早かれ最終的に落ち着く先であり、個人の気まぐれには左右されないものだということになる。したがって、実在の概念の由来をたずねるならば、共同体——決まった境界線をもたず、知識を際限なく増大させることのできる共同体——の概念がなぜ不可欠なものとしてそこに含まれているかも納得がいく。……われわれが外界の事物のありのままを知ろうとするとき、それを妨げるものは何もないのである。実際、そうした知識の事例は無数にありそうだ。もちろん、これがそうだと絶対の自信をもって言えるケースは、具体的にはないにしても。(15)

パースは、先入見や予断が不可避である点について考察しているが、探究者の共同体という概念はそうした考察とも密接なつながりがある。先入見や仮説や推測を、しかるべき探究者の共同体による開かれた場での批判にゆだねることでのみ、限られた視野にしばられず、信念をテストし、知識を増やすことが望めると考えたからだ(16)。

(d) この論文には、パースの可謬主義の萌芽もみられる。いかなる知識の主張にも——もっといえば、いかなる妥当性主張にも——異議の申し立て、修正、さらには棄却の可能性がある、というのが可謬主義である。認識論的懐疑主義と可謬主義を混同してはならない。パースは、「事物のありのまま」を知ることと、ある知識について「これがそうだと、絶対の自信をもって言える」ことを慎重に区別する(前者が可能であることをパースは疑わない。だが、後者の信念が完全に正当化されることは決してない)。可謬主義は、探究の営みを、「どんな主張も無事が保証されているわけではないが、全部の主張がいちどきに危うくなることもない、みずからを訂正していく企て」としてとらえることから導かれる。一方、認識論的懐疑主義は、〝「正真正銘」の知識に訂正はありえない〟という幻想によって育まれる。知識と称するものが、どれもあとで誤りと判明するかもしれないとしたら、「本当の意味で知っている」といえるものは何もなくなってしまう、と考えるのがこの立場である。これに対してパースが掲げるのは、〝訂正の余地のない絶対的な知識〟自体が筋の通らない、捨て去らねばならない考え方だという、強いテーゼだった。科学者ならばだれしも、いまある仮説や理論のほとんどが将来の改訂を必要としていると認めるに違いない(また、はっきりとそう断るべきだろう)。換言すれば、現在の仮説や理論は厳密には「偽」だということである。けれども、いまある仮説や理論がいつか修正されたり放棄されたりするからといって、世界について「本当の意味で知っている」ことは何もないと結論するのは馬鹿げている。知識の主張は、可能なかぎり良質の証拠と強力な論証をそろえたうえで、人間である以上誤りの可能性があることも念頭におきながら、チェックに努めるべきである。F・H・ブラッドリーも基礎づけのメタファーを批判するなかで、似たようなことを述べている。

ここに見られるのは、ある誤解を招きやすいメタファーに由来する、誤った説である。曰く、わたしの知るこの世界は、しかじかの基礎のうえにたつ建築物である。したがって理論的に言えば、世界はそうしたものを支えとする上部構造ということになる。支えがあるかぎり、もちろんそこに何かをつけ加えることもできる。だが、支えがなくなれば、建物全体が崩れ落ちてしまう——。しかし、この説は受け入れがたいし、メタファーとしてもまったく不適切だと評さざるをえない。真理の基礎はあくまで暫定的なものにすぎない。構築の手始めとして、わたしも基礎を絶対的なものと見なしはする。そこまではたしかに事実だ。しかし、だからといって、構築物の支えが最初の知識のままずっと変わらないという話にはならない。最初の知識に誤りの可能性を認めれば、建物全体が崩壊するということにはならない。なぜなら、ある意味で、わたしの世界は知覚与件にもとづいているからである。(17)

(三)　哲学は、すでに成功をおさめた科学の方法に倣うべきである。こまやかな吟味が可能な、

哲学における「複線的論証」の重要性にふれながら、パースは次のように述べる。

明確な前提だけから出発すべきであり、何かひとつの論証を決定打と考えるのではなく、多様な論証をよりどころとすべきである。哲学の推論は一本の鎖のようであってはならない。鎖は、そのなかの一番弱い環より強くはないからだ。哲学の推論はむしろ太綱のようでなければならない。十分な数の繊維が緊密に撚り合わされているかぎり、個々の繊維は細くてもかまわない。(18)

ここでパースは、哲学的論証について、率直な言葉できわめて過激な提案をしている。「鎖のメタファー」は、「基礎のメタファー」や、『省察』でデカルトがもちいた「アルキメデスの点」のメタファーと密接なつながりがある。「アルキメデスが、地球をまるごと今ある場所からよそへ動かすために求めたのは、確固不動の一点だけであった。したがってわたしも、何か確実で不可疑のものをひとつでも見いだすことができるならば、大きな希望をいだいてもかまうまい(19)」。このメタファーには強烈な魅力がある。「確実で不可疑のものをひとつ」でも見つけること、もっといえば、認識論的基礎となる基本的真理(セラーズのいう「自己保証的な出来事」)を見つけることは、近現代の多くの哲学者にとって夢——悪夢という人もいるだろうが——であった(20)。そういったものが見つかれば、推論の連鎖によって組織を構築し、知識の堅固な体系をうち立てることができるだろうと考えたのだ。いま仮に、そうした基礎を築くことができるとしよう。しかしその場合、推論の連鎖に一箇所でも弱い環があれば全体系が崩壊してしまう、というのがパースの警告である。(「われ思う、ゆえにわれあり」という命題から出発し、神の観念にもとづいて神の存在証明へと進むデカルトの『省察』には、たくさんの弱い環があったことを思いおこそう。)ここでパースが異議を唱えているのは、深刻な過ちにつながりかねない、哲学の体系観である。鉄壁と思われる前提から出発し、推論の連鎖によって体系を築くという考え方に、彼は疑問を投じているのだ。

鎖のメタファーに対するパースの異論の要《かなめ》は、科学の実際の進み方をとらえそこねているという指摘にある。パースによれば、科学の推論は、いくつもの糸が撚り合わさって強度を増した太綱によく似ている。一本一本の糸は弱くても、何本も集まればひじょうに強くなる。こうした複線的論証の太綱モデルは科学で大きな成功をおさめており、哲学的探究でもこれを採用すべきである、というのが彼の考えだった。実際、パース自身がこの論証のスタイルで執筆しており、そのため論文の多くがひじょうに理解しづらいものになっている(難解さの理由はそれだけではないが)。彼はじつに多様な論証を積みあげてみせるが、その強さは一様ではない。また、個々の論証を見れば、かならずしも彼の主張を支える格好にはなっていない。しかし、それらがひとつに撚り合わさると、きわめて強力な論証になるのだ。

最後にパースは、「絶対に説明できない」事実があるという考え方をきっぱりとしりぞける。

(四) 観念論以外の哲学は、例外なく、説明も分析も絶対にできない究極的なものを想定する。要するに、媒介作用そのものから生じた、それ自身は何ものにも媒介されることのない何かを想定するのだ。ところで、何かが説明できないものとして存在するということは、記号による推論によってしか知りえない。しかし、記号による推論が正しいかどうかは、ひとえに結論が事実をうまく説明しているかどうかにかかっている。当の事実を絶対に説明できないものとして想定するだけでは、それを説明したことにならない。したがって、そのような想定はけっして許されない。(21)

ここでパースは、自身のプラグマティズムの中核をなす、二つの主題をあらたに導入している。ひとつは、あらゆる認知活動は推論のプロセスをともなう——前提する——というものである。直接的、無媒介的な直観的知識は存在しないと考えるわけだ。もうひとつは、その推論のプロセスでは記号がもちいられるというものである。思考や推論は例外なく、記号をもちいた活動であるということだ。デカルト主義に対するパースの批判は、『哲学探究』でウィトゲンシュタインが展開したデカルト的主題への批判や、「経験論と心の哲学」でのセラーズの「所与の神話」批判を先取りするものであり、それらときわめて近い関係にある。「言語論的転回」(パースなら「記号論的転回」と言うだろうが)はパースとともに始まったといっても、あながち間違ってはいないのである。

直観主義

認識にかんする一連の論考の劈頭をかざる、「人間に備わるとされる能力についての問い」という論文に目を向けるとしよう。この論文でパースは、デカルト主義の最大の誤りに批判を加えている。あらゆる科学の基礎となる、不可疑の直観的知識が存在するという信念がそれである。哲学では昔から、直接的知識と間接的知識、すなわち無媒介的知識と推論的知識という二種類の知識が区別されてきた。デカルトもこの区分を踏襲したが、そこには新たなひねりが加わっている。彼によれば、ひとつめの種類の知識として直観がある。直観的知識は、知る側の精神と知られる側の真理との二項関係である。こうした直観を選り分けて明晰判明なものを確保するには、大がかりな吟味が必要になるかもしれない。しかし、ひとたびそれが確保できれば、何ものにも媒介されない直接的知識が手に入ったことになる。この直観的知識はいかなる推論的知識にも依拠していないし、前提もしていない。反対に、それは推論の基礎(前提)としての役割をはたすものとなる——。このようなデカルト流の直観的知識と推論的知識の区別は、合理主義と経験主義とを問わず、のちの哲学に大きな影響をおよぼしてきた。たとえば二〇世紀には、バートランド・ラッセルが「見知りによる知識」と「記述による知識」という区別をもうけている。ラッセルによれば、「推論過程や真理の知識を介さず、じかに知っていること、それが〝見知り〟である[22]」。

パースは単刀直入に問う。そのような意味での直観的知識をわれわれはもっているのだろうか？そのような知識をもてる能力がわれわれにはあるのだろうか？かりにそうした能力があるとして、どうしてそれがわかるのか？可能性は二つある。われわれはそのことを直観で知っている、という可能性がひとつ。もうひとつは、そうした能力をもっていると断定できるだけの理由がある、という可能性である。パースの考えはこうだ。(一)自分に直観的知識があることをわれわれは直観的に知っている、といえる根拠はなにもない。また、(二)そうした直観がなくてはならないといえるだけの十分な理由もない。パースは「直観の能力」という言い方をしているが、要するに、〝われわれは直観的知識をもっているのか？〟〝どうしてわれわれにそういう知識があるとわかるのか？〟と問うているのである。

中世の哲学者、とくにドゥンス・スコトゥスの知的手腕に讃嘆を惜しまなかったパースは、議論の進め方もスコラ哲学者たちの定跡にしたがう。問いをたて、賛否両論を検討・評価し、最後に問いに答えるという手順である。

第一の問い。何らかの認識を取り上げ、予備知識ももたず記号を使った推論もなしに、ただ思案をめぐらせてみるとしよう。さてこのとき、その認識が以前の認識によって限定されたものなのか、それとも対象と直接かかわるものなのか、正しく判定できるだろうか(23)?

ここでいう「認識」とは、概念であれ判断であれ推論であれ、とにかく頭で考えることのできるものすべてを指す。また「直観」は、パースによれば次のような意味である。「この論文では〃直観〃という言葉を、同じ対象にかんする以前の認識によっては限定されない認識、つまり意識の外にある何かによって限定される認識の意味でもちいることにする(24)」。さらにパースは以下のような注釈をおぎなって、その意味を明確にしようとする。

中世では、「直観的認識」という言葉には二つの主な意味があった。ひとつは、現前するものを現前するものとして知る知識という意味であり、抽象的認識の反対概念にあたるものである。この用法はアンセルムスの著作にみられる。しかしまた、論証的認識の反対概念という二つめの意味もあった。これは直観的認識が以前の認識によって限定されないことから生まれたものであり……本論文もほぼこの用法にしたがっている(25)。

「限定される」とはどういう意味かを、パースははっきりと説明していない。それでも文脈から、概念的限定とでもいうべきものと、因果的限定とを彼が区別していることは明らかだろう。直観が「意識の外にある何かによって限定される」ケースが因果的限定である(26)。さて、最初の問いは、(以前の認識によって限定された認識とは別の）真の直観が自分にあることを教えてくれる、直観の力をわれわれはもっているだろうか、というものだった。

ところで、直観の能力があることと、当の認識が直観であることを直観によって知ることとは、明らかに別の事柄である。そこで問題が浮かんでくる。二つは頭では区別がつくとしても、実際には切り離せないのではないか？　ということはつまり、直観と、ほかの認識によって限定された認識とは、必ずしも直観的に区別がつかないのではないか？　……われわれに両者を区別する能力があることを裏づける証拠はといえば、たんに、あるような感じがするということしかない。しかしこれが証拠たりうるのは、問題の感じが教育や過去の観念連合などの結果なのか、それとも直観的な認識なのか、区別できる力がこの感じ自体の中にあると仮定した場合だけである。換言すれば、そのような証拠は、証明すべき事柄をあらかじめ前提しているのだ。では、この感じなるものに誤りはありえないのか？　ないと判断したとして、ではその判断に誤りはありえないのか？　かくて問題は無限に続いていく。(27)

もちろん、自分に直観がそなわっていることを直観的に知っていると思ったり、感じたりすることはあるかもしれない。しかし、そうした思いや感じは、まったくの見当外れということもありうる。右の論証は、われわれに直観の能力がある可能性を否定するものではない。ただ、自分に直観があることを直観的に知っていると本当にいえるのか、疑義を呈しているのである。

ほかの可能性はどうか。直観がなければならないことを論証で示せるのだろうか。ここでパースは、一群の論証（複線的論証）を提示する。その狙いは二つある。〃そのような能力が存在しなければならない〃というテーゼの根拠とされる理由や証拠が、なぜ不十分なのかを示すのがひとつ。そしてもうひとつは、直観で説明がつくとされる種々の「事実」が別のかたちでも説明できることを示すことである。パースは言う。直観と、推論過程の結果にすぎないものとを截然と区別する、はっきりとした目安はない。「直観」と称されるものについて、哲学者が「きわめて熱い」議論をかわしているのを見れば、それは明らかだろう。どれが直観でどれがそうでないかをめぐって意見が分かれていることは、周知のとおりである。それにまた、直接目撃したり、「じかに」知っているとされることと、予期や解釈に影響されたり、そこから推論で導かれたりしたことを見分けるのがいかに難しいかは、法律家ならだれでも心得ている――。このほかにもパースは、知覚研究に材をとった論証をいくつも提示して、直観と称されるものと、（意識的にせよ無意識にせよ）推論によって導かれたものとが区別できないことを、具体的に示してみせる。「というわけで、これまでさまざまな事実をあげてきた。そのどれもが、〃直観的認識と間接的な認識とを区別する直観の能力をわれわれはもっていない〃と仮定すれば、あっさり説明がつく。……あまつさえ、それらの事実の説明に、いま述べたような能力の存在を仮定する必要はまったくない[28]」。要するにわれわれは、自分に直観があることを直観的に知っているわけでもないし、直観がなくてはならないと考える理由もないというわけである。

とはいえ、デカルト主義者のがわにも、こうした論法には異論があるかもしれない。曰く、パースは知覚による知識に話を限定し、直観と推論による認識は区別がつかないというが、これでは肝心の点を避けて通ることになる。知覚に誤りがあることはデカルトも重々承知していた。だが、デカルトが訂正の余地なき直観の見本としてあげたコギト命題は思惟についてのものであり、自分は考える存在であるという認識を表すものなのだ――。そこで登場するのがパースの第二の問いである。

第二の問い。われわれは直観的な自己意識をもっているだろうか？

パースのいう「自己意識」とは、自己意識一般でもカントの「統覚」でもなく、「わたしという個人の自我」の認識をさす。「わたしは、(たんなる一般的な自我にはとどまらない)このわたしというものが存在することを知っている。問題は、どうやってそれを知っているのかということである。特別な直観能力のおかげだろうか？　それとも、すでにある別の認識によって限定されているのだろうか？」[29]第一の問いに対するパースの答えをふまえれば、自分に直観的な自己意識があることは直観的に知られているわけではない、といってよい。したがって、直観的な自己意識があることを示すには、まったく別個の論証を用意する必要がある。ところでパースによれば、自己意識を意識するようになる過程は、実のところ、推論をもちいた学習の過程なのである。「子供たちが自己意識をもつ年頃には、無知や誤謬といったものに彼らが気づいていることがわかっている。そして、その年齢の子供には、無知や誤謬から自己の存在を推論できるだけの知力があることもわかっている」[30]。この論証に満足できるデカルト主義者はいないだろう。彼らはこんなふうに批判するかもしれない。パースは、子供がどうやって自己を意識するようになるのかという問題と、そうして芽生えた自己意識がどのような認識論的身分をもつのかという問題を混同している、と。自己意識や自分の存在を直観的に把握するのにも学習が必要であるという点は、デカルト主義者も否定しない。ではパースは、われわれが他の何にもまして自分自身の存在を確信していることをどう説明するのだろうか。自分の存在を疑う試みが、逆に自分の存在を追認することになってしまう点を、どう説明するのだろうか。パースはこの異論に正面から答える。

自分の存在は、他のどんな事実よりも確かだといえる。ところで、前提が結論を確かなものたらしめるとき、その確かさの度合いが、前提自身の確かさの度合いを超えることはありえない。したがって、われわれの存在は、他の事実から推論されたものではありえない――。この証明の第一前提は正しいと認めなくてはならない。だが第二前提は、すでに破綻した論理にもとづいている。なるほど、裏づけとなる事実をひとつだけ取り上げて考えるかぎり、それによって支えられる結論は、当の事実が真であること以上に確かなものとはなりえない。しかし、結論をそうした事実の一つひとつよりも確かなものにすることは簡単である。たとえば、ある出来事が起きたことを多くの目撃者が証言したとしよう。そうした出来事が起きたというわたしの信念は、各人の証言が信用できるものであるという信念に依拠している。けれども、証言がえられた出来事は、証人一人ひとりの信憑性よりも確かなものとなりうる。同じように、大人の精神にとって、自己の存在は他のすべての事実に裏づけられており、それゆえ、そうした事実の一つひとつよりも比較にならないほど確かなのである[31]。

パースは、第二の問いについての考察を否定的な答えで締めくくる。「自己意識は推論によって導きだせるのだから、直観的な自己意識の存在を想定する必要は少しもない[32]」。パースの論法について整理しておこう。その一番の目的は、〝何ものにも媒介されない、直観による直接的な認識がある〟

というテーゼを批判することにある。とはいえ、このテーゼを疑問視するからには、少なくとも、直観で説明がつくと称される「事実」を別のかたちで説明してみせる必要がある。個人に自己意識があることは、パースも否定しない。ただ、そうした自己の意識は、直観ではなく複雑な推論過程の結果であることを、彼は示してみせるのである。この点でパースの立場は、自己意識にかんするヘーゲルの『精神現象学』の説明や、私秘性と私的言語にかんするウィトゲンシュタインの『哲学探究』の考察にきわめて近い。さらに、このプラグマティズム的主題の変奏は、ほかの論者のなかにも見いだすことができる。言語の社会的起源にかんするミードの説明。自分の心への「特権的アクセス」にかんするセラーズの説明。そしてまた、コミュニケーション行為と合理性を論じる場面で、ハーバマスが自己意識について与える説明にも、その変奏を聞くことができるのだ。

「能力についての問い」論文の残りの部分では、「直観的知識」というものに疑問を投じる別の論拠が提示されている。曰く、異なるタイプの認識にはそれぞれ主観的な要素が含まれているが、われわれには、そうした要素どうしを区別する直観能力はない。われわれは、「夢見ること、想像すること、考えること、信じることなど」[33]を直観で区別しているわけではないのである。またわれわれには、内観の能力、すなわち「内的世界」についての無媒介的直観の能力もない。「外的な観察から導きだされたのではない内的世界の知識」[34]などありはしないのだ――。

思考と記号

これらの初期論文にはすこぶる重要な主張がいくつも含まれているが、記号なくして思考なし、より正確にいえば、記号活動なしに考えることはできないという説もそのひとつである。当初の段階では、彼の記号論――のちにsemeioticsと呼ばれる――はまだスケッチ程度の代物でしかなかった。それを精緻に仕上げる作業は、パースにとって終生の仕事になった。とはいえ、初期の論文でも、核となるアイデアはすでに見てとれる。記号作用の三幅対という考え方がそれである。「〝あらゆる思考は記号である〟という命題から、いかなる思考も他の何らかの思考に向かわねばならず、他の何らかの思考を限定しなければならないということが帰結する。なぜなら、それこそが記号の本質だからである」(35)。パースのいわんとするところを明確にするよすがとして、デカルト哲学では直観がどのようなものとして理解されていたかを確認しておこう。すでに述べたように、直観は知るがわ(精神)と知られるがわの対象との二項関係である、というのがデカルト哲学の考え方だった。表象の概念を軸にして言語について認識論的、意味論的に説明する場合、記号とそれが表象するものとの関係だけに視線は向けられる。ひるがえってパースは、あらゆる記号活動が三項関係であり、二項以下の関係ではありえないと考えた。つまり記号(第一項)は、ある対象(第二項)を解釈項(第三項)に対して表示すると考えたのだ。これは、彼の思想の要をなす、きわめて独創的な主張のひとつである。パースの三項構造は、言語記号だけでなく非言語記号にとっても本質的な特徴をなしている(36)。彼の記号論ではふつう、「解釈者」ではなく「解釈項」という言い方をする。パース自身が強調するように、解釈項それ自体もまた記号だと考えるからだ。しかし、もし記号作用に記号と対象と解釈項の三つがかかわり、解釈項も記号だとするならば、記号は潜在的には無限系列をなすことになる。記号活動の三項的分析で、彼は何を述べようとしているのだろうか。W・B・ガリーからの引用で答えておこう。

かりに、どの記号にも解釈項として別の記号がともない、どの記号も無数ともいうべき解釈ができるとしよう。もしそうだとすれば、どんな対象であれ、それだけを表わす(唯一無二の)記号などありえず、どんな記号であれ、それだけに対応する(唯一無二の)解釈項もありえないことになる。記号と対象とのあいだには意味と呼ばれる単純な二項関係がなりたつという信念は、いまも哲学者たちのなかに広く流布している。だがそのような説の根底には、記号の性質と働きについての、根本的な誤解があると見なすわけである。記号は、生きた記号体系の要素となってはじめて機能するということだ。[37]

理論上は、どの記号もさらに解釈が可能であること。解釈の過程に終わりはないものの、実際にはそのプロセスを切り詰める必要があること。この二つが両立可能であることを、パースは独自の記号論を精緻化するなかで明らかにした。彼はまた、解釈項をさまざまなタイプに区分してもいる。なかでも、探究とは何かを理解するうえで重要なのが「論理的解釈項」である。[38] 記号論研究の深まりとともに、一八七八年に登場したプラグマティズムの根本指針は、記号の論理的解釈項を確定する手続きとして位置づけられるようになる。すでに述べたように、当初の指針は次のようなものだった。「概念の対象が有する効果には、実際的な意味をもつと思われるものとして何があると考えられるかを吟味せよ。当の対象の概念は、そうした吟味で得られた効果の概念に尽きる」[39]。のちに彼はこうコメントしている。

「考える」や「概念」といった言葉を繰り返し使ったのには、何か目的があったに違いない。*2 実際、目的は二つあった。ひとつは、ここで問題にしている意味が、他でもない「知的意味」であることをはっきりさせるためである。もうひとつは、知覚表象やイメージやシェーマによって概念を説明しようとしているとか、概念以外のなにかで概念を説明しようとしているといった誤解を避けるためである。したがって、すぐれて個別的なものである行為が、記号の意味や申し分のない解釈になりうると主張したかったのではない。……プラグマティシズムにとって、思考とは、推論による記号の生きた変形のいとなみを指す。そして記号の意味とは、一定の条件のもとである行為を選択するという、一般的な構えのことなのである[40]。

プラグマティズムの根本指針で肝心なのは、概念や判断を人の行動と関連づけている点である。「命題ひとつをとっても、その翻訳には無数のかたちがある」が、その中から「人の行動に適用できるものを選び出す[41]」のがこの指針の狙いなのだ。他のさまざまなプラグマティズムから自身のプラグマティシズムを区別して、パースはこう明言する。「〝概念の趣意、すなわち申し分のない最終的な解釈は、この先なされる行いのなかにではなく、行動習慣のなかにあると思う〟と述べることは……〝わたしはプラグマティシストです〟と述べるのに等しい[42]」。パースが行為《アクション》と行動《コンダクト》とを明確に区別したことを軽く見てはならない。彼によれば、行為は特殊単一のものだが、行動は一般的なものである[43]。したがって、パースの記号論の観点からすれば、プラグマティズムの根本指針とは、行動習慣を明晰にし、概念や判断から推論によって導かれる帰結を明確にするための手続きだということがわかる。しかも、そうした明晰化の作業はあくまで暫定的なものであり、従来なかった新たな解釈に出会う可能性をつねに秘めているのだ。晩年、パースはさらに分析を進めて、論理的解釈項は行動習慣を言葉で表現したものだと述べている[44]。

真の、生きた論理的結論とは、そうした習慣なのである。言葉による定式化は、それを表現しているにすぎない。……概念が論理的解釈項といえる場合でも、ある程度はそういえるというだけの話でしかない。それは言葉による定義という性質を完全にまぬかれてはおらず、習慣そのものには及ばないのである。言葉による定義が実質的定義に及ばないのと同じことだ。(45)

プラグマティズムからの代案

一八六七年から翌年にかけて発表された一連の論文で、パースが未解決のまま放置した大きな問題がまだひとつ残っている。これらの論文では、デカルト主義を批判し、〝われわれには直接的・直観的知識がある〟というテーゼを攻撃することが最大の狙いとされていた。すでにある他の認識には限定されない直観、認識論的基礎としての直観なるものに批判が加えられた。そして、探究と知識の獲得について、別のとらえ方を素描するための第一歩が踏み出されたのだった。しかしここで欲しいのは、〝あらゆる認識は以前の認識によって限定される〟とはどういう意味かの説明である。ヘーゲルや彼を支持する観念論者もまた、直観的な(何ものにも媒介されることのない)知識の存在を否定するとともに、認識論上の基礎づけ主義に対して容赦のない批判を浴びせた。一八六七年と六八年の論文だけを踏まえるかぎり、「パースのプラグマティズムとヘーゲルの観念論とを分けるものは何か?」と問われても、答えに窮さざるをえない。パース自身は、ヘーゲルとの違いをこう述べている。「ヘーゲルの全体系の至るところにみられる致命的な誤りは、外部との衝突がほぼ完全に無視されている点である」(46)。しかし、「外部との衝突」とは何だろうか? パース流のプラグマティズムでそれはどのような役割を演じているのだろうか？　この問いに答えるために、現代哲学の論争で浮かび上がった同様の問題を検討することにしよう。

「信念をいだく理由となりうるのは、他の信念しかない[47]」。デイヴィドソンのこの言葉にはパースも同意見だろう。また、あらゆる正当化は理由をあげたり問うたりする論理空間のなかで行われるというセラーズの指摘にも、きっと賛同するに違いない。さらにいえば、セラーズの「経験論と心の哲学」という論文は、「新しい言葉づかい」でパースの思想を解き明かしてくれているようにさえ読める。かりにパースが次のように記していたとしても、まったく違和感はない。

多くの事物が「所与」であるといわれてきた。感覚内容、物質的対象、普遍的対象、命題、実在的結合、第一原理。ときには所与性そのものさえも。哲学者がこうした用語を駆使して分析する問題状況は、ある意味で「所与性の枠組み」と呼ぶことができる。哲学の主要な体系は、大半がこの枠組みを特徴としてきた。カント風にいえば、「独断的合理論」も「懐疑的経験論」も例外ではない[48]。

デイヴィドソンの信念にかんするテーゼと、セラーズの所与の神話批判の両方を受け入れる論者に、ジョン・マクダウェルがいる。彼の主張はこうだ。一方には、所与に訴えて経験的知識の基礎を確保しようとする立場がある。そしてもう一方には、人間を制約する世界との接触を失いかねない斉合主義がある。哲学者は、この二つの立場のあいだで「終わりのない行きつ戻りつ」を繰り返している。両端の立場はいずれも満足できるものではない。近現代の哲学の中心にあって、われわれに深い不安をかきたてるのも、この行きつ戻りつなのだ――。『心と世界』でのマクダウェルの狙いは、「病を診断するような気持ちで、近現代の哲学に特有の不安を説明すること、とくに心と世界の関係をめぐる不安を説明すること」[49]にあった。彼は第三の道を模索する。この「終わりのない行きつ戻りつ」から、「このシーソーゲームからどうしたら下り」られるかを示す道を。

所与の神話を神話として認めるのは、容易ではないかもしれない。所与を放棄すれば、この概念が対処しようとした危険に、ふたたび自分を晒すことにはならないだろうか？　すなわち、〝経験的な思考や判断はいかなる外的制約にも縛られない〟と考えることにならないだろうか？　自発性の役割は認めても、受容性の役割は根こそぎ否定してしまうかのような事態。だがこれは、とうてい容認しがたいことだ。経験的な思考や判断の営みが実在と関係をむすぶには、外的制約がなくてはならない。自発性に加えて受容性も役割を果たさねばならない。知性とならんで感覚能力も役割を果たさねばならない。そこに思い至ると、やむなくもう一度あとずさりして、所与に救いをもとめることになる。ところが、そうするとまたしても、所与に訴えたところで何の助けにもならないことに気づかされる。こうして、われわれは終わりのない行きつ戻りつの危機に瀕することになるのだ。[50]

行きつ戻りつの一方の端にあるのが、デイヴィドソンの斉合主義である。「デイヴィドソンは所与の神話を忌避するあまり、経験に対して正当化の役割をいっさい認めなかった。要するに斉合主義もまた、自発性を摩擦のないものとしてとらえるのである。ところが、そうしたとらえ方こそが、逆に所与という観念の魅力を際立たせてしまうのだ。……われわれの経験的思考は外部から合理的制約をうけることはなく、ただ因果的影響をうけるにすぎない。そうデイヴィドソンは考えたのである」[51]。(同じ指摘はローティにもあてはまる。)マクダウェルは、因果的制約と合理的制約とを明確に区別する。そのうえで、デイヴィドソンの盲点は、(しかるべく理解され分析された)経験が合理的制約の源泉であることに気づいていない点だと指摘するのである。経験は因果的制約の源泉にしかなれないと考える以上、「デイヴィドソンの斉合主義の描像では、ほんとうに思考が実在と関係をむすべるのか」[52]、疑問がぬぐいきれない。「考えるという営みが、われわれの外にある世界との接触を失うことになりはしないか」[53]、不安がのこるのだ。われわれとは独立に存在し、経験的信念を合理的に制約する世界――その世界との接触を失いかねない摩擦なき斉合主義と、ある種の「所与の神話」とのあいだで、こうして行きつ戻りつが繰り返される。マクダウェルによれば、思考が世界によって合理的に制約されていることが理解できないのは、「根深い思考停止」におちいり、「第二の自然」を正当に評価する自然観に背をむけているからである[54]。

この基本問題は少し別のかたちで述べることもできる。現代哲学の大きな「ドグマ」に、因果的制約と合理的正当化との鮮やかな二分法がある。前者は経験に関わり、後者は合理的思考に関わるとされるものである。もしこの二分法を排他的なものとして受け止めるなら、マクダウェルのいう「終わりのない行きつ戻りつ」は不可避であり、まさしく終わりがなさそうに見える。なぜか? ひとたび所与の神話を捨ててしまえば、残された有望な選択肢は、因果的制約をのぞいていかなる制約も認めない、ある種の斉合主義や言語論的観念論だけになりそうだからである。しかも、因果的制約を認めたところで、信念の織物が摩擦のないものになりはしないかという不安が和らぐことはない、と彼は指摘する。では、このシーソーゲームから下りるにはどうすればいいのだろうか？　世界はわれわれに制約を課しているが、その制約は合理的制約として理解しなければならない。それを示すことが、シーソーから下りるためのマクダウェルの戦略である。さしずめ「〝摩擦なき斉合主義〟の不安を緩和するための治療的アプローチ」といったところだろうか。つまり、われわれの「概念能力」が経験にどう浸透しているかを把握しなければならないというわけである。

経験的判断の根拠をたどっていくと、最後の一歩で経験に行き着く。経験はすでに概念的内容を含んでいるので、この最後の一歩で概念空間の外に飛び出すわけではない。しかしその一歩でたどり着いた先は、感性――すなわち受容性――が働いている場所である。したがって、概念能力は自発性の能力だと考えると、思考というものは自由なものだという話になってしまいそうだが、それでうろたえる必要は少しもない。概念能力の行使が世界とかかわっているとはっきり言えるには外的制約が欠かせないが、われわれの描像からそうした制約が抜け落ちる心配はしなくてもいいのだ。(55)

マクダウェルを不安にさせる「行きつ戻りつ」は、パースの思想の中心にもある。マクダウェルと(さらにはセラーズやデイヴィドソンと)同じく、彼もまた、経験的知識の土台となる認識論的所与(直観)というものを無条件にしりぞけた。それこそがパースのデカルト主義批判の要であった。しかし、それだけではない。世界はわれわれから独立に存在し、われわれに制約を課しているが、そうした世界との接触をなくしたある種の観念論や斉合主義の誘惑にも、警戒をおこたらなかったからだ。彼が

「外部との衝突」で言おうとしたのも、そのことだった。パースのプラグマティズムは、中道、すなわち第三の道を行く。直観主義(所与の神話)と観念論(斉合主義)の両極端を避けてとおる道である。パースも、マクダウェルのように、経験論の伝統にとっていちばん大切な「真理」を守ろうとした。われわれの信念は世界によって制約される、という見方である。けれども同時に、制約と正当化の混同も避けようとした。[56]

パースは、第一性、第二性、第三性という枠組みをもちいているが、「外部との衝突」で念頭にあるのは第二性のカテゴリーである。彼のカテゴリー表については、第六章「経験が意味するもの――言語論的転回のあとで」で検討する。[57] ここでは、第二性と第三性のカテゴリーが、マクダウェルのいう「行きつ戻りつ」を回避するすべを教えてくれるものであることを指摘しておこう。パースのカテゴリーは、事象を形づくる、分離はできないが区別はできる――パースの言い方では「切離《プリシンド》」される――要素や側面を表している。たとえば、ひとくちに経験や知覚といっても、注意がむかう側面はひとつではない。デイヴィドソンのいう信念、セラーズやマクダウェルのいう概念と判断は第三性に属する。セラーズの「理由の論理空間」は、パース風に言えば、第三性を特徴としていることになる。これに対して第二性のカテゴリーは、むきだしの野蛮な制約、強制、抵抗を意味する。それは経験のもっとも大きな特色である。パースが第二性をどう特徴づけているかを見てみよう。第二性でとくに際立つのは、「強制であり、これまでとは違った考え方をするよう迫る絶対的な制約」[58]だという点である。

信念や認識のあり方は、人生の歩みによって否応なしに決まっていく。それが経験というものだ。

たしかに、それを偽ることはできるだろう。だが、自分の認識に否応なしに刻み込まれるものがあるという事実からは、何人《なんぴと》たりとも逃れることはできない。[59]幾ばくであれ、認める認めないにかかわらず存在する、むきだしの野蛮な力というものがあるのだ。

パースは「制約」と認識の「権威」とを慎重に区別する。[60]まず、パースのいう第二性を「因果的制約」のことだと誤解してはならない。ことがらに即していえば、第二性は因果作用よりも原初的だからである。[61]また、制約の結果として何かある信念を抱いたとしても、のちの探究で、その説得力が疑問視されることもありうる。つまり、第二性と第三性、むきだしの野蛮な制約と認識の主張とは、相互作用の関係でむすばれているのである。そしてこの相互作用が理解できれば、パースのプラグマティズムが所与の神話をどうやって回避し、「外部との衝突」を蔑ろにする摩擦なき斉合主義からどう距離をおいているかもわかるのだ。パースの知覚分析を例に説明しよう。

第二性と第三性のカテゴリーをもちいれば、知覚判断の二つの側面を正しく理解することができる。認識としての側面と、それが有無をいわせぬ力によって導かれたものであるという点の二つである。単純な知覚報告を材料に考えてみよう。美しく晴れた日に空を見あげて、「雲ひとつない青空が見える」と報告したとする。ウィトゲンシュタインのいう言語ゲームと、セラーズのいう「概念装置一式」をあらかじめ身につけていないかぎり、このような報告はできない。こうした報告をするには、パースが第三性と呼んだ推論の習得が不可欠である。しかしこの知覚報告には、有無をいわせぬ力によって導かれたものであるという側面もある。(通常の視力で)空を見あげれば、その青さは否が応にも目にはいる。その意味で、この知覚判断は余儀なくされたものといってよい。けれども、そのような判断を余儀なくされたからといって、正しさがおのずから保証されるわけではない。（疑う余地が少しもなさそうな）知覚判断を余儀なくされたとしても、あとになって誤りが判明することはある。「知覚がどれほど否応のないものかは、誰もがよく知っていることであり、いまさら指摘するまでもない。しかし、どれほど否応のない知覚であっても、まったくの誤りということもありうる。つまり、他の多くの経験と齟齬をきたす場合もありうるのだ」[62]。パースには専門用語の偏愛癖があり、ここでも自分の考えを明確にするために「被知覚項」(percipuum)という表現を登場させている。

知覚対象は、知覚判断の証言でしか知りえない。なるほど、知覚対象から衝撃や反動が伝わるのを感じることはある。一個のまとまりとしての対象がどのようなものから構成されているかも、見ればわかる。もちろん心理学者が推論で理解できることもある。しかし、精神を集中して少しでも知覚対象について考えたとき、自分が何を「知覚」しているかを真っ先に教えてくれるのは知覚判断なのだ。理由はこれだけではないが、わたしとしては、知覚判断において直に解釈される知覚対象を「被知覚項」という名前で呼び、考察をくわえようと思う[63]。

マクダウェルは、自発性と受容性というカントの用語をもちいながら、「経験は受動的ではあるが、まぎれもなく自発性の領域に属する能力も働いている」[64]と論じた。同じようにパースも、知覚（被知覚項）には第三性の概念能力がかかわっていると述べている。知覚にはむきだしの野蛮な強制力という第二性の要素が見てとれるが、この強制力そのものは所与ではない。それは知覚判断の正しさを保証してはくれない。被知覚項は、われわれに強いられたものである。それはパースがカテゴリー表であげた要素へと分析(切離)もできる。だが被知覚項はばらばらのセンスデータではない。その正しさはおのずから保証されているわけではなく、経験的知識に認識論上の基礎をあたえてくれるものでもない。要するに、それは絶対的な所与ではない。けれども、その判断は余儀なくされたものである。被知覚項が立ち現れるとき、われわれはすでに第三性のレベルにいる。したがって、判断である以上は可謬的であることをまぬかれない。あとで誤りだったとわかるかもしれないのだ。パースは〝むきだしの野蛮な強制力〟と〝認識の権威〟とを区別する。どちらの概念も、知覚や経験を説明するうえで欠かすことができないものである。世界はわれわれの経験的知識に制約を課している。しかしこの制約(第二性)は、知覚判断や経験的判断(第三性)を媒介にして課されるのだ[65]。

カントもヘーゲルも考えるという営みに媒介や推論がどうかかわっているかを考究したが、パースの議論の背景にはそうした彼らの仕事がある。この点にかんしては、(代表的な例をあげれば)セラーズ、マクダウェル、ブランダム、ハーバマスも事情は同じである。カントの言葉でいえば、自発性(知性)の働きなくして、考えたり知ったりすることはできない。しかしパースは、経験主義の伝統からひとつの洞察、ひとつの「真理」を掬いだし、それを自発性と結びつけようとした。われわれに経験を強い、われわれの知識を制約する、むきだしの野蛮な強制力があるという視点である。パースはこの統合作業を、所与の神話の罠にはまることなく遂行してみせた[66]。パースのプラグマティシズムは、所与の神話にも摩擦なき斉合主義にも与しない中道路線を行く。だがそれは、観念論の伝統で培われてきた最良の洞察と、経験主義の伝統ではぐくまれた最良の洞察とを結合したものなのだ。

ウィリアム・ジェイムズや後継のプラグマティストは、おしなべて、パースをプラグマティズムの鼻祖と評した。通例それは、「観念を明晰にする方法」でパースがプラグマティズムの根本指針をはじめて明確にしたことを指していると解されてきた。しかし筆者は、彼が鼻祖と呼ばれるのには、もうひとつ別の理由があると論じてきた。一八六七年から翌年にかけて発表された初期論文で、問題の核心にふれる思考方法が切り拓かれたのである。近現代の哲学の大局を方向づけたデカルト主義に対する、根底からの疑問提起と批判がそれだ。パースが生涯にわたって追究することになる課題は、これらの論文で設定された。そして、所与の神話を回避しつつ、経験にむきだしの野蛮な強制力を認める、可謬主義的プラグマティズムがそこではじめて導入されたのである。パースによって新しい思考のあり方が拓かれた。それは、プラグマティズム的転回の道を選んだすべての論者が、これまでにない刺激的なやり方で、いまも推し進めている考え方である。パースを立役者の一人として、大きな転換が始まったのだ。

第二章　ジェイムズのプラグマティックな多元主義と倫理的帰結

二〇世紀なかば以来、一匹の妖怪が哲学の世界を徘徊している。相対主義という妖怪が。それは、かつてわたしが「デカルト的不安」と呼んだものの投影である。この不安について、以前にこう記しておいた。

『省察』を魂の遍歴の書として読んでみると、デカルトの基礎、アルキメデスの点の追求が、形而上学や認識論の問題をとくための方便以上のものを意味していたことがわかる。それは、何らかの不動点、世の浮き沈みがもたらす不断の脅威から生活を守ってくれる盤石《ばんせき》を探しもとめる旅であった。旅の背景にただよう妖怪は、たんなる過激な認識論的懐疑主義ではなく、狂気と混沌の恐怖である。不変のものは何も存在しないという恐怖。「足を底につけることも、水面に浮かび上がることもできない」という恐怖。氷のような明晰さで、デカルトはわれわれを壮大で魅惑的な二者択一へと導いていく。ほかに道はありえないといわんばかりに。われわれの存在の寄《よ》る辺《べ》、知識を支える不動の基礎が存在するか、それとも、暗黒の力にとらえられ、狂気と知的・道徳的混沌に飲み込まれるか、ふたつにひとつだと。(1)

さらに続けてこう書いた。

デカルト的不安の正体を、宗教上の不安や形而上学的不安、認識論的不安、あるいは道徳的不安などとみなすのは見当違いだろう。それらはデカルト的不安がとりうる形の一部でしかない。ハイデガー風に言えば、デカルト的不安は「存在的」というよりも「存在論的」な不安である。なぜなら、世界内存在の中心に巣くっていると思われるからだ。なるほど、いま神のように崇められている思想のキーワードはひとつや二つではないだろうし、その中身もデカルトの時代とは大きく様変わりしているかもしれない。確実性や不可疑性の追求さえ、すでにお払い箱なのかもしれない。しかしそんな時代にあって、客観主義者のヴィジョンの核をなし、彼らの情熱の理由を教えてくれるのは、〝よりどころとなる、安定して揺るぎのない、永遠不動の制約が存在する〟という信念なのである。そして、相対主義者のもっとも根本的なメッセージは、〝そのような基本的制約など存在せず、あるのはせいぜい、自分たちでこしらえた制約や、かりそめに受け入れた制約だけである〟という主張なのだ。相対主義者が客観主義者にむける眼差しは険しい。それはなぜか。客観主義はどれも必ずといっていいほど自文化中心主義に転じてしまう。洗練の度合いに違いはあっても、そうしたものに変わってしまう傾向は避けられない。そして、合理性についての特定の解釈を不当に祭り上げ、根拠もなしにその普遍性を騙《かた》るようになる――。そう相対主義者は考えるからである。今日、客観主義者と相対主義者の闘争は熾烈なものとなっている。それ究極の制約を望み、思想と行動の基盤となる安定して信頼のおける盤石を望んだとしても、それに応え、願いをかなえてくれるものなどないのではないか？　神も、理性も、哲学も、科学も、詩も、その願いに応えてくれないのではないか？　なによりもそうした危惧が増しつつあることが、両者の戦いを激しく燃え上がらせているのだ。(2)

いわゆる「相対主義」とはどういう意味だろうか？　ここでひとつの問題に行き当たる。相対主義の咎《とが》で非難をあびた多くの哲学者が、みずから相対主義者であることを否認しているからである。リチャード・ローティが最たる例だろう。実のところ、彼はむしろ相対主義なるものの誤りを暴きたてるがわだった。「〝相対主義〟というのは、ある特定の――ひょっとしたら、すべての――話題にかんして信念の優劣を否定する立場である。だが、そんな立場をとる者など、実際には一人もいはしない」(3)。ところがローティは、大勢から、相対主義に直結する見方を支持していると噛みつかれた。盟友のプラグマティスト、ヒラリー・パットナムからさえもだ。「相対主義」という言葉の意味は多岐にわたるが、ここでそれを整理するつもりはない。ただ、ウィトゲンシュタイン風にいえば、われわれをとらえて放さないひとつの描像があるという点は強調しておきたい。かつてカール・ポパーが「フレームワークの神話」(4)と呼んだ描像である。その神話によれば、「われわれは理論のフレームワークに、過去の期待に、言語にとらわれた囚人である」(5)。こうしたフレームワークに厳しく拘束されているので、「根本から異なる」フレームワークやパラダイムの人とは意思を伝えあうことができない。(6)違うフレームワーク、語彙、パラダイムはたがいに通約不可能であり、それぞれのフレームワーク内でなされる主張を評価し是非を判定しようと思っても、そのための普遍的基準はもちろん、共通の基準すら存在しない――。相対主義を擁護したり攻撃したりするとき、論者の念頭にあるのは往々にしてこのような描像である。

ここまで、プラグマティズム的多元主義について論じるためのとばくちとして、デカルト的不安と相対主義の「脅威」にふれてきた。それには二つ理由がある。ひとつは、「多元主義」を、相対主義の気の利いた別名と思っている批判的論者が少なくないからだ。しかし、この見方は正しくない。もうひとつの理由は、プラグマティズムの思想家たちにとって、デカルト的不安が突きつける大仰な二者択一は成り立たないと論じるつもりだからである。選択肢として許されるのは、究極的な不動の基礎と基礎なき相対主義だけではない。プラグマティズム的多元主義は、そもそも相対主義ではない。フレームワークの神話が示唆する相対主義の描像に対して、もっとも力強い答えのひとつがプラグマティズム的多元主義なのだ。

ジェイムズの多元主義

ウィリアム・ジェイムズの多元主義と、その倫理的・文化的帰結に話をうつすとしよう。彼は、「多元主義」という言葉に威厳をもたせた最初の哲学者のひとりだった。オックスフォードでの講義をもとに編んだ自著に、『多元的宇宙』(一九〇九年)の題をつけたからだ。しかし、最初の哲学論集である『信じる意志』(一八九七年)でも、「一元論と多元主義の相違は、哲学上のあらゆる相違のうちで、もっとも意味深いといえるかもしれない」と述べている。

一見したところ、世界は多元的なものらしい。統一感はあるが、どうやらそれもいろんなものが寄り集まった結果のようだ。こうした寄せ集めのゴツゴツした形を洗練する努力こそ、高次の思考のつとめにほかならない。そして、はじめに感じたよりも大きな統一性が実際には成り立っていると仮定することで、われわれはますます多くの発見と出会うのである。しかし、その方向に大きく突き進んではいるものの、絶対的な統一性はいまだ見つかっておらず、それはなおも限界概念にとどまっている。……世界を論じる哲学者は、どこまで行っても、いくつもの「観点」を区別するよう迫られる。そして、ある観点にとっては明白なことでも、別の観点からみれば、外から与えられた異質なものという性格が払拭されることはないのだ。否定的なもの、論理にそぐわないものが一掃されることはけっしてない。どんなに偉大な哲学者であろうと、あるひとつの観点から見るかぎり、誤り、他なるもの、外部にあって包摂されることのないものが残る。「運命、偶然、自由、自然発生、悪魔――それをどう呼ぼうとかまわない(7)」。

さらにジェイムズは、多元的であることが「世界の恒久的な形である」という仮説に立つ者こそ、「わたしのいう根本的経験論者(8)」であるとつけ加えている。けれども、彼のいう多元主義の意味をもっと深く理解するには、この見解が生み出された歴史的・哲学的文脈をみておく必要がある。古典的プラグマティストのなかで、ただひとり、イギリス経験論の伝統に親しんでいたのがジェイムズだった。著書『プラグマティズム』(一九〇七年)は、亡きジョン・スチュアート・ミルに捧げられている。ミルこそ、「わたしがはじめてプラグマティックな心の寛さを学んだ人、また、なお世にいますならば、われらの指導者として仰ぎたく思う人」であった。経験論の飾らない性格、あらゆる知識の試金石をあくまで経験にもとめる態度、仲間うちでしか通じない専門用語への嫌悪、部分で全体を説明する習慣にジェイムズは惹かれた。しかしまた、経験論による経験のとらえ方の問題点を、誰よりもするどく剔抉したのも彼だった。

経験論による経験のとらえ方をジェイムズはどう批判したのだろうか。それを知る格好の材料として、精神の知覚にかんするヒュームの説明を取り上げよう。ヒュームの『人性論』は次のような印象的な主張ではじまる。「人間の心にあらわれるすべての知覚は、ふたつの種類にわかれる。一方を〝印象〟と呼び、もう一方を〝観念〟と呼ぶことにしよう[9]」。印象と観念は、それぞれ単純なものと複雑なものに区分される。われわれの「最初に現れる単純観念は単純印象に由来する。ある単純印象に対応する単純観念は、当の単純印象を正確に表象するものである[10]」。観念は印象の写しであるというわけだ。ヒュームによれば、単純印象も単純観念も、それぞれが異なっており、たがいに切り離すことができる。彼の認識論と哲学全体にとって、さらには帰納法や因果性、人格の同一性にかんする懐疑論的分析にとって、この出発点から帰結するものの意味は大きい。不連続な印象や観念のあいだに結合や関係が成り立っていても、それが直接知覚されることはない。印象や観念の結びつきは、類似、時間的・場所的近接、因果という、連合の原理によるのである。印象と観念をめぐる自説について、「それは明らかだ」とヒュームは言い切る。けれどもジェイムズにとっては、そうではなかった。彼は『心理学原理』ですでに、印象と観念にかんするこの説明が誤りであると説いている。それぞれが異なっており、たがいに切り離すことができる印象と観念から、われわれは出発しているわけではない。それを出発点といってしまうのは、ダイナミックな具体的経験を洗練された抽象概念におき替えるものだ、と。ジェイムズは、この誤りを主知主義的な誤謬としてとらえる。実際の経験の流れを、人工の静的な構築物で置き換える誤りである。それは「悪しき主知主義」の一例であり、ホワイトヘッドが剴切にも「見当違いの具体性の誤謬」と呼んだものだ。[*1]『心理学原理』の「思考の流れ」という有名な章で、ジェイムズはこう述べている。

心の内側から、心の研究を始めるとしよう。たいていの本は、感覚をもっとも単純な心的事実としておさえ、そこから出発する。そして、感覚を総合するかたちで議論をすすめ、下から上へと一段ずつ構築していく。だがこれでは、経験論の研究手法を捨てるのも同然である。単純感覚そのものを抱いた者などだれもいはしない。この世に生を享《う》けたその日から、われわれの意識は多様な対象と関係とであふれている。いわゆる単純感覚でさえ、するどい注意力を、しばしばきわめて高いレベルにまで働かせた結果なのだ。一見して無害そうな、欠陥をかかえた前提をはじめに認めてしまうことで、心理学にどれほどの大混乱が起きるかを想像すると、言葉を失うしかない。悪しき帰結はあとになって姿をあらわす。そして、研究のすみずみにまで広がり、もはや取り返しがつかなくなるのである(11)。

また、こうも述べている。

絶えざる心の流れが犠牲となる。代わりに説かれるのは原子論であり、瓦片の建築物の図面である。……以上の評は、ロックとヒュームに発する英国の心理学全体と、ヘルバルトに由来するドイツの心理学全体への批判を意図している。いずれも「観念」を、浮かんでは消えるばらばらの主観的存在とみなしているからだ(12)。

要するにジェイムズは、「経験論の研究手法を捨てた」として、伝統的な経験論者を非難するのである。経験をばらばらな要素の集合体としてとらえる誤りを、彼は繰り返しあばこうとした。見方を変えていえば、経験の連続的な流れのなかで、結合や関係や推移がじかに経験できると説いたのである。その後、伝統的な経験のとらえ方に対するジェイムズの批判はますます先鋭化していく。そしてついには、近代の認識論に深く根をおろした主観と客体の区別、意識と内容の区別に挑むまでになるのである。一九〇四年の「〝意識〟は存在するか」論文では、主観と客体という経験の二元的枠組みと、それを背景とする意識と内容の二元論が否定された。「わたしの考えでは、経験にそのような内的二元性はない。経験が意識と内容とに切り離されるのは、引き算ではなく足し算によってである」(13)。たとえば部屋の経験ひとつをとっても、読者の個人的な生活史の一要素にもなれば、家屋の一室がたどるモノとしての歴史の一要素にもなる。*2 ジェイムズは、経験といういとなみの創造的、想像的、選択的側面を強調しつづけた点でも、伝統的な経験論者の多くと一線を画していた。その力説ぶりは、一部の論者からこんな評も聞こえてくるほどだった。カントやドイツ観念論に辛辣な言葉を吐いてはいるけれども、じつは本人が認める以上に、ジェイムズはカントの影響をうけているのではないか――。ホワイトヘッドは、ジェイムズの著作、とくに記念碑的論文である「〝意識〟は存在するか」の歴史的・哲学的重要性にふれてこう述べている。「科学的唯物論とデカルト的自我は、一方が科学によって、他方が哲学によって、同時に攻撃を受けることになった。その哲学を代表するのがウィリアム・ジェイムズであり、彼の心理学上の先行者たちであった。そしてこの二重の攻撃は、それまでおよそ二五〇年にわたって続いてきた一時代の終焉を告げているのだ」(14)。

ジェイムズの根本的経験論が多元主義とどう結びつくのかを理解するには、彼がいわば中間的な路線を模索していた点をおさえる必要がある。経験論者の誤った認識論的原子論と、宇宙をひとつの固い塊のようにとらえる、観念論者の一元論との中間である。ジェイムズはさまざまな形の絶対主義や一元論と終生戦いつづけたが、彼の多元主義的な根本的経験論は、そうした立場とは対照をなすものとして、またそれらへの反動として展開されたものだった。とかく忘れられがちだが、一九世紀の終わりに至るまでの数十年間、米国（および英国）では多種多様な絶対的観念論が力をふるっていた。英国では、ヘーゲルとドイツ観念論が発想の源泉だったものの、T・H・グリーン、F・H・ブラッドリー、バーナード・ボウザンケットがそれぞれの流儀で絶対的観念論を展開した。米国には、キリスト教化された絶対的観念論の大御所、ジョサイア・ロイスがいた。ジェイムズにとってロイスは、ハーヴァード大学の年若い同僚にあたる。ジェイムズはロイスを高く評価し、彼から学びもした。しかし、ロイスも英国の観念論者も、ジェイムズには最後まで論敵でありつづけた。絶対的観念論者がとなえる、やせ細って頭でっかちな一元論——と彼は考えた——に応えるかたちで、ジェイムズはみずからの多元主義を鍛え上げていった。絶対的観念論、とりわけロイスのキリスト教化された観念論にむけた異論は多岐にわたる。なかには理屈抜きの本能的反発に近いものもあった。ジェイムズの考えはこうだ。絶対的観念論者にとって、ほんものの自由意志や、新しい体験や、偶然のでる幕はない。この世には疑いようのない悪が存在するのに、理屈をこねてそれを認めたがらない。彼らのいう「経験」は、その手で容赦のない攻撃をくわえた経験論のいびつな影でしかない。彼らは、多数のモナド、多数の不連続な原子的印象からなる世界の代わりに、すべてを包含する一個の巨大なモナドを選んだのだ、と。真理をプラグマティックにとらえるべしとジェイムズが説くとき、そこには、観念論者がとなえる真理の斉合説への対案を提起するという意図もはたらいていた。彼らは、「真理とは全体である」というヘーゲルの説を大筋で受け入れる。しかし、宗教的経験の多様さを見つめるこまやかな感性には欠けていたし、彼らの思いえがく神も古くさい哲学的抽象概念でしかなかった。ジェイムズは、さまざまな比喩を駆使して彼らの大仰さをあばきたて、一元論的観念論をあざ笑った。

絶対者としての世界、永遠の相の下にある世界、無限であるかぎりの世界には、人間の共感する余地はない。なぜなら、そのような世界は歴史をもたないからである。絶対者そのものは、働きかけることも働きかけられることもないし、愛することも憎むこともない。何かを必要としたり欲したり望んだりすることもない。失敗も成功もなく、友も敵もなく、勝利も敗北もない。そういったことはみな相対者としての世界の話だ。しかし、われわれが限りある経験をするのもその世界であり、そこでの変化だけがわれわれの関心を呼び起こす力をもっている。「絶対者の道こそが真の道である」と諭されたところで、あるいはエマソンの台詞のように「絶対者の姿や空の様子を仰ぎ見よ」と聞かされたところで、そんな芸当がそもそも定義によって不可能だとしたら、いったい何になるというのか？　わたしは限りある存在であり、わたしが共感するもののカテゴリーはすべて、有限な世界それ自体や、歴史をもつ事物とかたく結びついているのだ。(15)

ジェイムズがかかげるような多元主義を、多くの哲学者は不快に感じた。そのことは彼自身もよくわかっていた。哲学者には、秩序だって輪郭が明瞭で体系的なものを追い求める、根深い衝動があるとジェイムズは述べている。この点で、後期ウィトゲンシュタインは、ジェイムズにとって心強い身方になったに違いない。完全無欠の秩序への渇望という哲学者の宿痾を、彼もまた癒やそうとしたからである。ジェイムズは言う。

妙なことに、根本的経験論は哲学者たちからほとんど支持されなかった。この世界はどうやらゴミであふれているらしく、彼らは昔からそのゴミを始末しようと腐心してきた。唯物論を志向するか唯心論を志向するかにかかわりなく、それをめざしてきた。もつれがあると見るや、それを経済的で秩序にかなった概念に置き換えた。そうした概念には道徳的に卓越したものもあれば、知的な簡潔さをそなえただけのものもあったが、いずれにせよ美的観点からみれば純粋で明確であり、この世界に清潔で知的な構造を帰属させようとするものであった。このような合理主義の描像にくらべれば、わたしの多元主義的な経験論はみすぼらしい代物としかいいようがない。にごって、混乱し、無骨なもののたぐい。大ざっぱな輪郭もなければ、絵画としての気品もほとんどない。(16)

もちろんジェイムズは、見たまま、感じたままの世界や経験で十分だと述べているわけではない。秩序の探求はやめるわけにはいかないこと、単純化したり、思わぬ場面で統一性を見つけたりする作業が必要なことは、よく承知している。しかしそれでも、たったひとつの均質的な統一体という考えそのものを承服することはなかった。統一性の意義こそ否定しないものの、かたくなな一元論とは違い、それがどんな種類の統一性かを問うのが多元主義の立場なのである。実際にどの程度の統一性が見られるのか、それはどういう意味での統一性なのか、よく確認すべしということだ。「したがって、〝ひとつであることは、どのようなかたちで知られるか?〟〝それは実際にどういう影響をもたらすか？〟というプラグマティックな問いは、ひとつであることを崇高な原理のように祭り上げて熱狂する愚からわれわれを守り、経験の流れのなかへと冷静に導いてくれるのである。なるほどこの流れには、いま想像されるよりもはるかに多くの結合や統一が見つかるかもしれない。だがプラグマティックな原理にたつ以上、調べもしないうちから、万事において絶対的にひとつであると決め込むわけにはいかないのだ」[17]。

ジェイムズの場合、哲学の課題についての考え方も多元主義の精神にもとづいている。ヴィジョンと気質をめぐる考察を材料に、この点を確認しておこう。『多元的宇宙』では、哲学的ヴィジョンの性格が全体を貫くテーマにすえられている。ジェイムズによれば、「人のヴィジョンは、その人物にかんする重要な事実にほかならない」。「哲学の歴史全体を見渡すと、どの体系も、いくつかの主要なタイプに帰着することがわかる。これらのタイプは、人間の巧みな知性によって専門用語の衣を着せられているが、実はその一つひとつがヴィジョンであり、人生の意味のとらえ方、生きることの意義の受けとめ方なのである。それは各人の性格や経験全体をとおして否応なしに身についたものであり、たいがいは、他よりも役に立つ考え方ということで採用された——としか言いようのない——ものなのだ」[18]。ジェイムズはまたこうも述べている。「著者がだれであろうと、ヴィジョンの中心さえつかめば作品の理解はたやすい」[19]。彼はヴィジョンの規範的意味を強調する。「ヴィジョンがなければ人は滅ぶ。職業的な哲学者で、ヴィジョンのある人は少ない」。けれども哲学者にヴィジョンがあれば、「その人の書いた本をくりかえし読み、そのたびに新鮮な実在感覚を得ることができるのだ」[20]。ここでいうヴィジョンとは、創意と想像力にあふれた方向感覚であり、「人生の意味をとらえる」センスにほかならない。ヴィジョンという語に込められたさまざまな意味合いを入念にたどれば、ジェイムズの多元主義はいちだんと深く理解できるようになる。なぜならヴィジョンというものは多元的であり、ひとつには還元できないからだ。ヒラリー・パットナムが流布させた言い回しをかりれば、有限な存在であるわれわれ人間は、「神の目」の視点にけっして立つことができない。われわれのヴィジョンはつねに有限で、部分的で、不完全なものでしかないのである。

ジェイムズにあったのは、想像力あふれるヴィジョンを見抜くセンスだけではない。プラグマティズムの視点から、哲学のヴィジョンを明確にするうえで、論証が重要な役割をになうこともよく理解していた。哲学で論証がはたす役割と、経験のむきだしの野蛮な強制力——パースのいう第二性——を彼がしっかりと見すえていたことは、多くの材料が裏づけている。のちのクワインを思わせるような一節で、ジェイムズはこう力説する。われわれ一人ひとりが、ゆるぎない所見や「真理」のストックを抱えもっている。しかし、齟齬が感じられたり不都合な事実が見つかったりすれば、そこに緊張が生まれる、と。こうした緊張を経験すると、何が起こるのだろうか？

彼はできるだけ修正せずに済まそうとする。こと信念の問題にかんしては、だれもが極端な保守主義者になるからである。彼はまずこの所見を変え、それから次にあの所見を、というふうに進んでいく(というのも、すでにある意見は手を変え品を変えて変更を拒むからである)。ついには、古い所見のストックに加えても、ごくわずかの混乱しか生まない新しい考えが浮かんでくる。古い所見のストックと新しい経験とをとりもって、実にうまい具合に溶けあわせてくれる考えである。(21)

ジェイムズの倫理的関心

多元主義を論じたジェイムズのどの著作にも、倫理への強烈な関心をうかがうことができる。彼は絶対的観念論と一元論に反対する論陣をはった。そうした立場では、ほんものの自由や新しい体験、偶然の存在する余地がなくなってしまう。また、われわれは日々御しがたい悪を経験しているが、その事実も見て見ぬふりだ――。そう考えたからこその反対論であった。多元的宇宙は開かれた宇宙であり、さまざまな可能性や偶発的事象が実際に存在する場、好むと好まざるとにかかわらず人間の行為が影響をおよぼす場である。そこには悲劇もあれば事態の改善もある。ジェイムズの世界改善説《メリオリズム》は、「改良が少なくとも可能だと主張する説[22]」である。それはオプティミズムとペシミズムの中間に位置する。「世界はかならず救済されると考える説」がオプティミズムであり、「世界の救済は不可能であるとする説[23]」がペシミズムである。

ジェイムズのような多元主義の理解からは、どういった倫理的帰結が導かれるだろうか。これについては本人が明確に述べている。「人間におけるある盲目さについて」と「人生を意義あらしめるものは何か」という注目すべき二編のエッセーがそれである。ジェイムズのいう盲目とは、「誰もが悩まされる、自分以外の生物や人間の感情について盲目であること[24]」を指す。われわれは自己中心的で、自分とは大きく異なる人の気持ちや意見には鈍感なきらいがある。「だからこそ、よそ者の生活の意義となると、愚かで不当な見方をしてしまうのです。だからこそ、他人の生活条件や理想の価値について、厚かましくも断定的に評価をくだそうとして、判断を誤ってしまうのです[25]」。ジェイムズは、ノースカロライナの山岳地帯を旅したときの経験にふれている。そこで彼は「山かげ」――小さな谷を開墾して作付けした場所――をいくつも通った。最初の印象は、汚らしいとしかいいようのないものだった。「森は無残に破壊されていました。〝改良〟によって森が消滅したあとは醜悪のきわみで、さながら潰瘍のような光景でした。人工の優美さが自然美の喪失を埋め合わせてくれることもありません」(26)。ジェイムズは言葉を失った。そして、こんなにもおぞましい情景をうみだしたのがどういう連中なのか、知りたいと思った。

そこでわたしは御者役の山人《やまうど》にたずねました。「この辺で開墾を受けもっているのはどんな人たちなのかね?」「わしらみんなですよ」と御者は答えました。「わしらはね、ここらの山かげを開墾してないと面白くないんですよ」。わたしはハッとしました。この付近の生活条件が宿している内面的な意義をすっかり見落していたことに気づいたのです。わたしにとって開墾地は、殺風景という以外なんの意味もない土地でした。そのため、たくましい腕で自在に斧をふるってこの土地を開墾した人たちにとっても、同じようなものだろうと決めてかかっていたのでした。しかし、あの醜い切株を眺める彼らの心に浮かぶのは、みずからの手でかちとった勝利の文字だったのです。木屑も、樹皮を切り取った木も、丸太を割って作った不格好な柵も、流した汗と長き労苦と最後の報いとを物語るものだったのです。丸太小屋は自分と妻と子供たちの安息の場であったのです。要するに開墾地は、わたしにとっては網膜に映じる醜い情景にすぎなくとも、開墾者にとっては、精神の記憶をよみがえらせる象徴であり、義務と奮闘と成功をたたえる讃歌をうたうものなのでした。

開墾者の生活条件に宿る独特の理想が、わたしには見えていませんでした。しかし、同じように彼らもまた、ケンブリッジの奇妙な、こもりっきりの学究生活をのぞき見ても、わたしの生活

条件に息づく理想は見えないことでしょう。(27)

話としてはありきたりで飾るところがないが、その教訓には普遍的な意味がある。われわれは、自分とまったく異質なものに出会うと、当たり前のように目を閉じ耳をふさぐ。そして、考える暇もあらばこそ、蔑んだり毒づいたりを繰り返す。宗教や民族、人種やジェンダーがからむ不寛容となると、その傾向は身の毛もよだつばかりである。別の人生経験をもつ人に世の中がどう映じるのか、わかろうともしないのだ。しかし、理解力と共感の幅をひろげて、他者の観点や生活スタイルや視野を知ることはできる。もちろん、ほかの観点の理解に本気でつとめたからといって、それを受け入れるとか、批判的な評価を控えるということではない。ジェイムズの多元主義はそれほど柔《やわ》ではない。批判精神をわすれることなく、別の観点、別のヴィジョンに向き合うよう呼びかける、腰のすわった多元主義が彼の立場なのだ。(28) 相対主義といえば、フレームワークやパラダイムの通約不可能性のイメージが浮かぶ。一方ジェイムズの多元主義は、たがいに手を伸べあい、批判的にかかわりあえる接点を見つけようではないか、と訴えるのである。

「人生を意義あらしめるものは何か」の冒頭で、ジェイムズはみずからの多元主義のヴィジョンを雄弁に、感動的な調子で要約している。

さきの、「人間におけるある盲目さについて」という講話では、人生がさまざまな価値や意味に充ち満ちていること、ものごとを外からぼんやり眺めているせいで、わたしたちはそうしたものの存在に気づかないことを、感覚としてわかっていただこうとしました。ただ、いろんな意味があるとはいっても、それは自分たちにとってではなく、他者にとってということです。そして、この点を理解することは、物見高い知性の手すさびにとどまらない意義があります。実際面でもそれは掛け値なしに重要だからです。わたしが感じるその重要さを、皆さんにもわかっていただければいいのですが。それは、社会的、宗教的、政治的とを問わず、あらゆる寛容の基礎をなすものです。統治者が民に対して愚かな暴虐のあやまちを犯すとき、その根底にはかならず、この点の忘失があります。人とのかかわりで第一に心得ておくべきことは何かといえば、幸せの形は人それぞれであり、暴力による干渉がこちらに及ぶのでないかぎり、それに干渉してはならないということです。世のすべての理想を見通せる者はいません。だれであれ、そうしたものの価値について軽々に判断をくだしてはならないのです。相手の理想について独断的に意見を吐く態度こそ、人間の不正義と残虐の多くを生みだす元凶であり、人間の性格のなかでもっとも天使たちを嘆き悲しませるであろう点なのです。(29)

ジェイムズの政治参加

ジェイムズについて流布している神話のひとつに、彼はさほど政治に関心がなく、その多元主義も政治とは無関係だというものがある。しかし実際のジェイムズは、知識人として政治にも積極的にかかわっていた。熱病のように社会を覆い、やがて一八九八年の悪名高い米西戦争を招くことになる、世の戦意高揚ムードに対して、ジェイムズは憤怒の炎を燃やした。そして、帝国主義に抗議する熱のこもった記事や公開書簡をいくつもしたためた。一八九九年三月一日付の『ボストン・イブニング・トランスクリプト』紙に掲載された書簡ではこう述べている。

いまこの国は、公然と、この偉大な人間世界でもっとも神聖なものを押しつぶそうとしている。ひさしく奴隷状態におかれた人びとが、みずからの所有を回復し、法と政府を組織だて、自由に自身の理想にしたがって内なる運命をたどろうとする試みを、台無しにしようとしているのだ。……では、なぜこの国はそのような暴虐の振る舞いをやめないのか？……曰く、われらは文明の伝道者たらねばならず、ときに苦痛であろうとも、白人としての責務をになわねばならない。……個人の生活など何の意味もない。天が授けたこの義務と運命とに応えるのだ。文明の歩みをとめてはならない――。

「現代文明」という名の高慢な偶像を告発する文句として、これより辛辣なものがありえようか？　残忍な勢いと非合理が音を立ててほとばしる、巨大で、空虚な、腐敗とごまかしと混乱の奔流こそ、文明なるものの正体だというのだから。このたびの蛮行もその産物だというのだから。[30]

ジェイムズの反帝国主義（および反一元論）の姿勢は、次の一言に集約されている。「くたばれ大帝国！ついでに絶対者もくたばれ！……個人と個人の〝活動圏〟とを与えたまえ[31]」。

ジェイムズの舌鋒は、アフリカ系米国人に対する「リンチという疫病」――と彼は呼ぶ――にもおよんだ。群衆が血に飢え、悪へとたやすく走るものであることを、彼は痛感していた。たしかに、ジェイムズのいだく人間像はセンチで大甘だという見方もある。けれども、群集心理とリンチについて述べた次の一節を読めば、ジェイムズのなかに、フロイトに（あるいはニーチェにさえ）通じる一面があったことがわかる。

いってみれば、教会通いをする平均的な文明人は、何ひとつわかっていないのだ。人間の本性の奥底で昏《くら》く流れているものを。その胸底には、殺戮に目を輝かす原初の能力がまどろんでいることを。宗教、慣習、法律、教育は、何よりもこの殺人の潜在能力を抑制すべく、何世紀にもわたって文明人に圧力をくわえ続けてきた。その結果、はてしなく困難な道のりではあったが、幸いにも最近まで、われわれは公共の安寧を享受することができた。庶民が血に飢えた自分の本当の姿を忘れられる体制、血なまぐさい衝動が例外とされ、新聞や恋愛小説のなかだけの物語に感じられる体制がととのったのである。(32)

ジェイムズは、群衆暴力の無法を終わらせるために、強制力をともなった策を講じるよう訴えた。新聞には、リンチのどぎつい描写で群衆の激情に迎合するのをやめさせようとした。警察官には、義務をはたして群衆に立ち向かうことを要求した。それでもだめなら、群衆のリーダーを起訴し、有罪とすべきだと主張した。ジェイムズは多元主義の観点から人の盲目さと不寛容に生涯抗いつづけたが、「リンチの疫病」はそうした通弊の極端な例であった。

ジェイムズの多元主義の遺産——ホラス・カレンとアレイン・ロック

思想家の重要度をはかる指標に、学生や、著作に触発された人びとへの影響の大きさがある。若い世代へのジェイムズの影響は並外れていた。彼らは、ジェイムズの多元主義をさまざまな新しい方向に発展させていった。そして、二〇世紀初めの米国の知的風土を作りかえるうえで、重要な役割をはたしたのである(メナンド『メタフィジカル・クラブ』の「いくつもの多元主義」と題された章を見よ)。W・E・B・デュボイズとアレイン・ロックのふたりはアフリカ系米国人の知識人としてもっとも重要な存在だが、ジェイムズの黄金期に、ともにハーヴァード大学の哲学科で学んでいる。正統派ユダヤ教の一族の出身であるホラス・カレンは、みずからジェイムズの哲学を継承する主要人物のひとりをもって任じていた。米国の長老派の名家に生まれたランドルフ・ボーンは、友人への手紙で、ジェイムズこそ人生と現実世界についてもっとも刺激にみちた現代的展望を示してくれる人物だと書き送っている。こうした思想家たちは、ジェイムズの多元主義の洞察を吸収し、それを武器にして、人種差別や宗教的不寛容、外国人排斥に立ち向かっていった。第一次大戦前後の時期、米国ではそうした風潮が蔓延していたのである。一人ひとりの貢献を正当に評価するには、立ち入った検討がいる。ここでは、ホラス・カレンとアレイン・ロックの多元主義に手短にふれるにとどめよう。

一九〇七年、のちに『多元的宇宙』として出版される講義のために、ジェイムズは大西洋をわたった。講義には数百人にものぼる聴衆がかけつけた。そこには、ハーヴァード大学にかよう米国人、ホラス・カレンとアレイン・ロックの姿もあった。二人が親しく交わるようになったのは、ロックがハーヴァードの学生としてサンタヤーナのギリシャ哲学講義を聴講したときにさかのぼる。カレンは、シェルドン研究旅行奨学金を付与され、オックスフォードに滞在中だった。一方のアレイン・ロックは、ローズ奨学金を獲得したはじめてのアフリカ系米国人だった。南部出身のローズ奨学生たちがローズ・トラストの評議員にロックへの給付の取り消しを訴え、要求が却下されるという一幕もあった。植民地出身の学生には温かく迎え入れてもらえたものの、オックスフォードにいる同郷の米国人は彼を遠ざけた。そんなオックスフォードでのロックの境遇に憤慨し、公然と連帯の意思を示したのがカレンだった。

第一次大戦の前後は、反移民感情や反黒人感情に米国が染まった、ひどく暗い時代だった。移民へのヒステリー、排外意識の急速なたかまり、暴力的な反ユダヤ主義と人種差別の嵐が吹き荒れた。このおぞましい風潮に抗議した者の多くが、ジェイムズのプラグマティックな多元主義に鼓舞されたのだった。彼らは、米国の未来、開放と寛容と多様性の国を築くという難題に挑んだのである。一九一五年に発表された「民主主義とメルティング・ポット」という今日よく知られる論説で、カレンはメルティング・ポットの比喩を批判した。それぞれの要素が個性も集団としてのアイデンティティも失い、均質的な群れへと変わってしまうのがメルティング・ポットだと。カレンは別の見方を提示する。

たとえ「自然状態」にあっても、人間の根本は、「ホモ・エコノミクス」のようなたんなる行動の数学的単位ではない。時間的存在たる人のうしろには、そしてまた、とりわけ資質の面で人のなかには、遥けき祖先の系譜が息づいている。空間的存在としての人の周囲には親類縁者がおり、ともに、いにしえの共通の先祖に眼差しを向けている。こうした関係のなかで人は生き、行動し、存在するのである。(33)

カレンは、さまざまな宗教や民族に対して、独自の文化遺産に誇りをもってほしいと願った。そして、たがいに差異を認め、尊重しあう米国の姿を思い描いた。「われわれはアメリカをどんな国にしたいのか？　〝アメリカ〟という古きアングロサクソンの主題、ニュー・イングランド派の描くアメリカをユニゾンで奏でたいのか？　それとも望むのはハーモニーなのか？　つまり、その主題は主旋律ではあっても、あくまで多くの旋律のひとつであり、唯一の旋律とは見なさないということなのか？」[34]カレンにとって、ユニゾンは一様化と均質化の象徴だった。それは文化的一元論の勝利を意味した。ハーモニーを奏でるには、それぞれに特徴のある、異なる声部がなくてはならない。カレンは、民主的な共同体として米国を描く。そこでは「人間の集団がもつ奪うことのできない性質や目的がたえざる圧力として作用し、混乱した日常生活を支配する。……その形態は連邦共和国の形態である。その中身はさまざまな民族からなる民主主義である。民族どうしが自発的、自律的に協調して、それぞれのタイプに応じた人間的完成を追求し、そうすることで各民族の自己実現をはかるのである」[35]。

カレンは音楽の比喩にひかれた。記事は、交響楽団の比喩に多くの言葉をついやして締めくくられる。

オーケストラでは、どのタイプの楽器にも、素材と形状にもとづく特有の音色がある。シンフォニー全体のなかで、それぞれが固有の主題と旋律を受けもっている。それと同じように社会でも、それぞれの民族集団が自然の楽器となり、その精神と文化が主題や旋律となる。奏でるハーモニーと不協和音のすべてが、文明というシンフォニーを織りなすのだ。違いといえば、交響曲は演奏前に楽譜が用意されているのに対して、文明というシンフォニーでは演奏がそのまま作曲であり、音楽のように前もって進行が決まっていないこと。自然がもうけた限界の範囲内で、曲が思いのままに変化し、ハーモニーの幅と多様性がますます広く豊かに美しくなっていくことだけである。

だが問題は、米国の支配的階級がはたしてそのような社会を望んでいるのか、ということだ。[36]

カレンのアナロジーと比喩を文字どおりに受けとるなら、いろいろと厄介な問題が生じてくる。「連邦共和国」という政治の概念は、実際の移民や民族集団にどうあてはめたらいいのか、かならずしも明らかではない。カレンは個性を強調するが、民族や宗教集団のあいだに横たわる数多くの重要な違いにも、またそうした集団の時間的な変化にも、十分留意しているとはいいがたい。異なる集団のあいだの衝突にも注意を怠っている。ジョン・デューイがカレンにあてた手紙で示唆したように、さまざまな楽器で構成された交響楽団という比喩は、カレンが意図したよりも硬直しているかもしれない。その後少しずつカレンは見方を修正し、すこぶるダイナミックな可塑性を考慮した、文化的多元主義のヴィジョンを描くようになっていった。師とあおぐウィリアム・ジェイムズのように、文化的多元主義の主張と、個々人の違いへの配慮を両立させようとしたのである。

文化は、個人のなかで、個人を通じて、生命をはぐくむ。文化の活力は、さまざまな関心とむすびつきをもつ個人の多様性からうまれる。多元性は、文化が持続し繁栄的成長をとげるための必須の条件である。しかしそれは、確固とした不変のモナドという概念から導かれる絶対的な多元性ではない。そうではなく、流動的な関係が織りなす多元性こそが必須の条件なのである。生きている個人は、さまざまな交流のなかでこの多元性と出会う。この交流によって、人は自分の個人史を紡《つむ》いでいく。集団への参加や離脱、仲間との公私にわたる交わりを繰り広げながら。集団といっても、誰ひとりとして同じ者はいない。だが、そのように一人ひとり違う個人が集結し、共通の手段を生み出し、維持し、時に対立する多様な価値観をはぐくみ、守り、揺るぎないものにしようと努めるのだ。[37]

カレンが「民主主義とメルティング・ポット」を発表したのが一九一五年。同じこの年、アレイン・ロックは五回にわたる連続講演をおこなっている。全米黒人地位向上協会ハワード大学支部の後援で催されたこのレクチャーは、「人種の接触と人種間関係」と題された。講演では、きわめて洗練された人種理解が展開された。ロックの見解は、カレンによりもむしろ、ジェイムズのダイナミックな多元主義の精神に近い。人種概念に生物学的な根拠があるという考え方に対して、ロックは異を唱える。フランツ・ボウアズの仕事に依りながらも、さらに踏み込んで、ロックはこう説いた。生物学的なものにせよ、社会学的なものにせよ、人類学や文化にかかわるものにせよ、人種を決定する不変の因子など存在しない、と。ジェフリー・C・ステュアートは、ロックの中心テーゼを次のように簡潔にまとめている。ロックによれば、

人種は不変の生物学的存在ではない。社会環境や文化的環境が変われば人種集団の物理的特徴も変化するし、同じ集団の内部にも幅広い多様性が見られるからである。……人種とは、歴史や文化を共有し、ある特定の地域に居住する社会集団や民族集団の別名でしかない。人種は文化である。なぜなら、「どの文明も独自のタイプを生み出している」からだ。……つまりロックは、人種差別的な文化論をいわば逆立ちさせているのである。個々の人種が文化をつくるのではなく、文化こそが、つまり社会的、政治的、経済的プロセスこそが、人種的特徴をつくるのだと。[38]

いまふうに言えば、ロックの議論は人種概念の脱構築ということになるだろう。ロックにとって人種は「民族的虚構」だった。しかし、だからといって、それが実際に力をもたないということではない。むしろこの虚構は、残念ながら、有害そのものというべき帰結をもたらしている。だがロックは、人種概念を捨てるべきだとは結論しなかった。アフリカ系米国人は、自尊心と尊厳の意識を回復するために、人種概念を肯定的にうけとめる必要がある――デュボイズと同じく、彼もまたそう信じた。アフリカ系米国人が米国の文学や芸術や文化に貢献するためのツールとして、積極的な意味での人種概念に多くを期待したのだ。彼はこのテーゼを『新しい黒人――ひとつの解釈』で詳説している。ロックはまた、思想家としてハーレム・ルネサンスを最前線でになった一人でもあった。彼はアフリカ系米国人の芸術や文学を擁護する論陣をはったが、そこには「彼流のプラグマティズムをうかがうことができる。同化の拒否から、彼の多元主義がうかがえるのと同じように。ジェイムズと同じくロックも、この世界を開かれた多元的宇宙とみなし、人間にはそのありかたを決める能力があると考えた。つまり、人種間の相互作用の学を素描するかたわら、ジェイムズのように決定論を、とりわけ人種的決定論をしりぞけたのである。人種差別がしぶとくはびこる社会にあって、人種的決定論は黒人を生物学に縛りつけ、黒人の権利獲得運動を無意味なものにしてしまう。だからこそ、ロックはそうした決定論を否定したのだ(39)」。

人種をめぐるロックの考察を読むと、コスモポリタニズムの側面がとくに目をひく。彼は、米国にとどまらず、世界史の文脈で人種概念を検討しているが、その吟味のしかたにコスモポリタニズムが見てとれるのだ。「根のあるコスモポリタニズム」という言葉が生まれるずっと以前に、アフリカ系米国人のための根のあるコスモポリタニズムをロックは唱えていたのである。もちろん、激しい人種的偏見などじきにやむだろうと楽観していたわけではない。しかし、その「最終段階」には立ち会えるかもしれないと、控えめな期待は述べている。

人種問題を分析してみると、いきおい、ある見解に至らざるをえないものらしい。つまり、いま米国でおきている反応は問題の最終段階を意味しており、それじたい歓迎すべきものである、という見解である。なぜならそうした反応は、社会が進歩的変化の現実をまのあたりにして、不可避なものに抗おうと最後のあがきを見せていることが原因だと思われるからだ。しかし、もうあとには人種の区別への病的執着くらいしか残っていないことに仮初《かりそ》めにでも気づくなら、旧式の社会にしがみつく人びとは危機感に身もだえする以外なにもできないのである。[40]

こうした控えめな期待も、人種偏見を克服する闘いでは、あまりに楽観的すぎるものであった。異文化の共存とアイデンティティの政治学をめぐる最近の議論をみるかぎり、精神においても形式においても、ジェイムズのプラグマティックな多元主義からまだ多くを学ばねばならないようだ。ジェイムズは、とくに物象化の危険性に深い洞察力を示している。集団には不変のアイデンティティがあると考えることの危うさである。歴史のなかでアイデンティティがどう変化し、発展し、変異するかを、ジェイムズは敏感に意識していた。けれども、感傷に流されて、やみくもに差異を称揚するようなところは少しもなかった。われわれをひとつに結ぶ共通点を見つけだすことにも、同じように関心をそそいだ。彼は、個性をはぐくむ多元主義の観点を一貫して擁護した。さらに、歴史的条件の変化にあわせて、プラグマティックな多元主義のヴィジョンもそのつど練り直しが必要になると——まさしくプラグマティズムの最良の部分を体現するかたちで——主張した。ヴィジョンについてジェイムズが語った説得力あふれる言葉は、彼自身のことを言い当ててもいる。人のヴィジョンは、その人物にかんする重要な事実である。「だからこそ、われわれはその人の書いた本をくりかえし読み、そのたびに新鮮な実在感覚を得ることができるのだ(41)」。

第三章　デューイの根源的民主主義のヴィジョン

「デモクラシー」という言葉の歴史は古いが、ほとんどの時代で悪いイメージが付きまとっていたことは忘れられがちだ。ギリシャ語の「デーモクラティア」は、デーモス(大衆や庶民)による支配を意味する。大衆による支配を野放しのまま放置すれば、無政府状態がうまれ、やがては暴政を招くに違いない――そんな不安のまなざしが、何世紀ものあいだ民主主義には向けられてきたのである。たとえばアメリカ建国の父たちは、民主主義の体制づくりに自分たちが携わっているとは思っていなかった。むしろ、新たな共和制づくりに従事していると考えていた。抑制と均衡の巧妙なシステムや権利章典が導入されたのも、放埒な民主主義の乱用をふせぐためだった。「民主主義」という言葉が肯定的な意味合いをおびるのは、一九世紀になってからでしかない。ただしそうした時代に至ってもなお、アレクシ・ド・トクヴィルは、この体制が直面する多くの危険に警鐘を鳴らしていた。トクヴィルは、米国の民主主義についてもっとも鋭い論評をくわえた知識人である。自由主義の大思想家ジョン・ステュアート・ミルも、民主主義の社会ではとかく凡庸さばかりが育ってしまうと危惧した。民主主義を熱心に擁護するがわも事情は似たり寄ったりだった。実際の民主主義では、全員の積極参加という理念は実現不可能だし、また望ましくもない――陰でそう考える者が絶えなかった。

今日、「民主主義」はいたって前向きな雰囲気をおび、人びとの情感に強くうったえる言葉になっている。そのため、民主主義の意味があらためて問われることも滅多にない。皮肉屋ならこう言うところだろう。「民主主義」はほとんどあらゆるものを意味したし、いまも意味している。自由選挙や多数派支配へのコミットから、「自由市場」資本主義との一体感まで、ほとんど何でも、と。ジョン・デューイが述べたように、スターリンの全体主義が全盛をきわめていた当時のソ連でさえ、「民主主義を伝統としてきた西欧や米国の国民を、民主主義の大義にそむいている」と指弾し、「民主主義を唱えながら実践できずにいる国の連中は、民主主義の理念を代表しているとはいえず、むしろ理念の裏切者である」と責め、自国こそ「民主主義の理念を政策面でも原則面でも模範として実現していると胸をはってみせた」(1)のだった。

以下では、こうした事情をふまえながら、ジョン・デューイの著作における民主主義の意味を検討しようと思う。デューイの考える民主主義の核心部分を再構成し、今日の視点から彼の貢献を評価するのが狙いである。具体的にいえば、民主主義の実践を理解しはぐくむうえで、デューイから何を学べるかを探るのである。近現代のあまたの哲学者(古代の哲学者を含めてもかまわない)のなかで、デューイこそ、ほぼ全業績にわたって民主主義を最大のテーマにしてきた唯一の思想家だった。一八八〇年代に書かれた初期の著作から、一九五二年の死に至るまで、彼は倦むことなく民主主義の意味を問いつづけた。教育、科学、探究、美学、芸術、形而上学、自然、宗教といった分野のすべてで、その著作には民主主義がテーマとして登場しているのである。

まず、デューイがはじめて民主主義を正面から論じた「民主主義の倫理」を検討しよう。執筆時二九歳、ミシガン大学の若手教授だったころの評論である。ヘンリー・メイン卿の『民衆政治』での民主主義批判を承けて書かれたこの一篇は、デューイにとって、「民主主義の理想」を素描する格好の機会となった。師のジョージ・モリスから学んだヘーゲル主義に深い影響をうけ、晦渋な言葉でつづられてはいるものの、すでにそこには、彼が生涯をつうじて彫琢し、洗練し、改訂を繰り返すことになる主題がいくつも現れている。

民主主義に対するメインの侮蔑ぶりは、デューイの引用からも手にとるように伝わってくる。「[民主主義の]立法は、破壊的な理不尽さの荒々しい爆発そのものである。気まぐれにまかせて、現行の制度はすべて破棄される。社会活動や政治活動は、民主主義の原理によって、その後しばらく息の根をとめられる」。「民主主義を進歩的な政治形態と考えることほど、ばかげた幻想はない」。「大衆の権力獲得は、学識にもとづくあらゆる立法にとって、不吉このうえない予兆である[2]」。

デューイによれば、メインの民主主義観は三つの柱からなる。(一)「民主主義とは、たんなる政治形態のひとつにすぎない」。(二)「政府とは、主権者に対する国民の関係、政治的に上位にある者の下位の者への関係を扱うものでしかない」。(三)民主主義とは、個人の群れを主権者とする政治形態である。デューイは三点すべてに毅然と異を唱えた。メイン流の民主主義観では、政治がたんなる「数の寄せ集め」になってしまう。民主主義をそのように理解してしまうと、「自然で不可避の」帰結として、「社会契約」説が導かれることになる、と。デューイは単刀直入に言う。「〝社会契約〟説の本質は、契約内容のとらえ方にあるのではない。人間はばらばらの個人であり、契約をむすぶまでは何の社会的関係ももたないと考える点が本質なのだ[3]」。社会関係をとりむすぶ以前の個人というものを、デューイは無条件にしりぞける。「だが実際には、人間の寄せ集め説は〝社会有機体〟説に完全にとって代わられてしまった。人は社会と無関係のばらばらのアトムではなく、たがいのあいだに固有の関係があるからこそ人は人たりうるという説が、人を砂つぶの山になぞらえ、うわべの秩序を整えるために不自然なモルタルを必要とする説を用済みにしたのである」。人間の集団を「社会と無関係の単位の集まり」や「たんなる人の群れ」と考えるなら、「民主主義の描像は無政府状態の記述も同然となろう。民主主義を単純に多数派による支配と定義したり、ミンチのように切り刻まれた主権と定義したりするのは、社会の廃棄と定義したり、社会の分解や死滅と定義したりするのと一緒である(4)」。人間の本質である社会性には、記述的な意味だけでなく規範的な意味もある。人間は、「一人ひとりが孤立した、社会と無関係のアトムではない」。そのことを見落とした人間論は欠陥品であり、哲学者がこしらえた誤解を招きやすい抽象の産物にすぎない、とデューイは一貫して主張する。人間に特有の社会性がもつ規範的意味を深く掘り下げていけば、民主主義を倫理的な生き方としてとらえる視点が導かれる。『公衆とその諸問題』(一九二七年)でデューイは次のように述べている。「ひとつの理念として見るならば、民主主義は、協同生活を支配する他の原理に取って代わるものではない。それは共同体生活の理念そのものなのである。民主主義は理想であるといってもいい。〝理想〟という言葉の、ただひとつ理解可能な意味において。つまり、いまある傾向や運動が極限まで推し進められた姿、完結し完成した形という意味において(5)」。

民主主義とは、たんに多数派が支配者となる「政治形態」のことではない、とデューイは説く。「その核心は投票行動にあるのでも、票数をかぞえて誰が多数派になるかを確かめることにあるのでもない。多数派形成のプロセスそのものが民主主義の核心なのだ(6)」。デューイの強調点は二つある。

両者は密接に関連しており、いずれにも民主主義に対する彼のアプローチの特色がよくあらわれている。一点目は、民主主義における主権の意味にかんするものである。デューイによれば、民主主義における主権は、個人を数だけ集めたものではない。個人と社会とは、たがいの内側に食い込むかたちで深く結びついている。社会をそのようなものとしてとらえるならば、どのように「有機体全体の精神と意志が個人によって具現化されるか[7]」も理解できる。民主主義の体制では、一人ひとりが主権をもつ公民なのだ——。初期のデューイに影響をあたえたのは、ヘーゲルの社会有機体論だけではなかった。会衆派教会の信仰のなかで育った彼は、その教えからも影響をうけた。「すべての市民に主権があるという説は荒削りのまま唱えられるのが通例だが、中身としては間違っていない。これはいかにもアメリカ的な説であり、威厳においてこれと肩を並べる教えは歴史上ひとつしかない。しかもそれはこの説と同趣のものである。すなわち、何人《なんぴと》も神の祭司なりという教えである[8]」。したがって、メインのように、民主主義をほかの政治体制と等しなみにとらえ、「統治者のクラスと被統治者のクラス」の二つからなると述べるのは、重大な誤りということになる。「統治とは、社会の一部の階級や一部の派がもう一方の側のうえに立つことではない。政府は、役職についた人間や、議員の椅子にすわった人間で作られるのではない。政治がおこなわれる社会のメンバー一人ひとりによって、それは成り立つのだ[9]」。これこそが、民主主義の理念、政府の権力は人民の同意に由来するという理念の真の意味である。

デューイが、民主主義の正しい理解にとって重要であるとして強調することがもうひとつある。民主主義とは何よりも倫理的な生き方にほかならない、という点である。

民主主義をたんなる政治形態のひとつといってしまうのは、「家とは、レンガとモルタルをいわば幾何学的に配置したものだ」とか、「教会とは、座席と説教壇と尖塔のある建物だ」と述べるようなものである。なるほど間違ってはいない。たしかに、その限りではそうだろう。だが正しいともいえない。それだけではまったく不足だからである。ほかの政治形態と同じく、民主主義もまた、「過去の歴史の記憶」、「生きた現在の意識」、「来るべき未来の理想」といった美しい名前で呼ばれてきた。一言でいえば、民主主義とは社会的な概念、つまりは倫理的な概念であり、その政治的意味の土台には倫理的な意味がある。道徳的・精神的なむすびつきの形態だからこそ、民主主義は政治の一形態なのだ(10)。

デューイが民主主義を倫理的概念と呼ぶとき、その念頭には、人倫にかんするヘーゲル流の豊かな解釈と、ギリシャ人のいうエートス——一国の民《たみ》の生活を特徴づける、習慣、規範、態度、感情、熱望——があった。いきいきとした民主的エートスや文化がなければ、政治体制としての民主主義も空虚で無意味になってしまうというのが、デューイの終生変わることのない主張だった。政治形態としての民主主義は、この生きたエートスの産物であり、それがあってはじめて成立するものなのだと。「政治体制は、とてつもない量の感情から生まれる。本能、熱望、思想、希望と恐怖、目的意識の塊から。その一部は明確だが、多くは曖昧模糊としている。そうした感情が反映され、組み込まれているのが政治体制なのだ。そうした感情の投影であり結果が政治体制なのだ(11)」。

けれども、民主政治のエートスを民主的たらしめるものとは何なのだろうか？　民主政治のエートスと貴族政治のエートスは、どこが違うのだろうか？　デューイはプラトンの『国家』を寸描して、その違いを浮き彫りにしようとする。この対話篇は「歴史上、貴族政治の理想をもっとも完璧に描いた作品である。知識と支配の適性をそなえた少数の最良の人間たち《アリストイ》がいる。しかしその統治は自分たちのためではなく、社会全体のため、つまりは社会を構成する一人ひとりのためでなくてはならない。ほかの人びとは支配の対象ではない。最良の人間たちは、彼らに精一杯の模範を示し、指針を与えるのである[12]」。したがって、プラトンの理想とする国家は、「人間の本性が発現し……精神的関係の織りなす宇宙——プラトンの言葉でいえばポリス——との完璧な調和へと至る」道徳的・精神的な連合体だということになる。しかし、「プラトン（および、あらゆる貴族政治の思想）によれば、たんなる人の群れにはそのような理想を描くことも、その実現につとめることもできない[13]」。

民主主義はいかなる形の貴族政治とも異なる。なぜならその土台には、誰もが個人として責任を負い、みずから行動する能力をもっているという揺るぎない信念があるからである。「民主主義には、貴族政治にはない個人主義がある。だがそれは倫理的な個人主義であり、頭数だけが問題の個人主義ではない。それは自由の個人主義であり、倫理的な理想を引き受け、その実現にむかってみずから行動する個人主義である。無法の勝手気ままな個人主義とは違うのだ[14]」。この倫理的個人主義をデューイは「パーソナリティ」と呼んだ。パーソナリティは最初からあるのではなく、努力によって実現されるものである。民主的な社会では、主権をもつ市民の一人ひとりがパーソナリティを実現できるのだ——。

初期のこの論考でデューイが説いたのは、貴族政治の古典的理想批判にとどまらない。のちに「民主的エリート主義」や「民主的リアリズム」と呼ばれるものに対して、彼は最初から最後まで批判的でありつづけた。民主的リアリストが採用するのは、貴族政治擁護論の一種である。彼らの主張はこうだ。現代世界では、個人はマスメディアによって簡単に操作されるし、社会がかかえる問題も極端に複雑である。そのため、実際に民主主義を実現するにはインテリ層の「智慧」が欠かせない。プラトンのいう「最良の人間たち」のように、「自分たちのためでなく、社会全体のために統治する」人びとの智慧が。しかし、実際の民主主義には「智慧ある」民主的意思決定の責任を負う特殊なインテリ階級が必要だという意見に、デューイは終始きわめて懐疑的だった。ウォルター・リップマンとの有名な論争では、これが最大の争点となった。『公衆とその諸問題』でデューイが取り組んだのも、この問題だった。

民主主義を信じる心

民主主義の社会で専門家の知識が積極的な役割をになっていることは、デューイももちろん認める。社会改良をすすめるうえで社会の探究が大切であることは、平素から彼が強調していたところだ。しかし、最終的に判断し意思決定するのは市民であって、専門家ではないというのがデューイの考えだった。それこそが、彼の民主主義の信条にとって核をなす思想だった。ロバート・B・ウェストブルックはデューイの信念を次のように説明しているが、そこには彼の民主主義の信条がみごとに要約されている。デューイは、「倫理的な理想としての民主主義では、男も女も共同体づくりへの尽力が求められると考えた。政治的・社会的・文化的生活をつうじて、すべての個人がもてる才能と能力を存分に発揮できるように必要な機会と資源を提供する、そうした共同体づくりである」(15)。この民主主義の信条が揺らぐことは微塵もなかった。「民主主義の倫理」を発表してから五〇年後、八〇回目の誕生日に際して、デューイはふたたびこう説いている。「人間は、しかるべき条件が与えられれば、知的に判断し行動することができるという信条」[16]によって民主主義の理想は支えられている、と。デューイが若いころに記した民主主義の意味と、この「創造的民主主義——われらの課題」での主張とのあいだには、はっきりと連続性が見てとれる。

民主主義とはひとつの生き方のことであり、その鍵を握るのは、人間の本性に豊かな可能性が宿っていることをともかく信じてみようという態度です。普通人を信頼することは、民主主義の信仰箇条のひとつとしておなじみのものです。もしこれが、人間の本性にさまざまな可能性がそなわっているという信条を意味するのでなければ、そしてまた、人種や肌の色や性別や家柄に関係なく、物質的な豊かさや文化的な豊かさとも関係なしに、すべての人間にその本性があるという信条を意味するのでなければ、この信頼は基礎も意味も失うことになるでしょう。この信条を法律として定めることは、たしかに可能かもしれません。しかし、日々のあらゆる出来事や人間関係のなかで人がたがいに態度として示すのでないかぎり、それは絵に描いた餅でしかないのです。[17]

デューイはためらうことなく民主主義の信条を公言したが、それはやみくもな信仰でも気の抜けた楽観主義でもなかった。人間とその（善悪両面の）可能性について彼なりに理解したうえでの、反省と知性にもとづいた信条だった。たとえ批判をうけても、彼は迷うことなくこの民主主義の信条を擁護した。

わたしはこれまで、一再ならず論敵からこう非難されてきました。「君は、知性の可能性や、知性とかかわりの深い教育の力を、まるで夢想家のように過信している」。ですが、少なくともこの信条は勝手な想像をふくらませてこしらえたものではありません。民主主義の精神が息づく身近なところで、おのずと身についたものなのです。会議や会合を開いたり、だれかを説得したり議論したり、世論を形成したりといったかたちの民主主義を信じること。それはまさしく凡夫の知的能力を信じることに他ならないからです。自由な探究と自由な集会と自由なコミュニケーションがきちんと保証され、事実にかんする情報や意見が自由に交わされるとき、常識をもってそれに応答できる知的能力が普通人にあると信じることなのです(18)。

「民主主義の倫理」を少しくわしく検討したのには理由がある。たしかにこの論考は抽象的で、「社会有機体」や「パーソナリティ」といった重要概念も曖昧なままだった。だがそこには、彼の民主主義解釈の主要テーマがすでにいくつも素描されている。また、デューイがのちに取り組むことになる問題も提示されている。「現実の民主主義」と倫理的理想としての民主主義との関係、民主社会における対立の役割、民主主義の理想に近づくための手段をめぐる問題である。有機体の比喩をもちい、霊的側面でキリスト教の教えに依拠した「民主主義の倫理」の執筆当時、デューイはまだ、米国の都市文化で起きつつあったダイナミックな変化から遠く離れたところにいた。しかし、一八九四年にシカゴに移ると、急速な工業化や労働紛争、移民の流入で生じた現実問題が人びとに何をもたらしたかを、身をもって知るのである。デューイがどうやって民主主義の思想をはぐくんでいったかを理解するには、彼がどのような具体的問題にもっとも関心をよせたかを把握する必要がある。デューイがきびしく批判したのは、一九世紀後半の米国を席捲した、自由放任精神の履きちがえ、やみくもな個人主義崇拝、「見せかけのリベラリズム」だった。民主主義にとって最大の危険は心の内側にあり、それが生じるのは、民主主義のエートスと実践とが脅かされるときである、とデューイは考えた。個人の道徳向上を訴えるだけで社会改革が可能だと考える「モラリズム」を彼は冷笑した。リベラリズムはかつてラジカルな目的の実現に役立ったが、いまではもう現状を正当化し、社会改革を阻害する道具に堕している、と彼は感じた。青年ヘーゲル派と若きマルクスの思想を生んだ実践への転回は、デューイの視座をも生み出した。しかし、彼が暴力革命の思想に惹かれることはなかった。民主的手段によって社会を改革しようというのが、彼の立場だった。

民主主義はラジカルである

「民主主義はラジカルである」という晩年の論考でも、デューイはかねてからの主張を繰り返している。「すべての人の自由と個性を尊ぶには、それにふさわしい手段をもちいるしかない。これこそが民主主義の根本原理である」。また、こうも述べている。

民主主義の目的はラジカルなものである。というのも、時代と国とを問わず、その目的がこれまで十分に実現されたためしがないからだ。目的がラジカルだといったのは、既存の社会制度——経済、法律、文化の制度——の大転換が必要だからである。思想においても行動においてもこの点を認めない民主的リベラリズムは、じぶんの立場が何を意味するのかも、その意味が何を求めているのかもわかっていないのだ。(19)

根源的《ラジカル》民主主義の理想は、実現不可能な「ユートピア的」理想ではない。また、原理上けっして実現できない、カント的な意味での統制原理ですらない。それは、いますぐに行為を導いてくれる、実現が望めそうな目的である。「現実の」民主主義の欠点を評価するための批判的基準であり、具体的な行為の道標となる理想なのだ。アラン・ライアンはデューイ論を次のように締めくくっているが、その言葉はデューイの精神を見事にとらえている。

デューイは夢想家だった。それが彼の魅力だった。しかし、夢想家としては奇妙な人物だった。はるか彼方の目標や、人間以外の力でつくられた都市の話はしなかったからである。いまここが夢想のテーマだった。現代世界、現代社会、現代人——彼の場合は、二〇世紀の米国と米国人ということになるが——の可能性について夢想したのである。(20)

民主主義の目的のためには民主的な手段が不可欠であるというデューイの信念は、レオン・トロツキーへの応答にもっとも力強く明確に表明されている。一九三七年、七八歳のとき、デューイはある調査委員会の委員長を引き受けることになった。トロツキーと彼の息子に対するスターリンの告訴を審理するための委員会である。当時トロツキーはメキシコに亡命中で、ディエゴ・リベラの家に身を寄せていた。デューイが委員長を引き受けると、共産党員や人民戦線のシンパは彼に中傷を浴びせた。命を脅かされることさえあった。友人や家族はメキシコ行きを思いとどまらせようとした。そうしたなか、デューイはやっとの思いで聴聞会が開かれるメキシコ・シティに駆けつけたのだった。デューイがトロツキーの起訴内容の検討にくわわったのは、正義感と良識にしたがってのことであった。学者としての仕事を脇においてまでして（委員長の役を依頼されたとき、彼は『論理学――探究の理論』を執筆中だった）任にあたったその姿勢は、平素から変わることのない彼の生き方とも符合していた。「しかし、わたし自身は教育の仕事に生涯を捧げてきました。教育とは、社会の利益のために一般の人びとを啓発する仕事です。わたしが責任の重いこのポストを最終的にお引き受けしてここにいるのは、もしそうしなければ生涯をかけた自分の仕事に背を向けることになると思ったからです」[21]。調査委員会は、スターリニズムのテロの恐怖と、モスクワ裁判の粛正スキャンダルが暴露される格好の舞台となった。

一九二八年にはじめてソ連を訪問したとき、デューイは当地の自由と教育の将来に大きな期待をよせた。だが、あとになって苦い失望を吐露することになった。調査委員会での作業とトロツキーとの出会いから学んだものを振り返りながら、彼は次のように記している。

米国の急進派と、ソ連シンパのすべてにとっての大きな教訓は、社会変革の手段の問題と、社会進歩を実現するための真に民主的な方法の問題に根本から立ち返り、再考せねばならないということである。……プロレタリア独裁は、やがてプロレタリアートと党に対する独裁へと転じた。わたしは、それが必然の道であったと信じて疑わない。共産主義者による政府の樹立が試みられるあらゆる国で、同様の事態が起こらないと信じる理由は見あたらないのだ[22]。

調査委員会が潔白の結論を導きだしたあと、トロツキーは『ニュー・インターナショナル』に「彼らの道徳とわれらの道徳」という論説を発表した。そこでは、「プロレタリアートの解放の道徳」へのコミットが表明された。解放の道徳とは、「社会の発展法則から――つまり、何よりもまず法則のなかの法則である階級闘争から――行動のルールを導きだすものである」。デューイは論説への応答を求められ、熱のこもった一篇を草した。[23] そして、トロツキーが「目的は手段を正当化する」と主張したこと、手段と目的との相互依存原理を放棄したことをきびしく批判した。民主的な目的が非民主的な手段で達成できると考えるのは大きな誤りである。民主的な目的が暴力をもちいた非民主的な手段で達成できるなどというのは、欺瞞であり、結局はつじつまが合わない。「民主的な目的」は不変でも不動でもない。目的は、それ自体で変化しながら、民主主義のプロセスにとって不可欠の一部をなしている。民主的な手段のほうもまた、民主的な目的としてなにが実現できそうかを判断する材料になるのだ――。さらにデューイはこうも述べている。行為には意図しない結果がかならずともなう。だからこそ、民主主義のエートスはわれわれに柔軟性を求め、手段と目的の両方について、あやまちの可能性を認めるよう要求するのだ、と。デューイによれば、トロツキーはある種の絶対主義を避けようとして、「別の絶対主義」[24] の陥穽にわれわれを突き落としているのである。[25]

民主主義の失敗

デューイは、米国の民主主義の失敗と限界も冷静にみつめている。米国の歴史は、民主主義への渇望とその達成の歴史というだけでなく、野蛮と暴力と偏狭さの歴史でもあった。「哲学を回復させる必要」(一九一七年)の結語には、いまの時代を言い当てているかのような不気味な響きがある。

われわれは、リアリズムに徹して、手堅く事実をとらえ、生きる手段を身につけるべく専心することを誇りにしている。実践的な理想主義、いまだ実現せざる可能性を信じ、その実現のためには犠牲もいとわないという、生き生きとして柔軟さに富んだ信条を誇りにしている。しかし、理想主義はすぐに無駄や無頓着を許すようになるし、リアリズムもまた、現状の追認、つまりは富や権力をもつ者の権利の追認でしかない法的形式主義を許すようになる。こうして、無能でだらしのない楽天主義と、「奪う力をもてる者には奪わしめよ」という教えとの結びつき——力の神格化——が生まれるのである。どの時代の人間もリアリストと呼べる側面はほんの一部にすぎず、理想をもちだして、感情面でも理論面でも自分の残忍さを取り繕うのが常であった。だが、いまほどその傾向が危険の度をまし、人心をたぶらかすようになった時代はないかもしれない。いま望ましいと思うものを投影して未来像を描きだす知性の力、それを実現するための道具を考案する知性の力を信じることに、われらの救いの道はある。その信仰は、この手ではぐくみ、明確にしていくべきものである。われわれの哲学にとって、その作業は十分に大きな課題といわねばならない。(26)

デューイは、米国で企業精神が力を伸ばしつつあることも危惧していた。いま、一九三〇年代に彼が書いた文章を読むと、不安はいや増すばかりである。

ビジネスの精神には、独自の会話と言葉、独自の関心、同じ精神をもつ者どうしの親密な集まりを要素としており、それが集団的な能力を発揮して、社会全体の基調や産業社会の政府を決定している。しかもその政治的影響力たるや、政府の力をもしのぐ大きさである。……形式的な身分や法的身分こそないものの、現代では、精神や道徳面にまで企業の影響が及んでいるのだ。[27]

一九二〇年代にウォルター・リップマンは、「しかるべき知見をそなえた市民」という観念を批判し、世論がマスメディアによって歪められる危険性を活写してみせた。彼の診断内容については、デューイも異論はなかった。デューイ自身もまた「公衆の衰退」という言い方でこの点にふれている。「公衆は姿を消してしまったかのようだ。少なくとも当惑していることは確かである」。リップマンは、「公平無私の専門家」による統率こそが米国の民主主義にとってもっとも望ましいと考えた。しかしデューイは、リップマンとは異なり、民主主義の病を癒やすのはもっとラジカルで徹底した民主主義であるという立場だった。

民主主義の病弊に対する治療法は、よりいっそう民主主義を実現することだ、とは言い古された言葉である。もしそれが、既存の仕組みと同じものを重ねて導入したり、あるいはその仕組みを洗練し完成に近づけたりすることで病は治るという意味だとすれば、まとはずれと言うしかない。しかし、この言葉が意味するのはそれだけではない。民主主義の理念そのものに立ち返らなければならないこと。理念を明確にし、理解を深めなくてはならないこと。理念の意味をふまえて、政治の次元で、理念の具体的な現れを批判し作り変えねばならないことも示唆しているのである。[28]

民主主義をあたりまえの日常の一部として根づかせるには、「もともと人間と環境の幸運な組み合わせから生まれる場合がほとんどだった……民主主義を、熟慮と意志に裏づけられた努力によって再創造する」[29]必要がある。一人ひとりが投票所にいけば、それだけで民主主義になるかのような考えは、もはや通用しない。民主主義とは個人の生き方の問題であり、平素からそれを実践することで、はじめて現実に定着するということだ。

トマス・ジェファソンは、デューイのヒーローの一人だった。民主主義をあくまでモラルの問題としてとらえ、その基礎も方法も目的もすべて道徳にかかわっているとジェファソンは考えたからである。そんなジェファソンは、米国が農業社会から工業社会に移行するのにともなって、民主主義が深刻な脅威にさらされると予想した。しかしデューイによれば、問題は工業化ではなく、「地域社会の混乱や動揺」にあった。デューイはジェファソンを敬愛していたが、その理由は、民主主義の約束を守りつづけるのに市民の地域社会への積極的な参加が必要であることを、ジェファソンがはっきりと認識していたからだった。ジェファソンは、こうした小さな社会的単位を「区《ウォード》」と呼んだ。彼は「ニュー・イングランドの町民会の働きぶりに、実践的にも理論的にも感動をおぼえた。そして、国全体の統治プロセスのなかに、この種のものを有機的な一部として組み込みたいと考えたのである」[30]。つまりわれわれは、地域社会をよみがえらせ、市民が議論をかわし考えを深めあえるような社会単位を数多く発展させる、新たな方策を見つけなければならないということだ。

共同体主義と自由主義を超えて

民主主義の政治理論の分野で進行中の論争に、共同体主義者と自由主義者の論争がある。一般に、われわれが政治的な帰属意識をもつ共同体に注目し、その重要性を強調するのが共同体主義である。マイケル・J・サンデルは、ジョン・ロールズの自由主義を共同体主義の立場から批判した最初の一人だが、彼によれば共同体には三つの意味がある。道具としての共同体、情感的な意味での共同体、そして、われわれのアイデンティティを構成する強い意味での共同体である。「このように強い意味で理解した場合、〝社会のメンバーは同じ共同体に属しているという感覚でひとつに結ばれている〟と述べたからといって、それは、彼らの多くが共同体主義のいう情感を吐露しているとか、共同体主義のいう目的を追求しているといった意味ではない。〝自分のアイデンティティ、すなわち感情や願望の対象だけでなく、それを抱く主体のがわも、自分を含む共同体によってある程度規定されている〟という意味なのだ[31]」。自由主義者は、この強い意味での共同体に警戒を隠さない。そのような考え方は、個人の権利や自由の侵害にたやすくつながることが懸念されるからである。では、共同体主義者と自由主義者がこのように対立しあうなかで、デューイの立ち位置はどこにあるのだろうか。著作には、いずれの陣営にも属していると読める箇所がある。文脈を無視して引用すれば、その印象はなおのこと強まる。しかしデューイなら、この対立は見せかけだというに違いない。彼もまた、共同体主義者のように、市民が対等の資格で参加し、集団で知恵を出しあえるような公共空間や共同体が民主主義に必要だと力説した。『公衆とその諸問題』ではこう述べている。「地元の共同体生活が回復しないかぎり、公衆は、もっとも緊急の課題、つまり自己発見と自己認識という課題を十分に解決することができない[32]」。けれども、民主的な共同体の生活が自由主義と両立しないと考えたことは、デューイには一度もなかった。自由主義は不変でも不動でもない。それはたゆみなく変化するダイナミックな立場であり、発展の過程で、時代ごとにさまざまな目的に仕えてきた。一八世紀の自由主義では、個人の自由と信教の自由に最大の力点がおかれた。そして、数えきれないほどの悪弊を一掃するのに力を発揮した。一九世紀になると、自由の理念は経済的利益にまで拡張された。自由の理念はさまざまだが、そのひとつとして、「精神の自由のあくなき追求がある。つまり、思想の自由、言論や出版や集会で思想を表現する自由である。信教の自由には早くから関心がもたれたが、やがてその関心が一般に広まり、深みと幅を増すようになったのだ(33)」。だがそれだけではなかった。自由主義の硬直化、「偽りの自由主義」への退化が起こったのである。企業活動に文字どおりの自由放任を許す口実として、自由主義が使われるようになってしまったのだ。しかもこの「偽りの自由主義」によれば、「個人は所与のものであり、それ自体で完結している。また、自由とは個人のできあいの所有物であり、外部からの制約を取りのぞきさえすれば、おのずと姿をあらわす(34)」というのである。大恐慌のただなかの一九三五年、デューイは真にラジカルな、新たな自由主義の必要性を訴えた。

いまこそ自由主義は、ラジカルなものにならねばならない。さまざまな制度のあり方にかんして、徹底的な変革が必要だと認識すること。また、そうした変革をなしとげるための活動が必要だと認識すること。それが「ラジカル」ということの意味である。では、なぜラジカルでなければならないのか。現実と現実にできることとのギャップが広がりすぎて、断片的なやり方でその場しのぎを繰り返すだけでは埋められないところまで来ているからである。こうした変革のプロセスは、ともかく緩やかに進んで行くものであることはたしかだ。しかし、包括的なプランにもとづく社会的目標もなしに、今度はこれ、次はこれといった具合に悪弊の除去に取り組む「改革」は、制度の枠組みを文字どおり作り改める努力とはまったく別物である。一世紀以上もむかし、自由主義者は破壊活動に従事する過激派のように扱われた。新しい経済秩序ができてようやく、彼らは現状の擁護者となれた。新秩序が生まれなければ、彼らもつぎはぎだらけの社会で満足するしかなかった。もしラジカリズムが根本的な変革の必要性を認識することだとすれば、今日、ラジカリズムに荷担しない自由主義は無意味であり、いずれ消え去るしかないのである。(35)

ここでは、自由主義の伝統にラジカリズムへの転回が起きてほしいという、デューイの思いが語られている。活力にあふれた地域社会での生活と両立するだけでなく、それを不可欠の要素とする方向に自由主義が向かってほしいという願いである。デューイは奮い立たせるようなレトリックを駆使しながら、問題を具体的なものにしぼり、どんな目的なら実現が望めそうか、どんな手段ならそれが達成できるかを明確にするよう要求しつづけた。しかし、「制度のあり方を徹底的に変革する」とはどういうことか、「そうした変革をなしとげるための活動」がどういうものか、明確に説明したことはなかった。デューイの考えるラジカルな自由主義がはらむこの弱点については、本章の最後でもう一度ふれる。ただここで強調しておきたいのは、彼の民主主義のヴィジョンには共同体主義と自由主義の両方の洞察が取り入れられているという点である。同時にこのふたつを重視することは不可能だという考えにデューイは与しない。むしろ両者はたがいに支えあっている、というのが彼の立場だった。デューイの思い描く民主的共同体では、個人が主導的な役割をにない、責任を負い、権利を守り、市民として積極的に参加することが求められるのである。

民主政治における対立の役割

すでに述べたように、「民主主義の倫理」という論考では、デューイの描く民主主義のヴィジョンの中心テーマがいくつも登場するだけでなく、のちに彼が直面する深刻な問題もあらわになっている。

とりわけ重大なのは、民主主義の政治体制における対立の役割という問題である。「社会有機体」の概念に重きをおきすぎると、この問題はぼやけてしまう。個人と社会有機体との調和が強調されるからである。デューイはこう述べている。「少なくとも考え方としては、民主主義は有機的組織としての社会という理想にほぼ等しい。個人と社会とが、たがいを不可欠なものとする関係で有機的にむすびついているという理想に」。「全体は、成員一人ひとりのなかに、掛け値なしに生きている。……有機体は、真の姿で、理念や精神をもつ生命体として、意志をになうひとつの統一体として、みずからを現すのである」[36]。だが、こうした社会有機体の概念は、たんに問題含みというだけではない。そこからは民主主義に反する帰結さえ導かれてしまうのである。のちにデューイが、活力に満ちた民主主義の要と認めるに至った特徴、対立と闘争のもつ意義が正当に評価されないのだ。

デューイがシカゴに移り住んだのは、有名なプルマン・ストライキで激しい対立が巻き起こっていたさなかだった。[*1] デューイはストライキを注意深く見守ったが、彼が支持したのは、明らかにストを展開した労働者のがわだった。民主主義の社会では、対立が重要なプラスの役割をになっていることをデューイは理解するようになった。ロバート・ウェストブルックは次のように述べている。デューイによれば、「対立の除去は〝見込みのない自己矛盾した理想〟でしかない。というのも、個人の生活と同じく、対立をかかえて〝崩れがちな協調関係〟をたえず再建しながら進んで行くのが社会生活というものだからだ。対立は社会生活にとって回避できないものであり、むしろプラスの役割をになう可能性を秘めていると考える点で、デューイは友人であるジェイン・アダムズなどの改革論者と一線を画していた。彼らにとって対立は無用であり、社会を乱すものでしかなかった」[37]。しかしデューイは、社会ダーウィニズムのたぐいの支持者からも距離をおいた。冷酷な「生存競争」こそが人生のすべてを支配する原理だという説は誤りだと考えたからだ。民主政治では、対立が「除去不可能」というだけではない。対立は社会改革と正義の実現にとって不可欠でさえある。もはやデューイは、民主主義を、個人と社会とが有機的にむすびついた理想的統一体と呼びはしない。次から次へと新しい対立は発生する。大切なのは対立にどう対応するかである。そのためには、想像力と知性と、具体的問題をとく積極的な取り組みが必要となる。もしもデューイが、民主政治について雄弁に語った次の言葉を聞いたならば、わが意を得たりと思ったことだろう。

民主政治とは、利害や視点や意見を異にする人びとの出会いにほかならない。その出会いのなかで、もういちど立ち止まって考え、個人的なものも集団にかかわるものも含め、たがいの意見や利害を見直しあうのである。出会いが生まれるのは、対立がおこり、知識も不完全で、不確実な状況であるにもかかわらず、共同体としての行動が必要となる場面である。解決が得られたとしても所詮は弥縫策でしかなく、再考の余地はつねに残っており、異論もまずまぬかれない。大切なのは、全員の意見が一致することではなく、議論が行われることである。重要な共通の利益の発見や創造は、民主主義のなかでの政治闘争によってはじめて可能になる。しかも、利害関係の共有はつねに異論と背中あわせである。対立が民主主義にとって有害であるというのは見当違いもはなはだしい。隠し立てすることなく、異論には説得をもってあたる民主的な態度で対処すれば、対立は民主主義の原動力となり、たがいに意見や利害を見直す一助になるのだ。[38]

ここでもまた、デューイの立場が両極端の中道を行くものであることがわかる。民主主義のもつ戦いの側面を強調し、対立は民主主義に欠かせないものであり、対立を肥やしとして民主主義は成長すると説く政治理論家は少なくない。その一方で、民主主義が熟議によって運営されるという側面を強調する者もいる。語り合い、熟慮、説得こそが求められるのだと彼らは口にする。しかし、健全な民主政治にはその両方の要素が欠かせないのである。戦いとしての政治を説く論者は、「共同体」、「調和」、「合意」、「熟議」、「共通善」といった話に猜疑のまなざしを向ける。曰く、「耳に心地よい」こうした言葉は抑圧的な力を隠しもち、選挙権をもたない人びとの声を押し殺してしまう。「合意」は民主政治の死を意味する、と。ところが、「戦い」としての政治をとなえる彼らには、戦いが極端にまで至ったときの危険性を直視しようとしない例があまりに多い。ヘーゲルが言うように、戦いは時として生死にかかわる闘争へと発展する。敵を打ち負かすだけでは飽きたらず、殲滅をはかろうとさえするのである。すでに述べたように、対立にどう対処するかこそが、つねにもっとも重要なのだ。デューイが「世論の形成において、協議や会合や説得や議論がになう役割[39]」を強調するのもこの場面である。彼は言う。これは実際の民主主義がかならず直面する実践的問題である。たんにマイノリティや反対派の権利を守るだけでは十分ではない。さらに踏み込んで、意見の多様性や相違を奨励する文化をはぐくむことが必要である。創造的な対立がなければ、われわれは現状に満足して、前に進むことを止めてしまいかねない。ただし、もしわれわれが真摯に熟慮し議論をかわそうとしなければ、民主主義は意志と意志との純然たる抗争に、むきだしの権力闘争に堕してしまうだろう。たがいの信頼と尊敬を共同体の価値観のなかに本気で定着させようとしないかぎり、その変質は避けられない——。

デューイと、いわゆる「討議民主主義」の論者とのあいだには、もうひとつ重要な違いがある。あるタイプの「討議民主主義」では、民主政治において理性的な説得がはたす役割を強調する傾向がある。合理的な論証のもつ役割と潜在的な力を重視しすぎるきらいがあるのだ。哲学者や政治理論家の描く「理性」にデューイはけっして満足できなかった。とくに、理性を、感情や欲求や情熱と明確に切り離すことに不満だった。「理性」の代わりに「知性」や「知的行為」という言い方を彼は好んだ。知性は特殊な能力の名前ではない。細部への目配りや、想像力や、情熱的な取り組みをはじめとする、一群の習慣や傾向こそが知性の意味するものなのだ。デューイにとってもっとも肝心なのは、日々の実践のなかに知性を具現化することなのである。

民主主義・社会的協働・教育

現在、民主主義の有力なモデルがいくつか論じられているが、デューイの描く根源的民主主義はそのなかのふたつのモデルよりも優れている――そう主張するのがアクセル・ホネットである。「デューイは拡張型民主主義の原理を正当化しようと努めたが、共和主義や民主的手続き主義とは異なる路線をとった。コミュニケーション的協議モデルではなく、社会的協働モデルに手掛かりを求めたのだ。要するにデューイは、民主主義を共同体の協働の反省的形態として理解しようとしているのであり、だからこそ現在の民主主義論で対立している二つの立場をひとつにまとめることができたのである(40)」。「デューイの民主主義論には、〝過度に倫理的な共和主義か、それとも空虚な手続き主義か〟という偽りの二者択一の中間をいく、第三の道を切り拓く答えがある」。デューイによれば、「分業が正しく組織され、社会の成員がたがいに協働の関係でむすばれたとき、だれもが共有できる経験から結果として得られるのが、民主主義における倫理的な生活である(41)」。

「言語論的転回」よりこのかた、民主主義の理論家のあいだでは、意見の対立に裁定をくだす言語行為や言語的手続きばかりに目が向けられがちであった。しかし、デューイの描いた根源的民主主義のヴィジョンは、それよりもはるかに奥行きが深い。熟議やいわゆる公共的理性にとどまらず、人間のあらゆる経験を包含し前提しているからである。民主主義には、民主的エートスを形づくる態度や感情や習慣を具現化した、堅固な民主的文化が欠かせないと考えるのだ。

デューイが教育に、とりわけ若年層の教育に生涯関心をよせつづけたことも、こうした観点から理解できる。社会の不正義を見抜く目をもった個人を育て、社会改革にもとめられる柔軟な知的習慣をはぐくむことができるのは、民主的な公教育を措いてほかにない。すでに「わが教育信条」(一八九七年)で、デューイは次のように説いている。「教育こそ社会進歩と改良の基本手段である」。そして「学校は、社会の進歩と改良をになうもっとも重要で効果的な道具である。その点を強く訴えて、学校の役割を社会に気づいてもらうことは、教育に関心をもつすべての人間の務めである」。デューイの教育観については、いびつな解釈も少なからず見受けられる。けれどもそうした解釈とは裏腹に、彼は感傷主義に対して辛辣な批判をあびせつづけた。「教育をおびやかすもののうち、無気力や無味乾燥さ、形式主義や型どおりの手順とならんで、感傷主義ほど大きな悪はない。……この感傷主義は、行為から感情を引き離そうとすることからおこる必然の結果である(42)」。

「創造的民主主義」という論説の最後のパラグラフには、デューイの根源的民主主義のヴィジョンについて筆者がこれまで強調してきたことの多くが要約されている。

> ほかの生き方と較べれば、民主主義は、経験のプロセスが目的であり手段であることをつゆほども疑わない唯一の生き方だといえるだろう。科学は新たな経験のありかを指し示す唯一の信頼で

きる権威であり、感情や欲求や願望を解き放ち、それまでなかったものを創造するが、この生き方は、そうした科学の母胎が経験にあると考えるのである。というのも、経験の幅を広げ豊かにし安定させるには、人と人とが接触し言葉を交わし意思を通じ合い交流を深めることが不可欠だが、民主主義の実現に失敗した生き方では、そうしたやりとりが決まって制限されるからだ。感情や欲求や願望を解き放ち、経験を豊かにする作業は、日々継続していかなくてはならない仕事である。経験そのものが終わりを迎えるまで、それは止むことがない。そうである以上、民主主義とは、より自由でより人間的な経験を創造する果てしない作業、だれもが共有し、だれもが貢献する経験を創造する作業だということになる。(43)

デューイの今日的意義

デューイの根源的民主主義のヴィジョンはたしかに魅力にあふれているが、批判すべき点も少なくない。たとえば、制度分析の視点、民主主義の繁栄のためにどのような種類の制度が必要かについての議論があまりに手薄である。しかし、致命的ともいえる弱点は先ほど指摘した点だろう。根源的民主主義には「包括的なプランにもとづく社会的目標」が必要だとデューイは言う。ところが、その「包括的なプラン」がどういうものか、詳しいことは何も説明していないのである。さらに深刻な問題もある。根源的民主主義を実現していくうえで経済のあり方を根本から変える必要があるとつねづね力説しておきながら、どういう変化が必要なのかを詳しくは語っていないのだ。また、自分が訴える政治改革や教育改革に対して強い抵抗勢力が存在することも、とかく見落としがちだった。とはいえ、このように不満な点はあるものの、デューイ自身が社会改革家として時代の先頭に立っていたという事情も酌むべきだろう。ジェイン・アダムズとの緊密な協力による、シカゴのハル・ハウスでの活動。米国自由人権協会、ニュー・スクール・フォー・ソーシャル・リサーチ、米国教員連盟をはじめとする、数多くの進歩的な任意団体の創設。言論の自由と公民権への力強い支援。マクシム・ゴーリキーとバートランド・ラッセルの権利を擁護するキャンペーン[*2]——。米国の民主主義の伝統にみずからを重ね合わせたデューイだったが、その関心は国内だけにとどまらなかった。日本、中国、トルコ、メキシコ、南アフリカの官僚や全国組織、教育者に助言をおくってもいるからである。こうした活動のすべてに、彼の根源的民主主義のヴィジョンが息づいている。デューイはいわば「根のあるコスモポリタン」だったのだ[44]。米国のジェファソンとエマソンの伝統に立脚していることを自認してはいたが、その根源的民主主義のヴィジョンに偏狭さは見あたらない。理論面でも実践面でも、彼は世界のいたるところで民主主義の実践を熱心にあとおしした。そして、社会問題に心血をそそいだ民主主義の知識人として名をはせた。しかし、彼は民主主義のもろさも知り抜いていた。民主主義のエートスを日常生活のなかで実現する努力をおこたれば、それはたちまち空虚で無意味なものに転じかねないことを。

今日、アカデミズムでは民主主義の理論をめぐって活発な議論がかわされている。だが残念なことに、そうした議論はほぼ研究者の内部にとどまっている。デューイは、アカデミズムの枠をこえて、広範な市民に語りかけ庶民の関心に訴えかける、たぐいまれな才能をもっていた。現在の民主主義が直面する問題や脅威への解決策がデューイのなかにあるとはいわない。実際デューイなら、いの一番に、新たな対立や問題には新しいアプローチが必要だというだろう。しかし、根源的民主主義とは「充実したコミュニケーション」に身を投じる「個人の生き方」であるというデューイのヴィジョンは、「現実の民主主義」を再考し活性化するうえで、現在も刺激的な材料であることに変わりはない。創造的民主主義の建設は、いまなおわれわれに課せられた課題なのだ。

第四章　ヘーゲルとプラグマティズム

米国の哲学の歴史には、ヘーゲルが哲学上の着想や議論の源泉になった時期が三度ある。一九世紀後半、二〇世紀中葉、そして今がそうだ。直接にせよ間接にせよ、そのいずれもがプラグマティズムと関係している。本稿ではこれらの時代について考察しようと思う。「プロローグ」で述べたように、一九世紀後半の米国では、ドイツ哲学に――とりわけカントとヘーゲル、より一般的にいえばドイツ観念論の伝統に――大きな関心がもたれていた。『思弁哲学雑誌』(一八六七年創刊)の初期の号は、フィヒテやシェリング、ヘーゲルの翻訳と、彼らについての論文であふれていた。創刊号の巻頭論文では、W・T・ハリスがこう宣言している。「世界史上もっとも優れた知性の思想に到達しようと思うならば、みずからの思惟を純粋な思想の水準にまで高めるために、いかなる労苦も惜しんではならない。まさにそれにうってつけの教えがヘーゲルの『論理学』のなかにある」(1)。英国でも観念論の一種が隆盛をきわめていた。あるタイプの絶対主義――万物が内的関係でむすばれた一個の斉合的体系――を主張する代表的なイギリス観念論者として、T・H・グリーン、F・H・ブラッドリー、バーナード・ボウザンケットらがいた(2)。彼らのだれもが、伝統的なイギリス経験論にするどい批判の矢をはなった。バートランド・ラッセルとG・E・ムアの二人も、いまでこそ分析哲学のもっとも重要な生みの親とされているが、はじめは観念論を擁護していたことを忘れてはならない。一方の米国では、ハーヴァード大学のカリスマ的哲学者ジョサイア・ロイスが、絶対的観念論の支持者として名をはせていた。つまり絶対的観念論は、英米の双方で大きな人気を博していたのである。二〇世紀初頭になってもその影響は強烈だった。一九〇七年、ジェイムズはオックスフォード大学のヒバート講義に招かれたが、その際、先に引用した文章で次のように明言するほどであった。

幸いにも、いまふたたび哲学の時代が訪れつつあるらしい。灰の中の火は、やはりまだ消えてはいなかったのだ。*1 英語圏の人々にとってオックスフォードは、かなり以前からカントやヘーゲルに発する観念論の苗床だったが、近年それとはまったく異質の思想をはぐくむようになった。そして、哲学畑の外の人たちまでが、いわゆる多元主義やヒューマニズムをめぐる論争に関心をもちはじめている。たしかにこの大学では、はるか昔のイギリス経験論はずいぶん前に廃れてしまった。ドイツ流の、もっと高尚な響きをもつ文句が幅をきかせるようになったからである。しかしいま、イギリス経験論はふたたび羽をととのえ、かつてないほど力強く飛び立とうとしているかのようだ。(3)

初期デューイのヘーゲル主義

ヘーゲルがデューイ、パース、ジェイムズに対してもつ重要性をまず瞥見しておこう。手始めにデューイをとりあげる。ヘーゲルからもっとも大きな影響をうけたのが彼だからだ。

自身の略歴をつづった文章(一九三〇年)のなかでデューイは次のように語っている。ヴァーモント大学の学部生時代、彼は「無意識のうちに……生物としての人間がもつのと同じ性質が、世界や生にもあってほしいと思うようになった」(4)。当時、デューイはまだヘーゲルを見いだしてはいなかった(5)。しかし、ジョンズ・ホプキンズ大学の大学院に進学すると、ヘーゲルと観念論の熱烈な支持者であるG・S・モリスから多大な影響をうけるようになる。

自分の頭と心を満足させる思想体系に出会ったことのない、若くて感化されやすい学生が、モリス氏の熱烈な学問的傾倒ぶりをまのあたりにして、深く影響されないはずがない。一時的にせよ、回心してしまうのは仕方のないことである。もっとも、わたしが「ヘーゲル主義」に染まった理由はそれだけではなかった。八〇年代と九〇年代は、英国の思想の新たな発酵期だったのだ。原子論的個人主義や感覚論的経験主義への反動が吹き荒れた時代。トマス・ヒル・グリーン、ケアード兄弟、ウィリアム・ウォレスの時代。亡きホールデン卿のもとに集った若い世代の協力で『哲学批評論集』が編まれ、出版された時代である[*2]。当時のこの動きは、哲学にとって、きわめて重要で建設的な役割をになうものだった(6)。

青年デューイにとって、ヘーゲルの何がそんなに魅力的だったのだろうか? 彼が惹かれたのは、絶対者についてのヘーゲルの主張ではなかった。『論理学』におけるさまざまなカテゴリーの展開や、西欧についてのヘーゲルの壮大な物語でもなかった。ヘーゲルの弁証法の技術的細部とも違った。デューイが魅せられたのは、生をとらえる感覚や力動性、わけても有機的な相互関係が織りなす現実というヴィジョンだった。師のG・S・モリスについてデューイは次のように述べているが、これは彼自身のことを言い当ててもいる。

ヘーゲルの弁証法に対して、彼は妙に冷淡な態度をしめす反面、妙に心を奪われているようでもあった。彼は弁証法の純粋に専門的な面には興味がなかった。彼はよく、主体と客体、知性と世界の「有機的関係」という言い方をしたが、そうした関係の揺るぎない感覚はヘーゲルの弁証法から引き出されたものだった。……彼がヘーゲルに執着したのは(あれはまぎれもなく「執着」と呼ぶべきものだろう)、生きた統一体がさまざまな差異や区別を介してみずからを維持していくという原理が文字どおり現実に生きていることを、多様な経験の場面でヘーゲルが示してみせたからだった。(7)

しかし、ヘーゲルから受けた刺激についてもっとも多くを教えてくれるのは、デューイの次の言葉だろう。

ヘーゲルの思想が魅力的に思えたのには、「主観的」な理由もあった。統一の要求に答えてくれたのだ。統一の要求は、うたがいもなく強烈な感情に根ざしている。だがその渇望は知的な材料でしか癒すことができない。今となってみれば、若い頃のそうした気分を呼び起こすのは、むずかしいどころか不可能である。しかし、ニューイングランドの文化を受けついだ結果として、分裂と分離の感覚が当時の自分には刻み込まれていたのだろう。自己を世界から、魂を身体から、自然を神から切り離すことで生まれた、さまざまな分裂の感覚である。そうした感覚は苦い抑圧感をもたらした。否、自分の内面を切り裂かれたといったほうが正確かもしれない。［ヘーゲルを知る以前の］若かったころの哲学研究は、頭の体操でしかなかった。だが、ヘーゲルによる主体と客体、物質と精神、神と人間との総合は、たんなる知的なお題目ではなかった。それは限りない救済であり、解放だったのだ。人間の文化であれ、制度であれ、芸術であれ、ヘーゲルの筆は分野を選ばず、ものごとを分けへだてる堅牢な壁を解体してみせた。そこにわたしは魅入られたのだ。(8)

このように陶然とさせるほど魅力的だったヘーゲルだが、次第にデューイは彼から遠ざかっていった。ヘーゲルに代わり、生のもつ有機的で、力動的で、流動的な性格をとらえるアイデアの源となったのはダーウィンだった。しかし、最初にヘーゲルに惹かれることになった「主観的」な動機は、生涯デューイのなかにあり続けたし、彼の実験主義的なプラグマティズムにも深く刻み込まれている。つまるところ、デューイはヘーゲルを自然化したのである。デューイの経験概念、茫漠たる時空間を舞台に、受動的にも能動的にも展開する交互作用としての経験の概念が、ヘーゲルの影響を示している。主体と客体とは、統一体として展開する経験の力学内部での、機能的区分として理解される。ヘーゲルと同じように、デューイもまたあらゆる二元論を批判し、心と身体や自然と経験といった、哲学に根をはり悩みの種になってきた二分法を攻撃した。変化のない形式だけのものに対するデューイの敵意は、ヘーゲルの影響である。デューイも、ヘーゲルのように、経験における対立の役割に細心の注意をむけた。経験の積み重ねのなかで、そうした対立はどう克服されるのか、どのようにして新たな対立が生じるのか——そうした点を彼は注視した。哲学の問題へのデューイのアプローチも、たいていはヘーゲルのやり方にしたがっていた。対立する両極端を明確にし、そのどこが誤りかを示し、どうすればそこに含まれる真理が保存できるかを述べる。そして、両極端の立場を超えて、より包括的な解決策へと進むのである。ヘーゲルと同じくデューイも、哲学には歴史的文脈のなかで取り組まねばならないという意見だった。

ヘーゲルに対するパースの相反する思い

哲学の方面でパースが最初に触発されたのはカントだった。ただし、ヘーゲル派の眼鏡をとおして見たカントではない。パースは、ヘーゲルやヘーゲル派が考える論理学の特徴なるものを毛嫌いしていた。デューイに対しても、初期の「論理学」研究がヘーゲル主義の悪しき影響に染まっているとして、手厳しく批判するほどだった。そうした研究は、規範的論理学ではなく「自然誌」と呼ぶのがふさわしいというのが、彼の評価だった(9)。それでも最後には、自身のプラグマティシズムとヘーゲルの絶対的観念論との類似を認めるようになった。

実をいえば、プラグマティシズムとヘーゲルの絶対的観念論はよく似ている。だが両者には違いもある。プラグマティシズムは、第三のカテゴリー(これをヘーゲルは思惟のたんなる一段階と考えた)だけで世界が構成できるとか、世界を自己完結させることができるなどとは考えない。もしヘーゲルが最初の二つの段階を冷笑せず、それらを三位一体的な実在の、あくまで独立した明確な契機と見なしていたなら、プラグマティシストは彼を、プラグマティシズムの真理を弁護する偉大な人物として仰いだかもしれない[10]。

ここでパースが言及しているのは、第一性、第二性、第三性という彼のカテゴリー図式である。現象、論理、意味、経験、実在について哲学的に十分な理解をはかるうえで、この図式が不可欠であるというのが彼の考えだった。ウェルビー夫人宛ての書簡で、パースは次のように述べている。

ずいぶん前(一八六七年)のことですが、三、四年ばかり研究したのち、あらゆる観念を第一性、第二性、第三性という三つのクラスに整理するようになりました。この種の思いつきは、わたし自身はもちろんのこと、だれが見ても趣味が良いとはいえません。実際わたしもその後しばらくは、鼻であしらい否定しようとしました。けれども、とうの昔にすっかり兜を脱いでしまったのです。数字に対して、とくに三幅対に対して、そうした意味をこめるなど悪趣味には違いありません。しかし、悪趣味であるのと同じように、それは真理でもあるのです[11]。

もちろんパースは、三つの要素からなる自分のカテゴリー図式と、ヘーゲルが好んだトリアーデとの類似に気づいている。しかし彼によれば、ヘーゲルにとってこれらのカテゴリーは、たんなる思惟の段階でしかない。これらのカテゴリーが思惟には還元できない独立の契機を表していることを、ヘーゲルは理解していないというのだ[12]。筆者は別の機会に、両者がくいちがう、ある決定的に重要な点を検討しておいた。経験、知覚、探究にかんするパースの分析において、第二性がどのような役割をはたしているかという問題である[13]。デカルト主義に代わる視座を打ち立てるべく、パースはその核である直観主義に攻撃をくわえたが、そうした彼の批判は、純粋な(無媒介の)直接性という観念に対するヘーゲルの批判を補完するものなのだ。

ジェイムズとヘーゲルの「忌まわしい言葉づかい」

プラグマティズムの普及に大きく貢献したジェイムズにとって、ドイツ哲学は嫌悪のまとそのものだった。見当はずれな仰々しさと見るや、嘲笑を浴びせることもためらわなかった。ジェイムズの実際の敵は、ヘーゲルよりもむしろ、英国の観念論者やハーヴァードの同僚ジョサイア・ロイスが唱えたある種の観念論だった。残念ながら、専門家を別にすれば、いまロイスを読む人はほとんどいない。だが米国の哲学者のなかでは、ヘーゲルとドイツ観念論をもっともよく理解していたのがロイスだった。晩年の著作では、ヘーゲルの主題とパースが展開したプラグマティズムの主題とが同じ方向に収束するものであることも指摘している。

ジェイムズは『多元的宇宙』の二章をさいて、「一元的観念論」の問題点を説明し、ヘーゲルの有害な影響を嘆いている。ジェイムズの考える多元主義とは、あらゆる形のヘーゲル主義に対する根本的な代案を意味している。ヘーゲルの「忌まわしい言葉づかい」、「だらしのない文章に対する情熱、無節操な言葉あそび、おぞましい語彙」を彼は慨嘆する。「こうしたことの一つひとつが、今日の読者に、絶望のあまり自分の髪を――あるいはヘーゲルの髪を――かきむしりたいと思わせるのだ」[14]。「ただひとつ確かなのは、[ヘーゲルの]やり方に何をいおうと、それは誤解だとだれかから非難されるのが落ちだということである」。要するにヘーゲルには、哲学者の避けるべき悪弊が集約されているというわけだ。悪しき主知主義、抽象的な一元論、洗練された不明瞭さ、深淵そうに聞こえるが、実はまったく空虚な、大げさでもったいぶった長広舌。一元論的観念論への批判を要約するかたちで、ジェイムズはこう断じる。

絶対者の威厳は、われわれの手のなかで粉々に砕け散った。その論理的な証明は失敗している。おかかえの最良の絵描きがかいた肖像でさえ、その目鼻立ちははっきりせず、極度にぼんやりとしている。そして、「絶対者に何も問題はない。人間も万事順調であることは、絶対者の永遠の観点に立ちさえすればわかる」と素っ気なく慰めてみせるだけで、絶対者が何かの救いをもたらしてくれることもない。それどころか、哲学や神学に不快な厄介ごとをもちこむ始末である。絶対者が割り込んでこなければ、そんな厄介ごとなど知らずにすんだはずなのに。(15)

ただし、ヘーゲルや絶対的観念論を侮蔑してはいたものの、その一方でジェイムズは彼を、「物事の経験の流れのなかに降りたち、そこで起きたことの印象をつかむ」「生来のするどい観察眼の持ち主」(16)と評してもいる。生き生きとした、弁証法的運動が展開する場として世界をとらえる明敏さを讃えているのだ。ジェイムズによれば、ヘーゲルの革命的な成果は次の点にあった。「彼の目にとって、概念は、それまで論理学者が考えていたような静的で自己完結したものではなく、萌芽として成長の力を宿し、彼のいう内在的弁証法にしたがって、みずからを超え出て、おたがいの中へと入り込んでいくものだった」(17)。そんなヘーゲルの独創性は、何よりも否定のカテゴリーに発揮された。「現実のある経験的側面の語り手としてみるかぎり、ヘーゲルは偉大であり、その言葉は真実を伝えている」(18)。ここには、不倶戴天の論敵すら共感をもって理解する、ジェイムズの希有な才能があらわれている。彼のヘーゲル像は『論理学』をもとにして組み立てられたものだが、同書はイギリスの観念論者がもっとも重視した作品だった。もしジェイムズがヘーゲルの『精神現象学』に取り組んだなら、彼が称讃したヘーゲルの思考の側面――経験や現実の力動的で生き生きとした質――を裏づける、もっと直接的な材料が見つかったかもしれない。

とはいえ、ジェイムズが描いた辛辣な戯画のせいで、ヘーゲルが真剣な興味の対象になる機会が減ってしまったのは確かだろう。今日でも英米圏の多くの哲学者が、ジェイムズのヘーゲル像を支持するにちがいない。ヘーゲルはデューイにとってアイデアの源だったが、皮肉にも、ジェイムズが流布させたプラグマティズムによって抹殺されたのである。「米国では、その後五〇年のあいだ、ヘーゲルに対する真摯な関心は薄れていった」と評するだけでは手ぬるすぎる。まさにそれは消滅寸前だったのだ。しかも、米国の大半の哲学者は、そうあって当然と考えていたのである。

ヘーゲルへの関心の復活

だがこうした状況も、一九五〇年代の初頭から数十年のあいだに少しずつ変化していった。筆者が大学院の学生だった一九五〇年代には、よくこんな質問を耳にしたものだ。「君の専門は哲学？　それとも哲学史？」哲学の歴史を振り返ったところで、本当の意味で哲学的に興味をひくことなどまず見つかりはしない。往時の哲学者がどれだけ混乱し、見当違いだったかが明らかになるのが関の山。彼らがたまにみせる洞察を、新たな言葉づかいでいい直すのがせいぜいのところだろう――。当時はそんなふうに思われていたのである。こうした基準からすれば、ヘーゲルは一読にも値しない存在だった。分析哲学系の多くの研究者にとって、ヘーゲルは、分析哲学のまともな学者が避けるべき空虚な思弁の見本でしかなかった。けれども徐々に、少なくとも周辺的なグループのなかで、ヘーゲルへの関心の高まる気配が見えはじめた。それには三つの主な理由があった。ひとつは明らかに政治的なものだ。新左翼が登場し、社会正義や民主主義のためのラジカルな行動を呼びかける一方で、その理由や正当性をうらづける知的根拠が探し求められたのである。おりしも「人間中心主義」的な初期マルクスが再発見されつつあった。ほどなく、マルクスの思想はヘーゲルに由来することが明らかになった。米国の左翼学生が、ルカーチやグラムシ、フランクフルト学派によって受けつがれたマルクス主義の豊かな伝統を発見しつつあったのもこのときだった。はじめヘーゲルは、西欧マルクス主義の眼鏡をとおして読まれた。アドルノやマルクーゼの眼から見たヘーゲルである。一九六〇年代の後半、筆者は『実践と行動』を執筆し、マルクス主義も実存主義もプラグマティズムも分析哲学も、ヘーゲルから、あるいはヘーゲルに応えるかたちで、生まれた運動だと論じた。だが当時の米国には、ヘーゲルの思想をまじめに受け取ろうとする哲学者など一人もいなかった。新左翼に刺激されて、マルクスとヘーゲルの注釈書や新訳が作られはしたが、大学院で講じられるアカデミックな哲学の主流に影響をおよぼすものではなかった。

ヘーゲルに対する関心の第二の源は、次のようなものだ。あの当時、まっとうな哲学者ならば、一九五〇年代から六〇年代にかけて台頭しつつあった分析哲学の流れに無視を決め込むなどできるはずもなかった。しかし、分析哲学の関心の狭さを息苦しく感じるグループもあった。彼らは別の道を模索した。言語論的転回がもたらした新たな洞察と成果をとりいれながら、同時に、哲学の議論の幅を広げることのできる道だ。狭い専門的な問題だけを論じるのではなく、人間の幅広い文化と経験を哲学がどう扱えるかを示そうとしたのである。そうしたグループのメンバーとして、チャールズ・テイラー、アラスデア・マッキンタイア、リチャード・ローティ、そしてわたし自身をあげておこう。二〇世紀半ばにヘーゲルへの関心が高まると、そのひとつの結果として、ヘーゲルの新訳や注釈書が刊行され、彼の仕事が真剣に議論されるようになった。一九五〇年代に米国で出版された本で、ヘーゲルを扱ったものは片手で数えることができたといっても誇張にはなるまい。おまけにその質もまちまちだった。けれども、五〇年たったいま、ヘーゲルの精神《ガイスト》はアメリカに移り住んだといえるだけの理由がある。この地では、きわめて創造的で刺激にとんだヘーゲル研究が展開されているからだ。

三つめの、ヘーゲルへのあらたな関心の源も、やはり一九五〇年代にさかのぼる。それは地下深くに潜行する流れであり、ほとんどだれにも気づかれることがなかった。しかしこの地下水脈こそが、今日、もっとも独創的な哲学研究の一部を形づくることになる。念頭にあるのはウィルフリッド・セラーズの仕事である。

セラーズと「ヘーゲル的省察のはじまり」

ひとりの哲学者が命を吹き返し、過去から語りかけてくるのは、現在の哲学的問題を考えるうえで、その仕事が多くの材料を提供してくれる場合であり、新しい読み方ができる場合である。そうしたことがなければ、伝統に敬意を払ったところで、死体に防腐処理をほどこすことにしかならない。今日の米国では、ヘーゲルにかんしてまさにそうした復活劇が進行している観がある。それを証明するものとして、セラーズの仕事を振り返ることにしよう。セラーズの仕事は、時代をさかのぼればパースにつながり、時代をくだればジョン・マクダウェルとロバート・ブランダムによる最近の貢献に結びついている。またリチャード・ローティにも簡単にふれる。彼はセラーズから多くを学んだ人物であり、ブランダムの師でもある。こうしたヘーゲル的転回にはじめて注目したのもローティだった。

そもそもセラーズとの関連で思い浮かぶドイツの哲学者といえばカントであり、ヘーゲルではない。パースの哲学がそうだったように、セラーズの哲学もカント的主題の変奏とみることができる。しかし、彼の著作、とくに第一級のモノグラフである「経験論と心の哲学」を注意して読めば、ヘーゲルの『精神現象学』の冒頭部にきわめて近い姿勢を見て取ることができるだろう。セラーズによる「所与の神話」批判は、『精神現象学』のその箇所を、セラーズのいう「新しい言葉づかい」に翻訳しているかのようだ。哲学史の洗練された知識をもつセラーズは、ヘーゲルの直接性批判をそれとなく仄めかすような筆致で、「所与」の批判を始めている。セラーズをヘーゲルの語法に翻訳しなおせば、「所与」の批判で否定されているのは、概念を媒介としない直接知の存在であるといっていい。つまり、あらゆる推論的知識は直接的な直観知という土台に支えられているという説に対して、実際にはそのような直観知などありはしないと述べているのである。セラーズの論文の狙いをこのように整理してみると、パースが『思弁哲学雑誌』で発表した初期論文に思い至る。パースはセラーズが展開した議論の多くを先取りしていた。[19] セラーズと同じく、ひとたび「所与の神話」を捨てるなら、概念形成や推論について、基礎づけ主義に与しない、可謬主義にもとづく相互主観的な理解が導かれるとパースは論じた。それはまた、表象主義的な意味論が否定され、意味と推論についてより全体論的な理解が求められることを意味する。パースとセラーズはカントを批判的に摂取したが、そのやり方にはまさしくヘーゲルの精神が反映されている。セラーズはカントからヘーゲルへとわれわれを導いている――そう指摘した最初の一人がリチャード・ローティである。

もう少し具体的に述べよう。筆者は、「所与の神話」批判にかんして、ヘーゲルからパースやセラーズに直接の影響があったと言いたいのではない。指摘したいのはもっと重要で興味深い点だ。ヘーゲルはカントの重要な二分法や区分――例えば、感性と悟性、受容性と自発性――のうちに弁証法的な不安定さを見いだしたが、同じようにセラーズもパースもその弁証法的な不安定さに注意をむけ、それを乗り越える必要があると考えた。もしヘーゲルが独自のやり方で筋の通った哲学の議論を展開していると考えるなら、パースもセラーズもこの批判的な思惟のあり方を共有しているといっていいだろう。[20] 経験主義の「真理」――経験的・科学的知識には有無をいわせぬ力があること――を認めながらも、パースとセラーズは、概念のレベルの「下」に、カントやヘーゲルのいう知性の「下」に、何らかの知識がある(ありうる)という考え方そのものに異を唱えるのである。カントのいう自発性をつねにすでに含んでいないような、「純粋」な受容的知識なるものは存在しない。直接知や見知りによる知識が自分の正しさを自分で保証する直接的エピソードの一種で、推論による知識の認識論的基礎とされるもののことだとするならば、そのような直接知のたぐいは存在しない。二人によれば、有無をいわせぬ力(パースの第二性)と認識の正当化(パースの第三性)の混同こそ、古典的な経験主義の伝統が大きく混乱している点なのだ。ラッセル流の「見知りによる知識」はセラーズの所与批判で標的のひとつとされたが、『精神現象学』の冒頭でヘーゲルが「感覚的確信」を弁証法的観点から批判したとき、そうした知識もまたすでに批判されていたのである。とはいえ、パースもセラーズも、ヘーゲルの行きすぎた主張に必ずしも付き従っているわけではない。彼らの狙いは、可謬主義と共同体論の視点から、経験主義の伝統にふくまれる「真理」と両立するように、探究の概念を理解することにあった。知識の主張が妥当かどうかをチェックする機能を経験に認めるのである。

ミネソタ大学、イェール大学、ピッツバーグ大学で創造的な日々を過ごすうち、セラーズには熱心なファンも生まれた。しかし彼の哲学への貢献は、クワインやデイヴィドソンの影に隠れてしまい、表舞台に出ることはなかった。セラーズの仕事の豊かさが広く理解されるようになったのはここ二、三十年のことでしかない。注目をあびる大きな契機となったのは、ジョン・マクダウェルとロバート・ブランダムの著作の出版である。マクダウェルとブランダムは「ピッツバーグ・ヘーゲル派」として知られるが、ともにセラーズからの影響を認め、その影響とはヘーゲル的転回であったことを明言している。『心と世界』の序文でマクダウェルは、「本書には『精神現象学』読解序説という側面もある」と記したが、オックスフォード時代の仲間はこれをジョークとして受け取ったのではないだろうか。だがこれはけっしてジョークではない。実際、マクダウェルのヘーゲル理解の深さは並外れている。(ブランダムの『明示化する』が出版されるより前に書かれた)この序文では、「ブランダムからうけた影響の大きな跡」も認めている。とくに、ブランダムが主催した「ヘーゲルの『精神現象学』にかんする衝撃的ともいうべきゼミ」——マクダウェルは一九九〇年に参加していた——の影響が大きかった、と。[21]『推論主義序説』でブランダムは、ヘーゲルの思想の延長線上に自分の哲学の仕事があると述べている。「本書はある大きな構想の一環として書かれたものだが、師のリチャード・ローティはそれを、セラーズの企図の拡張と評した。思想と行為について、カント的アプローチからヘーゲル的アプローチへの移行をさらに推し進めようというのが、その構想である[22]」。その意味を彼はこう説明する。

まずわたしにとって興味があるのは、自然と文化のギャップである。この場合の文化の領域とは、判断や行為の際に概念をもちいる活動や、そうした能力を前提とした活動のことだといっていい。

精神科学の本来の目的は、概念がどう使われ、概念の使用でなにが可能になるかを研究することである。つまり、概念の使い手だけにしかできない活動の研究だ。そうした文化の領域の境界をある原則に従って線引きしたとき、そこからどんな帰結が導かれるかを示して検討することが、ひとつの大きな目標となる。文化の営みといっても、自然的世界の枠内で生じるものであることはいうまでもない。しかし、とくにわたしが興味をもつのは、ヘーゲルが「精神」と呼ぶ、概念的に分節化されたふるまいの奇妙なパターンが登場して、いったい何がもたらされたのかという点である。文化的な所産や活動は、規範的な語彙をもちいることではじめて明示化される。その語彙は、原理上、自然科学の語彙には還元できない。……自然の研究それじたいにも歴史がある。その研究に本質なるものがあるとすれば、その本質には研究の歴史をたどることでアプローチするしかない。これこそ、われわれがヘーゲルから受け継いだ描像であり野心なのだ。(23)

ブランダムは、ヘーゲルの影響がもつ第二の側面も強調している。彼のいう、ヘーゲルの「概念的規範にかんするプラグマティズム」がそれである。次節では、ブランダムのこの言葉が何を意味し、それがパースのプラグマティズムとどうつながっているのかを、簡単に説明するとしよう。

ピッツバーグ・ヘーゲル派――マクダウェルとブランダム

マクダウェルの場合、ヘーゲルについてはわずかな言及があるのみだが、どの指摘も示唆にとんでいる。たとえば、『心と世界』で展開される議論のある重要な場面では、こう述べられている。

「絶対的観念論」の核は、概念領域には外部との境界線があるという考えを否定することにある。われわれは、この哲学のレトリックを自分のなかに採り入れることのできるところまでやってきた。例えば、「思考においてわたしが自由なのは、他者のうちにいないからである」というヘーゲルの言葉について考えてみよう。この言葉が表しているのは、概念的なものには限界がない、その外部には何もないという、わたしが用いてきたイメージにほかならない。それがいわんとするのは、ウィトゲンシュタインのあの言葉と同じである。……「われわれは、心に抱いた思いとともに、事実のどこか手前で立ち止まっているわけではない」という言葉と。[24]

『心と世界』の中心テーゼがここにある。なんらかの「所与の神話」の犠牲になるか、それとも不十分な「摩擦なき」斉合主義にはまってしまうか——この二つのあいだをシーソーのように揺れ動く窮状から、マクダウェルは抜け出そうとする。そうした試みのなかで主張したのが、概念領域には限界がないということ、世界はわれわれに合理的な制約を課すものであるということだった。一見すると(繰り返し見てもそうだといわれるかもしれないが)、マクダウェルを批判する人の多くは、彼が擁護するものと、彼が批判し否定する斉合主義との違いがわかっていないようだ。[25] 二つの立場のあいだをシーソーのように揺れ動くことから哲学的な不安が生じているが、次の点に気がつけばその不安も和らぐだろうというのが、治療的反省というウィトゲンシュタイン風のやり方で彼が示そうとしていることなのである。すなわち、概念領域は限界をもたず、われわれを実在から切り離すものではないということ。それどころか、われわれが知識を獲得し、人間から独立の実在にアクセスできるのは、他ならぬこの限界のなさのおかげであること。実在は概念領域の「外」に位置しているのではないということ。マクダウェルは、次のように短く要点を述べる。

だれかが何かある経験をしたとする。経験によって欺かれていなければ、その人が把握したのは、事情はしかじかであるということだ。事情はしかじかであるということこそが、その経験の内容である。さらに、当の主体がその経験を額面どおりに受け取ることにするなら、それは判断の内容ということにもなる。つまりは概念的内容ということだ。しかし事情がしかじかであるということは、そこに経験による欺きがなければ、世界が一面においてそういう姿をしているということでもある。つまり、物事は実際にそうなっているということでもあるのだ。(26)

「事態はしかじかであるといったり、思ったりするとき、われわれは当の思いを心に抱きながら、事実のどこか手前で立ち止まっているわけではない。そうではなく、これこれはしかじかであると思っているだけなのだ」とウィトゲンシュタインは述べた。*3 マクダウェルによれば、さきほどの引用はウィトゲンシュタインのこの言葉への注釈にあたる。そして、マクダウェルのいわんとするところを分析すれば、彼の企図はもちろん、ヘーゲルの企てを解明することにもつながるのである。ヘーゲルの観念論といえば、精神や思惟や概念に力点をおくあまり、精神や思惟の「外」にある独立の実在や世界に十分な目配りができていないという見方がもっぱらだった。そのことはマクダウェルも承知している。ところで、こうしたヘーゲルの戯画の根底には、「心の内」と「外」を区別したり、概念領域の「内」と「外」を区別したりすること自体には何の問題もないという前提がひかえている。そして観念論は、「心の外」には何もないという哲学的立場だということになっているのである。マクダウェルは、これがたんなる戯画でしかないことを正しく理解している。ヘーゲルの観念論では、概念領域の「内」と「外」という牢固とした二分法がきびしく退けられることを知っているからだ。ヘーゲルは（マクダウェルと同じく）、こうした誤解を招きやすい描像をきっぱり否定している。概念的なものには限界がないと認めることの意味を正しく理解せよ。そうすれば、われわれが自分たちから独立した実在の姿を知ることができるのも、この限界のなさのおかげであることがわかるだろう——。マクダウェルは、ヘーゲルさながらにそう主張する。ウィトゲンシュタインについて彼が述べていることは、ヘーゲルにもそのまま当てはまるのだ。

ひとが意味しうるたぐいのことと、もっといえば考えうるたぐいのことと、実際に成り立ちうることとのあいだには、いかなる存在論的ギャップもない。考えが間違っていなければ、考えていることは成り立っていることと同じである。したがって、世界は実際に成り立っていることのすべてなのだから……思考そのものと世界とのあいだにギャップはないことになる。もちろん、思考は偽であることによって世界から離れることもあるが、思考という観念自体に、世界から離れているという含みは少しもない。(27)

マクダウェルの哲学的探究で、ヘーゲルと色濃く類似する箇所をもうひとつあげておこう。先ほどの点とも関連することだが、近代哲学に大きな支配力を及ぼしてきた「脱魔術的」自然観——と彼は呼ぶ——に対する批判がそれである。マクダウェルは「第二の自然」というアイデアの復権を企てる。その意味の説明に援用されるのはアリストテレスの著作であって、ヘーゲルではない。けれども、へーゲルがいかに多くをアリストテレスに負っていたかを思い出してほしい。しかもヘーゲルは、自然の「真理」が精神であるとさえ述べている。さて、マクダウェルがいおうとしているのは、要するに次のようなことである。自然をとことん脱魔術化してとらえ、還元主義を基本とする視点から眺めるかぎり、自然と自由との乖離という哲学上の不安とアポリアは避けられない。自然の概念は、人間の〝第二の自然〟と両立するように練り直さなくてはならない。還元主義も二元論も哲学的には受け入れがたいが、こうした練り直しによって、いずれの立場も避けることができる。自発性という独自の性格と両立するように、自然をいっそう適切にとらえる道がひらかれるのだ――。マクダウェルの次の言葉には、彼の思いえがく統合の形が雄弁に語られている。

ふつうの成熟した人間は理性的動物であるとアリストテレスは考えたが、われわれはこの考え方をもういちど自分たちの手に取りもどす必要がある。ただし、合理性が何の束縛もうけずに活躍する独自の領域があるというカント流の考え方も、手放してはならない。カントのこのアイデアは、〝理由の空間の秩序〟と〝自然法則の領域の構造〟との対比のなかにうかがうことができる。現代の自然主義では、第二の自然というものが忘れられがちである。そのため、理性を自律的なものと見なすカント流の考え方をその種の自然主義の枠内で保持しようとすると、人間の合理的側面を動物的側面から切り離すことになってしまう。だが、この動物的側面こそ、自然への足場を与えてくれるものなのだ。……問題を正面から見すえ、それを回避しようと思うなら、人間という存在は生まれながらにして合理性の染み渡った動物であると考える必要がある。ただしその合理性とは、カントの観点から適切にとらえられたものだ。(28)

アリストテレスとカントの統合はヘーゲル自身が追求した課題だが、その戦略は、両者の総合が必要であると説くマクダウェルの論調と瓜ふたつであることを銘記しておこう。

マクダウェルは、こうした自然概念のとらえ直しに必要なものを素描したにすぎない。それを成し遂げるには、なおも多くのハードルを乗り越えなくてはならない(29)。ここでは、この企図がカント以後の観念論にきわめて近いものであるという点だけを指摘しておく。フィヒテもシェリングもヘーゲルも、カントがわれわれを耐えがたい状況に追いやってしまったと感じていた。自然の領域と自由の領域との絶対的な二分法と思しきものを、彼が導入したからだ。後期のカントが『判断力批判』で気づいたように、この断絶を架橋しなければならないと彼らのだれもが感じていた。マクダウェルのいう「露骨な自然主義」は、三人の言い方ではたんなる「自然主義」に相当するが、彼らのだれもがこれをしりぞけた。自発性の能力は独自の能力だとマクダウェルはいうが(30)、三人とも同じ意見だろう。また流儀はそれぞれ違うが、いずれの論者も自然概念を練り直し、高次の合理性や思惟と自然が地続きであることを示そうとした。こうしたドイツ観念論者がこの企図をうまくやり遂げたといいたいわけではない。マクダウェルにしても、これまでのところ述べているのは、せいぜいそれを実現するためのヒントでしかないだろう。実をいえば、マクダウェルが提案しているタイプの自然主義は、パース、ジェイムズ、デューイのとなえた非還元主義的な、創発型の自然主義にいっそう近い。

ブランダムの著作には、さまざまな方面にわたってヘーゲルの痕跡が数多く認められるが、いまそれを精査している余裕はない。ブランダムとマクダウェルの違いについても、細部に立ち入ることは断念する。ただここでは、ヘーゲルの受容のしかたで、ブランダムの大きな特徴といえるものをひとつ取り上げておきたい。「ヘーゲルのプラグマティズム」と彼が呼ぶものである。パースやセラーズやマクダウェルがそうだったように、ブランダムの出発点もカントにある。彼の哲学的省察は、規範性と合理性にかんするカントの洞察からはじまる。彼はこう述べている。

われわれの判断や行為は、他の動物には見られない特異な規範的身分をもち、人間だけがその責任を負う。その意味で、自然界のたんなる生物の反応とは区別すべきものである――。これはカントの偉大な洞察である。ある特定の判断や行為によって、われわれは何に対する責任を引き受けたのか。すなわち、われわれは何にコミットし、何がそうする資格を付与したのか。カントによれば、それを決める規範こそが概念なのである。[31]

これがブランダムの出発点である。けれども、カントが十分に説明していない、規範性にかんする多くの難問があるとブランダムは考えた。彼は続けてこう述べている。

ところがカントは、多くの難問を、この慣れ親しんだ経験の現象界から叡智界へと追いやってしまった。この規範性、概念の拘束性がいかなる性質をもち、何に由来するのかという問題である。ヘーゲルはこうした問題を、もういちど現実の世界へと引き戻した。規範的身分を社会的身分として解釈したのである。つまり、超越論的構成はみな社会的制度である……という観点をうちだしたのだ。ものごとを明示化するという概念的活動が理解可能となる背景には、規範性を蔵した、社会的であることを本質とする実践があると見るのである。[32]

ここにはブランダムの哲学的企図が簡潔に表明されている。この企図を、彼は怜悧な分析と体系的な徹底性をつらぬきながら追求していく。それを実現するには、〃概念を用いた社会的実践〃というアイデアを発展させて、社会的実践のなかに陰に含まれる規範性をまっとうに評価してやる必要がある。ブランダムによれば、ヘーゲルのプラグマティズムは「合理主義的プラグマティズム」[33]と呼ぶのがふさわしい。ヘーゲルのプラグマティズムは、パースやジェイムズ、デューイのプラグマティズムよりも——さらには、初期ハイデガーや後期ウィトゲンシュタインの「プラグマティズム」よりも——豊穣である、というのが彼の見立てだ。

もっとも筆者としては、米国のプラグマティズムの伝統にかんするこうした評価にはとても同意できない[34]。パースのプラグマティシズムが推論主義的意味論にもとづく規範的プラグマティズムであるという点を、ブランダムは見落としているからだ。パースの著作では、ブランダムの推論主義的意味論や、彼が重視してやまない〃社会的実践における陰伏的なものと明示的なものとの区別〃が先取りされている。例えば、合理的思考には必ず、「導き手」あるいは「指針」となる推論原理が用いられているとパースはいう。

われわれが与えられた前提からある決まった結論を導き出すのは、何らかの精神の習慣のおかげである。……個々の推論を支配する精神の習慣は、一個の命題の形で定式化できるだろう。当の習慣によって決まる推論が妥当ならば真であり、妥当でなければ偽になる、そういった命題として。そのようにして定式化された命題は、推論の「指導原理」と呼ばれる[35]。

ブランダムの重要な論点はどれもすでにパースのなかにある、といいたいのではない。意見の先取り、類似の弁証法的な進展、密接なつながりをもつ論証戦略――こうしたものに細やかな目配りをすることで、プラグマティズムという伝統のなかにあるさまざまな連続性が見えてくるといいたいのである。パースに始まり、デューイ、セラーズ、マクダウェル、ブランダムの哲学的貢献を包含するプラグマティズムの伝統に、ヘーゲルの主題が息づいている姿を捉え直す機縁になると指摘したいのだ。そうした態度は、過去一五〇年のあいだに米国の哲学がたどった道を再検討することにもつながる。セラーズもマクダウェルもブランダムも、分析哲学に強固な足場をもつ哲学者である。けれども彼らの哲学的探究は、英米系の哲学と大陸系の哲学の断絶を越えて展開されているのだ。

リチャード・ローティは、セラーズの「経験論と心の哲学」に寄せたはしがきでこう記している。セラーズとブランダムの「ほとんどヘーゲル主義とでも呼ぶべき立場」が「示唆するのは、分析哲学の伝統的な話題に対する彼らの〝社会的実践〟アプローチが、その哲学的伝統をいわゆる〝大陸系〟の伝統ともういちど結びつける力になるかもしれないということだ[36]」。筆者も同じ意見である。

英語圏以外の哲学者はヘーゲルについて真剣に考えるのが普通だが、大方の分析哲学者のようにごく貧弱な哲学史のトレーニングしか受けていないと、カントからフレーゲに一足とびに歴史を進めがちである。「分析哲学と大陸系哲学の分裂」というげんなりするような状況が、コミュニケーションの不幸な一時的断絶として振り返られる未来を想像するのは、なんと楽しいことだろうか。セラーズとハーバマス、デイヴィドソンとガーダマー、パットナムとデリダ、ロールズとフーコーが、同じ旅の伴侶と見なされるような未来、マイケル・オークショットのいう「寄留者の国」の同胞と見なされるような未来だ。(37)

ローティが哲学の未来について語ったことは、本書で筆者が掲げてきたテーゼとも重なりあう。この一五〇年のあいだに起きた、多彩で生き生きとしたプラグマティズムの主題の展開に注意をむけるならば、そしてまた、プラグマティズムの思想家たちがカントをどう脱超越論化し、ヘーゲルのモチーフをどう取り入れてきたかを見澄ますならば、通り相場となった「分析哲学と大陸系哲学」というあの「げんなりするような」区分が、実際には、哲学に起こったプラグマティズムを軸とする大転換を覆い隠すものでしかないことがわかるのだ。

第五章　プラグマティズム・客観性・真理

われわれ哲学者は、哲学の論争で直観や気質が大きな役割を演じていることをあまり認めたがらない。この場合の「直観」とは、何の媒介もなしに直接知られるもののことではなく、「勘」のようなもの、分析をほどこすよりも先に物事のあり方をとらえるセンスをいう。自分が提起しようと思うテーゼは、自分の直観を反映させたものでなければならない。少なくとも、見方がぶつかり合うときには、自分にとってこれはと思える直観を尊重しなくてはならない――。哲学者ならばそう考えるのが普通だろう。ところが、哲学的探究のきっかけや導きの糸として直観がどんな役割を演じようと、「建前」上は、主張の裏づけや正当化にもちいられる論拠の強さと妥当性だけが重要ということになっている。しかも直観は、気質と表裏一体の関係にある。ところが、哲学の論争における気質の重要性についてジェイムズが述べたことに顔をしかめる哲学者は、今も昔もあとをたたないのである。

哲学の歴史は、その大部分が人間の気質の衝突のようなものである。こんなふうに言うと、みずからの沽券にかかわると思う哲学者もいるかもしれない。だが、こうした衝突から目をそむけず、彼らのおびただしい立場の違いを気質の衝突という観点から説明することが必要である。プロの哲学者は、どんな気質の持ち主であっても、いざ哲学をする段になると、自分にそういう気質があることを包み隠そうとする。気質は伝統的に認められてきた論拠には含まれないので、結論を支持するために力説されるのは人間味のない根拠だけということになる。しかし実際には、哲学者の立場の選択は、私心を離れた前提よりも気質によるところが大きい。気質が何らかのかたちで根拠として働き、感傷的な宇宙観を抱かせたり、冷酷な宇宙観に走らせたりするのである。ちょうど、あれこれの事実なり原理なりがそうさせるのと同じだ。哲学者は、自分の気質に安んじて身をゆだねる。その気質にかなった宇宙を求めるがゆえに、そういう宇宙像が見つかれば何でも信じてしまう。自分とは反対の気質をもつ人びとは、世界の性格とは調和しない連中のように見えてしまう。そして、たとえ彼らが弁証の能力においてはるかに優れていても、哲学をする資格のない者、「それにあずからぬ」人であると心ひそかに思いなすのである。(1)

これを最悪の主観主義を認めた一節として読む(誤読する)人たちもいるが、ジェイムズは実情をきわめて鋭くとらえているし、じつに率直だと思う。ここで彼が言おうとしていることを、客観性という盛んに論じられてきたトピックに即して説明しよう。

いかなる主観的信念からも独立の実在が「すぐそこに」ある、と考える哲学者たちがいる。彼らの見方はこうだ。この実在が完全に知られることは決してないかもしれない。けれども、得られた知識は客観的である。それは実在に、客観的事実に対応している――。さて、この直観に導かれて、哲学者はさまざまな立場を擁護するようになる。ある種の実在論を支持したり、真理の対応説を擁護したり、客観的事実はいかなる主観的なものとも明確に区別しなければならないと主張したり、といった具合である。こうした哲学的立場の根底にある直観を否定する人がいるとしたら、勘違いもはなはだしいと考えるのだ。ジェイムズの言葉をかりれば、「資格のない者、「それにあずからぬ」人」だと。そのため、この「実在論的」直観をなによりも重く見る哲学者は、たとえばローティの次の言葉に出くわすと怪訝さを隠せない。「〝真理〟と〝事実〟はほぼ同じ意味の概念である。そうである以上、どちらも捨ててしまわねばならない。人間が言語を使いはじめる以前にはいかなる真理もなかったという主張を、わたしは依然として支持したいのである。いかなる真なる文Sについても、Sであることはその当時もたしかに真ではあった。だが、ブランダムがあると信じているような〝世界の側にあったもの〟――事実や真理――などありはしなかったのだ(2)」。「実在論的直観」の支持者にとって、ローティはひねくれ者としか思えない。人間が登場する前から世界を形づくってきた客観的事実がいくらでもあるということを、どうして否定できようか？　なぜローティは、こうまでひねくれた、直観に反するテーゼを唱えているのだろうか？　疑問は当然である。

真理の対応説？

直観や気質についてざっくばらんに振り返ってみるところから話をはじめたのは、真理、正当化、実在論、客観性をめぐる現代の論争の多くがその根底に直観や気質の衝突を隠していて、こうした衝突がその種の論争を動機づけていると信じて疑わないからである。とはいえ、ここでは本題に進み、やや専門的な観点から話を続けることにしよう。

真理、実在、客観性については、昔からさまざまな考え方が提案されてきたが、その多くが、ここ五〇年のあいだに激しい批判にさらされてきた。対応や一致といった概念は多くの単純なケースではたしかに「うまく行く」し、それがこうした概念の魅力にもなっている。「いま雨が降っている」とわたしがいい、「そうじゃない」とあなたがいうならば、一緒に外に出てみればいい。お日様が照って、雨の降った様子がなければ、わたしは自分の誤りに気づくだろう。わたしがもっと仰々しい質《たち》の人間で、普段から哲学者たちと接していれば、「雨が降っているというわたしの主張は、客観的事実に対応していない」というかもしれない。ここでは、言明とそれが指示する実在とが直接比較されている、といってもいい。「対応」や「一致」といった言葉は、このように異論の余地のない、明白な事例ではたしかにうまく行く。しかし哲学や科学、数学や歴史学のもっと込み入った主張となると、ことは単純ではすまない。簡単に対応を確かめるというわけにはいかず、何かが客観的に真であると主張したければ、裏づけとなる根拠が必要になる。そもそも何が客観的実在に対応し、何が対応しないかを判断しようにも、その意味や規準自体が少しも明らかではないのだ。「対応」という観念がこのように大きな問題をはらんでいる理由を、アルブレヒト・ヴェルマーは簡潔に説明している。

事情がだれかの言うとおりかどうかは、根拠にもとづいて判断しようとするのが普通である(もっとも、挙げることのできる根拠はこうした判断をくだすのに十分ではない場合が多いのだが)。だとすると、言明と実在の(あるいは言明と事実の)「対応」という観念が誤解を招く描像を示唆しているのは明らかだろう。なにしろその描像によれば、言明や信念と実在や物自体とのあいだに、ある観点(われわれの観点ではありえず、しいていえば神の観点)から確認できる一致関係があるというのだから。しかし、いわれていることと(実在の側で本当に)成り立っていることとが一致するという考え方は、主張や信念の根拠をあげての——あるいは知覚に訴えての——正当化や否定の作業から切り離してしまうと、とうてい理解できないものになってしまう。そもそも、言明(思想や確信など)と実在という、二つのまったく通約不可能なものの一致をどう考えればいいのだろうか。何をどうテストして、一致や不一致を判定するというのか。誰がそれを判定するのか。「寸分たがわない」という観念、「一致」という観念を、正当化の実践から離れて考えようとすれば、真理の対応説は……わけのわからない代物になるか、形而上学のお話になるか、あるいはその両方になるしかない。(3)

ここでヴェルマーは、主張や言明が真になるのは客観的事実と対応しているからであるという対応説や一致説について、主だった異論をいくつか要約してみせている。ウィトゲンシュタイン、クワイン、デイヴィドソン、セラーズ、ローティ、マクダウェル、ブランダム(をはじめとするさまざまな論者)には、見過ごすことのできない立場の違いが数多くあるとはいえ、いずれも伝統的な対応説への信頼を掘り崩す役割をになってきた。大陸系の哲学がお好みとあらば、ハイデガー、フーコー、デリダ、ドゥルーズ、ハーバマス、アーペルの名前をあげてもいい。彼らもまた、真理と客観性に対するそうしたアプローチを葬り去るのに寄与したのである。

閑話休題。真理や客観性の理解と「正当化の実践」とのあいだに緊密な関係があると認めたとして、いったいそれはどんな関係だろうか。ここでわれわれは、直観と気質の衝突がもたらす「終わりのない行きつ戻りつ」に直面することになる。まず、次のように主張する論者がいる。伝統的な対応説や一致説にどんな難点が見つかろうと、直観を十分に尊重しなければ哲学の理論として受け入れることはできない。客観的な実在が「すぐそこに」あるという直観。知識がほんものと呼べるには、この客観的実在を何らかのかたちで正しく表象していなければならないという直観を――。しかし、これに異を唱える論者がいる。曰く、上のような問題の立て方から導かれるのは袋小路であり、アポリアである。客観性を適切に説明したいのなら、表象主義と名のつくものはいっさい捨てねばならない。代わって、相互主観的な(社会的な、というべきか)正当化の実践に訴えねばならない――。ところが、ここでふたたび振り子はもとの位置へと戻ってしまう。客観主義や実在論の直観を支持する側にいわせれば、客観性や真理を社会的実践にむすびつける試みは、「悪しき相対主義」に行き着くしかないからだ。ここでいう「悪しき相対主義」とは、(わたしにとっての真理や、わたしが属する集団にとっての真理をべっとすれば)いかなる真理も、いかなる客観的事実も、いかなる普遍的に妥当といえる主張もないと考える相対主義のことである(4)。

この堂々めぐりの窮状から抜け出すことはできるのだろうか。客観性を社会的実践にむすびつければ「悪しき相対主義」は避けられない、というのは本当だろうか。わたしにはそうは思えない。この種の問題に対するプラグマティズムの取り組みにヒントを見いだしてきた哲学者たちも、やはりそうは考えなかった。しかし、「プラグマティズム」というくくり方にも語弊がある。ひとくちに「プラグマティズム」といっても、そこには対立するさまざまな立場が含まれるからである。たとえば、近年もっとも多くの議論を巻き起こしたプラグマティスト(ネオ・プラグマティストと呼ぶべきか)のリチャード・ローティは、かねてから相対主義者であることを否認しつづけてきたが、プラグマティストの僚友であるヒラリー・パットナムの年来の主張によれば、ローティの見解からは「悪しき相対主義」がただちに帰結するという。上述のように、ローティは「真理」と「事実」を捨てようとしただけでなく、「客観性」も不要と見なし、それを「連帯」の概念にとって替えようとしたからだ。ローティが客観性の観念を目の敵にする理由を、ジョン・マクダウェルは次のように簡潔に要約している。

「日常生活も科学研究も、その営みはあるものさしにしたがっている。事物それ自体、すなわち研究の対象とされる実在がこしらえたものさしに」——こうした考え方は権威主義的な宗教に似ている、とローティはいう。それは、この世界を人間ならざる他者になぞらえ、人びとをその御前に額突《ぬかず》かせるようなものだ、と。成熟した人間が承認できる権威は、人間ならざるものに対してひれ伏すことを求めない権威だけである。そして、この条件にかなう権威とは、人間の合意がまとう権威しかない。同じ人間にではなく、世界に対して責任を果たすことが探究や判断だと考えるなら、それはヒューマニズムの完成を先延ばしにするものでしかない。だがその完成は、権威主義的宗教を捨てることから始まるのだ——。そうローティは考えるのである。[5]

客観性をプラグマティックに説明する

しかし、プラグマティストの大半は、(一)客観性を社会的な正当化の実践とむすびつけ、(二)正当化と真理を区別し、(三)悪しき相対主義や規約主義を悩ます自己論駁のアポリアを回避しながら、客観性をプラグマティックに説明することができると考えている。パース、ジェイムズ、デューイ、ミードといった古典的プラグマティストはもとより、ヒラリー・パットナム、シェリル・J・ミサック、ジェフリー・スタウト、ビョーン・ランベルグ、ロバート・ブランダム、「カント的プラグマティスト」のユルゲン・ハーバマスといった、当代のプラグマティストたちもそうだ。この章の残りの部分では、プラグマティズムの観点から揺るぎない客観性概念を提示する準備作業として、関連する問題へのアプローチをいくつか検討することにしよう[6]。

ここまで〝正当化の実践〟という概念を真理や客観性に「むすびつける」という言い方をしてきた。とはいえ、むすびつけるといっても、同じと見るわけではない。また、真理や客観性をお払い箱にして、正当化におき替えるわけでもない。たしかに、デューイの顰《ひそ》みにならって、真理を〝保証つきの主張可能性〟という正当化の概念にとって代えるのがプラグマティズムだ、とよくいわれる。しかし実のところ、デューイが「保証つきの主張可能性」という表現を導入したのは、「真理」ではなく「信念」や「知識」といった用語に代わるものとしてであった[7]。ローティでさえ、真理の概念には正当化とは区別される役割、彼のいう「戒め」の役割があることを認めている[8]。

パースが「観念を明晰にする方法」で述べた、真理の古典的な特徴づけをまず検討してみよう。それによれば、「すべての研究者が最終的に合意するよう運命づけられている見解こそ、われわれが〝真理〟という言葉で意味しているものであり、この見解によって表現されている対象こそ、〝実在〟というものなのだ[9]」。この論文が発表される一〇年前、パースはすでに、探究、共同体、実在、客観性のあいだに内的な関係をうち立てようと苦闘していた。

だとすれば、実在とは知識や推論が遅かれ早かれ最終的に落ち着く先であり、個人の気まぐれには左右されないものだということになる。したがって、実在の概念の由来をたずねるならば、共同体——決まった境界線をもたず、知識を際限なく増大させることのできる共同体——の概念がなぜ不可欠なものとしてそこに含まれているかも納得がいく。また実在の認識とは、ある程度遠く離れた未来になれば、共同体がたえず再確認するようになる認識のことであり、非実在の認識とは、そうした未来において共同体がたえず否定するようになる認識のことである。さて、偽と判明することが決してなく、それゆえ誤りが絶対に認識できない命題は、われわれの原理によれば、絶対に誤りを含まない。したがって、そのような認識の中身は実在そのものといえるだろう。われわれが外界の事物のありのままを知ろうとするとき、それを妨げるものは何もないのである。実際、そうした知識の事例は無数にありそうだ。もちろん、これがそうだと絶対の自信をもって言えるケースは、具体的にはないにしても。(10)

人間の思考から独立し、われわれの意見に制約を課すものが実在することをパースは疑わない。しかし、「何が実在するかは、直観によって直接知ることができる」という主張には異を唱える。その種の知識はみな、実のところ推論のプロセスをともなっている――より正確にいえば、前提している――と考えるのである。

人間の思想や意見はみな、恣意的、偶発的な要素をはらんでおり、個人がおかれた状況やもっている力、性癖からくる制約に左右される。要するに、誤りの要素が含まれるのである。しかし人間の意見は、長い目で見れば、はっきりとした形を例外なくもつようになる。それが真理である。どんな問題であれ、人に十分な情報を与えて、思慮を尽くしてもらえば、ある決まった結論に至るだろう。しかもその結論には、十分に望ましい状況さえそろえば、誰もが到達するにちがいない。……ある程度の大きな集団ともなれば、一人ひとりの恣意的な意思や個性にも幅がうまれる。そのため、いつまでたっても全員の合意が得られないという事態もおきるかもしれない。しかし、だからといって、ひとたびたどりついた意見の性格までが揺らぐことはない。この最終的な意見は、思想一般から独立しているばかりか、思想に付随する恣意的な側面や個人的な側面にも左右されない。あなたやわたしがどう考えようと、あるいはどの規模の集団が考えようと、なんら問題ではないのである。(11)

こうした主張には、とくにその精神において、魅力的な点がいくつもある。パースは共同体――探究者の共同体――の重要性に注意をうながしてはいるが、実際に得られた合意が真理や実在の目安だと主張しているわけではないこと。彼のいう共同体には、決まった境界線など存在しないこと。われわれは、自分たちが知ろうとしている実在から切り離されてはいないこと。パースは懐疑論者とちがって、「外界の事物のありのまま」を知ることを妨げるものはないと考えていること。しかしそれは、対応や一致を確かめることで知られるのではなく、批判的探究の成果として知られるものであること。さらにこの一節には、パースの可謬主義を垣間見ることもできる。実在についての知識を得ることは可能だが、絶対確実に知っていると保証できる「具体的」ケースはない、と述べているからだ。

しかし、真理や共同体、実在、知識についてのパースの発言を額面どおりに受け取ると、深刻な問題が生じてくる。あくまで「理念」のうえでの話とはいえ、いつか科学の探究にたずさわる者のあいだに合意が形成され、信念の収束がおきるだろうとパースは決めてかかっていたようだ。しかし、パットナムをはじめとする論者は、そのような想定に根拠があるのか大いに疑わしいと指摘してきた。(12)くわえて、「探究の終わり」が意味するところについても難題がある。円熟期のパースの哲学では、「探究の終わり」とは、具体的な日時の将来のことではなく、あくまでも統制的な理念であると明言されている。だが、このように修正を加えたとしても、また別の問題が浮かんでくる。探究の理念そのものは、その本質からいって規範的な性格をもっているが、そもそも今の段階で、未来の探究をつかさどる規範を明確にすることができるのだろうか？　シェリル・ミサックは、真理や実在、客観性のパース的な考え方を今日もっとも力強く擁護する論客だが、その彼女でさえパースの定式化には問題があると認めている。そこでミサックは、パースの修正を踏まえたうえで、〝真なる信念〟という概念のあらたな表現を提案してみせた。その対案には、よく知られた異議のいくつかに応える意図も込められている。「真なる信念とは、実りある探究が続くあいだ、懐疑の試練に屈することのない信念である。真なる信念とは、どれだけ探究を続け、議論を重ねても、御しがたい経験や論証によって覆されることのない信念である」。ミサックの定式化によれば、「仮説として掲げられた探究の終わりや、理想的な認識の条件、完全な証拠が何を意味するにせよ、その意味をつまびらかにするという絶望的な作業にプラグマティストが取り組む必要はない。こうした概念を明確にしようとしたところで、現在よしとされているものを祭り上げることにしかならないという異論は不可避である[13]」。

理想的な正当化と真理

真理を理想的な正当化と見なすことには、「現在よしとされているものを祭り上げることにしかならない」という批判があると述べたが、今度はこの点を検討しよう。なぜならこの異議は、正当化と真理との重要な区別にかかわるからである。ヴェルマーは次のように指摘している。たしかにパットナムもハーバマスもアーペルも、真理と客観性についてのプラグマティックな見方に好意的ではある。しかし、真理と正当化は切り離せないとはいえ、三人とも概念としては明確に区別できることを示そうとしている、と。

この三人の哲学者に共通する基本的な考え方は、次のようなものだ。かりに真理と正当化が切り離せない関係にあって、しかも真理が(今ここでの)正当化と同じでないとすれば、正当化された主張や確信が必然的に真であるといえるために、さらにどんな条件を満たさねばならないかを明らかにする必要がある。それができれば、真理の概念は「認識の営みに根ざした」――つまり正当化の概念と切り離せない――ものとして位置づけられるし、同時にまた、「真である」という述語と「正当化されている」という述語を単純に同一視せずにすむ。その条件とは、理想として想い描かれた条件でなくてはならない。要するに、主張や確信がそうした理想的な条件のもとで正当化できれば、それは必然的に真であると考えるのである。ここでの「必然的」は概念的な必然性を表す――。パットナム、ハーバマス、そしてアーペルによれば、われわれはこのように真理の概念を理解している(あるいはすべきである)[14]。

問題はそこだ。反事実的条件文というかたちであれ、「理想的な条件」の中身をいま具体的にあげることは本当にできるのだろうか。たしかに、「いま完全に正当と見なされていることが未来のある日に否定されたとしても、それは十分な根拠があってのことだろう」とよくいわれる。しかし、いま何が「十分な根拠」と見なされているのか、将来何がそう見なされるのかを、詳しく述べることができるのだろうか。そもそも「十分な根拠」の基準さえ、いまこの時点で明確にできるのだろうか。未来の話をもちだすまでもなく、何が主張を正当化する根拠として十分であり、何がそうでないのかは、われわれ哲学者が日ごろから論じあっていることだ。論敵との哲学の議論では、往々にして、主張をささえる最善の論拠をあげているのは誰なのかが、もっとも重要な争点になる。「真の意味での」十分な根拠はどれかを判断したり、どれが根拠として「真に」優れているかを決定する、歴史を超えた明確な基準があると思うのは幻想である。何が「十分な根拠」と見なされるかは、問題の本質からして異論なしではすまされない。アリストテレスから現在に至るまでの科学の歴史を振り返ってみよう。いや、近代科学の誕生からあとに話をかぎってもいい。論証や正当化の基準が、科学者も哲学者も予想だにしなかったようなかたちで変転してきたことがわかるだろう。われわれが「理想的な」認識の条件という曖昧な概念をもっているかもしれないことを、否定するわけではない。だがこの概念も、あとになってみれば、空虚なレトリックや「現在よしとされているものを祭り上げ」たものでしかないと判明するケースがあまりにも多いのである。(15) したがって、ヴェルマーの巧みな言い回しを借りれば、問題はこうなる。はたして「統制的理念なきプラグマティズム」なるものは、立場として成立しうるのだろうか？　ヴェルマーは、それが可能だと考える。そして、ブランダムの客観性の扱い方ときわめてよく似た戦略を採用するのである。しかしこのアプローチを検討する前に、ここまでの議論を整理しておこう。

最初に取り上げたのは、われわれからは独立の、主観的な意見や先入観には左右されない客観的世界が「すぐそこに」実在すると考える人たちの直観だった。真理(および正当化)の理論が適切なものであるためには、こうした直観を十分に尊重する必要がある。真理の対応説や(認識論や意味論における)表象主義、いわゆる「形而上学的実在論」の論者の動機も、おしなべてこうした考え方にあった。しかし過去五〇年ほどのあいだに、さまざまな観点から強力な異論が提起され、これらの学説がはらむ数多くの難点が明らかにされてきた。デイヴィドソンは簡潔にこう述べている。「なぜ真なる文は真であり、そうでないものはそうでないのかを説明してくれるような、何らかのかたちで文に関係する、気の利いためぼしい存在など見あたりはしない。だとすれば、真理の対応説の重要性が疑われるのも当然である」[16]。真理の対応説がうまく行かないことで、反対の直観が勢いを得る。何よりも重要なのは正当化をになう推論の社会的実践である、という直観。実在、客観性、真理を適切にとらえるには、この洞察から出発しなければならないという直観である。しかし、いま実際に行われている正当化や正当化の実践に訴えるだけでは不十分であることも、ただちに明らかである。なぜなら、どれほど志を高くもち、厳格な正当化の基準を採用しても、今日正当と見なされたものが後日になって偽であると——客観的実在を正しく語っていないと——判明するかもしれないからだ。それればかりか、「決して正当化されることのない真理」という言い方も、ある意味では可能なように思われる。プラグマティズムは「悪しき相対主義」に行き着くか、不満足な規約主義で終わるしかない——そうした異議がプラグマティズムには唱えられてきた。ジェリー・フォーダーは、心と言語に対するプラグマティストのアプローチをきびしく批判しているが、彼の次の一言にはそうした異議が要約されている。「はじめは概念にかんするプラグマティズムの理論、次に概念の理論説、次いで全体論、次いで相対主義がくる。決まってこのように進むのである」[17]。

こうした批判に答えるためのさまざまな戦略も、われわれは検討してきた。しかし、そのひとつひとつを見れば、たしかに一部の異論に応えてはいるかもしれないが、これまでのところ完全に満足のいくものはなかった。パースを相対主義者や規約主義者よばわりして責めることは誰にもできなかったが、パースに共感する論者でさえ、仮説として掲げられた「探究の終わり」なるものがはらむ難点を強調しないわけにはいかなかった。そうした難点に取り組むなかから、いくつもの戦略が生まれていった。たとえば、ミサックのアプローチや、パットナム、ハーバマス、アーペルのアプローチがそうだ。真なる信念についてのパースの説明をミサックが手直ししたものは、探究の終わりを仮説として立てることも、理想的な条件に訴えることもしてはいない。しかしその代償として、現在抱いている信念はどれも、いまここで真だといえなくなってしまう。彼女の再定式化を文字通りにうけとるなら、現在の信念はどれも、未来の「御しがたい経験や論証」によって覆る可能性がある。そうである以上、いまここでは「真なる信念」という言い方そのものが許されないことになるのである。「真なる信念」について許される語り口は仮定法だけ、つまり、かりにこの先いかなる経験や論証に出会おうと決して覆ることのないもの、懐疑の試練に屈することのないもの、という言い方しかない。ところで、「実りある」探究が十分になされたかどうかを判断する規準は、(曖昧なものであっても)存在するのだろうか。パットナムやハーバマス、アーペルが、いま実際に行われている、議論にもとづく正当化の実践と、正当化のための理想的条件とを明確に区別しようとした動機は、たしかに理解できる。後者の概念があれば、真理は〝理想的な認識条件のもとでの合理的受容可能性〟として特徴づけることができるからである。また、三人の哲学者が、理想的条件とは何か遠くのユートピア的目標なのではなく、日常的なコミュニケーションや議論の水準でプラグマティックに(反事実的条件文のかたちで)働いているものだと主張する理由もよくわかる。しかし、こうした理想的条件を明確にしようとさまざまな試みがなされてきたが、結局はどれも単なる約束手形でしかなかった。いま正当化の最善の基準とされるものを祭り上げることにしかなっていないのだ。[18] このような種々の難点に正面から向き合いながら、正当化、真理、客観性についてのプラグマティックな理論を擁護することは本当にできるのだろうか？　次節ではこの問題に立ち返ることにしよう。

統制的理念なき真理と正当化

「真理」と「正当化」は概念として同じではないが、ふたつには切り離すことのできないむすびつきがあるとヴェルマーはいう。こうした総論にかんするかぎり、その見方はパットナムやハーバマス、アーペルと基本的に変わるところはない。だが、このむすびつきには別のアプローチが必要だというのが、彼の考えである。その立場はまたローティとも異なる。ローティは最初、真理の概念をすっかりお払い箱にしようとしたが、あとになるとその重要性をなるべく低く見積もり、戒めの役割だけを認めようとした。[19] これに対してヴェルマーは、統制的理念に訴えるまでもなく、真理概念の規範的意味は明らかにできると主張するのである。

ヴェルマーの戦略を理解する手がかりとして、もう一度パースの主張を振り返ることにしよう。パースによる探究や実在の特徴づけでは、共同体が根本的な役割をになっていた。この場合の共同体はどう理解すべきだろうか。さらにいえば、探究や討議の実践がもつ相互主観的、社会的な性格は、どう特徴づけたらいいのだろうか。[20] ここで思い出してほしいのは、パースが、探究とは共同体を担い手とする営みであると強調してやまなかった点である。共同体のなかでの交流や批判があってはじめて、先入見や個人的な偏りも矯正されると考えたのだ。ウェルビー夫人に宛てた晩年の書簡で、彼は次のように記している。

真理が公共的なものであることに気づかなければ、どうなるでしょうか。探究という不動の信念を求める真摯な研究を十分に進めるなら、やがて誰もが納得するようになるのが真理だと気づかないとしたら。もしそうだとしたら、われわれは、誰からも相手にされない一文の値打ちもない信念を抱きかねないことになるでしょう。ちっぽけな予言者を気取ることになってしまうでしょう。つまらない「変人」、おのれの偏狭さの間抜けな犠牲になってしまうでしょう。

けれども、もし真理が公共的なものだとしたらどうでしょうか。誰でも十分なだけ探究すれば、いつかはそれを行動の基礎として受け入れるようになるはずです。そう、最初はどれほど先入見にまみれていようとも、理性的な存在ならばきっとそうするに違いありません。[21]

ヴェルマーは、この文脈でパースを引用しているわけではない。しかし彼が解き明かそうとしているのは、要するに、正当化の実践がもつ公共的性格をどう理解したらいいのかという問題である。理由や根拠を問い、提案し、擁護し、批判する営み。ウィルフリッド・セラーズのいう「理由の論理空間」には、どのような公共的性格があるのかということだ。

ヴェルマーによれば、真理と正当化の本質的なむすびつきは次の二つのテーゼによって説明される。「(一)言明の真理条件は、正当化可能性の条件——より正確にいえば主張可能性の条件——というかたちでしか与えられない。(二)主張(一般的にいえば確信)とは内容からいえば妥当性主張であり、したがって規範的な意味での正当化と内的な関係がある」。ある主張、たとえば「p」という主張を正当化することは、それを真なる主張として正当化することを意味する。「話し手が自分自身を眺める一人称の視点と、ほかの話し手を眺める視点との違いを考慮しなければならない[22]」とヴェルマーはいう。わたしが自分の主張を正当化するとき、それを真なる主張として正当化するわけだが、だからといって対話相手の主張の正当化まで真であると認めるわけではない。とくに、自分なりに正当化したと思っている主張が、相手の主張と対立する場合はそうだ。パットナムやハーバマス、アーペルなどの論者が、実際の正当化と理想的な正当化を区別するのも、こうした考察にもとづいてのことだろう。では、ヴェルマーの議論のどこに前進があるのだろうか。

ヴェルマーが決定的な一手を打つのはここである。話し手が自分自身を眺める一人称の視点と、他の話し手を眺める視点（〝二人称〟の、あるいは解釈者の視点）とのあいだの根本的な違いを軽んじ、代わりに訴えるような考察〔この種の考察〔理想的な条件のもとでの正当化に訴えるような考察〕が決まっておかす過ちがある。

〝メタ視点〟に立とうとすることだ。そうした誤りこそ、わたしが〝形而上学的〟な誤りと呼ぶものなのである(23)」。

こうした視点の違いがどうして議論を前に進めてくれるのだろうか。ヴェルマーの考えはこうだ。「わたしが根拠にもとづいて何かを主張したり信念を抱いたりする場合、わたしは根拠にもとづいてそれが真であると理解しているわけである。これが真理と正当化との内的なむすびつきである」。しかし他の人が何かを主張をする場合、わたしはその人の根拠を理解することもあるだろうが、だからといってその主張を真と見なすとはかぎらない。「わたしの視点から他人をみれば、その根拠づけが健全だと決まったわけではないし、それに支えられた確信も真であるとはかぎらない。だからといって、わたしが不可謬の存在だということではもちろんない。一人称の〝わたし〟という視点にたてば、誰でも同じことを思うに決まっているからである(24)」。しかし、こうした視点の違いを認めたところで、そこから何が帰結するかはまだ明らかではない。ヴェルマーは言う。

わたしが何かを根拠にもとづく真理だと思えば、他者に同意を求めるだけの価値がそこにあると考えているということだ。真理を、主観の枠を超えたものとして見ているわけである。自分の確信の正しさを訴えるとは、根拠を示して、そうした同意を得ようとすることなのだ。この意味で、議論を戦わす目的は何よりも理性的な合意にある。しかし、ここでいう「理性的」とは、根拠にもとづいているという意味にほかならない。つまり、議論に加わる誰からも、根拠にもとづいていると見なされるということである。参加者の誰もが、十分な根拠に納得しているということ。理性的な合意の成否を判断する規準としては、これ以外に挙げようがない。しかし、何が「十分な根拠」かは、合意を強いる力があるかどうかでしか判断できない。そうである以上、合意は、手もとの根拠が十分かどうかを判断する基準とはなりえない。「十分な根拠」という概念は、十分な根拠に「納得」した人の視点とむすびついており、そのむすびつきは決して消し去ることができない。理由が十分なものであるために欠かせない「性質」が何かを、メタ視点にたって記述することはできない。根拠が「十分」だと見なしたからといって、「客観的」な性質を帰属させているわけではない。あくまでも、規範的な帰結をともなう、ある態度をとったということである。[25]

主観の枠を超えて広がる真理空間は、視点の違いがあってはじめて構成される、とヴェルマーは結論づける。そこでは、合意も非合意もひとしく根源的な役割をになっている。「したがって、真理は多様な視点を含んでおり、本質的に異論をまぬかれないものなのだ[26]」。

統制的理念に訴えることなく、正当化と真理をプラグマティックに考えようとするこうした試みをどう評価すべきだろうか。わたしの印象では、そこには致命的な欠陥がある。重大な点に曖昧さがあるからだ。ヴェルマーは「何が「十分な根拠」かは、合意を強いる力があるかどうかでしか判断できない」とか、「「十分な根拠」という概念は、十分な根拠に「納得」した人の視点とむすびついており、そのむすびつきは決して消し去ることができない」という。だが、「強いる」や「納得」といった言葉が正確にはどのような意味と効果で使われているのか、はっきりしないのである。実際にわれわれは、強いられ、納得しているという意味なのだろうか。それとも、強いられるべきであり、納得すべきであるという意味なのだろうか。われわれが十分とはいいがたい根拠に強いられ、納得してしまうことは当然ある。そればかりか、「十分な根拠」を持ち出されても、強いられも納得もしないケースは、悲しいかな珍しくはない。だが、自分自身の一人称の視点からにせよ、誰かほかの人の一人称の視点からにせよ、十分な根拠があれば強いられるべきであり、納得すべきであるという意味であるならば、問題のつまったパンドラの箱を開けてしまうことになる。何がこの「べし」を正当化するのか、問わざるをえないからだ。要するにヴェルマーは、肝心のところで論点先取を犯しているように見えるのである。それでも彼の着眼点は、われわれの理解を前進させてくれるものだと思う。彼の議論はあくまでも簡略なスケッチでしかない。だがそれは、ブランダムの客観性の扱い方ととてもよく似ている。[27] 具体的にいえば、ヴェルマーの洞察は、ブランダムの我・汝関係と我・我々関係との区別に通じるものなのである。

ブランダムの貢献

概念をもちいた正当化の実践、真理の主張、客観性について、ブランダムは難解で込み入った説明を繰り広げているが、ここで十分に論じることはできない。客観性の説明が登場するのは、『明示化する』第八章の最後、五〇〇頁にも及ぶ濃密な議論のあとである。当然、彼が客観性について述べることは、それまでの叙述が大前提になっている。そこで、いくつかの重要な論点だけに話をしぼろうと思う。ブランダムの議論は未決の問題が多く残されているが、正当化、真理、客観性をプラグマティズムの観点から説得的に説明するための、きわめて有望な探究の道を切り開いている。相対主義にも規約主義にも陥らない説明がそれである。正当化、真理、社会性、客観性の概念をプラグマティズムの立場から明確にし、そこに含まれる誤解の種や誤りをしりぞけようと、これまでさまざまな試みがなされてきた。ヘーゲル風にいえば、ブランダムの仕事は、そうした試みに潜む「真理」の抽出作業ということになるだろうか(28)。

細かい話にうつるまえに、ブランダムの狙いを大ざっぱな見取り図で示しておこう。チャールズ・モリスが統語論、意味論、語用論という区別を導入して以来、この三つの分野に明確な序列があるという考えかたが事実上のドグマとして定着した。まずはじめに統語論があり、次に意味論、最後に語用論が来る。語用論は意味論に依存しており、意味論は統語論に依存している、と見るのである。ブランダムはこのドグマに根本から異をとなえ、見方を転倒させようとする。彼の基本テーゼによれば、説明のうえでもっとも重要な役割をになうのは語用論である。つまり、意味論について適切な説明を与えることができるのは、適切に展開された規範的語用論の観点からしかないと考えるのだ。自分の企図が大それたものであること、意味論について主流となっている理解に疑義を差し挟むものであることは、彼自身もよく承知している。「推論を基本概念とする意味論上の説明戦略は、啓蒙時代よりこのかた支配的だった、表象を基本概念とする戦略と好対照をなす(29)」。推論を中心概念にすえて意味論にアプローチする場合、いちばんの難題は、意味論的内容がもつ表象としての側面をどう説明するかという点である。ブランダムの企図は、伝統的なプラグマティズムの観点からは、「実践の優位」と呼ぶことができるだろう。〝命題知〟の基礎には〝方法知〟があるということだ。したがってブランダムとしては、概念をもちいた社会的な推論実践というものを深く掘りさげ、みずから公言した役割にそれが耐えるものであることを示す必要がある。彼はこの課題を、義務論的スコア記録の精緻な理論によって果たそうとした。この理論では、人間のコミットメントと資格付与の役割に焦点があてられる。コミットメントと資格付与とは、それ自身、規範を生み出す人間の活動から産まれたものである。「こうした規範設定型の社会的実践への習熟は、実践的な方法知のひとつにほかならない。自他のコミットメントと資格付与を把握しながらの、義務論的スコアの記録。各人のパフォーマンスを系統的に反映させた、スコアの更新作業——そうしたものを習得するのである。言語表現の使用を支配する規範は、こうした義務論的スコア記録の実践のうちに陰に含まれている[30]」。

こうしてスケッチしただけでも、ブランダムの批判者たちが、なぜ彼のプロジェクトの細部にも全体にもひどく懐疑的だったのか理解できる。人間の社会的実践を文字どおり第一義に考えるなら、相対主義や規約主義からどうして逃れることができようか？　意味や真理や客観性をどうしてうまく説明できようか？　ブランダムを好意的に論じたローティの論考のタイトルを借りていえば、「〝相対主義者〟と呼ばれたらどうするのか？」『明示化する』のどの箇所を読んでも、ブランダムがこの種の異論を強く意識していたことがわかる。また、予想される(実際、そう指摘されたこともある)次のような異論も当然忘れてはいない。「たしかに手が込んではいるけれども、結局きみの規範的語用論は、〝すぐそこに〟実在する客観的世界との接触をなくした、言語論的観念論にすぎないのではないか？[31]」

ヘーゲル主義者の誰もが犯しているとされる罪、実在する客観的世界との断絶という罪で、ブランダムを責める声はひとつやふたつではない。ブランダムはこうした異論を先取りし、それに答えるかたちで自分の企図を説明している。序文の一節を引用しよう。

もっとも重要なのは第八章である。概念をもちいた実践に含まれる表象の側面が説明されるのがその章だからである。信念や行為の理由の伝達は、相互行為というかたちで社会的・推論的に分節化されるが、この相互行為の観点からくだんの側面は説明される。客観的な規範は、いかにして社会的な身分を本質とするもの——信念や意図に対応する、命題的内容をもつ臆見的・実践的コミットメントがその典型だが——に当てはまるようになるのか。そしてまた、信念の真偽や行為の成功・不成功を評価するなどの基本的実践を保証するようになるのか。その理解を可能にするものこそが、この相互行為なのである[32]。

ブランダムの入り組んだ、癖のある言い回しをマスターするのは少々骨が折れるが、眼目ははっきりしている。彼のプラグマティックなアプローチでは、概念をもちいた推論実践の力学を正しく理解することで、正当化、真理、客観性を一本の糸でむすぶことが可能になるといいたいのだ[33]。しかし、いったいどうやって？

ヴェルマーのいう複数の異なる視点が、ブランダムの「我・我々社会性」と「我・汝社会性」という区別にかかわってくる場面に戻ろう。相互主観性を、個人と共同体の違いに力点をおいてとらえたのが、ブランダムのいう「我・我々社会性」である。この視点によれば、共同体は特権的な身分をもつとされる。客観的な正しさは、共同体の「特権的な」声のことだとされるのである。ところがブランダムは、相互主観性のこうした解釈を問答無用といわんばかりに否定する。規約主義や、「共同体」を真理と客観性の最終的裁定人と見なす合意説の背後には、決まってこうした解釈がひかえている。

この誤った相互主観性の解釈に代えてブランダムが採用するのは、デイヴィドソン流の解釈である。「我・汝社会性」と呼ばれるこの解釈では、「他者を解釈するスコア記録者がみずから引き受けるコミットメントと、記録者が他者に帰属させるコミットメントとの関係に力点がおかれる」[34]。ブランダムによる客観性の説明は、相互主観性のこうした理解が根底にある。我・汝式の解釈にしたがえば、(我・我々式の解釈と異なり)いかなる視点にも特権が認められない。あるいは、こう言い換えてもいい。「概念の客観的に正しい適用と、主観的に正しいと思っているだけの適用とが構造的に区別されるという点で」、それぞれの視点はさしあたり「局所的な特権をもつだけである」[35]と。客観性とは「視点の形式の一つであり、視点に縛られない内容のことでも、複数の視点にまたがる内容のことでもない。それぞれの視点から概念をもちいた実践にたずさわる者すべてが共有しているのは、客観的に正しい概念適用と、単に正しいと思っているだけの適用との違いがあるという認識であり、概念の中身ではない。つまり構造であって、内容ではない」。そして何よりも重要なのは、「コミットメントを帰属させる側とさせられる側とのあいだに成り立つ、状態と態度の対称性である」[36]。ブランダムの論点を筆者なりにいえば、「単なる」主観的なものと客観的なものの区別、見かけと本物の区別は、社会的な議論の実践に構造的に組み込まれているということだ。

ヴェルマーは、複数の異なる視点から特権的な「メタ視点」に移行することが誤りであると指摘したが、それはブランダムの次の主張とも重なる。

競合する主張の争いを上から眺めて、勝利に値する主張がどれかを判断したり、勝利の必要十分条件を定式化したりすることはできない。事実にかんする主張と同じで、そうした判断の基準や条件は試験的な性格のものでしかなく、その是非をめぐってつねに意見の対立がある。[37]

右の一節を引用しながら、ローティはこう述べている。(パットナムやハーバマスのように)相対主義に「恐怖と嫌悪」の眼差しをむける哲学者は、合理性を捨てたといってブランダムを責めるにちがいない。彼の理論では、探究が単なる権力闘争、「競合する主張の争い[38]」に貶められている印象があるからだ。これに対してブランダムは次のように指摘する。「概念をもちいた実践が〝単なる権力闘争〟に見えてしまう危険はない。というのも、〝競合する主張の争い〟は理性的な争いであり、議論で話題とされている対象によって、われわれの主張に与えられる資格付与には合理的制約が課せられるからである」。ブランダムはローティとも距離をおく。ローティは、普遍妥当性の話には決まって「恐怖と嫌悪」の視線をむけたし、「文脈を超越した真理の主張」や「正しく理解する」などと誰かが口にしようものなら、息も止まらんばかりに気色ばむのが常だった。しかしブランダムは違う。「概念をもちいた実践にかんする自分の説明では、〝正しく理解する〟ことへのコミットメントも理解できる。また、態度を超越した〝正しさ〟も意味をもてるようになる。つまり、現実的と可能的とを問わず、あらゆる態度の内容にとらわれない〝正しさ〟である。もっとも、内容ある態度の可能性そのものから自由というわけにはいかないが[39]」。

ブランダムによる客観性の説明には、命題的態度の事象的帰属と言表的帰属の役割といった、ここでは触れなかった重要な側面がまだある。だがその勘所は、すでに十分に伝わったのではないだろうか[40]。彼の説明に問題がないというのではない。このテーマに関連する問題に対して、ブランダムがきわめて有望な扱い方を提案しているということ。正当化、真理、相互主観性、客観性についての、プラグマティックな手堅い理解の可能性をブランダムが示していること。この二点を指摘したかったのだ[41]。

探究、正当化、真理、社会性、客観性をプラグマティズムの観点から理解する試みは、パースの時代以来いくつもあった。そこには出だしの段階ですでにつまずいているものもあれば、袋小路におちいったものもあった。しかしその歩みは、前進の物語としてとらえることができると思う。さまざまな仮説が提案され、難点が指摘され、それに対処するための新たな戦略が立てられる物語として。こうした前進の物語の積み重ねが、堅固なプラグマティズムを豊かで表情に富んだものにするのである。

実在論的直観？

はじめの直観と気質の話に戻ろう。筆者は、強力な「実在論的直観」にしがみつく人も、プラグマティックな説明を聞けば満足するだろうと楽観しているわけではない。ローティはこう述べている。客観性とは「視点の形式のひとつであり、視点に縛られない内容のことではない」というブランダムの主張を、こうした気質の持ち主はだまって見過ごしはしない。「日頃から〝相対主義者〟を悪口として使っているそうした読者は、特定の視点に縛られない内容の存在を否定することこそ、相対主義者の相対主義者たる所以であるというにちがいない[42]」。ローティの見立ては正しいだろう。ブランダムの批判者たち、ひいては、強力な「実在論的直観」にしがみつくプラグマティズムの批判者たちは、もっと中身があって視点に縛られないものを求めている。彼らは、人間の主観性や視点で「汚れていない」確固たる実在を認めてほしいのだ。しかしこれに対しては、四点だけ指摘しておけば十分である。

一　「プラグマティストのいう客観性とは、真の〝ハード〟な客観性ではなく、せいぜい〝ソフト〟な客観性でしかない」とプラグマティズムの批判者はいう。だが、プラグマティズムの立場から逆にこう問い返そう。そこには、いったいどんな違いがあるというのか？　人間が手にできる客観性ときわめてハードな客観性は、いったいどこがどう違うのか？　「きわめてハードな客観性」なるものは、しょせん儚い幻想でしかない。それが、ウィトゲンシュタイン的精神にのっとって筆者がいいたいことだ。

二　競合する直観や気質に訴えることは、哲学の論争の出発点にはなるかもしれない。だが、それだけでは何も解決しない。ほんとうにむずかしいのは、そうした直観を土台にして論証を組み立て、自分のテーゼに向けられた異論に答えることである。探究の終わりや正当化の理想的条件といった概念を使わず、それでいて「悪しき相対主義」や規約主義におちいることもなく、プラグマティズムの観点から、正当化、真理、相互主観性、客観性をとらえることは可能である。筆者はそのことを示そうとしたのだ。

三　ローティによれば、直観に対してとりうる態度はふたつある。ひとつは、異なる直観を調和させ、できるだけ多くの直観を調停しようとする、エキュメニズムの態度。もうひとつは、論敵がいちばん重きをおく直観であろうと無視することを厭わない、より過激な態度である。「きみが今まで頼りにしてきた直観はいよいよまずいことになってきたね。そろそろ新しい直観を磨き上げようじゃないか」という台詞も、ときには必要である。エキュメニズムは、合理的であるかぎりは望ましい態度である(合理的かどうかは、つねに判断のわかれるところだが)。理性的に議論をかわそうとする以上は、論敵が固持する直観を十分に考慮するよう努めねばならないのはたしかだろう。しかし、かたくなに自説に固執するばかりで、自分の直観を裏づける合理的な論証を用意できない者には、「きみが今まで頼りにしてきた直観はいよいよまずいことになってきたね」と指摘してやるのが当然である。(43)

四　ジェイムズが正しいとすれば(筆者はそう考えているが)、直観や気質のある種の対立からいつかは抜け出せるだろうと考えるのは現実的ではないし、またそう望むべきでもない。逆に、こうした多元的な対立は哲学的な思索を鼓舞し、哲学上の論争を活気づけてくれるものなのだ。論敵からの辛辣な攻撃が機縁となって、自分の考えがより精緻なものになることもある。パースからブランダムやハーバマスへといたるプラグマティズムの展開は、そうした流れとして見るべきだろう。そして、すぐれたプラグマティストなら誰でも知っているように、その展開は一個人の力で完成をみるわけではないのだ。

第六章　経験が意味するもの——言語論的転回のあとで

一九五三年、グスタフ・ベルクマンは「論理実証主義・言語・形而上学の再構築」と題した論文で哲学の新たなスタイルの描写を試み、それを「言語論的転回」と呼んだ。論理実証主義の洗礼をうけた哲学者たちについて、ベルクマンは次のように述べている。「彼らはみな、ウィトゲンシュタインの『論理哲学論考』に端を発する言語論的転回を受け入れた。たしかに、その解釈も展開の仕方もひとつだったわけではない。意見の相違もあった。しかし、それに魅了されていた点では誰もが一緒だった(1)」。一九六四年の著書では、哲学者が言語論的転回をはたすべき理由を、さらにくわしく説明している。

言語論的哲学者はみな、しかるべき言語について語ることを通して、世界について語る。こうした方法上の根本戦略が言語論的転回である。この戦略については、日常言語の哲学者も理想言語の哲学者も異論はない。しかし同じように重要なのは、その場合の「言語」が何を指し、「しかるべき」とは何を意味するかで、意見が分かれているという点である。転回が可能なのは明らかだろう。だが、なぜそうすべきなのだろうか。退屈な遠回りにはならないのだろうか。ここで転回をなすべき理由を三つあげておこう。

一点目。言葉には、日常的(常識的)な使われ方をする場合と、哲学的に使われる場合とがある。彼らの方法では、この区別が大前提としてある。言語論的哲学が登場する以前には、哲学者がこのような区別を設けることはなかった。それでいて言葉づかいは哲学的なものであった。一見したところ、そうした用法は理解できる代物ではない。常識に即して解き明かしてやる必要がある。彼らの方法は、それをみずからの役割として任じるのだ。……二点目。言語論的哲学が登場する以前は、哲学上のパラドックス、不条理、不透明さの多くが、〝語ること〟と〝語ることについて語ること〟とを区別しないせいで生じていた。ふたつを区別し、混同を避けるのは思いのほか難しい。くだんの方法は、それを避けるためのもっとも確実なやり方である。三点目。およそ想像しうるいかなる言語をもってしても、単に示すことしかできないものがある。ただしそれは、文字通りの意味で「筆舌に尽くしがたい」ということではない。実は、それについて語るうってつけの(しかも安全な)方法がある。言語(の構文論と解釈)について語るのだ。(2)

一九六七年、自身の編んだ古典的アンソロジーに『言語論的転回』の名を冠することで、ローティはこの言葉を聖なるものの列に加えた。

本書の目的は、哲学でごく最近おきた革命、言語論的哲学の革命を省みる材料を提供することにある。ここで「言語論的哲学」とは次のような考え方を指す。すなわち、哲学の問題は言語を改良するか、あるいは今もちいられている言語について理解を深めることで解決(あるいは解消)する、という考え方である。この見解は支持者の多くによって、当代における――否、歴史的に見ても――もっとも重要な哲学的発見であるとされている(3)。

『言語論的転回』の威厳にみちた序文でローティは、当時行われていたさまざまな言語論的哲学を概観し、そのメタ哲学的な前提を明るみに出そうとした。それを注意して読むと、彼自身の両義的な態度に気づかされる。一方でローティは、哲学の進歩を「同時代の人びとが合意へとむかう動き」と呼ぶ。しかし他方で、これまでの哲学上の革命はすべて失敗であったと断じ、言語論的転回がたどる運命も例外ではないと信じる理由があると指摘するのだ。

大まかに「分析」系の哲学者としてくくられる人びとを念頭に言語論的転回をとらえ返してみても、意見の不一致はもちろんのこと、言語の考え方からしてばらばらなのが実情である。ベルクマン、カルナップ、ライル、ブラック、オースティン、ストローソン、ウィトゲンシュタイン、クワイン、セラーズ、デイヴィドソンといった人びとが、何を言語と呼び、何を言語論的転回と呼んでいるかを慎重に吟味すればするほど、家族的類似性を口にすることさえ憚られてしまう。しかし、言語論的転回をめぐる混乱はそれで終わりではない。ハーバマスのコミュニケーション行為の理論や討議倫理学、ハイデガーの後期哲学、ガーダマーの存在論的解釈学、デリダの脱構築、フーコーの言説理論でさえ、「言語論的転回」に数えられるありさまだからである。おまけにこの言葉は、人文・社会科学系のあらゆる分野の思想家たちが取り上げるところとなり、今日まで熱い論争の的にもなってきた。いわゆる言語論的転回は、経験に直接訴えるという手続きに取って代わるものなのだろうか？　これは歴史家やフェミニストが激しく議論をたたかわせてきた問題である。碩学の歴史家マーティン・ジェイが言うように、「実のところ、悲しむ者なき〝経験の死〟は、ある方面の人びとのあいだでは常識も同然になっている」(4)。次のように解説する者もいる。「言語論的転回」という表現は、「既成の歴史的パラダイム、物語、年代記に対する種々の批評を包括するフレーズであり、ポスト構造主義の言語論的評論、言語理論、哲学はもとより、文化人類学、象徴人類学、新歴史主義やジェンダー理論さえも含んでいる」(5)。

プラグマティズム復興のさなか、ローティは言語論的転回を推し進めるうえで大きな役割をはたした。しかし、その働きが功罪相半ばするものであったのも事実である。いまなお多くの論者が、ローティの特異な見解を正統派のプラグマティズムだと思い込んでいる。あまつさえ、ローティによる古典的プラグマティストについての偏向した解釈を、さも権威があるかのように担ぎあげている始末である。言語論的転回に対して一再ならず両義的な立場を表明してはいるものの、ローティはこの転回の旗手であり続けた。『言語論的転回』では、この転回が成し遂げた進歩についてためらうことなく語り、それを「哲学でごく最近おきた革命」と呼んだ。また、認識論や意味論におけるさまざまな表象主義に仮借ない批判を繰り返しているにもかかわらず、表象主義を、互いに〝通約不可能な語彙〟群に置き換えようとした(6)。残念ながらローティには、プラグマティズムにおける経験概念の重要性を過小評価した大きな責任もある(もっとも、責められるべきは彼ひとりではないが)。実際そのために、彼にはきびしい非難が浴びせられてきた(7)。

「デューイの形而上学」(一九七七年)という論考でローティは、デューイが形而上学の体系を築こうとしたことを咎《とが》めている。かつてサンタヤーナは、「自然主義的形而上学」というアイデアそれ自体が形容矛盾であるとしてデューイを批判したが、ローティも同じ意見である。最晩年にデューイは

『経験と自然』の新版の刊行を打診された。そのとき彼が記した言葉をローティは引用しているが、そこでは、「内容だけでなくタイトルも『自然と経験《ママ》』から『自然と文化』に改める」意向が述べられている。友人のアーサー・ベントリーに宛てた手紙にもこうある。「旧版を執筆した当時は、愚かにも、そうした変更が必要であることに気づきませんでした。その頃はまだ〝経験〟という哲学用語を、その慣用に立ち戻ることで救い出せるのではないかと期待していたのです。しかし、歴史に残る愚かさというべきでした。そのように期待したことが、です」[8]。ローティは、経験の形而上学を嘲笑し、相手にしないだけではない。「経験」などと口にするのは一切やめてしまったほうがましだとさえ言い放つ。あまりに曖昧で紛らわしい言葉だからという理由だ。ローティによれば、デューイはヘーゲルの歴史主義とダーウィン的自然主義とを齟齬なく結びつけてくれる経験概念を追い求めたが、その試みが成功することはなかった。ローティのデューイ批判の主旨は、次の一節から明らかだろう。

> 「概念のもとで直観が総合され、経験的世界が構成される」。デューイはカントのこの言い回しを、「生物と生物の外にあるものとの相互作用」というフレーズに置き換えようとした。ただし、無害に聞こえるこの自然主義風の言い回しに、カントのいう「対象の構成」と同じ一般性をもたせ、同じ認識論上の離れ業を演じさせようとした。「環境との交互作用」や「条件への適応」といった言い回しに、自然主義的な意味と超越論的な意味の両方をもたせようとした。心理学者の目線で人間の知覚や知識について常識的に語りながら、同時に「存在の一般的特徴」も表現しようとしたのである。こうして彼は、「交互作用」や「状況」などの概念を膨らませ、「第一質料」や「物自体」にも劣らぬ神秘性をまとわせるまでになるのだ[9]。

ジェイムズが繰り返し「経験」に言及していることも、ローティの目には入らないらしい。この言葉は、ジェイムズのほぼすべての著作に登場するのだが。要するにローティのプラグマティズムは、経験ぬきのプラグマティズムなのである。(新旧を問わず)プラグマティズムから経験を消し去れば、プラグマティズムは骨抜きになり、あとにはうつろな影しか残らない——。さまざまな論者がそう強調してきたが、筆者も同じ意見である。(10)

ありとあらゆる哲学上の難問を解決(あるいは解消)するとされる、機械仕掛けの神。米国の古典的プラグマティストのもちだす経験が、しばしばそういう役回りにあるのは確かである。彼らが「経験」をどういう意味でどう用いているか、余すところなく掬い上げた理論を作ろうとしても無駄骨だろう(「言語」や「言語論的転回」のさまざまな意味と用法を、ひとつの整合的な理論や物語にまとめようとしても、やはりうまくは行くまい)。しかしだからといって、経験をめぐる彼らの省察に含まれた、今なお重要な洞察を埋もれたままにしておく手はない。彼らが哲学的ヴィジョンの軸に経験を据えていたのは間違いない。そうである以上、彼らの考え方を正当に評価しようと思うなら、なぜ経験にそうした中心的な役割を認めたのかを理解する必要がある。

とはいえ、まず重要なのは哲学の問題である。筆者の主張はこうだ。経験と言語論的転回との二分法は、目下流行でもあるし、すでに揺るぎないようにも見えるが、プラグマティストならば受け入れてはならない。この二分法、二者択一は、かえってわれわれの目を曇らせるものであり、何も生み出さない。この章では、われわれのもつ(さまざまな)経験概念に、パース、ジェイムズ、デューイがどう関わっているかを明らかにしよう。また、言語理解に対するジョージ・H・ミードの寄与にも手短にふれる。そして最後に、もっとも重要な点として、こう主張しよう。言語論的転回のあとでプラグマティックな姿勢を貫こうと思うなら、経験の意義について深く細やかな理解が必要になる、と。豊かなプラグマティズムでは、言語論的転回は、経験の役割と多様性についての繊細な理解と結びつくのである。

パース——経験の三つのカテゴリー的側面

パースの哲学には、専門の研究者以外に哲学的な影響力をふるうことなく、歴史に埋もれてしまった側面がある。第一性、第二性、第三性という三つのカテゴリー図式もそうだ。これが注目されなかったのには、いくつか理由がある。意味、真理、推論、探究、共同体についてパースが繰り広げた主張の多くは、このカテゴリー図式にいっさい触れずに表現できること。アリストテレスからカントを経てヘーゲルに至るまで、カテゴリーは哲学に欠かせない道具とされてきたが、二〇世紀の哲学者の大半はカテゴリー図式の使用に二の足を踏んだこと。さらに、カテゴリーを序数で呼ぶのはあまりに形式的で、ほとんど中身がないように思えること。そうしたカテゴリー図式が何かを哲学的に解明する手立てになれるものなのか、疑問に思われても不思議ではない。そして最後に、彼のカテゴリー図式はさまざまな領域(論理学、記号学、現象学、形而上学)でもちいられているが、その用法がかならずしも首尾一貫していないことも理由としてつけ加えておこう。しかし筆者は、第一性、第二性、第三性というパースのカテゴリー図式、とりわけ晩年の哲学で展開された図式が、彼のいう「経験」を理解するうえできわめて有力な手がかりになると考えている。

現象学とカテゴリーについて述べた、パースの典型的な言明を検討してみよう。

現象学は、ヘーゲルの『精神現象学』で扱われる学問の一分野である(同書は言葉づかいのあまりの不正確さゆえ、経験をつんだ研究者以外にはお薦めしかねるが、それでも史上もっとも深遠な書物と呼べるかもしれない)。そこでヘーゲルは、心の中にある――とはどういう意味かはともかく――ものすべてにかならず現前している契機(種々の契機と言ってもいい)を詳述している。わたしの見るところ、それら普遍的カテゴリーは三つある。どれもつねに同時に現前しているので、ひとつを他の二つから完全に切り離して、純粋な観念としてとらえることはできない。それどころか、ある程度はっきり見分けるだけでも、じっくりと静思黙想する必要がある。この三つのカテゴリーは、それぞれ「第一性」、「第二性」、「第三性」と呼ぶことができるだろう。

第一性とは、他のものとは無関係に、積極的にあらわれているものである。

第二性とは、第三のものとは無関係に、第二のもののあらわれの中にあらわれているものである。

第三性とは、第二性を生み出すものである。[11]

少し注釈が必要だろう。パースによれば、これらの契機は「心の中」にある(その意味はひとまず措くとして)ものすべてにかならず現前している。しかし彼は、そうしたカテゴリーが心的なものにすぎないと言いたいのではない。三つのカテゴリーはあらゆる現象の契機なのである。心の中にあるだけという誤解を避けるには、「われわれの知る」契機とでも言えばよかったのかもしれない。ともかくこれらのカテゴリーは、あらゆる現象にそなわる特徴、側面を指すものとしてもちいられている。そうした特徴はたがいに識別はできるが、分離はできない。すべての契機はつねに一緒に現前しており、ひとつだけ取り上げて、その「純粋な観念」を手にするというわけにはいかない。「注意をひとつの契機だけに向け、他の契機を無視することによる」弁別を、パースは「切離《プリシジョン》」という言葉で呼ぶこともある。(12)

ただし、引用した箇所はあまりに抽象的で、それだけではカテゴリーの意義の理解にさほど役立ちそうにない。そこで、パースが挙げる例に目を転じることにしよう(ここではとくに第二性に注目する。パースが何を経験の特色と見なしていたかを理解するうえで、もっとも重要なのがこのカテゴリーだからである)。

第一性の具体例として、パースは「赤いものを見て」みようと言う。

赤さは積極的なあらわれ方をする。他の色とのコントラストで、赤さがいっそう強く意識されることはあるかもしれない。だが、赤さは他の何かと相対的なものではない。それは絶対的であり、積極的である。赤の色を想像したり思い出したりする場合、そのイメージは鮮明なときも、ぼんやりしているときもある。しかし、それによって赤さの性質が影響を被ることは決してない。明るい赤やくすんだ赤という性質そのものまで変化することはないのである。……性質自体には、鮮明さも不鮮明さも含まれない。ということは、性質そのものは意識ではありえない。実際のところ、それは単なる可能性にすぎない。……可能性という、第一性の存在様態は、いわば存在の萌芽である。無ではない。だが現に存在しているわけでもない。(13)

ここでのパースは、いわゆる第二性質がどう意識されるかを説いた、昔ながらの教えを復唱しているだけのように見えなくもない。だがそれは大きな誤解と言うべきだろう。あとに続く文言を読めば、それはただちに明らかになる。

感情や感覚の質において、われわれは第一性とじかに接しているだけではない。それは外の事物に対しても帰属されるのである。われわれは、真鍮にはない質が鉄にあると考えている。磁石に引き寄せられるという、たゆみなく持続する可能性である。実際、そうしたたぐいの可能性が実在すること、そうした可能性は現実存在とは呼べないまでも、無でないことは否定できないように思われる。ただし、それらはあくまで可能性であって、それ以上のものではない(14)。

パースによれば、あらゆる現象に第一性、すなわち質的なアスペクトがある。彼は幅広い具体例をあげて、「第一性」や「質」の意味を説明している。「イギリス王室の従者がまとう服の緋色、知覚や記憶に左右されることのない質そのもの(15)」。「美しい数学の証明に想いを馳せるときに感じる情緒の質、愛を感じるときに経験する質(16)」。「赤さ、塩味、痛み、喜びや悲しみ、いつまでも響く音の調べ。こうしたものを、ぼんやりと、対象化もせず、ましてや主観的なものとして位置づけることもせずに感じるときの感覚(17)」。つまり、ここでいう質とは、外からうかがうことのできない、心のなかに仕舞い込んだ主観的な感じのことではない(ただし、主観的な感じが独特の質をもつことはある)。「悲劇作品の『リア王』には、第一性、独特な趣がそなわっている(18)」。

「われわれは第一性とじかに接している」とパースは述べているが、ただし、こうした質が直接知られると言っているわけではない。知識とか覚識といったものは、第三性のカテゴリーの導入をまってはじめて云々できるものなのである。もちろん、自分が第一性に気づいていることは本人自身が知っている。しかしこの「知」を、質に気づいていることと同一視したり、混同したりしてはならない。直接無媒介に得られる直観的な知識などありはしないというのが、パースの立場だからである(彼は「所与の神話」を断固としてしりぞけるのだ)。

上の引用でパースが、第一性は現実の存在ではないと繰り返し述べている点にも注意しよう。パースのいう第二性を理解する手がかりになるのがこの点だからである。パース自身、三つのカテゴリーのなかでこの第二性がいちばん理解しやすいと考えている。

三つのカテゴリーのうち、もっとも理解しやすいのが第二性である。世界の荒々しさによって何よりも浮き彫りになるのが、この契機だからである。「動かしがたい」事実という言い方がある。この動かしがたさ、経験の有無を言わせぬ力が第二性である。扉がかすかに開いている。それをさらに開けようとする。だが何かが邪魔している。扉に肩を押し当てて開けようとすると、力を入れている感覚と抵抗の感覚を経験する。二つの意識形態を経験しているのではない。同じ一つの意識に二面性があって、その二つのアスペクトを経験しているのである。抵抗を感じずに力を入れるとか、力であらがうことなく抵抗を感じるといったことは考えられない。この二面性をそなえた意識が第二性である。意識していること、目覚めていることとは、我と我ならざるもののあいだに生じる反応の感覚なのだ。(19)

ここでもやはり、第二性が主観的なものにすぎないと考えてはならない。「われわれは第二性を経験するだけでなく、外界に帰属させてもいる。あまたの個物、自己のごときものが、たがいに反応しあっていると見なすのだ[20]」。現実に存在するということ自体が第二性である。「現実に存在しているということは、他の事物に反応しているということである[21]」。だとすると、パースが序数をカテゴリーの名前としてもちいた理由も見当がつくだろう。第一性が一項的なのに対して、第二性は二項的であり、つねに二重性をともなっているからである。

第二性というカテゴリーで浮き彫りにされるのは、パースがとくに強調する経験の特色である。経験には、むきだしの野蛮さ、制約、「対立性」がある。経験はわれわれを導く偉大な教師である。そして、経験は驚きの連続である。「経験が教え給うものはすべて、驚きを通してわれわれに授けられる[22]」。驚きは実験に不可欠の契機である。驚きから、そしてまた失望から、われわれはもっとも多くを学ぶからだ。

これまで読んだ教育学の著作を振り返ってみても……いたずら——それも主として残酷ないたずら——を利用した教授法を唱えた本は思い当たらない。しかしそれこそが、われらの偉大な教師である経験のやり方なのだ。経験は言う。

目を閉じて口をあーんと開けてごらん。

そしたら、頭が良くなるものをあげるよ。

経験はさっそく約束を守ってくれる。嬉々としてわれわれをいたぶることで、まるで報われでもするかのように。[23]

経験が第二性のカテゴリーに属する理由は、パースの次の言葉を読めば理解できるだろう。「あの驚きの瞬間に二重の意識はないだろうか。一方には自我の意識、予期していたことが打ち砕かれたという意識が、そしてもう一方には自我ならざるものの意識、見知らぬ者が闖入してきたという意識がないだろうか[24]」。

第三性に進もう。三つのカテゴリーはいずれも、あらゆる現象に含まれる契機、アスペクトを区別(切離)するために導入されたものだが、パースの独創性がもっとも発揮されるのがこの第三性である。「第三性」という名称は、このカテゴリーのどの要素にも三項関係が見られることに由来している。習慣、法律、規則、推論、意図、実践、行為、概念、「もし〜ならば〜だろう」という仮定法の条件文、そして記号――これらはすべて第三性に属する。第三性の例としてパースが好んで挙げるのは「贈与」である。

AがBをCに贈与する。この関係は、AがBをほうり投げて、それが偶然Cに当るといったたぐいのものではない……。ただそれだけのことであれば、それは本当の意味での三項関係ではなく、二項関係がふたつ続いただけである。贈与されるものが位置を移動する必要はない。贈与とは所有権の譲渡だからである。ところで、権利は法律の問題であり、法律は思想と意味の問題である。[25]

物理的事象の(ひいては心的事象の)継起――つまり、二項関係の列――では、贈与の関係はうまく説明できない。贈与をたんなる位置の移動ではなく贈与たらしめるのは、規約、規則、慣習であり、それこそが贈与の特徴なのだ。そうした規約、規則、慣習こそが「贈与」と呼ばれる行為の本質的な構成要素なのである。これと密接にかかわる例として、AがCと契約を結ぶというケースについて考えてみよう。「Aが書類Dに署名し、かつCが書類Dに署名するというだけでは、書類の内容がどのようなものであろうと、契約をしたことにはならない。契約で重要なのはその趣旨である。では、この場合の趣旨とはいかなるものか。ある一定の条件的規則によってAの行為とCの行為を統御すべし、というのがその趣旨である」(26)。規則とその適用をめぐるウィトゲンシュタインの議論は分析哲学で大きな役割を演じてきたが、ローティが明らかにしたように、パースの第三性の概念はそうした議論を先取りするものであった。

第三性の例としてもっとも注目すべきは記号だろう。パースは記号をいくつものやり方で定義している。たとえば、「対象と呼ばれる別の何かによって規定され、人におよぼす効果――解釈項と呼ぼう――を規定するもの。その結果として、解釈項が対象によって間接的に規定されるもの」が記号であるといわれる(27)。また、次のような定義もある。「どういったかたちで存在するにせよ、対象と解釈項とを媒介するものはすべて記号と呼ぶことにしよう。それはなぜか。記号は解釈項との関係を通して対象によって規定されるとともに、対象への指示を通して解釈項を規定する。かくして解釈項は、この〝記号〟の媒介を通して対象により規定されるからである」(28)。かならずしも明快な定義とはいえないが、肝心なのは、記号とその意味だけを分析した記号の説明(二項的説明)にパースが異を唱えているという点である。記号の理論が満足のいくものであるためには、解釈項を考慮に入れなくてはならないということだ(29)。(パースが強調した記号の三項性をふまえて、チャールズ・モリスは意味論や統語論とは別の領域を設定し、これを「語用論」という術語で呼んだ。統語論は記号どうしの形式的な関係だけを扱う。意味論は、記号とそれが意味する対象との関係を扱う。これに対して語用論では、記号の使用と解釈への言及が不可欠のものとなる。）

みずからのカテゴリー図式を現象の分析に応用することで、パースは何を明らかにしているのだろうか。一歩引いた視点から考えてみよう。近代初期の経験主義者は、経験に特別な役割を認めた。知識の申し立てが正しいかどうかを見極めるには、経験と照らし合わせてみることが何よりも重要だと考えたからである。空想や先入見、思弁を、経験は制約しチェックしてくれる、と。なるほど、経験主義や現象主義の哲学者が「感覚」や「印象」、「センス・データ」などの性格により大きな関心をむけるようになると、経験がもつ野蛮な制約力は次第に曖昧になり、ないがしろにされるようになった。しかし、そもそも哲学者たちが経験に重きをおく機縁になった、野蛮な強制力があるという洞察こそ、パースが第二性の概念で強調するものなのである。探究や実験がもつ自己修正の側面を理解するには、この野蛮な力、経験が「否」を突きつける荒々しさを認めなくてはならない。実験ではかならず、最終的に、経験によるチェックを受けなければならない。われわれを縛る制約は「会話の制約」しかないとローティは述べたが、パースがそれを聞いたら驚きと不快をあらわにしたに違いない。ローティのように言ってしまえば、事実の重さを——経験との遭遇がもたらす驚き、衝撃、野蛮な制約を——無視することになるからである。

いわゆる「言語論的転回」は、言語論的観念論へとなし崩しに陥ってしまう大きな危険をはらんでいる。このタイプの観念論では、言語を制約するものが何もない。マクダウェルの『心と世界』は所与への依拠と「摩擦なき斉合主義」との「終わりのない行きつ戻りつ」の描写から始まっているが、そこで彼が表明しているのは、われわれの信念のネットワークを制約するもの、縛りつけるものなど存在しないのではないかという不安である。かつて自分が唱えた、知るという営みに即した真理論を批判して、ハーバマスは「理想的な正当化」でさえ「実在論的直観」を十分に評価していないおそれがあると述べているが、このとき彼が伝えようとしているのもマクダウェルと同じ哲学的不安である(第八章を参照のこと)。ポパーが検証概念に訴える論理実証主義者を批判し、批判的探究のかなめは反証にあると言うとき、彼が復唱しているのはパースの主張である(Popper 1959 の第四章「反証可能性」を参照のこと)。さらにガーダマーが、悲劇によってわれわれの経験の理解は深まると指摘するとき、彼は経験のもつ容赦のない野蛮な第二性に注意を促しているのである。「経験とはつねに、何よりもまず無効性の経験である。無効性というのは、考えていたのとは違うということだ[30]」。

マクダウェルのいう、何らかの所与に訴えたいという気持ちと、実在との接触を断って何らかの斉合主義を採用したいという気持ちとのあいだの「行きつ戻りつ」について、もう一度考えてみよう。すでに述べたように、セラーズをはじめとして幾人もの論者が「所与の神話」を暴きたててきたわけだが、そうした議論の大半は、パースが一八六八年から翌年にかけて発表した認知をテーマとする一連の論文ですでに展開されていた。では、マクダウェルが近代哲学に特有だという「終わりのない行きつ戻りつ」を、パースはどう切り抜けるのだろうか。ウィトゲンシュタイン、セラーズ、マクダウェル、ブランダム、パットナム、ハーバマス、ローティ、デイヴィドソンと同じく、パースもまた、いわゆる認識には他のものに還元できない要素があると言う[31]。パースの図式では、認識は第三性に属する。認知の主張にそなわる認識の権威は、原則として、異議や修正や改訂、ひいては放棄の可能性をまぬかれない。ところが、〝野蛮な制約〟と〝認識の権威〟との混同はとくに根深くはびこっており、「所与の神話」を生みだす大きな要因となっている。この混同は、第二性と第三性の違いを見誤ったものである。われわれに制約が課されているという事実(第二性)と、制約を課すものに認識の権威があるという主張(第三性)とを混同したくなる気持ちは理解できる。だが、牢固たる「所与の神話」、〝経験的知識の基礎となる、認識の権威をそなえた所与〟なるものの神話は、まさにそこから生まれるのである。

あやまちの元であるにもかかわらず、ついふたつが同一視されてしまうのはなぜだろうか？　その理由を理解する手がかりもパースは教えてくれる。あらゆる現象には、第二性と第三性が、区別はできるが切り離せない契機、アスペクトとしてそなわっている。経験そのものは純粋な第二性ではなく、そこには第一性と第三性の契機も含まれる。経験にそなわる第一性のアスペクト(質)、第二性のアスペクト(野蛮な強制力)、第三性のアスペクト(推論的、認識的性格)はただ切離されるだけである。

したがって、「われわれを制約するものは何か？」と問えば、ただちに第三性の問題に踏み込むことになる。だがこれは少しも不可解なことではない。パースが挙げた第二性の例について改めて考えてみよう。たしかにわれわれは、衝撃、驚き、抵抗、制約を経験するという言い方をする。しかし、こうした経験にはどういった性格があるのかを問い、われわれを制約するものを記述しようとするや、たちまち認識の問題(第三性)へと移ることになるのである。記述はいろんな形でできるだろうが、そのいずれにも誤りの可能性が含まれていることは言うまでもない。

第二性の強制力と第三性に属する認識の権威というパースの区別は、因果的限定と論理的限定というウィトゲンシュタインの区別——それはまた、彼の影響をうけた多くの哲学者が採用する区別でもある——と密接なつながりがある。しかし、前者の区別は、原因と理由という周知の区別と同じでははない。第三性には、理由以外にも多くの要素が含まれる。習慣、振る舞い、記号もまた第三性の例である。分析哲学者のなかでとくに言語論に力点をおく者の多くが理由と原因という区別を採用しているが、その場合の「原因」が何を意味するのか、明確にされることはほとんどない。また因果性のとらえ方にしても、パースが第二性として注目したような制約に注意を向けた例もあるが、制約を顧慮しない説明も少なくない(例えば、ヒューム流の規則性説がそうだ)。パース自身は、因果性に法則への言及が含まれると論じている。したがって、因果性には第三性が含まれるわけである。

パースは「所与の神話」や言語論的観念論のアポリアを回避しているだけではない。経験の野蛮な強制力や、経験の認識がつねに開かれたものであり誤りの可能性を含んでいることを十分に考慮したうえで、基礎づけ主義に与することなく経験を説明してもいるのである。その現象学的な説明は、現代哲学における実在論と反実在論の不毛な論争を土台から切り崩す力を蔵している。筆者の見るかぎり、哲学者のいう「実在論的直観」を尊重するには、第二性の概念があれば足りる[32]。言語や思想、探究から独立に存在する、事実の領域なるものがあると考える必要はないのだ。正当化実践や探究にかならず伴う可謬性と開放性を十分に考慮すること。パースはこの課題を、「わたしやあなたの気まぐれには左右されない[33]」実在との接触を失うことなく、やり遂げているのである。〞言語論的転回を経たいま、昔ながらに経験を語るやり方はもはや通用しない〞という偏見はたしかに根強い。だが、パースの経験観は、言語論的転回が直面する種々の行き詰まりから、部分的にではあれ逃れるすべを教えてくれるのだ[34]。

ジェイムズ——経験の諸相

ウィリアム・ジェイムズがどの程度パースを理解していたかについては、プラグマティズムの研究者のあいだでも意見がわれている。たしかにジェイムズは、パースへの知的恩義を公言してはいた。しかし、ジェイムズがパースから学んだと称するものを見るかぎり、ジェイムズの描くパースと実際のパースの言葉とが、ときとして容易に結びつかないのも事実である。彼らの友情は終生変わることがなかったが、二人がかわした書簡は読み手の心をかき乱さずにはおかない。辛辣な文句を吐き、突拍子もない振る舞いに走るパースではあったが、ジェイムズは彼の忠実な友であり続け、支援を惜しまなかった(パースがほとんど無収入だったとき、ジェイムズは援助金を募って彼を支えた)。世間からうち捨てられた孤独なパースは、絶大な人気と成功を手にした友を幾度も繰り返し「教育」しようと試みた。それは痛ましく、胸の締めつけられるような光景であった。パースはジェイムズが深刻な過ちを犯していると考え、辛抱強く正そうとした。[35] 一方のジェイムズは、パースのカテゴリー図式の眼目がいまひとつ理解できなかった。とにかく「ピンとこなかった」のだ。しかし、パースのいう「第一性」、経験の質的な直接性の記述となると、ジェイムズの筆は冴えわたった。「事象そのもの」に立ち返ることをうたい文句に掲げるだけでなく、身をもってその方法を示した哲学者がいたとすれば、ジェイムズこそその哲学者であった。(ジェイムズの現象学的記述はフッサールによって高く評価された。のちの多くの現象学者も、そうした仕事ぶりを理由に彼を慕った。)パースが第二性の特徴とみなした野蛮な強制力を、ジェイムズが鋭く見て取っていたことは、多くの証拠が裏づけている。だが彼は、パースのいう第三性には鈍感だった。パース記号学の核心を理解していた形跡もほとんどない。

ジェイムズは、多様な人間の経験を、その厚みと流動的で生き生きした性質を一切そこなうことなく記述しようとした。鋭く対立する点もあるが、彼とパースは補完関係にあると言ってよい。[36] ここではジェイムズの経験をめぐる省察のなかから、四つの側面に焦点を当てることにしよう。(一)伝統的経験論による経験の説明への批判。(二)根本的経験論にとっての「純粋経験」。(三)(宗教的経験をはじめとする)経験の多様性をとらえる多元主義的センス。(四)言語と経験との微妙な相互作用。以上の側面である。

(一)伝統的な経験論による経験の説明は不自然で、深刻な誤解を招きかねないという批判は、すでに『心理学原理』にうかがうことができる。経験とは、個々ばらばらの原子的単位がただ順々に現れたり結びついたりするだけのものではない。そのような見方は哲学者の主知主義的な抽象の産物にすぎず、生きられた具体的経験を説明するものではない、と彼は指摘している。「経験の流れ」がもつダイナミックでよどみのない性質——ときに経験の「豊満さ《マッチネス》」とも呼ばれる——と、多元的な多様性こそ、ジェイムズの強調するものだった。彼は言う。ヒュームやその影響下にある論者が考えるのとは違い、われわれは「関係」も「連続性」も「結合」も掛け値なしに直接経験する。われわれは活動を、その緊張、抵抗、傾向ともども経験する。[*1] われわれは「傾向、障害、意志、張りつめた感じ、勝利の喜び、素直なあきらめを感じる。ちょうど時間や空間、速さや強度、運動、重さ、色、快と苦、複雑さなど、その状況が含んでいる特質を感じるのと同じように[37]」。概念的活動の重要性をおとしめたり過小評価したりしているわけではない。ただ、概念では経験の具体性が十分に捉えきれないと考えたのだ。誤解してはならないが、経験には、原理的には知りうるが、実際には知ることのできない何かがあるという意味ではない。経験には知るという営み以上の何かがあると言っているのである。経験がわれわれの生において演じる唯一の、あるいは第一の役割は知識を提供することである——そう決めてかかる認識論的先入観をジェイムズは批判しているのだ。ハムレットの科白をもじって、彼が哲学者仲間にこんなふうに語りかけたことがあったとしても、少しもおかしくはない。「経験のなかには、哲学なんぞの思いも及ばぬことがいくらでもあるのだ」。

(二)ジェイムズは、自分の経験主義を「根本的経験論」と呼び、「純粋経験」について語っている[38]。「根本的経験論」とは何を意味するのだろうか。例によってジェイムズは、(かならずしも首尾一貫しない)説明をいくつもしている[39]。ここでは、「"意識"は存在するか」という有名な論文で述べられた考え方を見ておくとしよう。ジェイムズは次のように記している。

「意識」が存在することをいきなり否定しても、明らかに馬鹿げているとしか思われまい。「思考」が存在することは否定のしようがないからである。だから読者の中には、これ以上わたしの話に付き合うのはごめんだという人もいるかもしれない。そこで急いで釈明しておくが、わたしが否定したいのは、「意識」という言葉が何らかの存在を表しているということだけなのである。そして、この語が表すのは機能であるということを訴えたいのだ。つまり、物質的対象にはそれを構成する要素があるが、物質的対象についての思考には、構成要素となる原初的な素材や存在の質はない。ただし、思考が経験のなかで果たす機能はたしかにあり、この機能の働きゆえに、そうした存在の質といったものも云々されるようになるのだと[40]。

ジェイムズは「純粋経験」の概念を導入して、みずからのテーゼを次のように簡潔に述べる。

この世界にはただひとつの根元的な素材、材料が存在し、あらゆるものはその素材から構成されている、という仮定から出発しよう。この素材を「純粋経験」と呼ぶとする。そうすると、知るという営みは、純粋経験のあいだのある特殊な関係として容易に説明がつく。これがわたしのテーゼである。[41]

この印象深い主張で、ジェイムズは何を言おうとしているのだろうか。逆説的に見えるこの主張は、どのような哲学上の動機に支えられているのだろうか。ひとことで言えば、ジェイムズは標準的な認識論的・存在論的二分法を否定しているのである。すなわち、思考と物、意識と内容、心的なものと物理的なものとの二分法である。実際にこうした区別が行われていることを認めないわけではない。ポイントはそれらが機能的であり、「純粋経験」のなかの区別にとどまるというところにある。ある種の基本的な二元論に反対して、ジェイムズは次のように述べている。

わたしの考えでは、経験にそのような内的二元性はない。経験が意識と内容とに切り離されるのは、引き算ではなく足し算によってなのである。具体的な経験の一片に他の一連の経験が加わるなかで、前者がふたつの異なる用途や機能を持つようになるのだ。[42]

具体的な経験にそくして考えてみよう。部屋に机があり、そこでわたしが本を読んでいるとする。常識にしたがって、この部屋を「物理的事物からなる周囲の世界から切り取られ、それと現実的ないし潜在的な関係をもつ、物理的事物の集まり」[43]と見なすことができる。しかし、「その同じ事物」を、わたしの主観的・心的な生活の一部、わたしの歴史の一部と見ることもできる。要するに、同じひとつの経験が二つの異なる物語のなかで機能しうるのである。同じ経験の一片が、「読者の個人史」の一部にも、「その部屋がある家の歴史」の一部にもなるのだ。

物理的な作業と心的な作用は、奇妙なほど相容れない二つのグループをなしている。部屋としてみれば、その経験は三〇年にわたって当の場所を占め、当の環境のなかにあった。他方、意識野としてみれば、それは今しがたまで存在すらしなかったかもしれない。部屋としては、注意の向け方しだいで新たな細部がいくらでも見つかる。ところが、単なる心的状態としては、どれほど注意を懲らしても、新たな細部が見えてくることはない。部屋としては、それを破壊するのに地震や人間の力が必要だが、とにかくある程度の時間がかかる。だが主観的状態としては、目を閉じたり、束の間想像をめぐらせたりするだけで、それは消えてしまう[44]。

ジェイムズはさらに一歩進んで、概念にもこの視点が当てはまることを示そうとするのである。

純粋経験が二重の働きをするというテーゼは、はじめこそ魅力的に映る。しかし、ジェイムズが正面から向き合おうとしない重要な問題も少なくない。「この世界にはただひとつの根元的な素材、材料が存在し、あらゆるものはその素材から構成されている」という主張は、ありとあらゆる誤解を生み出している。こうした言い方は一元的な根本素材があることを示唆するものであり、彼の多元主義とは矛盾するからである。バートランド・ラッセルは、「純粋経験」という用語が「観念論のいまだ消えやらぬ影響」を指し示していると考えた。「〝経験〟は〝意識〟と同じように、世界の根本素材の所産であって、根本素材の一部ではない[45]」。また、同じひとつの経験が、物理的にも心的にも、主観的にも客観的にも解せるとジェイムズは言うが、なぜ、どのようにしてそれができるのかを説明していない。なるほど、われわれがふつう部屋の物理的な特徴と見なすものや、部屋の主観的意識と見なすものを、ジェイムズは鮮やかに提示してはいる。だがそれだけでは、同じひとつの経験が属する二つの異なった物語の由来を説明したことにはならない。

ジェイムズのいう「純粋経験」については、いろんな疑問が浮かぶことだろう。とはいえ、彼が取り組んだ問題が、(言語論的転回を経た)いまも哲学者を悩ませる厄介な問題だということは確かである。ジェイムズが唱えたのは、心の表象説への対案だった。心の表象説とは、「心の外」にある対象を表象する印象や観念が心の中にあるという説である。ひとくちに表象説といっても、デカルト流、ロック流、ヒューム流、カント流、新カント派流と、その形はさまざまである。しかしどの場合も、心的表象と表象されるものという(存在論的、あるいは認識論的な)二元論を前提にしている。「〃表象〃説は……読者の日々の実感にそぐわない。物と心を媒介する心像などあずかり知らず、部屋や本は物理的な対象としてあるがままに直接見える、というのが実感だからである」[46]。自分が知覚している部屋と、実際に(物理的に)存在している部屋とは別ものではない、というのがわれわれの普通の感覚なのだ[47]。

さらに別の視点から「純粋経験」をとらえることもできる。ホワイトヘッドは、「〃意識〃は存在するか」論文がデカルトとともに始まる時代の終わりを告げるものだと記したが、これはそう記した当人が思っている以上に鋭い指摘だと言わねばならない。それはまた、〃主体の脱中心化〃という新しい時代の始まりを告げてもいる。これはフーコーやデリダ、リオタールといった人びとの言語論的ポスト構造主義で、もっとも重要とされた主題である[48]。ジェイムズによる、自律的自我としての主体なるものの解体作業は、意識と主観性の哲学に対するポスト言語論的批判を先取りしていたのである。

（三）哲学者が言語論的転回の利点に注目することは多いが、マイナス面を考えることは滅多にない。例えばローティは、ジェイムズとデューイをアイドル視してはいるが、現代哲学の物語をかたる段になると、プラグマティズムの主題を提示する論者として挙げるのは、決まってクワインやセラーズ、デイヴィドソンの名前である。言語論的転回を成し遂げることで、哲学的な技巧の冴えを発揮してみせたのが彼らだからだ。しかし、彼らを代表として遇することで、哲学的探究にふさわしいとされる話題の範囲が狭まってしまったのも事実である。宗教的経験の扱いを見れば、それは明白だろう。分析哲学の訓練を受けた哲学者は、宗教的経験をめぐる真摯な議論に耳を貸そうとしてこなかった[49]。今日、宗教が世界中で焦眉の問題になっているにもかかわらず、哲学者は語るべき言葉をほとんどもっていないのである。だがジェイムズは違った。宗教的経験こそ、生涯を通じて彼がもっとも大きな関心を寄せ続けたテーマであった。プラグマティズム、根本的経験、自由意志をめぐる著作のほとんどすべてが、そうした関心に染まっていた。ジェイムズが「プラグマティズムの原理」を世に紹介したのは一八九八年だが、このとき彼が最初にこの原理を適用したのは、「物質が万物の制作者なのか、それとも神もまた存在するのか？」という問題であった[50]。また、それより前に出版された初期の哲学論集にも、「信じる意志」という論議を巻き起こした一篇が収められている（後年ジェイムズはこの論文について、「信じる権利」という題のほうがふさわしかったと述べている）。しかし、ジェイムズが宗教的経験の探究に正面から取り組み、すこぶる繊細な筆致でこのテーマについて幅広く論じたのは、のちに『宗教的経験の諸相』として公刊されるギフォード講義（一九〇一～〇二年）が最初であった。

ジェイムズが宗教的経験にどうアプローチしたかを理解するには、彼の人生を簡単に振り返っておくのがいいだろう。ジェイムズにとって、尊重すべきものはいくつもあった。まず、彼が科学者であったことを忘れてはならない。医学校に通い、さらにドイツでも医学を学んだ。ルイ・アガシーの助手として、三年にわたってアマゾン川の生物学的調査に従事した。ハーヴァード大学で最初に得たポストは、解剖学と生理学の講師職であった。『心理学原理』でも、心の働きを生物学や神経生物学上の由来にまでさかのぼって追究することが彼の定石だった。ダーウィンの進化論は一貫して擁護しつづけた。可謬主義を信条とし、あらゆる独断と狂信を憎んだ。父親の影響もあるだろうが、宗教的経験は人間の生を向上させてくれるという思いを常日頃から抱いていた。科学的探究の厳しい要求に従うべく努めたが、還元主義的唯物論や決定論、科学至上主義にはほとんど本能的ともいえる反発を示した。ジェイムズにとって、科学的探究の規範を尊重することと、宗教的・精神的な問題に真剣に答えようとすることには、何の矛盾もなかった。(51) たしかに、宗教の共同体的側面や制度的側面にはあまり興味をもたなかった。神学には冷淡であった。何の面白みも感じなかったのだ。しかし、宗教的経験の生々しさや多様性を軽んじる哲学のなかの「主知主義」にも不信感を隠さなかった。彼は、醒めた目で宗教的経験にアプローチしたのではなかった。それはジェイムズという一人の人間の、魂の奥深くに関わるような意義をもっていた。実際、彼がそれを否定することは決してなかった。ジェイムズは生涯、抑鬱の発作に悩まされた。自殺の衝動に駆られることもあった。こうした暗い時期をくぐり抜けることができたのは、みずからの宗教的経験のおかげだと感じていたのである。ジェイムズが『宗教的経験の諸相』で遂げようとした目標は二つあった。

第一に、(「学生」たちの先入見に逆らう格好になりますが)「哲学」からの批判に対して「経験」を弁護することです。経験こそが、世の人びとの宗教的生活を支える真の屋台骨であることを示したいのです。ちなみに、わたしのいう「経験」とは、祈りや導きはもちろんのこと、人の運命や世界の意味をつかさどる高邁な一般法則とは別の、自分が胸のなかで密かに直接感じるものすべてを指します。そして第二に、わたし自身の揺るぎない信念を聴衆や読者に共有してもらうことです。つまり、宗教の具体的な形(信仰箇条や学理のことです)はどれも不合理かもしれませんが、宗教とともにある生活は、全体として見れば人間にとってもっとも重要な営みであるという信念です。(52)

つまりジェイムズは、「個々の人間が孤独のなかで、神的な存在と思えるものと自分が関係していると悟る場合だけに生じる感情、行為、経験(53)」に共鳴しているのである。『宗教的経験の諸相』では、神秘家、聖者、信仰に目覚めた回心者をはじめ、ジェイムズのいう「宗教的天才」の語る多数の報告が詳しく取り上げられている。ここで彼はかなり極端な宗教的感情や表現に惹き寄せられているが、それは、こうした途方もない事例が宗教的感情の普通の現れ方を解き明かすのにむしろ好都合だと感じていたからであった。彼は、宗教的経験を支える意識下の自我の働きに夢中になった。マーティン・ジェイの言葉をかりれば、ジェイムズは「実験的で、ドグマに縛られず、柔軟性に富み、信仰が生き生きしていると思えた宗教には、とくに好意的だった(54)」。しかし同時に、「病める魂」(これがジェイムズ自身の激しい苦悩を指しているとする論者も少なくない)が直面する、暗く強烈な宗教的経験も研究した。宗教哲学者が没頭する認識論的・形而上学的問題は、『諸相』ではにべもない扱いだった。だが、ジェイムズから学ぶべき教訓は重い。宗教的経験の記述は教えのほんの一斑でしかない。幅広い人間の経験の多様な姿を、細部の陰影にいたるまで正確に描き出す言葉のセンスにかけては、後にも先にもジェイムズに並ぶ者などほとんどいないのだ。

（四）ジェイムズを読んだ人、とくに哲学者の反応は、両極端にわかれることが多い。蛇蝎のごとく嫌うか、それとも惚れ込むかだ。彼の文体は魅力にあふれているが、哲学者にとってそうした魅力は、わざわざ褒めそやすような美点ではない。彼の使うキーワードは、「経験」やさらには「プラグマティズム」でさえ、明確にしようとしてもなかなか思うようにいかない。筆が冴えているときのジェイムズには純文学の巨匠のような趣があるが、酷いときの彼の文章は、ぼんやりとして曖昧で浅薄なものでしかない。少なくともジェイムズに共感できない批評家はそうこぼす。彼を哲学者として扱うわけにはいかない、と。明晰さ、正確さ、厳密な論証を大切にする、分析哲学の訓練をつんだ哲学者の多くにとって、ジェイムズは好ましからざる人物でしかない（ただしヒラリー・パットナムは別である。彼は生粋の分析系の哲学者だが、ジェイムズの論証の多くは洗練されて精妙に構成されていると言いつづけてきた）。しかし、ジェイムズを愛する人（哲学者であれそれ以外の者であれ）からすれば、文体、機知、朗らかさ、引き締まった散文には何ものにも代えがたい魅力がある。哲学から仰々しいこけおどしを剝ぎ取るその手並みは見事というしかない。われわれを日常の経験へと鮮やかに立ち戻らせるこつを、彼は心得ていたのである。グスタフ・ベルクマンが述べた言語論的転回をなすべき理由を耳にしても、ジェイムズが心を動かすことはなかったに違いない。哲学者は自分の仕事を「しかるべき言語について語ることを通して、世界について語ること」に限るべきであるなどと言う人がいたら、ただの天の邪鬼としか思わなかったはずだ。もしジェイムズが今も健在なら、こうベルクマンに諭したかもしれない。ウィトゲンシュタインは教えてくれなかっただろうか、人の目的や関心はさまざまであり、それに応じて記述の仕方も多種多様である、と。ジェイムズが「言語哲学」を体系的に展開することはなかった。しかし彼は(再びウィトゲンシュタイン風の表現を使えば)示したのである。卓越した名文家の筆にかかれば、人間の経験の機微に光をあてて記述するのに、言語がどれだけのことをなしうるかを。

デューイ――ヘーゲルのダーウィン的自然化

ローティがデューイに抱いた不満については、すでに触れた。ヘーゲルの歴史主義とダーウィン流の自然主義とを結びつけた、経験の統一的な説明がデューイには欠けている、というのがローティの不満だった。しかし、間違っているのはローティのほうである。それを見事にやり遂げたのがデューイなのだ。少なくとも筆者はそう主張したい。経験の意味については、デューイの言葉もときおり曖昧になるが、だからといって彼の寄与を見誤ってはならない。本書の「プロローグ」で述べたように、古典的プラグマティストの豊かな多様性のみなもとは、いくつもの哲学的伝統を活かす能力にあった。近代の断片化されたありさま、放埒な個人主義がもたらす倫理と政治の崩壊をヘーゲルは批判したが、デューイもまた彼と同じ考えだった。初期のデューイがこのようにヘーゲルに魅せられていたことは、生物の比喩の多用や、「社会有機体」説への依拠からうかがい知ることができる。実際デューイは、自らの思索にヘーゲルが「尽きせぬ預金」を残してくれたと認めてもいる。一九三〇年に書かれた自伝的エッセーには、次のようにある。

それから一五年のあいだに、わたしは知らぬ間にヘーゲル主義から遠ざかっていった。このように言うと、立場の変化にそれ相応の理由があったことが伝わりにくいかもしれない。だが、この動きが緩やかで、ほんの小さな変化がゆっくりと積み重なっていったものであることは表現できているとと思う。とある明敏な批評家は、ヘーゲルとの出会いが私の思索に尽きせぬ預金を残したと指摘し、機会あるごとにこれを新たな発見であると称している。その指摘を無視するつもりはないし、まして否定しようとも思わない。今のわたしの目には、ヘーゲルの体系の形式や図式は不自然そのものに映る。しかし彼の思想には、異常な深さがしばしば顔をのぞかせる。弁証法という機械仕掛けの舞台装置を外してみれば、彼の分析の多くには異常な鋭さがある。かりにわたしが何かの体系に帰依することがあるとすれば、他のどの体系的哲学者よりも、ヘーゲルのなかにこそ豊かで多様な洞察があると思うだろう。ただし、そうは言ってもプラトンは別である。彼の哲学作品は、今もわたしの枕頭の書なのだから。[55]

デューイがヘーゲルの「経験」概念を採り入れ、改作しているのを見れば、この「尽きせぬ預金」の存在は一目瞭然だろう。ヘーゲルは経験のなかに脈打つリズム、止揚へと向かうダイナミックな運動を生み出す内的緊張と対立を看破した。その洞察をダーウィンの生物学の言葉に置き換えれば、より具体的で実験的な意味をもつようになることを、デューイは示したのである。[56]

こうして自然化されたヘーゲル主義の初期の成果は、デューイの古典的論文「心理学における反射弓の概念」(一八九六年)にはっきりと現れている。デューイは、当時一般的だった反射弓の概念を、「感覚と思考と行為との厳格な区別を前提している」として批判した。「感覚刺激、観念を意味する中枢活動、行為そのものを意味する運動神経の活動はそれぞれ別個のものであるとされる。その結果として反射弓は、包括的、有機的な統一体ではなく、ばらばらのパーツの寄せ集め、無関係なプロセスの機械的な接合になってしまっている」。[57] こうした機械的な見方に代えて、ダイナミックな調整という観点から反射弓を理解すべきである、とデューイは説く。感覚刺激と運動反応との区別を、ひとつの統一的な回路内の機能的位相の違いと見なすのである。

円としての回路は調整の機構であり、構成要素のなかに対立を抱えている。感覚刺激と運動反応との区別が意識されるようになるのは、円のまとまりが一時的に失われ、再構成の必要が生じるときである。刺激とは調整過程の位相のひとつであり、調整がうまく運ぶための条件を表している。これに対して反応とは、同じ調整過程の一位相だが、そうした条件を満たす鍵を与え、調整を成功に導く道具となるものである。したがって、刺激と反応は厳密に相関的であり、同時に起きている。[58]

この初期の論文には、デューイの経験理解の萌芽がある。その彫琢に彼は生涯をついやした。[59] 経験は時間的にも空間的にも広がっている。それは純粋に「主観的」でもなければ「客観的」でもなく、「心的」でもなければ「物理的」でもない。この調整の働きを特徴づけるためにデューイが用いた言葉――「対立」、「問題」、「再構成」――は、やがて彼が展開する探究の道具的論理学に採り入れられることになる。

パースやジェイムズと同じく、デューイも伝統的な経験主義の経験理解を批判した(その理由も、多くは一緒だった)。[60] 近代哲学が認識論に固執したせいで、経験へのアプローチが歪なものになってしまったとジェイムズは説いたが、デューイも同じ印象をいだいていた。そして、経験について語る普段着の言葉づかいには、大きな成長の可能性が宿っていると考えた。たとえば「熟練職人」について話をしたり、ベートーヴェンが晩年に作曲したピアノソナタの名演や、ミシュランの三つ星レストランで味わった極上の逸品などの「忘れがたい経験」について語ったりするときの言葉づかいである。デューイは、そうした言葉のもつ可能性を取り戻そうとした。

探究は、認識や反省より前の段階の経験に含まれる、対立や緊張から生じるのが普通である。[61] これらの経験は、「以前の探究に由来する知識を含んでいるかもしれないが……そうした探究がその場の状況を支配して、特有の趣を添えるまでには至らない」。

否定的でない言い回しで説明すれば、次のようになる。水の知覚が付随的なものにとどまる、喉の渇きをいやすというひとつの経験と、水の特性に関する知識が大きな関心をしめる、水のひとつの経験。仲間同士の気のおけない会話の愉しみと、そのなかの一人の性格に関する慎重な観察。絵画を愛《め》でることと、専門家が作者を確定したり、画商が商売のために値踏みをするときの鑑定作業。こうしたものの違いは誰でもわかる。省察や探究から離れたとき、自分がたいてい何をしているかを思い起こしてみれば、こうした二つのタイプの経験の区別は誰にとっても明白である。[62]

ハイデガー風に言えば、「世界内存在」は、もともとが「知識の問題」ではない出会いや経験から成り立っているのである。

右の引用でデューイは、「経験」をひとつ二つと数えることのできる名詞として用いていた。では、何によって経験は個体化されるのだろうか。何が経験を切り分けるのだろうか。「経験は切れ目なく生じている。なぜなら、生物と環境条件の相互作用は、生きる過程そのものと関わっているからである。……しかし、経験が未完結におわることも珍しくはない。何かを経験しても、それがひとつの経験を構成するまでには至らない場合である。注意が乱れ、まとまりがつかないのだ[63]。時間と空間のなかに広がるひとつの経験には、多岐にわたる因子が含まれていることもある。しかし、ひとつの経験には「ひとつの質が満ちわたっている。たとえばインフルエンザによる体調不良は、数え切れないほど多様な因子がからんでいるが、それでも、ある特有の質をもつひとつの経験である[64]」。経験に満ちわたる質という概念は、パースの第一性に近い。デューイも、彼と同じように、それが「たんなる主観的な」ものではないことを強調している。この質を「対象に投影された主観的な状態にすぎず、対象自体がその状態にあるわけではない[65]」と考えてはならない、と。経験をひとつにまとめ上げる満ちわたった質というアイデアをデューイが最初に述べたとき、まだパースへの言及はなかった。しかし、一九三〇年代にパースの『著作集』の刊行が始まると、パースによる第一性の現象学的記述と、経験に満ちわたる質という自分の概念がほぼ重なることを認めるようになった[66]。「不確定な状況」の中から、その状況を背景にして、探究がどのように生まれてくるかを示すことで、デューイはみずからの考えを説明している。「かき乱され、混迷し、曖昧で、支離滅裂で、さまざまな傾向が対立しあい、不明瞭で、等々」なのは、状況それ自体の側である。

こうした特徴を具えているのが状況である。もともと状況それ自身が疑わしいから、われわれも疑わしく思うのだ。現実の状況から生じたわけでもなく、それと関係があるわけでもない疑いに個人が苛《さいな》まれるとしたら、それは病気である。……したがって、かき乱されて混迷した、支離滅裂な、不明瞭な状況は、個人の心理状態を操作したところで、収拾も解決も整理もつかない。

……疑わしいものを、あたかもわれわれの側だけにあって、われわれをとらえ巻き込んでいる現実の状況の側にはないかのように見なして済ます習慣は、主観主義的な心理学の遺産である。不安定な状況には、生物と環境との相互作用の不均衡が、生物学的な先行条件としてともなう。……統合を回復するには……現状を実際に修正する以外に手はない。「心」の側を操作するだけではだめなのだ。(67)

デューイの探究と知へのアプローチは、こうした経験——問題として立ち現れる不確定な状況——という観点からなされた。そして、状況や経験は、そこに満ちわたる質によって一つひとつに分かれるのである。(68)

さて、デューイが「ひとつの経験」というとき、もうひとつ重要な経験の特徴に焦点があてられている。次の言葉には、自然化されたヘーゲルの痕跡をうかがうことができる。

けだし、生きるということは、連続した一律の進行や流れではないからである。それはいくつもの物語から成っている。それぞれが、独自のプロットにしたがって、発端から終局へと進んでいく。それぞれが独自のリズムを刻んでいく。そして、それぞれが二つとない、隅々にまで満ちわたった独自の質をもっている。(69)

経験は、このようにリズムを刻んで発展しながら完成へと至る。これをデューイは、経験の完成的側面や美的側面と呼んだ。経験のこの側面の重要性は、デューイ解釈でもとかく見過ごされがちである。(70)

しかし、この完成的、美的側面は、どの経験にもありうる。「美の敵は、実践でも知性でもない。それは単調さである。だらしのない中途半端さである。実践や知性の手続きで旧套に堕することである。厳格な禁欲、服従の強制、窮屈さも、放蕩、支離滅裂、あてどのない放埒も、向きこそ逆とはいえ、ともに経験の統一性からの逸脱なのだ」(71)。複雑な知的問題の解決であれ、道徳や政治の難題との格闘であれ、芸術作品の制作であれ、それぞれが特有の完成的、美的性質を帯びうるということだ。

デューイの、経験の完成がもつ情緒的、美的意味へのアプローチは、彼のえがく創造的民主主義のヴィジョンにとっても大きな意味をもっている。初期マルクス(そしてヘーゲル)と同様に、デューイもまた、現代の生活に大きく影を落とす断片化と疎外に心を痛めた。彼がいだく良き社会のヴィジョンでは、経験を豊かなものにする——経験を完成へともたらす——教育と社会改革が求められる。そのかぎりで、彼のヴィジョンは美的なものと呼べるだろう。『経験としての芸術』について、ロバート・ウェストブルックは次のように述べている。この本は、

一九三〇年代にデューイを魅了したラジカルな政治的立場に、たまさか付随しているといったものではない。むしろこの本は、そうした政治的立場の強烈なマニフェストであった。彼のラジカリズムが、米国人の物質的な幸福だけでなく、商品流通の外側にしかない完成的経験をも視野に入れたものであることが、明確に謳われていたからである(72)。

先にローティの誤りを指摘したが、その理由をようやく示すことができた。ダーウィンの自然主義とヘーゲルの歴史主義を結びつけた、経験の首尾一貫した説明がデューイに欠けているというのは正

しくない。そうした理論は、すでに「反射弓の概念」論文に明確なかたちで存在している。デューイは生涯その彫琢につとめた。最初はヘーゲルに着想を得ながらも、ダーウィンの進化論を踏まえ、経験を徹底して自然主義的に理解していったのである。

デューイは、経験の歴史的役割の変遷にも鋭い視線を向けている。「経験主義の経験的研究」という論文では、哲学が文化的文脈にどう左右されるかを具体的に解き明かした。そこでは「歴史上の三つの経験理解」が区別されている。ひとつは古典古代の定式化。もうひとつは一八・一九世紀の経験主義に特有のとらえ方。そして三つめは、いまも形成の途上にある見方である(それはデューイ自身の見方でもあった)。

古代ギリシャ人の考えによれば、経験《エンペイリア》とは「過去の情報の蓄積を意味する。過去といっても、個人の過去だけでなく、社会の過去も含まれる。過去の情報は言葉で伝えられる。職人の徒弟に伝えられる情報はさらに多い。そうした情報には、家を建てたり、彫像を作成したり、軍隊を指揮したりするにはどうすればいいか、現状では次に何が予期されるかといったことが、事実にそくした一般則のかたちで凝縮されている(73)」。プラトンとアリストテレスは、経験には三つの大きな限界があると指摘した。経験的知識は真の科学的知識《エピステーメー》とは明確に違うこと。経験が実践に依拠するのに対して、合理的思考は真に自由であること。経験は身体と密接に結びついているため、限りがあること。ギリシャのこうした経験理解は「経験を率直に報告したもの」である。「要するに、経験についてのこの説明は、当時の文化の姿を言い当てているのだ(74)」。ギリシャの哲学者の誤りは、ひとつの時代に属する経験概念を永遠に正しいと誤解した点だけである。「当時の哲学の過誤は、特定の文化のあり方が意味するものを、普遍的に成り立つかのように思い込んでしまったところにあった。これは哲学者にかぎらず陥りやすい過ちである[75]」。

その時代の経験が、可能なすべての経験、未来のすべての経験に当てはまる尺度だったとしたら、経験の本性にかんするこうした理解がどうして攻撃されたのか見当もつかない。だが、その後の展開からわかるように、経験は合理的な制御を取り入れることができる。[*2]これはしっかりと銘記すべき点である(現代の哲学者がこれを看過することは許されない[76])。

デューイによるギリシャ人の経験理解の説明では、それを生んだ文化的文脈に周到な目配りがなされていた[77]。彼はまた、ロックの経験理解と、一九世紀のイギリス経験主義におけるその展開がもつ歴史的意義も強調している。しかもパースさながらに、次のように述べている。「ロックの思想で、感覚と観察を、つまりは経験を特徴づけているのは、その強制力である。……強制力は、空想の気まぐれや、慣習的な信念という偶然的なものに対する防壁の役を果たしている[78]」。

建設的な側面について言えば、経験主義とは、実現したかどうかはともかく、ひとつの理念であったと評することができるだろう。一八世紀の進歩の概念と、限りなく完成に近づける存在という新たな人間像とに結びついた理念。悪しき政治制度や教会制度がもたらした腐敗がいったん根絶されて、教育と合理性にチャンスがめぐってきた時代の理念である[79]。

このように経験に訴えることは、はじめ、先入見に対する批判として機能した。しかし、こうした経験理解には、探究の積極的・実験的性格の説明が欠けていることがやがて明らかになる。

なぜならどの実験も、観念や思想の導きにしたがって進められるからである。……それゆえ、科学の実験やその準備にさいして理論や仮説として働く観念は、感覚の模写ではないし、過去の経験や観察によって示唆されたものでもない。むしろそこには、直接的感覚や観察にはけっして見ることのできない、自由と創意とが宿っていると言えそうだ。(80)

第三の経験概念は、デューイによれば、まだ姿を現しつつある段階でしかない。しかしその重要な特徴として、彼は二つの点を強調している。観念や仮説や理論の意義は、何から導かれたかではなく、そこから何が導かれるかにある、というのが一点目である。

ジェイムズの哲学の核心は、『プラグマティズム』の講義よりも、『心理学原理』の一部、とりわけ第二巻の最終章でいっそう露《あらわ》になる。観念の価値は、その起源には依らないこと。その価値は、新たな観察や実験の導き手として用いたとき、どれだけの結果を生み出せるかにあること。これが核心である。(81)

二点目は、「旧来の内観心理学の崩壊と、客観的な基礎——本質的には、生物学的な基礎——をもつ心理学の発展」(82)の強調である。(83) ダーウィンの自然主義から学んだ教訓を自覚的に活かしながら、デューイは、哲学における経験のとらえ方の移り変わりを歴史にそくして説明したのである。

経験と言語論的転回――再論

話を締めくくる前に、二〇世紀の言語論的転回の問題にもどろう。「この転回はいつ始まったのか」というのは、あまりうまい問いではない。「言語論的転回」という言葉で何を意味するか次第で、いかようにも答えられるからだ。ベルクマンは、ウィトゲンシュタインの『論考』から始まったと述べた。分析哲学者の多くはこれを認めず、初期のウィトゲンシュタインに影響を与えた哲学者、フレーゲにより大きな功績を帰するのではないだろうか。しかし、言語論的転回のもっとも重要な側面がその解釈学的次元にあると考えるなら、話は違ってくる。ハーマン、フンボルトとヘルダー、ディルタイとガーダマーの貢献が、高く評価されることになるからだ(84)。また、「フレンチ・セオリー」の影響を受けた人ならば、構造主義に対するポスト構造主義の批判から転回は始まったと言うだろう。

ハーバマスは、表象とコミュニケーションを区別することで、「言語論的転回」のもうひとつ別の見方を教えてくれる。「言語論的転回のあとでさえ、分析哲学の主流は、主張命題とその表象機能がもっとも重要であるという考えを捨てようとしない(85)」と彼は指摘する。言語の表象機能とコミュニケーション機能は等しく根源的であり、たがいを前提している、というのがハーバマスの考えである。しかし、彼の研究ではもっぱら後者に焦点がしぼられた(86)。

ハーバマスは、行為と合理性について緻密で複雑なコミュニケーション理論を展開するとともに、一九世紀の終わりに生じたパラダイム・シフトについても、裨益するところの多い歴史的説明を与えている。(デカルトの時代よりこのかた哲学を支配してきた)意識や主観性の哲学から、ポスト・ヘーゲル的な、言語とコミュニケーションの相互主観的(社会的)対話型パラダイムへの転換がおきた、というのが彼の説明だ。この歴史物語のなかで、パラダイム・シフトをもたらした重要人物として登場するのがジョージ・ハーバート・ミードである。なるほどこのパラダイム・シフトは、パースの主観性の哲学批判や、相互主観的な記号理論によって先取りされてはいた。しかし、言語の発生を社会的な現象として詳しく説明しようとしたのはミードだった。人間のコミュニケーションと動物のコミュニケーションの連続性を明らかにし、さらに人間の記号的コミュニケーションも説明しようと彼は目論んだのである。ミードによる経験の説明は、基本的にはデューイと軌を一にしていた。実際、ミードの社会心理学にとって、デューイの「反射弓の概念」論文は思想的源泉のひとつであった。言語の社会的コミュニケーション機能にかんするミードの理論では、多くの難問が未解決のまま残されたが、ハーバマスらは彼の基本的な洞察をすくい上げ、いっそう深く掘り下げていったのである。言語論的転回のあと、哲学者たちの注目を集め、独創的な展開をみた主題も数多くある。「身振りによる会話」、「言語の対話的性格」、「一般化された他者」、「役割取得」、「主我と客我の相互作用」、「自我の社会的性格」。記号によって媒介された相互作用から、いかにして人間の「主観性」が生まれるのか。言語を介してたがいに相手の視点に立つという営みが、倫理学や根源的民主主義の理論にどう基礎を提供するのか[87]――。こうした問題への取り組みがなされたのだ。

ここまで古典的プラグマティストの経験をめぐる省察を精査してきた。それによって、しばしば見受けられる経験と言語との区分を打ち崩すことができたとしたら幸いである。あらゆる基礎づけ主義を打破すべく奮闘してきたプラグマティズムの思想家たちに向かって、「経験をある種の基礎として利用している」と非難するのは中傷にも等しい。経験と言語のそうした二分法は、プラグマティズムの立場からは批判すべきタイプの二分法であることが、筆者の訴えたいことだった。人間の生活のなかで経験がはたす役割を真摯に振り返ることのない「言語論的プラグマティズム」は、少なくとも二つの点で貧弱な立場であると評さざるをえない。そうした観点からは言語論的観念論が導かれ、人間の日常的な生活世界との接触が失われがちになり、経験(第二性)がわれわれに課す制約も十分に考慮できなくなってしまうからだ。だがさらに深刻なのは、言語論的プラグマティズムでは、哲学がもっとも重要な問題として取り組むべき広範な人間の経験(歴史、宗教、道徳、政治、美の経験)が著しく狭まってしまうという点である。「言語論的転回」(その定義がどうあれ)よりあとの時代に生きる哲学者は、経験と言語について、パース、ジェイムズ、デューイ、ミードからなおも多くを学ばねばならないのだ。

第七章　ヒラリー・パットナム――事実と価値の絡み合い

過去半世紀のもっとも重要で、もっとも刺激的な哲学論争の歴史を記そうと思うなら、ヒラリー・パットナムの著作から説き起こすのがいちばんの手だろう。その哲学の対象はきわめて広範囲にわたり、内容も深い。科学哲学、論理学の哲学、数学の哲学、言語哲学、心の哲学、知覚の哲学、認識論、そして形而上学の各分野で、パットナムの挑戦的で物議をかもす主張はつねに議論の中心テーマとなってきた。英米系と大陸系とを問わず、同時代の主だった哲学者のあらかたと彼は意見をたたかわせた。その哲学的論戦の場には、ギリシャの古典哲学にまでさかのぼる哲学史の洗練された知識がたびたび動員された。パットナムが擁護し、改訂し、ときに放棄したテーゼの多彩さには、戸惑いをおぼえるほどだ。しかしその著作を注意して読めば、彼が表明してきた哲学的ヴィジョンには隠れた一貫性があることがわかる。彼が何らかのテーゼを主張する理由も、それを改訂し、修正し、さらには放棄する理由も、読者には理解できる。その意味で、彼のヴィジョンはまさしく弁証法的と呼べるだろう。また、彼がその包括的なヴィジョンのうちに何を保存し、何を統合しようとしているのかもわかる。パットナムはこう述べている。「哲学者には二つの仕事があります。世界とわたしたち自身についてのさまざまな見方を統合すること。……そして、生きる指針を見つける手助けをすることです。

生きる指針を見つけるといっても、支えになってくれる人生訓を探そうというのではありません。もちろん、そういったものも無関係ではないでしょうが、もっと大事なのは感性を育てることなのです」(1)。

とくにここ数十年のあいだ、パットナムはプラグマティズムと真剣に向き合い省察を重ねてきたが、そのなかで次第に重みを増してきたテーマがある。本章ではそれを検討することにしよう。パットナムは米国のプラグマティズムのなかに、ある「一群のテーゼ」を見いだした。「それは特定の立場だけに許されるテーゼではない。実際それは、関心を異にするさまざまな哲学者によって、それぞれのやり方で主張されてきた。そして、パースの哲学の土台となり、とくにジェイムズとデューイの哲学では重要な礎となった」(2)。

簡単にまとめるならば、次のようなテーゼである。(一)反懐疑主義。プラグマティストの考えでは、懐疑も信念と同じように正当化が必要である(「本物の」懐疑と「哲学的」懐疑というパースの有名な区別を思いおこそう)。(二)可謬主義。プラグマティストの考えでは、信念の改訂が不要であることを保証する形而上学的根拠は存在しない(可謬主義と反懐疑主義の両方の立場を同時にとりうるというのは、米国のプラグマティズムだけの洞察である)。(三)「事実」と「価値」の根本的二分法は成り立たないというテーゼ。そして(四)哲学にとって実践は、ある意味でもっとも重要であるというテーゼだ(3)。

どのテーゼについても、彼ならではの擁護論をパットナムは展開している。『人間の顔をした実在論』の前書きではこう述べている。「事実と価値の二分法は維持しがたいこと。事実と規約の二分法もまた維持しがたいこと。観念が真であることと、その正当化とは、密接なつながりがあること。形而上学的実在論への代案はいかなる懐疑主義でもないということ。哲学は善を実現する試みであるということ。これらはすべて、米国のプラグマティズムの伝統と古くから結びついていた思想である」(4)。

パットナムのテーゼの背景

事実と価値の二分法は維持しがたいというテーゼに話題をしぼろう。言い方を変えれば、事実と価値は絡み合っているというテーゼだ。このテーゼが哲学のさまざまな問題と幅広く関わっていることはのちほど見る。まずは手始めとして、パットナムの思想を、哲学と個人的履歴の二つの側面から押さえておくことにしよう。

若き日のパットナムを指導したのはハンス・ライヘンバッハとルードルフ・カルナップだが、彼らの影響を過小評価するわけにはいかないだろう。なるほどパットナムは、恩師に唯々諾々として従うような弟子ではなかった。実際、彼の研究生活は、二人の哲学者の主張を批判することから始まっている。しかしパットナムが、彼らの課した難題を誰にもまして真摯に受け止めたことに変わりはない。なかでも、事実と価値、事実と規約の二分法にかんする彼らの主張は大きな意味をもった。『事実／価値二分法の崩壊』の最初の章では、論理実証主義者がこうした二分法をどのように理解していたかが簡潔に述べられている。

論理実証主義者が、いわゆる判断はどれも三つの種類に区分できると考えたのは周知のとおりです。「総合的」判断(彼らによれば、経験的に検証可能か反証可能な判断)、「分析的」判断(彼らによれば、「[論理的]規則だけにもとづいて真[または偽]」となる判断)、そして「認識として無意味」な判断の三つです。倫理的、形而上学的、美的判断がすべて「認識として無意味」とされたことは、悪い意味で有名でしょう。(5)

また、次のようにも述べている。

しかし、合理的に議論可能なものの領域から倫理学を追い払うことができるという論理実証主義者の確信は、分析的と総合的という二元論と、事実と価値の二元論が彼らの手中にあって強化しあった結果生まれたという面もあります。実証主義者によれば、倫理的な「文」が知識と呼べるには、分析的であるか、さもなくば「事実にかんする」ものでなくてはならないわけですが、明らかにそれは分析的ではありません。そして、そうした文が事実にかんするものではありえないという彼らの確信は……事実とは何かを正確に知っているという彼らの確信に由来していたのです。(6)

一九五一年の論文でクワインが批判して以来、分析的と総合的という二分法への信頼は崩れ去ってしまった。しかし、ここでパットナムは重要な但し書きを差しはさむ。区別と二分法は別ものだという指摘である。ジョン・デューイにならって、パットナムは次のように言う。(不変不動ではないにせよ)区別を設けるのは、哲学上の具体的な目的にとって重要だからである。しかし、(分析的と総合的という区別について論理実証主義者がしたように)機能的な区別を硬直化してとらえ、厳格な二分法として理解してしまうと、悲惨な結果を招きかねない。文脈によっては、何らかの目的のために、分析的な文と総合的な文とを区別したい場合もあるだろう。だがそれは二分法への固執を意味するわけではない。また、有意味な文は必ず、このいずれかであると考えるのも誤りである。ただし、(少なくとも論理実証主義者が主張したような)分析的と総合的という二分法、事実と規約の二分法は崩れ去りはしたが、事実と価値とのあいだに埋めがたいギャップが存在するという考え方は容易になくなりそうもない。これはもっと古くからある二分法、「である」と「であるべし」とのあいだの、絶対的といわれるギャップと密接なかかわりがある(7)――。パットナムによれば、事実と価値の二分法は、社会科学のみならず、倫理的判断や政治的判断の日常的な理解にも広く有害な影響をおよぼしてきた(8)。この点については筆者もまったく同感である。倫理的な文は感情の表現・表出をもっとも重要な役割とするという説は「情緒主義」と呼ばれるが、事実と価値の二分法を支持する哲学者でも、この情緒主義を採る者は今日ではほとんどみあたらない。しかし、価値判断は非認知的である――つまり真理値をもちえない――と主張する哲学者は珍しくないだろう。せいぜい個人(あるいは集団)の選好や態度を表現するだけの、「たんなる主観的」なものにすぎないと考えるのだ。事実を事実たらしめるものが何なのかを正確に特徴づけようとしても、そのやり方がひとつや二つでないことは、事実と価値の二分法の支持者も認めるかもしれない。それでも彼らは、事実にかんする主張と価値判断とは明確に区別しなければならないと言う。事実はあくまで事実であり、価値はあくまで価値であり、二つを混同するのは「カテゴリー錯誤」以外の何ものでもないと。しかし、パットナムが疑問視するのはまさにこの主張なのである。これを経験主義の「第四のドグマ」と呼んでもいい。もっとも、経験主義者だけでなく、多くの人がそう考えてきたわけだが。

さきほど、パットナムが事実と価値の二分法に異を唱える理由を理解するには、彼の個人的な事情を押さえておく必要があると述べた。パットナムは「価値の世界における事実の位置」というエッセーで、みずからの見解の変遷を次のように自身の略歴とからめて説明している。[9] 自分は論理実証主義者に科学哲学者としての訓練をうけた。倫理の情緒説に与することはけっしてなかったが、ある種の事実と価値の二分法を支持していたことは間違いない。道徳的価値について言えば、「何かがとくに倫理的な意味で善いといえるのは、それが〝道徳の慣習と結びついた関心に沿う場合である〟」と考えていた。つまり「善くあろうとか、善行をなそうといった意思決定は〝生きかたの選択〟でしかなく、〝慣習〟にしたがうか否かの問題にすぎない」と。しかし、こうしたメタ倫理的な確信を抱いていたその一方で、「自分が深刻な道徳的問題を抱え込んでいることに気づき」、自分のしていることが「正しいのか、つまり本当の意味で正しいのか」煩悶した——。

たんに、最大多数の最大幸福につながる行為をなすべしという功利主義の根本指針に、自分のしていることが合致するかどうかで悩んだのではない。……かりに合致するとしても、このような場合にそもそもこの指針が正しいといえるのかどうかで悩んだのだ。「善い」という言葉を意味論的に分析したり、「道徳の慣習」を分析したりすれば、自分の行為に裏づけが得られるだろうと考えていたわけではない。しかし何より面白いのは、「生き方」の選択の問題にすぎないというメタ倫理学的な見解と、自分の行いが正しいか間違いかのいずれかに違いないという、煩悶とないまぜの信念とのあいだに齟齬があるとは少しも思わなかった点である。[10]

認知的価値

パットナムのいう事実と価値の絡み合いとは、正確には何なのだろうか。彼はこのテーゼをどう擁護しているのだろうか。価値にはさまざまなタイプがあり、そうした違いに対して哲学的に敏感であることが重要だと、プラグマティズムの精神にもとづいてパットナムは指摘する。例えば、パットナムが「認識論的」とか「認知的」と呼ぶ価値のグループがある。事実と価値の絡み合いにかんする彼のもっとも強力な議論のいくつかは、こうした認識論的価値を材料に展開されている。「価値と規範性はあらゆる経験に浸透して」おり、「規範的判断は科学の実践そのものにとって本質的[11]」であると彼は明言する。「〈首尾一貫性〉、〈信憑性〉、〈無理のなさ〉、〈単純性〉の判断、ディラックが〃美しさ〃と呼んだことで有名な、仮説の特質の判断、そうしたものすべてが、チャールズ・パースのいう意味での規範的判断、合理的思考における〈あるべきことがら〉の判断なのです[12]」。

科学における仮説と理論の評価にとって、単純性や首尾一貫性、信憑性といった規準が重要であることを認めない科学哲学者が――もっとも正統的な実証主義者も含めて――いるとはとても思えない。そのため、パットナムの主張に何の意味があるのかという疑問も当然浮かぶだろう。彼が言いたいのは次のことだ。これらの概念は価値観そのものであり、規範的判断を含んでいる。その点を押さえないかぎり、こうした概念を理解することはできない。それらを事実問題にかんする要素だけに分析したり還元したりすることはできない[13]――。ここでパットナムはある論法に訴える。彼が「不可欠性論法」と呼ぶものだ[14]。知識の主張を分析したり評価したりするうえで、価値や規範は欠かせないというのがその趣旨である。

「首尾一貫している」や「単純である」という言葉はたんに情緒を表しているにすぎないと考えるなら、つまり、理論に対する「賛成的態度」を表しているが、何らかのはっきりとした性質を理論に帰属させるものではないと考えるなら、正当化とは完全に主観的なものだと見なすことになるだろう。しかし、「首尾一貫している」や「単純である」という言葉が中立的な性質を指していると考えるなら、つまりその性質に対して「賛成的態度」をとる人もいるだろうが、そうした態度が客観的に正しいかどうかは問えないと考えるなら、たちまち困難に陥ってしまう。価値を表す典型的な言葉(「勇気のある」、「親切な」、「正直な」、「善い」など)と同様に、「首尾一貫している」も「単純である」も称讃に用いられる。それどころか、これらの言葉は行動を導きさえする。理論が「首尾一貫しており、単純で、説明力がある」と言えば、然るべき背景のもとでは、その理論を受け入れることが正当であると述べるのに等しい。そして、ある言明を受け入れることが(完全に)正当であると言えば、その言明なり理論なりを受け入れるべしと述べるのと変わりないのである。[15]

正義や善のとらえ方と同じで、首尾一貫性や単純性のとらえ方は歴史的に条件づけられている、とパットナムは強調する。しかし、これは相対主義の擁護ではない。「合理性とは何かが問われているとき、頼みの綱になるような、合理性についての中立的な考え方などありはしない」[16]ということなのだ。古典的プラグマティストは、事実と価値がこの意味で絡み合っており、規範的な考察を抜きに科学や合理性は理解できないという見方を支持しようとした。そのことはパットナムの指摘するとおりである。セラーズ、マクダウェル、ブランダムといった思想家がこうしたプラグマティックな主題を展開していることも、さらにはアーペルやハーバマスの仕事も、パットナムの見方を裏打ちする材料になるだろう。彼らのだれもがセラーズの次の言葉を是とするにちがいない。「重要なのは、ある出来事や状態を、〝知っている〟という出来事や状態として特徴づけるとき……われわれはそれを、理由の論理空間のなかに――つまり発言内容を正当化する論理空間、正当化が可能な論理空間のなかに――位置づけているという点である」[17]。同じことは、われわれが知っていると主張する事実にも当てはまる。価値や規範へのコミットは不可欠であり、それなしには世界も事実も存在しないのである。

倫理と政治の価値

事実と認識論的な価値や規範とは絡み合っているという、パットナムのプラグマティックな主張をかりに認めるとしよう。だがそれは倫理や政治の領域における価値や規範とどうかかわるのだろうか[18]。ここでわれわれは、価値をめぐるパットナムの省察に特徴的なもうひとつの主題と出会うことになる。古典的プラグマティストとも共鳴する主題、最近ではアイリス・マードック、ジョン・マクダウェル、バーナード・ウィリアムズが論じている主題である。パットナムは次のように述べる。マードックのするどい指摘によれば、言語には「二つの異なる種類の倫理概念がある。〈善〉や〈正しさ〉といった抽象的な倫理概念(ウィリアムズのいう〝薄い〟倫理概念)と、〈残酷な〉、〈小生意気な〉、〈思いやりのない〉、〈貞節な〉といった、より記述的であまり抽象的でない概念(ウィリアムズのいう〝厚い〟倫理概念)の二つである」[19]。肝心なのは、「〈残酷な〉とか〈思いやりのない〉のような語の意味に含まれる〝記述的要素〟が何なのかを、同じ種類の言葉を使わずには述べることができないという点である。……非認知主義者はこうした語を〝記述的な意味の要素〟と〝規範的な意味の要素〟に分離しようとするが、この試みが上手くいくことはない。例えば〈残酷な〉の〝記述的意味〟は、〈残酷な〉という語そのものや、その同義語を使わずには言えないからである」[20]。

パットナム、マードック、ウィリアムズ、マクダウェルは、厚い倫理概念のなかの「記述的」要素と「規範的」要素とを区分しようとする試みをひどく不自然であると評しているが、正しい指摘だろう。記述と規範の二分法が成り立たねばならないというテーゼにアプリオリにコミットすれば、倫理の言語でもこれらの異なる要素を区別しなければならないように思えてしまう。しかしパットナムのプラグマティックな気質はここでも発揮される。曰く、たしかに概念や文には、ふつう「記述的」と呼ばれるものもあれば、明らかに「規範的」であるとか「価値評価にかかわる」とされるものもある。場面によっては、こうした区別が役に立つこともあるだろう。しかし、どんな倫理概念や倫理的判断でも、その構成要素をより分けることができるとか、そうでなくてはならないと考えるとしたら、思い違いも同然である――。

けれども、このように述べたからといって、倫理的価値の何が立証されたことになるのだろうか。パットナムは倫理的相対主義には反対の立場をとる。しかし、一部の倫理概念がもつ厚さを観察しただけでは、倫理的相対主義や文化的相対主義を否定するほどの材料が得られるわけではない。むしろ厚い倫理概念は、文化的・倫理的相対主義を支持する材料として利用されてきたほどだ。「小生意気な」や「思いやりのない」といった厚い倫理概念について考えてみよう。これらの概念が何の役割も果たさない共同体がある。ある集団や共同体で「思いやりのない」振る舞いとされるものが、別の共同体では正直で遠慮のない振る舞いに分類されることもありうる。ある意味では、こうした概念が

「客観的」なものとして受け止められることもある。問題とされる行為が本当に残酷かどうかで意見がくいちがい、なぜ自分がそう判断したかを説明することもある。残酷だという人には、それが間違いであることを相手が納得するまで諄々と説いて聞かせることもあるかもしれない。行為が残酷かどうかを正しく判断するための客観的な規準や尺度が(たとえ曖昧なかたちであろうと)共同体には存在するのだ。盲人が危険な交差点を渡るのを手助けしたからといって、それを残酷だと判断する(ことが正しいと思う)者はこの社会にいはしない。つまり、こうした判断は真や偽でありうるのだ。要するに、厚い倫理概念や政治概念に事実と価値の絡み合いが見られると主張したからといって、文化的相対主義や倫理的相対主義に異を唱えることには少しもならないのである。

上述のように厚い倫理概念の分析と相対主義とが両立することは、パットナムも承知している。バーナード・ウィリアムズへの批判で同じ指摘をしているからだ。ウィリアムズは、薄い概念と厚い概念という区別を認め、それを用いてある種の倫理的相対主義を擁護する。だがパットナムによれば、科学と倫理学というウィリアムズの二分法は、旧式の非認知主義を「洗練した」ものでしかない。

それでも「バーナード・」ウィリアムズは、「科学と倫理」の明確な二分法の擁護をやめようとはしない。この二分法が、旧来の「事実と価値」の二分法に含まれる本質的に正しい点をとらえていると考えるのである。

事実と価値という二分法の擁護のしかたが変わったわけだが、この変化には別の側面もある。旧来の立場——情緒主義、主意主義、指令主義といったさまざまなバージョンがある——はふつう「非認知主義」と呼ばれる。……今日、ウィリアムズのような哲学者は、倫理的な文が真や偽になりうることを否定しない。彼らが否定するのは、そうした文が視点にかかわらず真や偽になりうることである。かくして、この立場の名称は(適切にも)改められた。新たに認可された薬のように、市場に出回るそれぞれの立場には違いがあるが、どれも同じ相対主義を受け入れている。非認知主義は、相対主義へと名称を改めたのである。[21]

パットナムにとって「相対主義」ほど忌まわしい名前はない。例外はその双子の名である「形而上学的実在論」くらいのものだ。パットナムがプラグマティズムに惹かれるのは、こうした極端な立場を避ける正しい道をそれが示してくれると信じるからである。ウィリアムズによれば、科学はあるがままの世界という概念のうえに成り立っている。いかなる視点にも左右されない「絶対性」という概念のうえに――。こうした主張を批判の標的にすることが、パットナムのウィリアムズ攻撃の基本戦略である。パットナムは言う。「局所的な視点に左右されない世界のあり方〔絶対的な世界観〕と、われわれの側から投影したものという二分法」は間違っているというだけではない。それは整合性を欠いているのである。[22] この二分法は「一片の擁護の余地もない」。パットナムは手もちの道具を総動員してこれを論証しようとする。[23]

パットナムにとってジョン・デューイは英雄のひとりだが、そのデューイと同じようにパットナムも、哲学的二分法は――形而上学的なものにせよ、存在論的なものにせよ、認識論的なものにせよ――せいぜい限られた目的に奉仕する区別でしかないと論じる。厳格な二分法と称するものも、仔細に吟味してみれば、結局は程度の差しかない。それを示すのがパットナムの根本戦略である。〝ウィリアムズの主張とは逆に、絶対的といえるような世界の見方などありはしない。〝いかなる視点からも独立の、真にあるがままの世界〞なる観念は虚妄である。世界は、われわれの概念図式から離れて、何らかの構造をもっているわけではない。これは哲学者がカントから学んだはずの教訓である。知るという営みは例外なしに何らかの視点と結びついており、概念的選択を含んでいる。知識がつねに人間の利害関心とからんでいるのもそのためだ。このことは、倫理学や歴史学や政治学だけでなく、形式的な科学やハードな物理科学についても当てはまる。「数学や物理学にも、倫理学や歴史学や政治学と同じように、われわれの概念的選択がうかがえる。どのような話題を選ぼうと、世界がわれわれに単一の言語を押しつけようとすることはない[24]」。パットナムも、自分の中心的な主張が「相対主義」のように響くことは承知しているので、みずからの立場はあくまでもプラグマティックな実在論——人間の顔をした実在論——であると念を押している。概念図式の採用と相対的ではあっても、競合する概念図式が両立しない場合があっても、動かしがたい事実というものがある、と。

二分法が厳格で揺るぎないように見えたとしても、その区別は、つまるところ人間の利害関心のありよう次第で柔軟に変化する。それを示すのがパットナムのプラグマティックな戦略である。そしてこの戦略は、形而上学的実在論への攻撃、相対主義への容赦ない批判、科学至上主義の否定、神の視点の否定、絶対的なものへの批判、多元主義の擁護と密接にむすびついている。事実と価値の絡み合いにかんするパットナムの主張は、彼の哲学的ヴィジョンの中心に位置しているのである。

道徳的客観性

パットナムは、科学と倫理学のあいだに本質的な違いはないと言う。そして、合理的な論証の射程は科学よりもはるかに広いと説く。だが、こうした主張は道徳的な客観性の問題とどうかかわるのだろうか。
パットナムのいう「客観性」が何を意味するのか(そして何を意味しないのか)を明確にすることから始めよう。まず、客観性という概念を認めることと、形而上学的実在論へのコミットとを混同してはならない。たしかに、形而上学的実在論を受け入れないかぎり、客観性とは何かを適切に説明することはできないと考える哲学者はいる。われわれから独立した「実在の世界」と対応するとき、知識は客観性を獲得するというのである。しかしこれこそが、パットナムが形而上学的実在論を否定して以来、批判しつづけてきたドグマなのだ。「概念的実在論」、「内在的実在論」、そして最近の「プラグマティックな実在論」という一連の展開は、客観性がさまざまな概念的選択と両立することを段階的に示していった過程と見ることができるだろう。客観性はまた、問題への一意的な解決があることを主張する、アルゴリズム的推論と混同したり同一視したりしてもいけない。実践的《フロネーシス》な思慮が必要なこともあるし、筋の通った客観的な意見どうしが食い違うこともある。これは倫理や政治における論争の当事者にとってきわめて重要な客観性の特徴だが、物理科学にとっても無関係ではない。ごく一般化して言えば、客観性は多元主義と両立可能なのである(多元主義を相対主義と混同してはならない)。パットナムが多元主義にどれほど深くコミットしているかは、ハーバマスに対する最近の応答からうかがい知ることができる。

わたしの多元主義の核にある主張はこうです。〝世にある生活様式、宗教的伝統、性的指向などはさまざまだが、そのなかの少なくとも一部の人は「光」で、残りはすべて「闇」だと見なす立場は、多元主義と相容れない〟しかしこれは「最小限の多元主義」を定義するものでしかありません。さらに強い多元主義は、次のような主張——わたしもそれを受け入れているのですが——によって定義されます。〝自分と違う生活様式、宗教的伝統、性的指向などをもつ人々の少なくとも一部には、自分にはない洞察や、たとえあっても同じレベルまで自分が掘り下げてこなかった洞察がある。そうした洞察は、彼らが自分とは違う生活様式、宗教的伝統、性的指向をもつからこそ可能になったものである[25]〟

しかし、これをすべて認めれば、道徳的客観性についてパットナムの言うことが気持ちよく受け入れられるかというと、必ずしもそうではない。科学的客観性と道徳的客観性とのあいだに種類の違いはないと聞かされても、優れたプラグマティストであれば、科学的思考と倫理的思考はなぜ違うように見えるのか、説明がほしいと思うからである。たしかに二分法の批判はパットナムの得意とするところだが、その一方で、重要な違いへの目配りがとかく疎《おろそ》かになるきらいが彼にはあるのだ。

言い方をかえよう。パットナムも認めるだろうが、普通は(たとえ意見がするどく対立しても)形式的な科学や自然科学のほうが、倫理や政治の真剣な論争よりも、客観性の規準にかんしてはるかに多くの合意が成り立っている。そしてさらに重要なことだが、科学では、目下の論争を決着させるための判断規準や証拠のタイプについて、ある程度の合意が(つねにではないにせよ)たいてい存在する。では、こうした違いはどう説明したらいいのだろうか。

客観性・道徳的実在論・民主主義的開放性

道徳的客観性はすでに存在しているのに、道徳哲学者や政治哲学者は見て見ぬふりをしてきた、とパットナムは述べているのではない。「すぐそこ」にある道徳的事実が無視されている、という話とは違う。パットナムは「珍妙な事実」の存在を支持しているわけではない。[*1] 道徳的客観性を擁護する彼の議論は、いま事実がどうあるかを問題にしているのではない。それは規範的な議論であり、何をなすべきか、もっと正確に言えば、いかなる事態の実現に努めるべきかを自覚的に主題とするものなのである。われわれは、日々の実践を豊かなものにすることで、よりいっそうの道徳的客観性が成立するように努めるべきだ。何が正しくて何が間違いか、何が道徳的に真で何が道徳的に偽かを理性的に論じあえる、開かれた民主的共同体の創出に努めるべきだ――。そうパットナムは主張するのである。

それでも、こう反論されるかもしれない。たとえ種類に違いがなくても、科学と倫理学はやはり大きく違う。科学では、客観性の尺度について争う必要はない。すでに存在するからだ。だが道徳や政治にはそれがない。それはこれから設けなくてはならない――。しかし、この反論はうまくいっていない。いわゆる「ハードな」科学でも、客観性とは何か、その尺度は何かをめぐって意見の対立があることを見落としているからである。コペルニクスやケプラーやガリレオにとって客観的事実だったことが、今日では客観的事実と見なされていない。論争は、科学上の仮説や理論だけでなく、客観性の尺度や規準についても起きているのだ。客観性は、形而上学的な所与や認識論的な所与ではない。それは対立をはらんだ中間的な成果であり、つねに再検討を必要としている。「どんな分野の規範や尺度にも刷新の余地がある。保証された主張可能性も[客観性の規範や尺度も]例外ではない。より良い規範やより良い尺度もあれば、そうでないものもあるのだ」[(26)]。

道徳的実在論と道徳的客観性の支持派には、道徳的事実がこの世界の「すぐそこ」に、われわれとは独立に存在するかのように論じる者もいる。道徳的客観性と形而上学的実在論が、あたかも不可分であるかのように。しかしパットナムはこう主張する。ふたつをそのように結びつけることは誤りである。科学でも倫理学でも、客観性は形而上学的実在論や「珍妙な事実」と何の関係もない。認識論にせよ、科学にせよ、倫理学や政治学にせよ、いかなる領域においても形而上学的実在論は誤りである、と。パットナムが擁護するのは、客観性を非形而上学的に考えることである。彼はまた「民主主義の認識論的正当化」を支持している。「さて、その主張とはこうだ。民主主義は、数ある実行可能な社会生活の形のひとつにすぎないのではない。それは、知性をフルに活用して社会問題の解決にあたるための前提条件そのものなのだ(27)」。パットナムの考えは、デューイと同じものである。

デューイの考えはこうだ(懐疑論者の役を演じていないときは、誰でもそう考えるだろう)。人間の苦境、彼のいう「問題的状況」には、よりよい解決とそうでない解決がある。よりよい解決を見つけるためのあらゆる方法のなかで、「科学的方法」は、パースのいう「固執」の方法、「権威」の方法、「理性にかなうもの」の方法より優れていることがすでに証明されている——[*2]。デューイにとって科学的方法とは、自由で十分な議論と結びついた実験的探究の方法を意味する。社会問題の場合でいえば、行動の進め方を提案し、それをテストし、その結果を評価するために市民の能力を最大限に活用することが科学的方法に当たる。そして、わたしの見るところ、デューイが議論を進めるにあたって必要としているのはこれだけである(28)。

同じ調子でパットナムは、客観性の形而上学的な描像は放棄すべきであり、「われわれはどのみち逃れることのできない自分たちの立場を受け入れるべきだ」と主張する。「自分の関心や価値観が世界観に反映せざるをえない存在。にもかかわらず、世界観に――もっと言えば、関心や価値観に――あえて優劣をつけるしかない存在。われわれは、自分たちがそうした存在であることを受け入れるべきだ(29)」。

このことは、客観性にかんするある種の形而上学的描像の放棄を意味するかもしれない。だが、デューイのいう「問題的状況の客観的な解決」の放棄を意味するものではない。客観的な解決は、「いかなる視点からも独立の」問題に対する「絶対的」な解決とは違い、特定の場所と時点に属する問題をあつかう。そしてその解決は、客観性の名に十分値するものなのだ(30)。

パットナムの主張をもうすこし丁寧に検討してみよう。というのも、倫理や政治の論争における客観性にかんして、彼の考え方は循環に陥っているようにも見えるからである。しかしそれは悪循環ではなく、むしろ解釈学的循環に似たものとしてとらえるべきだろう。パットナムは、いま実際に、道徳的客観性や政治的客観性が無視できない事実としてあると述べているのではない。複雑な道徳的状況に向きあうにあたって、客観性と合理的な議論の質を高めるような社会的実践――彼はそれを討議民主主義とむすびつける――を生み育てていくべきだと論じているのである。倫理的共同体はこのようにして作らねばならない。こうした民主的共同体がどれだけ実現されるかで、道徳的客観性がどこまで疑いのない事実として成立するかも決まる。「倫理的共同体――理非曲直を明確にしようとする共同体――は、民主主義の規範と理念に適うように組織されるべきである。なぜならそうした規範や理念は、それ自体として善い（実際その通りなのだが）からというだけでなく、知性を探究に活用するための前提条件となるからである」。(31)

デューイの構想は、「自分が履いている靴のつまみ革を引っ張って、自分を持ち上げようとしている」ような印象を抱かせるかもしれない。それはなぜか。価値観の探究が民主的になされるべきであること、その探究にたずさわる者は、正しさや善の追求者として、言論の自由をはじめとする討議倫理の規範を尊重すべきであること、たがいを道具として扱ってはならないこと、等々を仮定したとしても、ひとつ問題が残るからだ。探究の成否を判断する基準として、何を採用すべきかという問題である。(32)

しかし、「自分が履いている靴のつまみ革を引っ張って、自分を持ち上げようとしている」ように見えるのはパットナムも同様である。彼は、民主的で開かれた社会を目指すべきだと主張する。そうした社会では、道徳的客観性が、いっそう広範にいっそう奥深くまで存在すると考えるからだ。このような民主的共同体を生きた現実とすることは、彼が好むタイプの客観性を具体的現実に変えることに他ならない。それはある意味で「靴のつまみ革を引っ張ること」である。なぜなら、いまだ存在しない（そして、完全なかたちで存在することが決してないかもしれない）道徳的客観性を実現しようという話だからだ。しかし、この不可能にも思える離れ業は、必ずしもいかがわしい代物であるとはかぎらない。パットナムとしてはむしろ、こう言った方が、意図が伝わったのではないだろうか。自分は今ある事態を描写しているのではない。望ましい未来の世界を描いているのだ、と。

パットナムに対しては、さらに別の異論があるかもしれない。彼がしようとしているのは、道徳的客観性の尺度を見つけることではなく、それを人に押しつけたり、あるいは構成したりすることではないのか。もしそれが彼の狙いなら、善悪の尺度や「客観的に正しい」見解を、権力を背景にして強要する権威主義的体制によってこそ、その目的は首尾よく達成されることになりはしないか――。しかしこの異論も、誤った仮定にもとづいているという意味でやはり失当である。自分が擁護したい道徳的実在論や道徳的客観性の概念と、自分が否定する見解との区別をパットナムがつけていないことが、その前提にはあるからだ。

しかし、やみくもに道徳的客観性を擁護すればいいというわけではない。われわれは「開かれた社会」に生きている。たいていの人が、価値観や目標、道徳規範について自分で考える自由を大切にするようになった社会だ。しかし「道徳的実在論」の擁護は、開かれた社会を否定するものであるかのように聞こえてしまう可能性がある。実際、時にそうした不幸な事例が見受けられる。ところでわたしはと言えば、道徳的懐疑主義を突き崩したいと思ってはいるが、かといって権威主義や道徳的アプリオリズムを擁護する気はさらさらない。わたしがここ数年、米国のプラグマティストたちの著作に取り組んできた理由もそこにある。(33)

米国のプラグマティストたちへの共感を吐露するパットナムの言葉からは、彼が何を擁護し、何を否定したいのかが浮かび上がってくる。彼にとって道徳的客観性とは、万人が語り合い、意見を戦わせ、たがいに学び合うことで実現に努めるべきものなのだ。パットナムが共鳴するのは、ハーバマスの討議倫理の精神である。たんなる「主観的」な好みから、民主主義的実践を支持しているわけではない。道徳的客観性を実現するための規範や尺度が成り立つには、こうした実践が必要だと主張しているのである。

「プラグマティズムと道徳的客観性」という論考は、もともと発展途上国の正義と平等をテーマにした会議のために書かれたものだが、そこでパットナムは、自分の論文が他の多くの論考よりも「抽象的」であると認めている。しかし、それには相応の理由があると彼は言う。「結果として他の多くの論文よりも話が〝抽象的〟になってしまったとしても、それは著者が何かの抽象的な思想に〝溺れて〟しまったからではない。道徳的客観性という抽象的な問題をどう考えるかは、実社会においても影響があると信じるからなのだ」。そしてこう付け加える。「倫理的懐疑主義の哲学的な正当化は、吟味に耐えうるものではないだろうということ。また、合理性とはたんなる道具的なものにとどまるという考え方は、その基礎に問題をかかえていること。この点を示すことができれば、人間の道具化や文化の操作にあらがう一助になるかもしれない[34]」。「抽象的」な哲学の議論と「実社会への影響」にかんするこの主張は、控えめではあるが重要である。倫理的懐疑主義に対するパットナムの反対論、ゆるやかな合理性解釈、道徳的客観性のとらえ方に見られるリベラルな感覚は、わたしにも共感できる。事実と価値の絡み合いを、彼はうまく示しているといっていい。道徳的な形而上学的実在論におちいることなく道徳的客観性を考えるにはどうしたらいいかを、明快に説明しているとも思う。また、科学と倫理学との厳格な二分法を巧みに攻撃し、頼みの綱として持ち出される「絶対性」を如才なく暴いてもいる。しかし、その議論の大筋はやはり「抽象的」であると思う。さながら、討議民主主義の観点から価値判断や意思決定の問題をあつかうための露払いをしているかのようだ。だが真っ当なプラグマティストなら知りたいと思うのではないだろうか。肝心の場面でそれがどう役に立つのかを。善悪をどう区別したらいいのか、実際の状況で価値判断の真偽をどう見極めたらいいのかを。「それはつねに文脈によるし、論争の当事者がどういう前提に立っているかにもよる」と答えるだけでは十分ではない。間違ってはいないにしても、役に立つ答えとは言いがたい。道徳や政治にとって真の難問は、何をなすべきかをどうやって見極め、意見の対立をどうさばくべきかという問題である。抽象論のレベルでは、パットナムは、形而上学と距離をおきながら道徳的客観性について考えることのメリットを見事に示してみせた。しかし、われわれの価値判断のどれが客観的に真で、どれが客観的に偽かを決めるすべは示していない。民主主義の社会につねにつきまとう対立、とりわけ、根本的な問題をめぐって巻き起こる分別ある市民のするどい意見対立を、どう解決したらいいのかも示していない。なにもわたしは明確な基準がほしいと言っているのではない。倫理的客観性や政治的客観性について、話題に不釣り合いなほどの厳密さを求めているのでもない。それが筋違いな要求であることは、とうの昔にアリストテレスが教えてくれたことだ。しかし道徳的客観性の抽象的な支持論には、それを補うものとして、深刻な意見対立の場面で善悪や真偽を見分ける指標が少なくとも必要だろう。過激な思想が危険な流行をみせ、「絶対的に正しい原理」どうしの暴力的な衝突が生じている世界では、とくにそれは切実だ。そうした世界では、たとえ民主的な社会であっても、何が倫理や政治の問題に対する「客観的」な解決なのか、ほとんど意見が一致しないように思われるからである。こうした疑問に答えてもらえないかぎり、パットナムの見解は素直に承服するわけにはいかない。「彼のいう〝道徳的実在論〟は、理想的な民主制の立案としては危ういのではないか?」この異論にパットナムは答えなくてはならない。パットナムが示したことからは大いに学ぶべきだが、それはあくまで抽象的なスケッチにすぎず、プラグマティックな根拠にもとづいて具体的な詳細をつめる段階には至っていない。だがこの作業がなされないかぎり、道徳的客観性と道徳的実在論に対するある種の懐疑主義を、ただの言いがかりとして切り捨てるわけにはいかないのだ。

第八章　ユルゲン・ハーバマスのカント的プラグマティズム

しばらく前のことになるが、「西洋哲学と社会思想の伝統に対するプラグマティズムの寄与のなかで、もっとも揺るぎないものは何だと思われますか」という質問に、ハーバマスはこう答えている。

近代をもっとも根本から受け入れ、その偶然的な側面を認める立場として登場したのは、マルクスとキルケゴール……そしてプラグマティズムだけです。とはいえ、西洋哲学の目的が放棄されたわけではありません。わたしたちが個人として、共同体のメンバーとして、人格一般として――つまりは人として――何者であり、また何者でありたいのか。その説明をプラグマティズムもまた試みているのです。(1)

この答えの背景には、ハーバマス（そしてカール＝オットー・アーペル）の、ヘーゲル以後の哲学にかんする細やかな解釈がひかえている。ヘーゲルこそ、近代のアポリアを奥深くまで見通した哲学者であり、多様な断裂や断片化をめぐるアポリアを癒合と調和の可能性とともに洞察した人物であった。そして、こうしたアポリアをあらためて取りあげ、解消しようとする試みの代表が、マルクス主義、キルケゴール的実存主義、プラグマティズムの三者であった、という解釈である。右の一節はまた、ハーバマスの哲学の軌跡についても教えてくれる。ハーバマスは次第に、多岐にわたる自身の哲学的探究を「カント的プラグマティズム」――と彼は呼ぶ――の展開としてとらえるようになった。本章では、このカント的プラグマティズムの概略を素描し、いくつか批判的な問いを投げかけることにしよう。（「カント的」と「プラグマティズム」という言葉の意味を説き明かすことがいかに重要かは、のちほど確認する。）

カントの脱超越論化

しかしその前に、米国のプラグマティズムがハーバマスに及ぼした影響について触れておきたい。米国の古典的プラグマティズムを真摯に受け止めたヨーロッパの哲学者はごくわずかだが、その数少ない一人がハーバマスだった。彼はプラグマティズムの主題を採り入れ、再構成し、みずからの血肉とした。この関係を「影響」と呼ぶだけでは不十分かもしれない。それだけでは、ハーバマスがプラグマティズムの思想家の著作を丹念に読み解き、そこから学びとったという意味しか伝わらないおそれがあるからだ。もちろん、それが間違いだというわけではない。しかし哲学的に興味深いのはむしろ、ハーバマスが、独自の弁証法的遍歴をたどるなかで、自分の中心的なアイデアの多くが米国の古典的プラグマティストによって先取りされていたことに気づいた点にある。もちろんこのことは、古典的プラグマティストに対する彼の批判的な姿勢と矛盾するものではない(2)。ハーバマスはまた、プラグマティズムの系譜に（それぞれの流儀で）躊躇なくみずからを連ねる現代の米国の哲学者たち、リチャード・ローティ、ヒラリー・パットナム、ロバート・ブランダムとも批判的に向き合ってきた。そうしたやりとりの中で、彼は自身のカント的プラグマティズムを彫琢し、それを貫き通してきたのである。

プラグマティズムの生みの親であるパースの思想形成には、カントとの出会いがきわめて大きな意味をもっていたことを思い起こそう。(3) パースは、カントのカテゴリーを練り直す試みから――ハーバマスの表現をかりれば、カントを「脱超越論化」する試みから――哲学を始めた。ハーバマスは次のように述べている。「パースからは、認識論と真理論の領域で、掛け値なしに深甚なる影響をうけた。フランクフルト大学の就任講義である『認識と関心』(一九七一年)から、『真理と正当化』(一九九九年)に至るまで一貫してそうだ」。ハーバマス(とアーペル)は、「パースのプラグマティズムのアプローチに、分析哲学の精神を失うことなく、カントの洞察を脱超越論化するかたちで救い出す可能性があると考えた(4)」。「脱超越論化」されたカントとは何を意味するのだろうか。正確な説明のまえに、まず大まかな特徴をおさえておくことにしよう。

かねてからハーバマスは、カントがえがく超越論的哲学の構想の核に奥深い真理があると感じていた。

超越論的哲学とは、有名な一節にあるように、「対象そのものではなく、対象の認識のあり方一般を、アプリオリに可能な側面にかぎって扱う」ものである。*1 何かを対象として経験したり認識したりするために必要となる普遍的条件の再構成を、それは課題としている。こうした超越論的な問題の重要性は、自己反省というメンタリズムの基本概念や、アプリオリとアポステリオリという概念対の基礎づけ主義的な理解と切り離して、もっと広い文脈でとらえることができる。大きく膨れあがったカントの概念の衣をプラグマティズムの精神にのっとってしぼませれば、「超越論的分析」とは、基本的な実践や成果が生まれるための——表向きは普遍的だが——たんに事実上避けられない、条件の探究に帰着するのである(5)。

このプラグマティズムの精神にのっとったしぼませ方が過激すぎるあまり、カント本来の思想があらかた消え去りはしないか、と最初は危惧されるかもしれない。ハーバマスもそうなる可能性は否定しない。彼にとって超越論的哲学は、もはや「意識一般」をあつかう学ではない。いまやその探究は、「生活世界という背景の奥深くにひそむ構造を発見することを目的としている。この構造は、言葉と行為の能力をもつ主体の実践活動のなかに、その形を刻んでいる」(6)。哲学における言語論的転回は、「意識」や「自己意識」、「統覚」を、もっぱら心の活動としてのみとらえることは止めようと言う。言語の考察を抜きにして、概念や判断の分析はありえない。しかも言語や言語行為は、社会的、共同体的な実践の文脈のなかでしか理解できない。「脱超越論化の結果、知る主体は生活世界のなかで社会化される存在としてとらえられ、認識は言葉と行為に緊密に結びつくのである」(7)。この短い一節の含蓄は深い。「知る主体は生活世界のなかで社会化される存在としてとらえられ」るとハーバマスが言うとき、その念頭には、近代哲学の圧倒的部分を支配してきた「意識の哲学」に対する自身の(そしてパース的な)たゆみない批判がある。主観性や意識の哲学から、相互主観的、社会的な人間理解へのパラダイム・シフトはハーバマスの力説するところだが、この人間理解こそ、行為と合理性にかんする彼のコミュニケーション理論の核にあるものだ。また、言葉や行為と認識とが「緊密に結びつく」と言うとき、二〇世紀の哲学を特徴づける言語論的転回、とりわけ言語行為のプラグマティックな側面の理解が示唆されている。その由来をたどれば、パースの記号論やミードによる言語行為のコミュニケーション的分析にさかのぼることができる。

可想体と現象体、現象と物自体、知性と感性といったカントの古典的区分の多くは、もはや、そのままのかたちでは受け入れることができない代物となっている。ハーバマスは、カントの超越論的観念論(とヘーゲルの絶対的観念論)をしりぞけ、ポスト・カント的、ポスト・ヘーゲル的な認識論的実在論の立場にたつ。しかし、哲学が言語論的・プラグマティズム的転回を経たあとでも、洗練された超越論的哲学の果たすべき役割はあると彼は考えた。日常の言葉や行為の深層にある普遍的条件を再構成することである。それに取り組んだのがコミュニケーション行為の理論だった。この企てでは、最終性や完全性、認識の確実性はいさぎよく放棄される。ハーバマスは徹底した可謬主義者なのだ。そして、この基本的な信念もまた、パースをはじめとする米国の古典的プラグマティストと共通している。ただしのちほど見るように、ハーバマスはカントに従って、理論哲学と実践哲学とを明確に区別する。これは、古典的プラグマティスト(ただしパースは別かもしれない)と異なる点である。

カント思想との異同ということでいえば、ハーバマスの自然主義への関心も見落とすわけにはいかない。ハーバマスは、還元主義的な自然主義に一貫して反対してきた。このタイプの自然主義は、還元主義的唯物論や科学的実在論とも緊密なつながりがあり、つまるところ自然とは「理想」の物理科学が認める対象の集合でしかないと考える。これに対してハーバマスが『真理と正当化』で素描するのは「弱い自然主義」である。彼が取り組むのは次のような問いだ。「生活世界にあずかる者の視点からは不可避に映る規範性と、自然に進化した社会文化的な生活形式の偶発性は、どうしたら調和させることができるのか?」(8) ハーバマスの弱い自然主義は「ただひとつのメタ理論的前提にもとづいている。〝わたしたち〟の学習過程は社会文化的な生活形式の枠内ではじめて成立するものだが、ある意味でそれは〝進化論的な学習過程〟の延長でしかなく、わたしたちの生活形式も後者の過程の所産である、という前提だ。……ホモ・サピエンスの生物学的資質と文化的な生活様式は〝自然〟に由来しており、原理的には進化論の観点から説明できる。弱い自然主義が設ける基本前提はこれだけである」(9)。要するに彼は、脱超越論化されたカントをダーウィンと結びつけたいわけだ(10)。

ハーバマスがコミュニケーション行為と合理性の理論を最初に展開したとき、『認識と関心』で取り組んだ認識論の理論的問題は棚上げされる恰好になった。対象や事実についての知識、主張命題の形式といった、伝統的な認識論や意味論の問題を扱っているときでも、彼にとって言語論的転回はたいした意味をもってはいなかった。「むしろコミュニケーション行為の理論や合理性の理論を展開するのに役立ったのは、言語への語用論的アプローチだった。それは批判的社会理論の基礎となり、道徳や法、民主主義についての討議理論的な考え方への道を拓くものとなった(11)」。コミュニケーション行為の理論は、生活世界の日常的実践のなかに合理性を位置づけ、理性の批判的な力の源が日常言語にあることを明らかにする。「〝コミュニケーション行為〟という表現は、社会的相互行為を意味している。そこでは、相互理解を目指す言語使用が行為を調整する役割をになっている。言葉によるコミュニケーションを通じて、理想としての種々の前提条件が、相互理解を志向する行為のなかに組み込まれるのである(12)」。ただしハーバマスは、コミュニケーション行為の理論と形式的語用論が真理と客観性の理解を前提するものであることも強調している。

たしかに、わたしが一九七〇年代前半から展開してきた形式的語用論では、真理と客観性、実在と指示、妥当性と合理性という基本概念が不可欠である。またその理論の土台には、了解という規範性を帯びた概念がある。さらに、討議によって認証される妥当性主張や、世界にかんする形式的・語用論的前提条件という概念が重要な役割をにない、言語行為の理解と合理的な受容可能性条件とが結びつく。けれどもわたしは、こうしたテーマを理論哲学の視点から扱ってはこなかった。(13)

真理と規範的な正しさ

「理論哲学の視点」からこうしたテーマを扱うことがなぜ重要かを理解するために、『コミュニケーション行為の理論』でのハーバマスの主だった主張をおさらいしておこう。理論の核心は、彼のいう「妥当性主張」にある。

相互的コミュニケーション行為とは、何よりもまず妥当性主張を掲げることである。言語行為によって話者がおこなう妥当性主張は、三つの基本的タイプに区分される。発言の内容や前提が真であるという主張、規範的な正しさの主張、そして誠実性の主張である。主張は三つ同時に掲げられるが、そのうちひとつに焦点があてられ、残りの主張が裏に隠れてしまうこともよくある。また、実際にわたしたちが経験するコミュニケーションでは、こうした主張が三つそろって額面どおりになされるとはかぎらないことは、当然ハーバマスも承知している。たとえば規範的に正しくないとわかっていることでも、わたしたちは聞き手を騙そうとしてわざと嘘をつき、正しいかのように偽ることもある。

ハーバマスの理論については誤解も少なくない。実際の言語行為では往々にして、コミュニケーション行為の前提とされる、「理想としての」反事実的条件が反故にされてしまうことはいま触れたが、とくにこの点をめぐる誤解が大きいようだ。理想を掲げるからといって、「理想的」コミュニケーションや「理想的」共同体を描こうとしているわけではない。そうではなく、あらゆる相互的コミュニケーション行為において、事実はどうかという問題とは別に、何が前提されているのかを明確にしようとしているのである。例えば、嘘をついたり人を騙したりできるのは、正しさや誠実さについて暗黙の基準があると前提しているからだ。(14)

真理と規範的な正しさの妥当性主張に話題をしぼろう。ハーバマスのカント的プラグマティズムの真骨頂はそこにあるからだ。それぞれの妥当性主張は独自の特徴をもっているが、たがいに支えあってもいる。具体的なコミュニケーションの場では、「それは本当のことだろうか?」「本当にそうすべきだろうか?」という疑問が出れば、議論(討議)、すなわち各自が理由をあげて意見を戦わせることが必要になってくる。したがって、真理や規範的な正しさをめぐる論争は、その本質において、知識と理解をめぐる論争だと言えるだろう。規範的な正しさをめぐる論争はそういった性質のものではないと考える哲学者もいるが、ハーバマスは彼らと一線を画するのだ。*2

わたしたちには共通の客観的世界があり、それにかんする主張は真偽が云々できる——このことはコミュニケーション行為の大前提である。しかじかは真であるとわたしが主張し、それにあなたが異を唱えたとしよう。このとき二人には、少なくとも、共通の客観的世界が指示・言及されているという前提がある。とはいえ、かならず意見が一致するとか、論争の決着が可能であるということではもちろんない。

妥当性主張にかんするハーバマスの最初の説明には、致命的な曖昧さが含まれていた。真理の妥当性主張について十分な説明ができなければ、コミュニケーション行為と合理性の理論は、土台そのものがひどく危ういことになる。

知るという営みから真理を考える

ハーバマスははじめ、真理の問題に、知るという営みに着目してアプローチした。彼はこれを真理の「手続き的」理解、あるいは「討議的」理解と呼ぶ。このアプローチで重要なのは、真理をどう特徴づけるかではない。与えられた主張が真であることを知っているとわたしたちが言うとき、その意味をどう分析すればよいのかが問題とされたのである。当初ハーバマスは、正当化の「理想的」条件に訴えてこれに答えようとした。しかし、こうした真理観には深刻な欠陥があるという批判が数多く寄せられた。いまは彼もその批判を受け入れている。

最初わたしは、真理の意味を手続きの観点から規定した。すなわち、「議論の実践が満たすべき厳格な規範のもとでの確証」と規定したのだ。こうした実践は、いくつかの理想的な前提にもとづいている。(一)討論は公開であり、当事者の全員が参加できること、(二)コミュニケーションの権利の平等な配分、(三)すぐれた論証がもつ強制ならざる力だけが威力を発揮する非暴力的状況、そして(四)当事者全員の誠実な意見表明という前提である。言明が真かどうかの判断は、解釈ぬきに真理条件を直接知ることができない以上、「決定的証拠」にもとづいて下すわけにはいかず、ただ理由をあげて正当化に努めるしかない。またその理由も、文字通り「有無を言わせぬ」説得力があるわけではない。討議理論の真理概念は、こうした事情を考慮に入れることを意図していた。くわえて、別の目的もあった。関連するすべての意見、話題、論考を理性的に勘案した話者の真理主張は、文脈を超越した性格をもっている。わたしが議論実践の形式とプロセスの一面を理想化して描いてみせたのは、この性格をしかるべく反映させるかたちで議論の手続きを示すためであった[15]。

ところが、真理概念のこうした手続き的理解では、真理は「理想」的な正当化とほぼ同一視されてしまう[16]。そして現在では、ハーバマスもこれが不適切だと考えている。『真理と正当化』の序論にはこうある。

わたしは、知るという営みに即して真理概念をとらえる路線を放棄し、命題が真であることと、命題が(ほぼ理想的な条件のもとで)合理的に主張可能であることをより明確に区別しようとした。あとから振りかえってみると、討議理論による真理概念のとらえ方は、道徳的判断や規範の妥当性という特殊ケースを一般化しすぎたために生まれたものだったことがわかる。道徳的な当為を構成主義的にとらえるならば、たしかに知るという営みに即して、規範的な正しさを理解する必要があるだろう。けれども、実在論的な直観を尊重しようと思うなら、命題の真理という概念を、ほぼ理想的な条件のもとでの受容可能性と同一視してはならない[17]。

たしかにハーバマスは、「真理と正当化のあいだに不可避の認識論的つながり」があることを否定したいわけではない。しかし、そうしたつながりを認めたからといって、「真理と理想的条件のもとでの主張可能性とは概念としてつながっている[18]」という話にはならない。彼はこう述べる、「真理は命題の〝失われることのない〟性質である[19]」。そして、真理の適切な特徴づけは、客観性と指示という二つの概念の理解と切り離せない、と。いまやハーバマスは、次のように強調するのである。知るという営みに即して真理概念を理解するだけでは十分ではない。どれほど強力な正当化であろうと、たとえ「理想的」な正当化であろうと、偽であると判明する可能性があるからだ。あまつさえ、「理想的な正当化」が何を意味するのかを明確にしようとすると深刻な問題が生じてくる。知るという営みに即した真理概念の説明は、わたしたちの「実在論的直観」に反している。自分たちの正当化実践とは独立に世界があり、真理主張はつまるところ独立の客観的世界を前提にしているというのがわたしたちの実感だが、この説明はそうした感覚を踏みにじるものだ——。ハーバマスの実在論的直観は毫もゆるがない。いま哲学はポスト形而上学の段階にあると説きながらも、存在論の言葉を使うことを彼は躊躇しないのである。

わたしたちが真なる文で表現したいのは、ある事態が「成立している」ということ、あるいは「与えられている」ということである。ひるがえってそうした事態は、事物の全体としての「世界」を指示している。わたしたちが事実を云々するのも、この事物の全体にかんしてである。こうした存在論の言い回しによって、真理と指示、つまり言明の真理と叙述対象の「客観性」とは結びつく。「客観的世界」という概念には森羅万象が含まれている。言葉と行為の能力をもつ主体が、介入にせよ創作にせよ「自力では作りだせない」ものすべてを。(20)

この一節は強烈な印象を与える。世界が事実の総体ではなく、「わたしたちが事実を云々する……事物の全体」であると述べている点をのぞけば、『論理哲学論考』のウィトゲンシュタインのようでもある。

『真理と正当化』でハーバマスが答えようとしている根本問題のひとつは、次のようなものだ。「わたしたちの記述とは独立の世界、あらゆる観察者にとって同一の世界があるという想定と、言語を介さずに〝むきだしの〟実在を直接知るすべはないという言語論的洞察とは、どうしたら調和させることができるのか？」[21] ハーバマスのカント的プラグマティズムの成否は、この問いに満足の行くかたちで答えられるかどうかにかかっている。以下でそのことを示そう。

文脈主義でも観念論でもなく

ハーバマスが何を懸念し、何を避けようとしているかを、はじめに述べておく。遠回りに思われるかもしれないが、問題の核心もそれで明確になるからだ。端的にいえば、ハーバマスが避けようとしているのは二つの極端な立場、ローティのプラグマティックな文脈主義とブランダムのプラグマティックな新ヘーゲル主義である。ハーバマスにとっては、どちらの極端も満足できるものではない。

議論による正当化の手続きを過不足なく解き明かすには、言語——ローティのいう「語彙」——を考慮しなくてはならない。これは言語論的転回から導かれる当然の帰結である。では、（ヘーゲル、パース、ウィトゲンシュタイン、セラーズをはじめとする多くの論者が言うように）「言語を介さずに〝むきだしの〟実在を知るすべはない」としたら、わたしたちの記述とは独立に世界があるとどうしてわかるのだろうか。ローティは単刀直入に答える、そのようなことは知りようがない、と。語彙にはさまざまな種類があり、新たな語彙の案出を押しとどめるアプリオリな限界もない。したがってわたしたちにできるのは、おたがいの語彙——記述と再記述——を競い合わせることくらいである。世界が失われたからといって、何を惜しむことがあろうか。そんなものは、もともとありはしない。わたしたちの記述とは独立の世界など存在しないのだ──。(ハーバマスのように)「実在論的直観」に訴える者には、そんな直観はすてて新しい直観を育てよ、とローティは言う。直観、とりわけ実在論的直観を哲学の頼みの綱とすることを、彼はあからさまに嘲笑してみせる。

プラグマティストと直観的実在論者が本当に議論しなければならないのは、「真理はたんなる主張可能性にとどまらない」……という直観がわたしたちにあるか否かという問題ではない。そうした直観がわたしたちにあることは、わざわざ断るまでもない。どうしてそれを追い払うことができようか。……そうした主張を核として築かれた知的伝統のなかで、わたしたちは教育を受けてきたというのに。だが、プラグマティストと実在論者の論争で、「そうした直観を〝反映〟させた哲学的な見方を探るべきだ」と主張したとすれば、論点先取の誤りを犯すことになる。プラグマティストが訴えているのは、こうした直観を断ち切るために力を尽くそうということ、新しい知的伝統を育てようということなのだから。(22)

ローティは言う。「実在論的直観」を擁護する連中は哲学的な治療を必要としている。不安から彼らを救い出し、「実在論的直観」の放棄へと導いてやる治療を。そんな「直観」など少しも実際の役に立ちはしない、何の助けにもならない、と。そこでローティが講じるのは、肥大した真理という哲学的観念をしぼませて、社会的な(つまり社会学的な)正当化にとって代える一手である。客観性を連帯の概念に置き換えようということだ。曰く、必要なのは「戒めという意味での真」しかない。すなわち、どれほど見事に主張を正当化したとしても、あとになって不満が感じられるようになるかもしれない、もはや説得力を失ったと思われるようになるかもしれない、という戒めだけを意味する真理概念だ。ところで、そう思えるようになったとしたら、それは新しいかたちの社会的正当化が見つかったからであり、同学の士や一般の人びとにとってもっと受け入れやすい正当化の手続きが見つかったからである。けっして「実在論的直観」の正当性が確認されたからではない――。かりにローティが、自分はハーバマスよりも「可謬主義者」として筋が通っていると称したとしても、少しもおかしくはない。ローティには、「理想的な正当化」を口にしたり、来るべき新たな正当化のあり方を予想したりする素振りすらないからだ。

ハーバマスのローティに対する異論は多岐にわたる。この種の文脈主義は相対主義に陥らざるをえない、という指摘もそのひとつである。ローティによれば、十分な理由にもとづいて語彙の優劣を決めることはできない(それどころか、文脈を超越した理由をあげることさえできない)。せいぜいできるのは、他者に対して、自分の好みの語彙を採用するよう説得を試みるくらいだというのである。ところが、ローティの意図とは裏腹に、こうした主張は自己論駁的な相対主義におちいり、「遂行的矛盾」をはらむことになる、とハーバマスは言う。[*3](パットナムも同様の批判をしている。ハーバマスは、ポスト・カント的な内在的実在論を是とする、カント的プラグマティストの僚友としてパットナムを位置づけているが、そう評価する理由のひとつがこれである。)ハーバマスはまたこうも指摘する。ローティは、日常の言語的実践に伏在するものを理解していない。「かくかくは真である」、「しかじかは正しい」とわたしが主張するとき、それはたんに、わたしやわたしの属する集団にとって真であるとか正しいと言っているのではない。わたしは、自分の置かれた文脈を「超越した」――いまここでのわたしや仲間の言行や信念を「超越した」――普遍的な主張をしているのである。自分の主張は正当化できるかもしれないし、できないかもしれない。それでも普遍的な妥当性主張をせずにはいられない。したがって、プラグマティックな根拠から言っても、ローティの議論には瑕疵がある。プラグマティズムの出発点、日常の実践を理解できていないからだ[23]――。

ハーバマスは、ローティの教え子にあたるロバート・ブランダムには、はるかに好意的である。師とはちがってブランダムは、わたしたちの「実在論的直観」を考慮したうえで、真理と客観性を説明しようと悪戦苦闘しているからだ。とはいえブランダムの新ヘーゲル主義的転回には、ハーバマスも眉をひそめずにはいられない。

ブランダムは、ウィルフリッド・セラーズの推論主義的意味論を討議の語用論に少しずつ結びつけ、相互主観的に共有された「理由をあげ、問う実践」の視点から、概念的規範の客観性を説明しようとする。結果として彼は、認識論的実在論の根底にある直観を尊重することはできた。しかしその代償として、概念的実在論におちいり、相互主観的に共有された生活世界と客観的世界との区別を消し去ることになってしまった。経験の客観性をコミュニケーションの相互主観性に同化するというその手法は、ヘーゲルの悪名高い一手を思わせる[24]。

つまり、ローティのプラグマティズムは文脈偏重の度がすぎ、ブランダムのプラグマティズムはヘーゲルに偏りすぎて、いずれもカント的プラグマティズムの美点を十分には理解していないというわけだ。ハーバマスは、自分の立場がパットナムのカント的プラグマティズムに近いと考えている。客観的世界がわたしたちとは独立に存在し、その世界についてわたしたちは真なる主張をなすことができる、というのがハーバマスのテーゼだが、その論証にはパットナムの内在的実在論と直接指示説が動員される。「客観的世界に即してみるならば、真なる命題は事実を——事態の成立を——意味する」[25]。しかし、すぐあとで確認するように、パットナムですらカント的プラグマティストとして筋が通っているとは見なしがたいとハーバマスは評する。彼に言わせれば、パットナムは価値と規範との重要な区別を怠っているからである。理論哲学と実践哲学、理論理性と実践理性というカントの重要な区別を理解していないというのだ[26]。

というわけで、次の問題はこうなる。ハーバマスは真理をどう説明するのか？　真理と理想的な正当化との同一視を、彼はどうやって回避するのか？　文脈主義と新ヘーゲル主義的な観念論のアポリアからどう逃れるのか？　しかし、それに答えるまえにもうひとつ別の話題をとりあげ、ハーバマスのカント的プラグマティズムの輪郭をより正確に押さえておくとしよう。

道徳的な正しさ

規範的な正しさが妥当性主張の柱のひとつであるとはいっても、コミュニケーション行為と合理性の理論がそのまま道徳理論になるわけではない。規範的な正しさは道徳的な正しさよりもはるかに一般的な概念であり、規範のすべてが道徳規範というわけではないからだ。しかし、道徳的言説、法、民主主義の討議理論は、コミュニケーション行為の理論と、コミュニケーションにとって不可避の条件を明確にした形式的語用論に支えられている。ここでバーバラ・フルトナーの説明を引用しよう。討議倫理学として知られるハーバマスの認知主義的道徳理論の核心を、彼女は次のように要約している。[27]

この理論の核心はいわゆる普遍化可能性の原理にある。理想的な発話状況のもとで、当事者のすべてが同意するとき、道徳規範は正当と見なされる、というのがこの原理である。倫理的な価値観とはちがい、道徳規範は無条件の普遍的妥当性をもつ。しかしまた、道徳的な正しさは知るという営みにかかわる概念でもある。つまりそれは、(ほぼ)理想的な条件のもとで、理性的な行為主体が何に同意するかによって決まるのだ。[28]

道徳の討議理論の特徴について、いくつかコメントが必要だろう。ハーバマスによれば、実践的(道徳的)な知識というものは確かにあるが、これを客観的世界にかんする理論的知識と混同したり同一視したりしてはならない。「拘束力をもつ規範が当為として妥当することを認知主義的に解釈する場合、〝法の尊重〟を大切に思う否応無しの感情は〝理性の事実〟として把握されるが、そのような解釈をするには、道徳を認識とのアナロジーでとらえるしかないように思われる[29]」。一方、道徳規範の是非が争われるときは、討議によって、議論によって論争を決着させるしかない。議論をつうじて、わたしたちは道徳規範を正当化しようとするのである。だがこの場合、正当化とは何を意味するのだろうか。「理想的な発話状況のもとで、当事者のすべてが同意する」ことがその意味である。ここであらためて注意してほしいのだが、ハーバマスは、将来だれもが同意するようになると言っているのではない。また、道徳をめぐる意見は必ずしも食い違うとはかぎらない、と言いたいわけでもない。道徳規範の正当化と見なされるものがなくてはならないこと、そのためにはどういった条件が必要かということを述べているだけである。

こうした点を考えあわせると、真理主張の正当化について、かつてハーバマスが述べたことの多くが、普遍的な道徳規範の正当化についての所見とつながっているように思えてくる。実際すでに指摘したように、「真理」にかんするくだんの説明のもとになった、知るという営みに即して「規範的な正しさ」を説明するという企ては、ハーバマスにとって最初から大きなテーマであった。当初の彼が真理概念は知るという営みに即した説明で十分解明できると主張したのも、規範的な妥当性主張の正当化と、客観的世界についての真理主張の正当化とを類比的にとらえたからだった。しかし現在のハーバマスは、真理概念について、そうした見方を否定している。だとすると、真理概念がたんなる正当化に――ひいては「理想的」な正当化に――とどまらない理由の説明がなくてはならない。それが説明できないかぎり、文脈主義と言語論的観念論というアポリアは避けられない、とハーバマスは言う。そこで彼は、真理概念の新たな説明を試みるのである。「真理と指示、つまり言明の真理と叙述対象の〝客観性〟と」を結びつける「存在論の言い回し」を解き明かしてくれる説明だ。

ハーバマスの「カント的プラグマティズム」の要点も、これでずいぶんと明確になった。カントと同じくハーバマスも、理論哲学と実践哲学、理論理性と実践理性ははっきり区別されると言う(もちろん両者は、もちつもたれつの関係ではあるが)。理論哲学は真理概念を、実践哲学は規範的な正しさ、とくに道徳規範を、それぞれ過不足なく説明する責めを負うとみなすのだ。

道徳規範は普遍的である。それはすべての人間を拘束する。(30) 倫理は道徳とちがって、わたし個人の生活や、わたしの属する集団(民族、宗教、国家)の生活にかかわる――。ハーバマスのいう「倫理」は、一人称の単数もしくは複数の視点をつねに軸にしている。普遍的な道徳はひとつしかないが、倫理的な信条は多種多様だと考えるのだ。カントの義務論では、道徳や正義はすべての人間に当てはまるとされるが、道徳と倫理を截然と区別するハーバマスは、みずからをこの系譜に明確に位置づけている。そして、善き生の理論、すなわち、わたしやわたしが属する集団にとっての善にかんする理論は個別主義的であり、真の意味での普遍性はないと述べるのである。「正義をめぐる普遍主義的道徳と、善き生をめぐる個別主義的倫理」の違いを示すために、ハーバマスは次のような例をあげている。

拷問は、この地に暮らす自分たちだけでなく、どこの誰にとっても「残酷」だとわたしたちは言う。しかし、奇妙な子育ての風習や婚姻の儀式に対して、すなわち異文化のエートスの中核的要素に対して、異をとなえることが正しいと思うことはない。もちろん、それがわたしたちの道徳的基準に反する場合はべつである。道徳的基準は、普遍的な妥当性主張であるという点で、ほかの価値観とは異なる最重要の価値観なのだ。(31)

道徳的判断と真なる記述的言明との類似について、ハーバマスは次のように述べている。

普遍的な承認に値する道徳的判断は「正しい」。つまりその判断は、ほぼ理想的な条件のもとでの理性的な討議において、関係者のだれもが同意しうるものである。合理的な受容可能性を求める点で、それは真理主張と似ている。記述的言明が真であることが明らかになり、確証されるのは、このうえなく包括的でねばり強い理性的な討議を通してでしかないからだ。(32)

だがハーバマスは、こうした妥当性主張にも区別――正しさと真理の区別――があることを曖昧にしてはならないと言う。討議によって正当化されるという意味で、たしかに道徳的判断と真なる記述的言明は似ている。しかし、そう指摘したからといって、二つが同じであると言いたいわけではない。両者には決定的な違いがあるからだ。

道徳的な正しさという妥当性概念には、正当化を超越した真理の概念がもつ存在論的な含みがない。「正しさ」は知るという営みに即した概念であり、普遍的承認に値するという性質だけを意味する。それに対して言明が真であることは、確証という認識活動の条件には還元できない意味をもっている。条件がどれほど厳密であろうと、その点は揺るがない。真理は理想的な正当化を超えているのである。そして、「真理」と「道徳的な正しさ」のこの違いには、理論理性と実践理性の相違が映し出されているのだ。(33)

カント本人の思想には多岐にわたって批判を加えているにもかかわらず、ハーバマスがカント主義者にとどまっているのはなぜなのか？　カントの遺産から、彼は何を受け継ぎたいのか？　いま、ようやくこの問いに答えることができる。まず第一にハーバマスは、超越論的哲学の構想のなかに有望な核があると考え、それを再構成してみせる。その核とは、言葉や行為を支える不可避の条件を形式的語用論の観点からとらえたものである。第二に、正しいことと善とをあくまで明確に(定言的に)区別する点で、ハーバマスはカント主義者である。道徳的な正しさは普遍的であり、「ほぼ理想的な条件をみたす理性的な討議において、当事者のだれもが同意しうる」ときにのみその正当化が可能であると考えるのだ。ハーバマスを「コミュニケーション的カント主義者」と呼んでもいい。第三に、理論理性と実践理性を厳格に区別する点で、つまりは理論哲学と実践哲学を厳格に区別する点で、ハーバマスはカント主義者である。しかし、それはまた彼が古典的プラグマティスト――少なくともジェイムズとデューイ――と大きく異なる点でもある。彼らにとって、理論哲学と実践哲学は明確に区別できるものではないからだ。世代の新旧を問わず、プラグマティストが理論理性と実践理性というカント的区別を受け入れることはほとんどない。また、それはヒラリー・パットナムと違う点でもある。パットナムは、当代のカント的プラグマティストとしてハーバマスにはもっとも近しく感じられる論客だが、価値と規範の明確な区別は疑問視するからだ(34)。

行為と討議

正しさと真理というハーバマスの区別を理解する準備がようやくととのった。次の一節には、彼がどのような直観に導かれているかが簡潔に述べられている。

わたしを導いているのは次のような直観である。道徳的判断の正しさも、記述的言明が真であることも、ともに議論を通じて知られるという事実が一方にある。真理条件は、理由というフィルターを通さずに直接知るわけにはいかない。同じように、道徳規範が普遍的な承認に値するための条件も、直接知ることはできない。どちらの場合も、言明の妥当性は、たがいに理由をもちより討議することでしか立証できない。しかし他方で、道徳的な妥当性主張は、真理主張とは違って、世界を指示するものではない。「真理」という概念は正当化を超えたものであり、理想的な正当化がなされた主張可能性の概念とさえ一致しない。それは、いわば実在そのものによって満たされねばならない真理条件を指示している。それに対して「正しさ」の意味は、理想的な正当化がなされた受容可能性につきるのである(35)。

したがって問題はこうなる。ハーバマスは真理をどう説明するのか？　知るという営み、討議の営みに即した真理概念を、そうした営みとは別の、「実在論的直観」にかなった真理の説明によって、どのように補完するのか？　だれにとっても同一の世界が存在し、その世界についてわたしたちは真なる主張をなすことができるという前提を、彼はどう説明するのか？

真理のより適切な説明を求めてハーバマスが立ち返るのは、プラグマティズムの出発点である。生活世界のなかで、すなわち日常的な行為と実践の世界のなかで、真理主張がになう役割にあらためて目を向けるのだ。

日常的実践では、真かどうかの判断をどこまでも留保しつづけるわけにはいかない。プラグマティズムが気づかせてくれるのはそのことだ。わたしたちが慣れ親しんだ実践のネットワークを支えるのは、多かれ少なかれ暗黙裡にいだかれた信念である。それは、相互主観的に共有された信念、あまたの共通の信念という大きな背景のもとで、真と見なされているものだ。日常の営みやコミュニケーションの習慣は、行為の導き手となる、確実とされることがらの上に成り立っているのだ。……確実とされるそうしたことがらは、生活世界において自明と見なされるものの枠組みから外れ、無邪気に信じることができなくなるや、たちまち疑わしいものへと姿を転じる。行為の段階から討議の段階に局面が変わると、それまで真だと思われていたものは実践的確実性の衣を脱ぎすて、代わりに仮言的言明の衣をまとうようになる。そしてその妥当性は、議論で成否がはっきりするまで、未決のままにおかれる。議論の次元を抜け出して上から眺めてみれば、二つの顔をもつ真理のプラグマティックな役割が見えてくる。その真理こそ、行為の場面での確実性と、正当化された主張可能性とを、わたしたちの期待どおり不可分なものとして結びつけてくれるのだ。(36)

身近な例で考えてみよう。いつものように地下鉄にのって仕事に行くとする。わたしは駅まで何ブロック歩くかを知っているし、自分の電車がいつもの駅に停まることも知っている。どれもわたしにとっては当然の、「多かれ少なかれ暗黙裡にいだかれた信念」である。それは実践的に確実であり、あらためて検討したり議論したりするまでもないことだ。しかし、駅に着いてみると、故障で運行していなかったとしたらどうだろうか。問題に直面して、どう行動したらいいのか最初は戸惑うかもしれない。会社にたどりつく最善の方法は何なのか、見ず知らずの人と話をはじめるかもしれない。何がベストの道か、例えばどのバスに乗るのがいちばんかで、論争(口げんか)になるかもしれない。賛否両論に耳をかたむけてから、わたしは五番街のバスにのるのが最善策だと判断する。そこでバス停まで歩き、職場へと向かう。(37)

この例は、日常生活のなかで実践的に不確実なことがらがどのようにして生じ、討議(職場まで行く最善の方法についての、見ず知らずの人たちとの会話)によってどう解決されるかを如実に示している。行為から討議に移り、ふたたび行為(バス乗車)へと移る様子が具体的に語られているからだ。しかし、生活世界における行為と、討議による正当化への移行というお話が、プラグマティックな真理についての理解をどう深めてくれるのだろうか?

生活世界で生きる者にとって、その行為の前提には、確実と見なされるいろんなことがらがある。彼らが相手にするのは客観的対象とされる世界であり、そのため、信じることと知ることとを区別してかからなくてはならない。実践では、無条件に真であるとされるものに直観的に頼る必要がある。このように何かを無条件に真とみなす姿勢は、討議における真理主張にも反映されている。真理主張には、そのつどの正当化の文脈を超えて、理想的な正当化条件を想定するよう——つまりは正当化をになう共同体の特権的地位を否定するよう——わたしたちに強いる要素があるのだ。だからこそ、正当化のプロセスは真理の観念に導かれているのである。正当化を超越しながらも、行為の場面ではつねにすでに実効性を発揮している真理の観念に。妥当性主張を討議で認証することは、プラグマティックな正当化の必要に答えることだといってよい。その理由は、言明の妥当性が日常的実践においてもつ意味を考えてみればわかる。こうした正当化が必要であるということは、行為の前提にあった確実とされることがらが揺らぎだし、妥当性主張に疑義が生じたということである。そしてその必要は、討議によって正当化された信念を、行為の標《しるべ》となる真理へとあらためて翻訳しなおすことでしか満たせない。(38)

少しわかりにくい叙述だが、言わんとしているのは要するにこういうことだ。ハーバマスとしては、正当化と真理の関係を明らかにしたい。ただし、知るという営みに即した真理観——討議による真理主張の正当化だけに注目する見方——だけでは、満足のいく真理理論にならないことははっきりしている。どれほど「理想的」な正当化ができたとしても、あとで誤りだったと判明する可能性があるからだ。したがって、知るという営みに即した真理概念は、それとは別の概念によって補完する必要がある。もうすこし正確にいえば、真理概念については、知るという営みから見た側面とそれ以外の視点から見た側面の両方を把握しなければならないということだ。古典的プラグマティストの著作をヒントに、日常的実践と行為の文脈に立ち戻ろう、とハーバマスはいう。「行為の領域」では、わたしたちの行動はつねに何らかの確実なことがらに立脚している。まるで何が真かを知っているかのように、わたしたちは行為している。けれども、ときとして挫折や抵抗を経験し、それまで当たり前に思っていたことを考え直すよう迫られることもある。その場合の対処の仕方はさまざまだが、最初のうち自明と決めてかかっていたことがらを討議の俎上にのせ、さらに討議のレベルを一歩進めて、真理主張を評価し正当化することで解決をはかるのも選択肢のひとつである。討議による正当化だけで真理概念を説明することはできない。「日常の行為の前提にある確実なことがら」だけに訴えても、やはり同じである。しかし、真理の概念が行為と討議のあいだに位置しており、そのため二つの顔をもっていることを理解するならば、正当化を超えた真理の観念がどういうものかも明確にすることができる。このようなかたちで行為を討議と関係づけるならば、「プラグマティックな正当化の必要」な理由もわかるし、討議で立証された「信念を、行為の標となる真理へとあらためて」翻訳しなおすことでその必要が満たされることも理解できる——。

およそスマートとはいいがたい論の運びに不満はあっても、ハーバマスの論旨には何も問題はなさそうだ、という受け止め方もあるだろう。わたしたちは日常生活で、暗黙裡に当然と見なす多種多様な信念にもとづいて行為している。しかし、時としてそれが上手くいかず、実践を支えるはずの足場が不確実に思えることがある。それがきっかけで討議が始まり、あれこれと理由を述べながら、何が最善の策かを論じあうこともある。それで満足のいく解決が得られれば、また自分の生活に戻っていく。もしハーバマスがこれを以って「実在論的直観」の正当性の確認と称するのであれば、なぜその是非をめぐって大騒ぎしなければならないのか理解に苦しむほどだ。日常生活は不満や挫折、ありとあらゆる障害に満ちていること、ときに対処の術をもとめて探究し議論しなければならないことは、ローティといえども否定しないだろう。(とはいえ、彼はもちろん反問するにちがいない。これを常識的な「実在論」と呼んだからといって、だから何だというのか。正当化を超えた真理なるものの出る幕がいったいどこにあるのか、と。)

道徳的構成主義と認識論的実在論

ハーバマスのいう「二つの顔をもつ真理の概念」とは何か? それはどのような意味で「実在論的直観」の「正当性を確認する」のに役立つ——かりに役立つとして——のか? この点についてさらに検討するまえに、彼にとって、しかるべきプラグマティックな真理理論を提示することがなぜそこまで重要なのかを考えてみたい。ハーバマスがそうした理論を提起するとき、「実在論的直観」の正当性を確認することだけに関心があるわけではない。普遍的な道徳規範の正当化にかかわる実践的・道徳的討議と、真理主張にかかわる理論的討議とを明確に区別する狙いもあるのだ。討議(と議論)における両者の区別は、彼のカント的プラグマティズムの基本をなしている。実践的・道徳的討議では、意見のちがいを解消するために利用できるものが「客観的世界」のなかに存在しない。ところが理論的討議では、客観的世界に(言語を介して)訴えることによって、意見の違いを解消することができる。

道徳的な妥当性主張は、真理主張とちがって、客観的世界を参照することがない。つまり、正当化を超えた準拠点が欠落しているのである。世界を参照するかわりにどうするかと言えば、社会的共同体を拡大し、価値観をめぐる合意をより広い範囲で形成しようとするのだ。[39]

道徳規範にかんして考慮すべきはただひとつ、当事者がその規範を従うに値すると認めるかどうかだけである。

従うに値する規範として認められるかどうかは、人びとの利益の一致が客観的に確認されるか否かによるのではない。一人称複数の視点から、当事者が利益を解釈し評価しあうことによるのである。共通の利益を具現化した規範を当事者が築き上げることができるのは、〝わたしたち〟という視点からだけである。当事者すべてが、たがいに相手の視点に立ってみるという作業を通じて、この視点は構成しなくてはならない。[40]

したがって、道徳的討議で手にすることのできる「客観性」(当事者全員の相互主観的な合意)と、思いもよらぬ姿を見せる実在――わたしたちとは独立の世界――が呈する強い実在論的客観性とを、同じものとして受け取ってはならない。「他者の心の〝客観性〟は、思いもよらぬ姿を見せる実在の客観性とは別の素材からできている」[41]。理論理性は真理にかかわるものであり、わたしたちからは独立した客観的世界をあつかう。ひるがえって(道徳における)実践理性は、普遍的な道徳規範を構成し、その妥当性を示すことを務めとする。いずれのタイプの理性にとっても議論の手続きは欠かすことができないが、道徳的信念が正しいかどうかは、「行為の対立を合意によって解決」できるかどうかで決まるのであり、「わたしたちの意などお構いなしに、頑固に進んでいくプロセスをうまく操作できる」[42]かどうかで決まるのではない。ハーバマスのカント的プラグマティズムでは、認識論的実在論と道徳的構成主義とが同居しているのである。

二つの顔をもつ真理?

ここまでは、ハーバマスがどのような意味で「カント的」であり「プラグマティック」なのかを説明しながら、彼のカント的プラグマティズムを好意的に紹介してきた。今度はいくつか重要な問題を提起することにしよう。主として、彼の真理についての説明、行為と討議の区別、理論理性と実践理性というカント的区別にかんする問題点である。

これまで見てきたとおり、ハーバマスのプラグマティックな真理観の核心は、行為と討議(議論)の区別にもとづいている。「二つの顔をもつ」真理の概念の要がそこにあると言ってもいい。そして、この区別もプラグマティックな真理理論も、もともとはローティの文脈主義を批判する際に導入されたものだった。しかし行為と討議の区別については、ローティの反論する通りだと筆者も思う。

「二つの顔をもつ真理の概念が、行為の文脈と理性的な討議のそれぞれの場面で演じる……プラグマティックな役割」をハーバマスは区別し、さらに続けて「それまで行動を支えてきた確実とされる事柄が揺らいだとき、それを命題のかたちに翻訳して問題として取り上げることが真理概念によって可能になる」と述べる。けれども、わたしとしてはこう応じたい。信念とは行為の習慣にほかならないというパースの論点を、ハーバマスは蔑ろにしていると。理性的討議もまた行為の文脈のひとつであり、行動を支える、確実とされることがらが生まれる場なのである。ヤヌスの顔さながらの二つの役割も、翻訳のプロセスも、そこにありはしない(43)。

なるほど、状況によっては行為と討議の区別が役に立つこともあるだろう。ローティとはちがって、筆者はそれを否定したいわけではない。しかし、この区別がいかに誤解を招きやすいものかは肝に銘じておくべきである。行為の文脈には多くの「討議」が埋め込まれていること、討議にも多くの行為が埋め込まれていることを見落としてはならない。ハーバマスのプラグマティックな真理論は、行為と討議の明確な区別にもとづいている。しかし、そのような区別が厳格に成り立つことが疑わしいとなれば、二つの顔をもつ真理の概念そのものも怪しくなってくるのである。

たしかにわたしが行為するときは、ありとあらゆることがらを疑問に思うことなく、当然のごとく見なしている。しかし、だからといって何も考えていないわけではない。デューイも言うように、そこには意味があり、過去から学んだことの積み重ねがある。またこの世界では、行為のなかで予期せぬ障害に出くわして、実践上確実だったはずのことが不確実となり、自分の行為を調節し直すこともよくある。それでも、立ち止まって、不確実な事態をどう解決すべきか思案するとき、かならずしも討議に「移行」するわけではない。地下鉄が止まっていると知れば、ニューヨークのバス網に詳しいわたしは、いくらか戸惑いながらも、討議など介さず五番街のバスに乗ることを選択するだろう。生活世界での行為に見られるこうした特性は、討議についてもそっくり当てはまる。科学の洗練された討議も含め、どのような討議でも、ありとあらゆる事柄が「実践上確実なこと」として当然視されている。そして、それまで当然と思ってきたことが、実は疑わしいと気づくことも十分ありうるのだ。「生活世界」であっても、期待どおりにことが運ばなければ、いろんなやり方で対処がはかられる。こうした調節のし直しは、この世界での行為に欠かせないと言ってもいい。行為が単純にパターン化されている例は滅多にない。そこには反省と熟慮がともなっている。ときには、身の処し方を人に相談することもある。

古典的プラグマティストの大きな狙いのひとつは、この世界によりうまく対処するための、知性に裏うちされた行為の習慣をはぐくむことにあった。新たな状況に直面したとき、知性と想像力をいっそう働かせて行為できることが目標とされたのである。しかし、ハーバマスが行為と討議を「二つの領域」と呼び、さらに次のように言うとき、行為はひとかけらの省察もなしになされるものであるかのように聞こえるのだ。「行為から討議に移行してはじめて参加者は省察の態度をとり、主題としてとりあげられた意見のわかれる命題について、賛否両方の理由に照らしてその真偽を議論することになる」[44]。

さらに言えば、討議には多種多様な行為、実験、介入がともなう。これもまた古典的プラグマティストの強調するところである。実験や介入は、「行為」にとってだけでなく、「討議」にとっても大きな意味をもつ。ハーバマスの〝行為から討議へ、そしてまた行為へ〟という推移の分析と、デューイが描く探究のパターンとを比べたとき、多くを教えてくれるのは後者だと思うのはそうした理由からだ。「難題の感触」から始まり、問題の特定へと進み、仮説を提起しテストして「不確定な状況」を解決する。こうした探究のパターンは、デューイが強調するように、日常のあたりまえの行為にも、洗練された理論的探究にも見られる(もちろん、ハーバマスのいう「倫理的」探究や「道徳的」探究にも)[45]。しかもそのすべてが、「二つの顔をもつ真理の概念」をわざわざ持ち出すまでもなく、表現できるのである。

ハーバマスも「討議が生活世界の中に埋め込まれている」ことは認めるが、それでも次のように主張する。

行為において確信がになう役割は、討議における役割と異なる。また、「真であることの証明」も討議の場合とはちがった形をとる。日々の実践では、確信が「うまく行っている」か、それとも問題化の渦に巻き込まれているかを決めるのは、省察に先だってなされる「世界への対処」である。しかし議論の場では、賛否のわかれる妥当性主張が理性的な承認に値するかどうかは、理由のみに依存する[46]。

「行為において確信がになう役割は、討議における役割と異なる」のだろうか。そうではあるまい。行為にせよ討議にせよ、わたしはありとあらゆることを実践上確実であるとして、自明視している。「省察に先立ってなされる「世界への対処」」という言い方をすると、あたかもこうした対処に際してはいかなる省察も熟慮も働いていないかのように聞こえてしまう。しかし、生活世界における行為の大半には、ある種の省察と熟慮が――ほんのちょっとしたものであっても――含まれている。「問題化の渦」などと言ってしまうのは、討議と行為の違いを大げさに誇張するものでしかない。「問題化」は洗練された議論の特徴ではあるが、日常的な行為と実践の特徴でもあるからだ。省察を含まない(が、普通は以前の省察のうえに成り立つ)ルーチン化された行動から、抽象的なタイプの討議に至るまで、そこには程度の違いしかない。しかもその変化は連続的であり、行為から、それとはカテゴリーを異にする討議なるものへと移るわけではない。行為と討議との(理念的)区別を捨て去れば、「二つの顔をもつ真理の概念」を云々する意味も怪しくなる。行為と討議の区別が役に立つ文脈があることを、筆者は否定しているわけではない。ただ、区別はあくまで人為的なものであって、具体的な理由があって設けられるのである。したがって、「真理概念が二つの領域でになう、異なる役割(47)」という言い方は誤解のもとでしかない。

ハーバマスは行為と討議の違いを誇張して、「二つの顔をもつ真理の概念」をもっともらしく見せようとしている。次の一節を検討してみよう。

いかなる知識も誤りの可能性をまぬかれないことは、省察の構えをとりさえすれば、だれにでもわかる。しかし日常生活では、すべてが仮説にとどまるという姿勢、可謬主義の一本槍ではやっていけない。たしかに科学的探究の組織だった可謬主義ならば、賛否のわかれる妥当性主張をどこまでも仮説として扱うこともあるだろう。行為を切り離して合意を形成するぶんには、そうした可謬主義も十分役に立つからである。だが生活世界にこのモデルはなじまない。……使われている知識になにかしら根拠があると思わなければ、行為の企図や実行のさいに依拠する前提が真であると考えなければ、わたしたちは橋を渡ることも、車に乗ることも、手術を受けることも、さらには絶品の肉料理に舌鼓を打つこともないはずである。とにかく、何かをするには行為にあたって確実といえるものが必要であり、その正しさを疑うことは原則としてないのだ。もちろん、あまり深く考えずに何かをして、それがうまく行かなければ、討議によって――つまり、そのつどの正当化の文脈において――真理主張の認証にあたるしかないとただちに知るわけだが。真理は、行為にとっての確実性や正当化された主張可能性と同じと見なすわけにはいかないのである。(48)

もちろん日常生活は、すべてが仮説にとどまるという姿勢ではやっていけない。しかしそれは科学的探究も同じである。さまざまな背景的知識や暗黙裡の確信を当然視するのでなければ――ハーバマスの言葉をかりれば、「行為にあたって確実といえるもの」があるかのように行為するのでなければ――常識にせよ、科学にせよ、倫理にせよ、道徳にせよ、いかなる探究も不可能である(これはパースがずいぶん以前にさずけてくれた教えだ)。とはいえ、「たしかに科学的探究の組織だった可謬主義ならば、賛否のわかれる妥当性主張をどこまでも仮説として扱うこともあるだろう。行為を切り離して合意を形成するぶんには、そうした可謬主義も十分役に立つからである」という主張は誤解を招くおそれがある。行為から切り離された科学的探究なるものが仮にあったとしても、それはあくまで例外でしかない。実験や仮説のテストは科学的探究にとって不可欠の行為だからだ。橋がそれなりに頑丈だと思わないかぎり、わたしは渡ろうとはしない。同様に、今から使う実験器具がきちんと作動してくれると思わないかぎり、科学実験を始めたりはしない。「実践上確実といえること」が問題となる可能性が十分あることは、どちらの場合でも同じなのだ。

しかし、さらに悩ましい点がある。プラグマティックな真理を知るという営みから離れてとらえるのがハーバマスの立場だが、そうした見方によって彼が何を説明しているのかがはっきりしないのだ。生活世界において実践上確実と見なせることがらを、ハーバマスは次のように特徴づける。すなわち、暗黙裡の信念の多くが疑いもなく真であるかのように思いながら、わたしたちは行為すること。わたしたちが直面する世界は、かならずしも自分たちの期待どおりには行かず、ときとしてそれまで確実だと思っていたことも問い直さざるをえないこと。そしてその問い直しによって討議が生まれ、当の問題状況を解消すべく、種々の主張の評価や正当化がなされること。さしあたり、こうした特徴づけを認めるとしよう。さてこれが、いったいどういう意味で、実在論や真理概念の哲学的理解の説明につながるのだろうか。

ハーバマスは言う。真理と正当化は(たとえ理想的な正当化であっても)同一視こそできないものの、「正当化と真理のあいだには本質的な結びつき」がある。そして、その結びつきがあるからこそ、「わたしたちの手に入る証拠だけでも、正当化できる範囲を超えた無条件の真理主張が可能なのだ」と。

しかし、わざわざ「無条件の真理」と言わなくても、こう表現すれば済むのではないだろうか――「正当化がどんなに厳密で包括的であっても、真でないと判明する可能性はのこる」。これは、「真」という語の「戒め」用法とローティが呼ぶものにほかならない。「無条件の真理」という概念に訴えることに意味があるとはとても思えないのだ。非の打ち所のないほど正当化されていると思っていたことが偽だとわかったとしても、それはこれまでの正当化に疑いをいだく理由が生じたからであり、「無条件の真理」があるという前提に立っているからではない。例えば、二〇〇三年の米国によるイラク侵攻以前には、サッダーム・フセインが大量破壊兵器――少なくとも何らかの化学兵器――を保有していることは真であるように思われた。クルド人に対して、すでに化学兵器が使用されていたからである。しかし、この(正当化された)信念は偽であることが明らかになった。イラク侵攻の時点でもフセインはこうした化学兵器を保有していると、わたしたちは誤って信じていたのである。したがって、いまやわたしたちには、以前の信念を否定する十分な理由があることになる。そうした兵器が見つからなかった以上、現時点では、その信念が偽であったと言える十分な理由があるということだ。もちろん、将来さらに調査がすすんで(兵器の隠し場所が見つかり)、いま抱いている信念の改訂を余儀なくされる可能性はある。しかし、従来の正当化が否定される理由を理解するのに、「無条件の真理」や「正当化を超えた真理」をわざわざ持ちだす必要はない。ちなみに、否定されるのは従来の「正当化」だけではない。時として、従来の正当化の基準さえも否定されることは、科学史の教えるところである。(49)

いまの問題点は、少し別のかたちで表現することもできる。「あらゆる正当化を超えた真理を見いだすことこそが正当化の目標である」(50)とハーバマスはいう。しかし、「あらゆる正当化を超えた」という言い回しはきわめて曖昧と評するほかない。たんに、真理を見いだすことが正当化の目標であるというだけの意味なのだろうか。だがもちろん、わたしたちの正当化はこの目標を達成できるとはかぎらない。だからこそ「真」という言葉が戒めとして用いられるわけである。しかし、ハーバマスはそれ以上のもの、すなわち「無条件の真理」が必要だと考える。彼によれば、次のような深淵で困難な問題をこそ問うべきなのだ。〝いかなる正当化も、真理を保証するほどのものでないことはわかっている。それなのに、わたしたちの正当化が「真に実在する世界」についての真理を教えてくれるのはいったいどうしてなのか?〟ローティが真理という観念をまともに取り合おうとしない点、もしくは矮小化しようとしている点——あるいはその両方の態度を取っていると言うべきか——については大いに疑問を抱かざるをえないが、いまの問題にかんするかぎり、彼のハーバマス批判は正鵠を射ているると思う。

なるほど真理には、無条件に成り立つものという側面がある。この無条件性は、ひとたび真であるとわかれば、それはつねに真である、という事実のなかに見て取ることができる。「そのときは真であったが、いまは違う」といった言い方でこの語をもちいる人がいたとすれば、使い方を間違っていると見なされるのである。「ひとたび正当化されれば、それはつねに正当である」と言えないのは明らかである以上、真理と正当化の違いを、無条件的なものと条件的なものとの違いとして表現できることはたしかだろう。しかし、「真」という語を戒めとして用いることがつねに適切なのは、この無条件性のおかげではない。……真理は条件つきではないという主張のプラグマティックな意味は、〝状況が変われば考えを改めることも厭わない〟という姿勢の表明に尽きるのであり、この姿勢を説明したり正当化したりすることにその眼目があるのではない。自分が過ちをまぬかれない存在であることに後ろめたさを憶えるのは、真理が無条件であることに畏怖するからではない。真理を無条件なものと呼ぶことは、過ちをまぬかれないことに対する、後ろめたさの現れでしかないのだ。[51]

「無条件の真理」や「真である」ことは、たしかに命題の「失われることのない」性質と呼べるかもしれない。だが、そうした概念に訴えたからといって、何かの説明に役立つとは考えにくい。ハーバマスはまた、「知るという営みから離れた真理の概念は、ただそこに働いているものとして、つまり主題としてではなくひっそりと、行為のなかに現れる。ところが、真理主張が討議で主題になれば、その是非を判断するうえでの正当化を超えた準拠点になる[52]」と述べている。しかし、「行為にあたって確実といえるもの」――わたしたちが暗黙裡に真であると見なしている事実――は、いったいどういう意味で準拠点になるのだろうか？　たんに次のように言えば済む話ではないのだろうか？　すなわち、生活世界において実践上確実とされていたことが疑わしく思えるようになると、わたしたちは何をしたらいいのか、何を言ったらいいのか、懸命に模索する、と。そのあとに続く「あらゆる正当化を超えた真理を見いだすことこそが正当化の目標である[53]」というくだりを読むと、困惑はいや増すばかりである。自分たちが見つけたと思った「真理」、正当化に努めてきた「真理」が、本当に真理であること。自分たちの正当化が批判や論駁にさらされても決して屈しないこと。そのことをわたしたちは期待(あるいは希望)している、というのがハーバマスの一文の意味であり、彼の言わんとしていることはそれに尽きるのではないのか。

ハーバマスはこうも述べている。行為の舞台となる日常的な生活世界では、さまざまな事柄が実践上確実であるとして当然視される。また、そのように確実であると思われてきたことが疑わしくなると、省察が始まる、と。なるほど、そのとおりだろう。古典的なプラグマティズムでも、そこから――つまり、抜きがたい疑念が生じたときから――探究は始まるとされた。(ローティもその点は否定しまい。物事がいっさい邪魔立てされることなくスムーズに運ぶかぎり、「対処」を云々する必要もないのだから。)しかしいちばんの問題は、「無条件の真理」や「正当化を超えた真理」の概念に訴えることには、「状況が変われば考えを改めることも厭わないという姿勢」を表す以外に、そもそも意味があるのかということだ。なぜ考えを改めるのを厭わないのか、なぜいったん受け入れた正当化を否定するのを厭わないのかと問われたなら、こう答えればいい。非の打ち所のないほど正当化されていると思っていたものが実は誤りだったという経験を、わたしたちは幾度も繰り返してきたからだ、と。ハーバマスの「実在論的直観」は、プラグマティックに言えば、パースがカテゴリー図式で「第二性」と呼んだものと大差ない。知るという営みの外からくる抵抗、むきだしの野蛮な力、強制、「経験を構成し、これまでとは違った考え方をするよう迫る絶対的な制約(54)」と違いはないのだ(55)。

道徳的構成主義再論

ハーバマスの「二つの顔をもつ」プラグマティックな真理概念について、ここまでいくつか疑問を述べてきたわけだが、そもそもこの概念の狙いは、真理の妥当性主張とは何かを明らかにするとともに、理論理性と実践理性を区別する一助たらんとするところにあった。そこで今度は、彼のカント的プラグマティズムを支えるもう一本の柱に目をむけ、実践(道徳的)理性にかんするハーバマスの要《かなめ》の主張を検討しようと思う。規範的な正しさを妥当性主張としてとらえる立場と、道徳的構成主義がその柱である。批判すべき点は多いし、実際これまでも多くの問題点が指摘されてきた。例えば、規範と価値、正しさと善、道徳と倫理というハーバマス流の区別には本当に説得力があるのだろうか？ローティ、パットナム、ブランダム、マカーシー、そして筆者をはじめとする多くの論者が、こうした問題の一部、あるいは全部を取り上げて、ハーバマスを批判してきた(56)。

ここでは、真理と客観性とは理論的討議と実践的(道徳的)討議とで異なる役割を演じるというハーバマスの主張に話題をしぼり、彼のカント的プラグマティズムの基礎にあるテーゼ、理論理性と実践理性は根本的に区別されるというテーゼを批判することにしよう。すでに示唆したように、ハーバマスのプラグマティックな真理概念には、ローティの文脈主義とブランダムの新ヘーゲル主義を避けるとともに、真理と規範的な正しさとを——両者は根本的に異なるにもかかわらず——類比的にとらえることに用心をうながす狙いがあった。彼の考えはこうだ。多くの分析哲学者がしてきたように、妥当性主張の範例を真理の主張に求めるかぎり、この二つを同じように扱いたくなってしまう。ところが「実在論的直観」は、真理の問題にかんしては正当性を確認できるが、道徳規範についてはいっさい出る幕がない。では、なぜこの区別はハーバマスにとってそれほどまでに重要なのだろうか。なぜ彼は道徳的実在論を「毛嫌い」するのだろうか。この路線を推し進めて、真理と正しさの区別を消去したりぼかしたりすれば、コミュニケーション行為の理論(そこではいくつものタイプの妥当性主張が区別される)や討議倫理の理論が土台から揺らいでしまうと恐れるからだ。「″規範的な正しさ″の概念は、理想的な条件のもとでの合理的正当化にあますところなく還元できる。わたしたちが事実はこうだと述べるときの、事物への指示という存在論的な含みは、この概念にはない[57]」。

「道徳的真理」や「道徳的客観性」という言い方がふさわしい場面もあることは、ハーバマスも認める。しかし「真理」や「客観性」は、理論的な視点から語る場合と実践的な視点から語る場合とで意味がまったく違ってくる、と彼はいう。そこで以下では、「客観性」や「真理」の概念が、ハーバマスのいうように、理論的討議と実践的(道徳的)討議でほんとうに異なる役割をになっているのかを検討してみよう。

なぜハーバマスは道徳的実在論を認めないのか

しかしその前に、なぜ「道徳的実在論」という表現が多様な含みをもち、誤解を招きやすいかについて考えておきたい。（筆者の知るかぎり、古典的プラグマティストがこの表現を使った例はない。）そこには人を虜にしてしまう描像があると言えるかもしれない。少なくとも、ハーバマスが問答無用とばかりに道徳的実在論をしりぞけて道徳的構成主義を擁護するとき、彼の念頭にはこの描像があるようだ。さきに筆者は、ハーバマスの次の一節を引用しておいた。「わたしたちが真なる文で表現したいのは、ある事態が〝成立している〟ということ、あるいは〝与えられている〟ということである。ひるがえってそうした事態は、事物の全体としての〝世界〟を指示している。わたしたちが事実を云々するのも、この事物の全体にかんしてである」。かりにこうした存在論的な語り口で実在論のパラダイムが表明されていると見なすなら、ハーバマスが道徳的実在論をしりぞける理由にも得心がいく。わたしたちの道徳規範に対応する、「世界」のなかに「成立している」事態など存在しないように思われるからである。例えば彼は、パットナムの「当為含意的事実」という概念を批判してこう述べている。「認知的実在論を価値の領域にまで拡大することは、わたしたちの文法的直観に反する――マッキーのいう意味で――〝珍妙な〟事実を仮定するのに等しい(58)」。

しかし、ハーバマスが道徳的実在論を忌避し、ある種のカント的構成主義を擁護する理由を正しく理解するには、彼の思想の奥深くにある問題意識をつかんでおく必要がある。つまり、近代における道徳的自律と権威の問題の転換を、ハーバマスがどう理解しているかを押さえておくことが肝心なのだ。道徳規範にかんするカントの卓越した洞察は、それが普遍的であるというだけでなく、わたしたち自身の実践的合理性を超える高次の道徳的権威などありはしないということを見抜いた点にあった。わたしたち自身の実践理性以外の権威に訴えたとすれば、それはすべて他律ということになってしまう――。ハーバマスはこうした主張を受け入れ、自道徳的自律を理解する鍵は〝自己立法〟である。わたしたち自身の実践理性以外の権威に訴えたとす身の討議理論をこのカント的企図の継続と見なすのである。道徳的構成主義によれば、普遍的な道徳規範を正当化する責任は、わたしたちに、わたしたちだけにある。「けれども道徳的な妥当性主張では客観的世界を引き合いに出すわけにいかないので、そうした主張の拘束力に真理と似た無条件性をもたせようと思うなら、異質な主張や人間をできるだけ多く包摂して、その欠を埋めるよう努めるしか手はない(59)」。「道徳的実在論」という表現には誤解を招きやすい含みが多々あり、「珍妙な」事実の世界を連想させてしまう。そこでこの言葉はひと思いに捨て去って、道徳の是非をめぐる議論のなかで、真理と客観性がになう役割だけに目を向けるのがいいだろう。

ハーバマスが道徳規範の普遍性を示すのにもちいた例をあらためて検討してみよう。彼にとってこの普遍性は、倫理的価値の個別性から区別されるものである。

> 拷問は、この地に暮らす自分たちだけでなく、どこの誰にとっても「残酷」だとわたしたちは言う。しかし、奇妙な子育ての風習や婚姻の儀式に対して、すなわち異文化のエートスの中核的要素に対して、異をとなえることが正しいと思うことはない。もちろん、それがわたしたちの道徳的基準に反する場合はべつである。道徳的基準は、普遍的な妥当性主張であるという点で、ほかの価値観とは異なる最重要の価値観なのだ(60)。

「普遍的な妥当性主張であるという点で、ほかの価値観とは異なる最重要の価値観」があることを否定するつもりはない。ある特殊な集団や民族、国家にではなく、あらゆる人間に通用する価値観の存在を認めないと言いたいわけではない。問題は、ハーバマスが両者の違いをどう解釈しているかだ。

彼によれば、倫理と道徳は明確に区別される。倫理の「領域」は価値の領域であり、陰に陽に一人称単数または複数の問題に限定される。これに対して道徳の「領域」――道徳的観点と言ってもいい――は、普遍的に妥当であると主張される、強い拘束力をもつ道徳規範にかかわる。

総合的にみて、何がわたしにとって最善なのか。何者なのか。何者になりたいのか。こうした倫理的・実存的な問いは、集団のアイデンティティや生き方にかんする倫理的・政治的な問いと同じく、一人称の視点から発せられる。倫理の観点から問いを立てることは、すでにそれ自体として、個人の生活誌や集団の生活形態という文脈を選び出し、それを参照しながら、そうした解釈学的な自己反省をするということである。実践的な知が直観的であるとともに文脈依存的である理由も、これで説明がつく。……こうした反省は、わたしたちの生活世界の地平のなかで行為のあり方を導いている。そうである以上、普遍的な妥当性主張が倫理的な知と結びつくことはない。(61)

だが、倫理と道徳とをこうして明確に区別することに説得力があるとは思えない。「リアル」な倫理的視点、わけても宗教的信条に深く根ざした視点をかえりみれば、それは明らかだろう。宗教的世界観に根ざした倫理的信条には、個別主義の側面と普遍的な側面の両方がある(しかも、二つを明確に区分することは必ずしも容易ではない)。ユダヤ教徒も、キリスト教徒も、イスラーム教徒も、それぞれ同宗信徒と共有する価値観があり、ときには厳格にそれを遵守する義務を負っている。しかしそれだけではない。主要な宗教はどれも、強い拘束力をもつ、万人に対して果たすべき普遍的な義務を定めてもいる。そして、もし筆者がある宗教的共同体のメンバーとなり、みずからに課せられた倫理的責任を真摯に受け止めるなら、あらゆる人間に適用される規範にコミットすることにもなるのである。相手が自分の宗教的共同体のメンバーかどうかは関係ない。世にある倫理的信条は、個別主義的な(倫理的な)妥当性主張の性格が色濃いものもあれば、普遍主義的な(道徳的な)妥当性主張の性格が色濃いものもあるとハーバマスは言うが、それはそのとおりだろう。しかし「倫理的な世界観」を個別主義的と呼び、「道徳的観点」を普遍主義的と呼んで、「正義の普遍主義的道徳」を「よき生の個別主義的倫理」[62]と対比させるのは誤解のもとと言うしかない[63]。

ハーバマスがプラグマティックな視点にもっと重点をおいて、次のことを認めてくれたらと思うのは、筆者だけではないだろう。すなわち、わたしたちの価値観や規範はひとつの流動的な連続体をなしており、そこには個別主義の色の濃いものもあれば普遍主義的なものもある、と。さらに、「普遍主義」的な道徳的主張であっても、修正の可能性があることを認める必要がある。ハーバマスが強調したように、何が普遍的な道徳規範と見なされるかは学習の問題でもあるが、修正の可能性とはそれだけを意味するのではない。歴史を振りかえればわかるように、予期せぬ帰結や構造転換によって、道徳や責任、正義の中身そのものが根本的な見直しを迫られるかもしれないという意味もあるのだ。アドルノは、「アウシュヴィッツのあと」では新たな定言命法が必要とされると論じた。ハンス・ヨナスは、近代技術の結果として、新たな責任の命法が求められていると説いた。ハーバマスのいう「道徳的観点」の特徴である普遍性とは、せいぜい願望の投影でしかない。しかもそれは、新たな歴史的状況になれば、まったく違った――場合によっては両立しない――ものになる可能性がある。下手をすれば、中身のないお題目になり下がるおそれすらあるのだ[64]。

真理と客観性が実践的討議でどういう役割をになっているかを検討するとしよう。ハーバマスにならって、拷問の禁止が、強い拘束力をもつ普遍的な道徳規範の有力候補であると仮定する。[65] 近年米国では、「水責め」をめぐって激しい論争がまきおこった。それは拷問の一種なのか。「テロ」の容疑者への使用は道徳的に正当化できるのか。あるいは少なくとも道徳的に許されるのか。こうした問題をめぐる論争について考えてみよう。「水責め」とその歴史、それがどう使われ、責め苦をうけた者にどういう効果があり、肉体的・心理的にどういった苦痛をもたらすのか等々が、これらの実践的な論争では問題として浮かんでくる。これに責任をもって答えるには、実践という客観的な対象にかんして、真理の妥当性主張をする必要がある。さて言うまでもないことだが、筆者が水責めの妥当性を論じるさいに重要だと思う事実は、職場にいく最善策を判断するさいに重要だと思う事実とはまったくタイプが異なるはずである。しかしハーバマスの議論を聞くかぎり、「真」や「正当化」、「客観的」という言葉については、こうした探究で意味が違ってくると考えねばならない理由はない。水責めとその帰結については、事実問題も問われるのである。

規範の正当化と適用とは慎重にわけて考えねばならない、と折あるごとにハーバマスは述べている。しかしこの区別は、有益な場合もあるとはいえ、わたしたちが直面する厄介な実践的問題を曖昧にしかねない。拷問の要件を定めた明確な規準や不変の規準があるわけではない。ましてや、その規準が水責めに当てはまるかどうかを判定できるというわけでもない。水責めを拷問と見なすべきかどうかの判断は、意見のするどく対立する厄介な問題なのだ。いかなる道徳規範に強い拘束力を認めるべきかを腰をすえて論じるには、その規範が何を意味し、何を帰結するかを知る必要がある。規範の意味そのものが、原理上、あらたに規定されたり議論の的になったりする可能性をまぬかれないのである(実際そうしたことはよくある)。[66] ハーバマスは、道徳規範を定める際に「学習プロセス」が重要であると強調しているが、こうした学習プロセスのおかげで、道徳規範からの実際の帰結について理解が深まる例は少なくない。

それでもハーバマスは反論するかもしれない。(実践をめぐる意見対立に直結する事実であっても)事実の真偽を論じることと、普遍的な道徳規範について論じることは明らかに違うと。重ねて言うが、筆者はこの違いを否定したいのではない。それをどう解釈するかが問題なのだ。「道徳的」、「倫理的」な問題、「たんなるプラグマティックな」問題を解決しなければならないとき、わたしたちは本当にタイプを異にする実践的な熟慮をしているのだろうか。ハーバマスは、実践的判断を「カント色」にならぬプラグマティック」になるべきだと思う。例えばデューイは、「行為を迫られる状況についての判断」と呼んだ。「それは次のような形式の命題である。M・Nはかくかくをなすべきである。しかじかのように振る舞うほうが良い、利口である、賢明である、正しい、得策である、時宜にかなっている、都合がいい等々。わたしが〝実践的判断〟と呼ぶのはこうしたタイプの判断である」[67]。何をするのが正しいかという判断と、何が都合がいいかの判断は同じである、と彼は言いたいのではない。どちらも実践的判断であるかぎりで、ひとつの連続体に属するのであり、そこにはたんなる程度の差しかないと言っているのだ。しかもそれだけではない。デューイによれば、理論と実践の二分法も成り立たないのである。

日々の実践に登場する事物から個人の視点を払拭することこそが、ふたたびそれを個人の視点からとらえ直し、新たな、より実りある実践へとつなげていく道なのだ。理論と実践をめぐる逆説は、実践のあらゆる他のあり方と比較して、理論こそがもっとも実践的であるという点、それが公平で個人の視点を離れたものであればあるほど、ますます実践的になるという点にある。そしてこれこそが唯一の逆説なのである[68]。

「実在論的直観」の正当性を確認しようとしたハーバマスの議論については、筆者は批判的な立場にある。それでも、彼なりの「真理」の意味を説明するために、プラグマティックな行為の文脈に足場を移しているところは認めていい。ただ、道徳規範の正当化を分析する場面でも、行為と実践の文脈にもっと大胆に定位する必要はあるだろう。行為の文脈では、(暫定的な)規範が行為を導く標となる。新たな問題に直面すれば、道徳規範を明確にし、それを採用する理由を提示しなければならない。はじめに討議によって道徳規範を正当化し、それから新たな文脈に適用するのではない。実践上の選択に臨むこと、導きの指標となる規範の正確な意味を明らかにすること、その正当化につとめることは、もっとダイナミックで弁証法的な関係で結ばれているのである。

とくに自分の立場である「認識論的実在論」について説明しているときがそうなのだが、ハーバマスには、デューイのいう「見物人の知識説」に依然として固執しているように思えるところがある。それが顕著に見てとれるのは「客観的世界」という言葉の使い方だろう。彼の場合、「客観的世界」という表現を、経験的・記述的判断の記述対象だけに用いるのがふつうである。「経験的判断は、客観的世界において物事がどうあるかを述べるのに対し、価値評価的判断が問題にしているのは、生活世界のなかのものをどう値踏みすべきか、どう扱うべきかということだ[69]」。これが「客観的」という言葉の第一義の、基本的な使い方だとすれば、当然、価値や規範的判断は客観的世界を記述するものではないと結論しなければならない。それを「客観的」と呼ぶとしたら、別の意味でこの言葉を使っていることになる。しかし、「客観的」という表現のこうした限定的、基本的用法は疑ってかかってよい。(70) 経験的判断であれ規範的判断であれ、しっかりとした正当化が可能ならば、それを「客観的」と呼んでもかまわないのである。もちろん、どんな正当化であっても、あとで不当だったとわかる可能性はある、という但し書きがつくが。

ハーバマス本人は認めないが、彼には、事実についての語りを硬直化してとらえ、事実とは世界の(正しい)記述の仕方にすぎないと考えるきらいがある。「わたしたちが真なる文で表現したいのは、ある事態が〝成立している〟ということ、あるいは〝与えられている〟ということである。ひるがえってそうした事態は、事物の全体としての〝世界〟を指示している。わたしたちが事実を云々するのも、この事物の全体にかんしてである」(71)。しかし、デューイの「操作」という視点を採っていたならば、ハーバマスは、問題の解決にあたる行為主体(探究者)の観点にたって、事実をいっそうプラグマティックに理解できたのではないだろうか。デューイはこう記している。

> 事実が操作的であるとはどういう意味か。否定的にいえば、事実はそれ自体としては自足も完結もしていないということである。事実とは……ある目的のために選び出され、記述されたものである。その目的とは、問題をしかるべく定式化することにより、問題を形づくる材料から困難の解決につながる意味を浮かび上がらせ、その価値と有効性のテストへとつなげることである。……事実は、身体器官やそれを補助する人工的な道具の助けをかりた、観察という操作の結果であるにとどまらない。個々にであれ、類としてであれ、たがいに結びついて何らかの明確な結果を生み出すのが事実というものなのだ。(72)

事実が問題の解決においてになうプラグマティックな役割を見るならば、経験的記述だけでなく、道徳規範を明確にし正当化するうえでも、事実は重要であり、不可欠であることがわかる。

さきに述べたように、ハーバマスの「認識論的実在論」とは結局のところ、パースのいう第二性を追認するものでしかない。「理論」の上でも「実践」の上でも、わたしたちは世界と向き合うときに抵抗に直面する。その抵抗によって、「理論」的正当化も「実践」的正当化も、ありかたを限定される。ハーバマスの実在論は、そうした認識をあらためて述べているにすぎないのである。「真理」や「客観性」は、世界の経験的特徴にかんする議論にとって重要というだけではない。何に道徳的拘束力を認めるべきかという、容易ならざる実践的議論にとっても、そうした概念は重要な意味をもっている。もちろん、探究のタイプに応じた違いはある。しかしその違いは、「真である」や「客観的」という言葉の意味よりも、むしろ探究の文脈そのものにかかわりがあるのだ。

ハーバマスの「カント的プラグマティズム」は、前に進めない不安定な局面にとどまっている。カントからヘーゲルへ、そして再びカントへというのが、ハーバマスの語る方向性である。そして、彼のカント的二分法に対する筆者の批判は、その多くがヘーゲルの精神にもとづいている。しかし重要なのは、もう一度カントに後戻りすることではなく、デューイやミードの精神に沿った、よりダイナミックでしなやかなプラグマティズムへと前進することなのだ。哲学ではさまざまな区別が決定的な役割を果たしているが、人間の経験や探究、討議では、になう役割がたえず変化していることを理解しなくてはならない。少なからざる限界はあるにせよ、デューイもミードもそのことに気づいていた。[73]彼らは、理論理性と実践理性が地続きであることを認める。筆者もまったく同じ考えである。

第九章　リチャード・ローティのディープ・ヒューマニズム

ディック・ローティとの出会いは一九四九年、筆者がシカゴ大学の「ハチンズ・カレッジ」に通っていた時にさかのぼる。A・J・リーブリングが「少年十字軍以来で最大の、神経症の青少年のコレクション」と評した学校である。[*1] ローティは一九四六年、一五歳でシカゴ大学に入学しており、当時はちょうど哲学の修士課程に進んだばかりのころだった。一九五二年、博士号取得のため、研究の場をシカゴからイェールに移すにさいして、彼はシカゴの友人たちを(わたしも含めて)イェールに誘った。シカゴとイェールですごしたこの学生時代に、わたしたちはごく親しくつきあうようになった。友情は二〇〇七年に彼が亡くなるまで続いた。ローティは、わたしの七〇歳の誕生日に寄せてこう記している。

リチャード・バーンスタインとわたしは、ほぼ完全に同時代の人間であり、ほとんど同じ場所でほとんど同じ人びとから教育をさずかってきた。多くの同じ希望に胸を躍らせ、その実現の方途を五〇年以上も語りあってきた。そして二人はいま、情熱の在《あ》り処《か》の多くと、哲学的確信と政治的確信の大半を共にしている。(1)

同時代の哲学者で、わたしがもっとも建設的な影響をうけたのは彼だった。プラグマティズムについて自分なりの解釈を展開したときは、直接にせよ間接にせよ、幾度もローティに語りかけ、彼のするどい異論に答えようとしている気がしたものだ。哲学の問題で意見がはげしく対立することもあったが、それはいつも豊かな実りをもたらしてくれた。長年にわたって、わたしは倦むことなく彼を批判してきたが、それと同じくらい弁護もしてきた。とくに、彼への攻撃がまったくフェアでないと感じたときはそうだった。

本章では、ローティのディープ・ヒューマニズムを検討する。ローティの「ディープ・ヒューマニズム」というと、奇妙で、皮肉めいて聞こえるかもしれない。そもそも彼自身が『偶然性・アイロニー・連帯』のなかで、自分たちの「奥底」に不変の何かがあるという考えを疑問視しているからである。たしかにローティは人格も哲学的思考も一筋縄ではいかない。それでも、彼の人生と思想の奥底には、特有のヒューマニズムが一貫して息づいていると思うのだ。ただし、それを浮かび上がらせるには、彼の生涯にわたる仕事を俯瞰しておく必要がある。

初期の形而上学的研究

分析哲学者として出発しながら、分析哲学に反旗をひるがえした人物――。ローティをめぐる伝説のひとつだが、この描写は誤解を招きかねない。なるほど、初期の哲学者としての声望は、分析哲学の最前線で書かれたいくつもの傑出した論文、とくに心身問題や、概念的・超越論的論証のまぎらわしい性格を扱った論考のうえに築かれたものだった。しかしこの伝説は、一〇年にわたるシカゴとイエールでの哲学研究を無視している。シカゴ時代の彼は、リチャード・マキーオン、ルードルフ・カルナップ、チャールズ・ハーツホーンといった多彩な哲学者のもとに学び、アルフレッド・ノース・ホワイトヘッドにかんする修士論文をハーツホーンの指導で書いている。マキーオンとシカゴの知的雰囲気のもとで、ローティは、哲学史の包括的で洗練された知識をたくわえていったのである。彼ならではの機知や自分にむけた皮肉は、すでに、一九五〇年に母ウィニフレッド・ラウシェンブッシュ宛ての手紙からうかがうことができる。そこには、カルナップに提出した論文についてこんなふうに記されている。

カルナップに提出する論文を書き終わったよ。長ったらしくて冴えない、実証主義の敵にしか興味のわかない代物。読みたければ送るけど、母さんもカルナップも、きっとつまらないって思うんじゃないかな。実証主義の侵略を阻止せんとする、反動的な形而上学者の小さな一派をのぞいてはね(ぼくはその隊列に加わりたいわけだけど)。タイトルは「論理的真理・事実的真理・総合的アプリオリ」。副題は「ウィーン学団を正す方法」がいいよって誰かが言ってたっけ。(2)

イェールでは、ポール・ワイスのもとで研鑽をつんだ。二〇世紀でもっとも大胆な思弁的形而上学者だ。ワイスをスーパバイザーとして、ローティは「潜在性の概念」という六〇〇頁にもおよぶ絢爛たる学位論文を執筆する(ただし出版はしなかった)。古代(アリストテレス)、近代初期(デカルト、スピノザ、ライプニッツ)、現代(カルナップとネルソン・グッドマン)のそれぞれで、潜在性がどう扱われているかを検討した雄編であった。ローティのメタ哲学的な関心は、すでにはっきりとあらわれていた。三者三様の潜在性の取り扱いが見事な筆致でえがかれ、論評されているからである。しかし彼はこうも述べている。「この論文の主題に潜在性というトピックを選んだのは、ひとつには、論理実証主義の問題と、伝統的な形而上学や認識論の問題との関係が、この話題でもっとも浮き彫りになると信じるからである(3)」。

こうした若いころの仕事が、のちの哲学的思索にとってもつ重要性は計り知れない。分析哲学に真剣に取り組む以前に、ローティは哲学史の包括的で精緻な理解を手にしていたのである。彼は哲学の壮大な伝統(後年、彼はこれを「プラトニズム」と呼んだ)に自分をかたく結びつけ、その現代的な意義を示そうとした。彼のメタ哲学的関心は、ごく初期の論文からも明確に見てとれる。「プラグマティズム・カテゴリー・言語」(一九六一年)という目の覚めるような一篇では、プラグマティズムがふたたび重要になりつつあると指摘し、今もっとも新しいプラグマティストはチャールズ・S・パースであると主張した。のちほど見るように、後年ローティはパースの重要性を否定し、プラグマティズムの真の先駆者はウィリアム・ジェイムズでありジョン・デューイであるというようになった。だが一九六一年の時点では、次のように記している。

パースの思想は、論理実証主義に代表される経験主義の発展の諸段階を予見し、あらかじめそれを否定するものであった。……その思想は、『哲学探究』や、後期ウィトゲンシュタインの影響をうけた哲学者の著作にそっくりの、一群の洞察と哲学的雰囲気に収斂していったのである(4)。

メタ哲学らしい超然とした立場をとりながら、ローティはこう説明する。「ウィトゲンシュタインが直視していたものをパースはガラス越しにぼんやりと眺めていたというのでも、またその逆でもない。わたしが示そうとしているのは、プラグマティズムを後期ウィトゲンシュタインと彼の影響下にある人びとの著作に近づければ近づけるほど、どちらも、いっそう明るく照らし出されるということなのだ」[5]。

言語論的転回

学位論文が完成すると、ローティは本腰をいれて分析哲学の著作に取り組みはじめた。最初、彼にもっとも大きな影響をあたえた哲学者はセラーズだった。セラーズについてローティと議論した日々が、いまも鮮やかによみがえる。彼もわたしも、セラーズが分析的伝統の最良の部分を体現していると感じていた。哲学の伝統的な問題の多くについて、議論を明晰にし前進させるのに、言語論的転回がもたらした精緻な分析のテクニックが活用できることを率先して示したからである。

一九六〇年代、ローティは当時進行中だった分析哲学の論争に大きく寄与する論文をいくつか発表している。たとえば「心身の同一性・私秘性・カテゴリー」(一九六五年)では、心身同一説への独自のアプローチを展開し、「経験的探究によって、(思想ではなく)感覚が脳のある過程と同一であることが明らかになるだろうと述べるのは理不尽ではない」[6]というテーゼを擁護した。ローティは、そうしたことが起こる——つまり、脳過程の記述が感覚の記述にとってかわる——と予言しているのではない。ただ、そうしたことが起こりうると主張するのは理不尽ではない、すなわち概念的に有意味である、と言っているにすぎない。心身同一説に対する彼の関心は、もっと大きな問題を扱うための事例研究という意味あいがあった。当時、概念分析を支持する者の多くが、哲学の本分は概念や言語の混乱を暴くことにあると固く信じていた。彼らによれば、感覚と脳状態が同一であると述べることは概念的な混乱であり、途方もないカテゴリー錯誤(噴飯ものの大まちがい!)にほかならなかった。だがローティは、「〝概念的〟なものと〝経験的〟なものとのあいだに確固とした線が引け」るというテーゼに異を唱え、「したがって……概念的混乱をはらんだ言明と、驚くべき経験的成果を表現した言明とを区別する」(7)ことはできないと主張したのである。

いくつかの点で、この論文は重要な意味をもっていた。同一説の新たな考え方(「消去主義的唯物論」とも呼ばれる)を提示したこともそうだし、言語論的な概念分析がはらむドグマのひとつ——概念分析と経験的探究は明確に区別できるというドグマ——に疑問を投じたこともそうだ。要するに彼は、「新たな」言語論的装いのもとに登場した、アプリオリな超越論的論証に異議を唱えたのであった。論文は、言語論的哲学者への次のような警告で結ばれている。「形而上学者の不出来な仕事も、自分たちならもっとうまくやれる——つまり、対象が還元不可能であることを証明できる——と考えるべきではないと」(8)。

のちのローティの思想を視野におきながらこの論文を読むと、多くのことが見えてくる。「プラグマティズム」という名前こそ現れないものの、次のテーゼなどは、米国の古典的プラグマティストが唱えたものと何ら変わるところがない。「将来の経験的探究の結果に左右されない保証のある、言語表現の分類法なるものは存在しないのである」(9)。それだけではない。後年ローティは「語彙」の概念を導入し、古い語彙が新しい語彙にどう取って代わられるかを論じているが、そうした議論を予見させる叙述もある(10)。いつの日か、脳状態を記述する言語が感覚を記述する現在の言語に取って代わることはあるだろうか。少なくとも、そうした出来事が概念的にありえないと信じる、もっともな哲学的理由はない――。それを示すのがローティの基本戦略であった。最後に、ローティがいかにメタ哲学に魅了されていたかも、この論文からうかがうことができる。哲学者が主張を述べたり正当化したりするのに用いるさまざまな戦略を理解し、批判することに、関心が向けられているからである。[11]

ウェルズリー・カレッジでの三年にわたる教員生活ののち、一九六一年、ローティはグレゴリー・ヴラストスから、プリンストン大学の哲学科で客員教員を務めないかと誘われた。任期は一年。当時のプリンストンは、全米でもっとも優れた哲学部のひとつを擁していた。ヴラストスは、ローティの学位論文の噂を聞きつけ、古代哲学の授業で力を貸してほしいといってきたのである。「知的自伝」のなかで、ローティはこのときの出来事を次のように記している。

一九六一年の秋、プリンストンに赴任してすぐ、わたしは自分のギリシャ語の知識がヴラストスの目的にとうてい適うものではないこと、自分はおそらく彼の求める人材ではないことを悟った。だから、次の秋にはウェルズリーに戻ることになるだろうと考えていた。だが、ふたたび驚いたことに、わたしはさらに三年の任期を提案されたのである。[12]

一九八二年にヴァージニア大学の人文学の教授に転じるまで、彼はプリンストンにとどまることになる。

一九六七年、ローティは『言語論的転回』という有名なアンソロジーを公刊した。哲学とその方法にかんする、過去三五年にわたる言語論的哲学者の幅広い見方を提供するのが狙いであった。序論では、言語論的哲学のさまざまな考え方が、メタ哲学の視点から概観されている。そして結びの節では、次のような問いが提起される。「言語論的哲学は、過去に起きたいくつもの〝哲学の革命〟と同じ運命をたどる定めにあるのだろうか？」[13] ローティはこの問いに正面から答えていないが、そのかわり、「伝統的問題が解消されたあとに哲学を待ちうける、六つの未来の可能性」[14]を素描している。未来がどうなるかについて、自身の見解を明確にしているわけではない。だが、彼の思想の向かう先は示唆されている。それが明らかになるのは、四つめの可能性が語られるときである。

「哲学は終わったか？」という問いに、はっきり「イエス」と答えてお仕舞いになるかもしれない。そして、ポスト宗教の文化がそうであるように、ポスト哲学の文化もまた、可能であり望ましいものであると見なされるようになるかもしれない。哲学は、昔かかった病のようにとらえられるかもしれない。ちょうど現代の著述家（とくにフロイト主義者）が、宗教を、徐々に癒えつつある文化的病と見なしているように。「哲学者は仕事熱心のあまり、失業してしまったのさ」。予防医学の飛躍的進歩で治療が時代遅れになった医者を囃《はや》すのと似た、そんな嫌みが冷笑のように響きわたるかもしれない。世界観を欲する気持ちは、いまや芸術で、科学で、あるいはその両方で満たされることになるかもしれない。[15]

分析哲学への疑問

一九七〇年代は、ローティの知的生活のなかでもとくに創造と波瀾に満ちた時代だった。分析哲学者のうぬぼれに、彼は急速に幻滅していった。そして、おおかたの分析哲学者が「さもなき」哲学者として顧みない思想家たち、ニーチェ、ハイデガー、サルトル、デリダ、フーコー、ガーダマー、ハーバマスをむさぼり読んだ。一九七八年、四七歳という比較的若い年齢で、ローティはアメリカ哲学会・東部部会の副会長に選任された。『哲学と自然の鏡』が出版される前のことである。そのころの東部部会は分析哲学の牙城だった。(彼が議長を務めた一九七九年の打ち合わせ会議で「多元主義」の哲学者グループの造反があり、彼らはジョン・E・スミスを新しい会長に選出した。[*2])東部部会の副会長(次期会長)に選ばれた当時、ローティの分析哲学者としての実績と名声は、既発表の論文と『言語論的転回』の序論のうえに成り立っていた。

しかし、一九七九年に『哲学と自然の鏡』が出版されると、たいへんな騒ぎになった。多くの分析哲学者はひどく憤った。仲間のひとりがユダの如き裏切りをはたらいたかのように受けとめたのだ。全体の要となる「特権的表象」という一章で、ローティはこう論じている。所与の神話に対するセラーズの批判と、言語と事実の区別にかんするクワインの懐疑から、何が帰結するかをとことん突き詰めるならば、分析哲学の「カント的」土台は崩れ去ってしまう。クワインとセラーズは、分析哲学の基礎にある区別と不問の前提に疑問符をつきつけたのだ。概念的と経験的、分析的と総合的、言語と事実という区別に対して。所与と要請との区別に対して――。

分析哲学者以外の多くは、最初の三分の二(分析哲学のきめ細かな分析的脱構築)をとばして、ハイデガー、ガーダマー、ハーバマス、サルトル、デリダ、フーコーを論じた第三部だけを読んで快哉を叫んだ(ただし、こうした大陸系の哲学者の解釈に満足しない者も少なくはなかった)。『哲学と自然の鏡』は二十世紀後半でもっとも広く議論された哲学書となった。哲学者だけではない。畑のちがう、人文系や社会科学系の人びとによってもそれは論じられた。翻訳された言語は、いまや二〇余を数える。この本のなかではプラグマティズムに直接言及があるわけではないが、「序論」でローティは、デューイ、ハイデガー、ウィトゲンシュタインが「今世紀でもっとも重要な三人の哲学者」であると述べている。[16] さらに示唆にとむのが、結びのパラグラフにある次の言葉である。『言語論的転回』で素描された、哲学を待ちうける六つの未来の可能性の「四つ目」に照らして読めば、とくにその印象は深まるだろう。

デューイは、……ウィトゲンシュタインのような弁証法的鋭敏さもハイデガーのような歴史の知識も持ち合わせてはいなかったが、新たな社会のヴィジョンをもとに、伝統的な鏡のイメージに論難をくわえたのであった。彼のえがく理想社会では、文化はもはや客観的認識という理想ではなく、美的向上という理想によって支配される。彼がいうように、そうした文化では、芸術と科学は「のびやかに咲き誇る人生の花々」となることだろう。「かってデューイに浴びせられた〝相対主義〟や〝非合理主義〟といった非難は、彼に攻撃された哲学的伝統のがわからの愚かしい防御反応にすぎない」――そういえる地点に今われわれがいることを、わたしは願うのだ。[17]

そして序論の最後で、自分の本が「デューイが打ち砕こうとして果たせなかった、堅固な哲学的因習に孔をうがつ一助」[18] になればと願うのである。

『哲学と自然の鏡』で展開される脱構築は、たしかに見事なものであった。しかし、哲学という営為そのものが「終わり」を迎えたあとどうなるのかについて、積極的な考えはほとんど語られていない。[19] 結びの一文で、ローティは次のように記している。「哲学者の道徳的関心は、西欧の会話の継続に向けられるべきであって、その会話のなかで近代哲学の伝統的問題を論じ続けることに向けられるべきではない。わたしが言いたいのはそれだけである[20]」。だが、「西欧の会話」の中身が何なのか、哲学者にできる「有益なおせっかい」がどういうものかは、少しも明らかではなかった。

一九七九年のローティの会長講演は、はるかに簡潔明瞭な語り口であった。彼は、はっきりと、ジェイムズとデューイのプラグマティズムに自分の立場を重ねてみせた。プラグマティズムは「わが国における知的伝統の最高の栄誉をしめす名称でもある」と彼はいう。「アメリカの未来をその過去と訣別させるために、ジェイムズやデューイほどラジカルな提案をした著述家はいなかった[21]」。しかし、ローティの挙げるプラグマティズムの特徴は型やぶりで、物議をかもすものだった。いまや彼はパースの重要性を否定し、「プラグマティズムへのパースの貢献は、それに名前をつけて、ジェイムズを刺激したことしかない[22]」とまでいい切った。ローティによれば、ジェイムズもデューイも、パースのカント主義に反発していた。「哲学は、他のあらゆる種類の言説にしかるべき場所と地位を割り当てる、すべてを包括した歴史を超える場を与えてくれる[23]」と考えるのは見当ちがいだ、と。この点でジェイムズとデューイは、いわば飼い慣らされたニーチェやハイデガーのようなものだと言えそうだ。しかし、ニーチェやハイデガーとちがい、ジェイムズとデューイの著作には「社会的な希望」と解放の精神が息づいていた。ローティにいわせれば、プラグマティズムとは、「会話の制約以外に、探究に課せられる制約はいっさい存在しないという教えである。物体、心、言語などの本性からくる十把ひとからげの制約ではなく、仲間の探究者の意見からくる一つひとつの制約だけがあるのだ[24]」。

それから晩年に至るまで、ローティは、何らかの制約がわれわれに課せられているという主張に激しく挑みつづけた。例外と呼べるのは、同じ人間に由来する制約しかないと訴えながら。客観性をめぐる哲学的不安は連帯にとってかわられるというのが彼の主張だが、それを理解する鍵がここにある。

真理、客観性、実在についての哲学理論に固執するのは、偶像崇拝の一種と変わらない。それは超越神の存在を信じる宗教の哲学的代替物でしかない――。ニーチェのように、彼もそう考えるようになったのだ。一九七二年から一九八〇年までの論文を集めた『プラグマティズムの帰結』には、現在ハイデガーについての本を執筆中とある。（その後、ローティは数多くの論文でハイデガーを論じている。だが、一冊の成書のかたちで世に問うことはなかった。）[*3]友人も、彼を批判する者も、ローティは「プラグマティズム」という言葉をポストモダン的転回のカモフラージュに使っているだけだと考えた。(25)

公共的リベラリズムと私的アイロニー

一九八九年に『偶然性・アイロニー・連帯』が出版されると、多くの哲学者が、ローティは哲学から足を洗ったのだと考えた。分析哲学のサークルでは、ローティを相手にしないのが流行になった。もはや彼のいうことを真剣に受けとめる必要はない、というふうに。彼は「文芸愛好家」のために書いているように見えた。『哲学と自然の鏡』を最終的にどう評価するにせよ、そこには数々の複雑な論証が――哲学者が認め、賞賛し、攻撃するたぐいの論証が――詰め込まれていた。ところが『偶然性』のローティは、哲学的論証をあざ笑い、新しく独創的な語彙のロマンチックな案出を称揚したのである。彼はそれまでずっと、自分に浴びせられた相対主義という批判を受け入れなかった。しかし、「なにごとも、記述しなおせば善くも悪くも見せることができる」(26)と悟った者を「アイロニスト」と呼んでいるのを見るかぎり、ローティは「もったいぶった」相対主義を語っているようにしか見えなかった。公的生活と私的生活を明確に区別し、一部の哲学者の著作はプルーストやナボコフといった優れた小説家を読むように、私的な喜びのために読むべきだと語るローティに、表情を曇らせない者はいなかった。[27]だれもが彼を攻撃した。当のローティはといえば、とにかく注目されることに満足しているようだった。ただし、ひとつだけ彼の胸をえぐる批判があった。「わたしの見方はあまりに奇妙で、ふざけているだけにしか思えないと、左右の極端な政治的立場の人びとから言われることがある。相手が目を丸くすることなら、何でもお構いなしに口にしているのではないか。自分以外のだれに対しても反対意見をぶって、悦に入っているだけではないのか、と。こればかりは、わたしも骨身にこたえる[28]」。ローティは正しかった。政治や哲学の志向を問わず、彼を批判する者の多くが実際にそう思っていたからだ。道徳的にも政治的にも、発言に心が欠けているという批判を受けたことが契機となり、彼は大まかな自伝を書くことにした。「トロツキーと野生の蘭」というエッセーがそれである。そこで彼は、現在の見方に至るまでの経緯《いきさつ》を説明しようと試みたのであった。

　ローティの親族の多くは進歩的サークルで精力的に活動していた。ジョン・デューイが彼らの知的英雄だった。詩人でジャーナリストの父ジェイムズは、一九三二年に共産党と袂をわかっていた。「まともな人間はみな、よしんばトロツキストでなくとも、とにかく社会主義者にはちがいない。そう学びながら[29]」育ったとローティはいう。「トロツキー」は、「社会正義」と貧富の差の是正を意味するシンボルになった。しかし彼は、「秘密の、風変わりで、スノッブで、言うにいわれぬ関心[30]」を抱いていたとも記している。当時、一家はニューヨーク市と、ニュージャージー州のデラウェア川沿いの僻村を行ったり来たりする生活であった。そのニュージャージーで、彼は野生の蘭への情熱をはぐくんだ。生育場所、学名、開花時期を知っていることが自慢だった。野生の蘭は、自分だけの関心と喜びをあらわすシンボルとなったのである。

　シカゴ大学ではじめて哲学に出会うと、ローティはまず「実在と正義をひとつのヴィジョンのうちに[31]」とらえるプラトン的理念に魅了された。プラトンの「線分の比喩」で頂点に位置づけられる認識――「仮設のさらに上方」にある境地――に到達すれば、公共的な正義と私的な喜びとの大いなる統合が果たせるだろうと思ったのである。だがシカゴを去る頃には、哲学の研究で英知や徳が得られるなどという考えはもはや捨て去っていた。「最初の幻滅を味わってからというもの(イェール大学で哲学の博士号を取得するためにシカゴを発ったころ、幻滅は極限に達していた)、四〇年ものあいだ、わたしは探し求めてきた。哲学はいったい何の役に立つのか――かりに役に立つとして――という不安な思いを、どうやって理路整然と納得のいくように言葉にするかを[32]」。結局、彼が達した結論は、公共的な正義と私的な関心との統合をはかる企ては、目標からして誤りであるというものだった。プラトンはまさしくその陥穽にはまったのである。ローティによれば、『偶然性・アイロニー・連帯』は、「各人のなかで、トロツキーに相当するものと、わたしの野生の蘭に相当するものとをひとつに縒《よ》り合わせる必要はないと主張した[33]」本であった。エッセーは、デューイの掲げたプラトンに代わるヴィジョンに、あらためて共感を示すかたちで締めくくられる。「人間と無関係の何かについて知ることではなく、人間の連帯こそが真に重要であるとだれもが考える[34]」民主的な共同体のヴィジョンである。

辛辣な(ときに悪意ある)批判も浴びせられた『偶然性』だが、この本には数多くのローティ特有の主題がはっきりと見てとれる。歴史の根源的な偶然性。アイロニーと社会的希望の根拠なき感覚。共感と連帯の輪を広げる必要性。それをはぐくむには哲学の議論よりも文学が有効であるという信念。くわえてそこには、あらゆる認識論的・意味論的表象主義への断固とした拒絶もある。ロマン主義への包み隠すことのない共感があり、理性ではなく想像力の強調があり、自己創造の呼びかけがある。ローティの言うリベラルとは、「残虐行為こそ人間のなしうる最悪のことである[35]」と考える者をいう。

アイロニストとは、自分のもっとも重要な信念や欲求が偶然のたまものであることを、勇気をもって認める者をさす。そして「リベラル・アイロニストとは、苦しみは和らぐという希望、人間による人間への辱めはなくなるという希望を、こうした根拠づけのできない欲求のひとつとして認める者のことを意味するのである」[36]。

しかし、ローティの思想の政治的含意はまだ十分には明らかでなかった。そのため、保守派からも左翼からも格好の標的にされた。保守派は彼を「シニカルでニヒリスティック」であると責めた。左翼は、体制側のブルジョワ・リベラル個人主義を擁護しているにすぎないと感じた。米国と骨がらみの人種差別、性差別、大量消費文化、暴力をとりつくろい、きれいごとを並べているだけだと。一九九〇年代になると、ローティはより単刀直入に政治的見解を語るようになった。彼のいう「文化政治学」に取り組んだのである。彼がつよく共鳴したのは、親たちが支持していた、進歩的左翼の反共主義的な政治であった。『アメリカ・未完のプロジェクト——二〇世紀アメリカの左翼思想』では、みずからの政治信条が述べられ、「赤いおむつをはいた反共主義の赤ん坊」がいかにして「一〇代の冷戦リベラル」[37]になったかが説明されている。だが、ローティが保守主義や新保守主義に惹かれることはけっしてなかった。彼にとって、エマソン、ホイットマン、デューイは、進歩的でリベラルな民主的社会をうたう詩人であり預言者でありつづけた。新左翼の行き過ぎたふるまいには、これをたしなめる側にまわった。とりわけ、「リアル・ポリティクス」のたぐいをいっさい見下し、「リアル」な経済的不公平への具体的取り組みをさげすむ、文化左翼の悪しき遺産に苦言を呈した。しかしその一方で、フェミニズム運動や、ゲイ・レズビアンの解放運動といった政治文化をはぐくんだ点については、新左翼への賞賛を惜しまなかった。経済的不公平と不平等を何よりも重要課題とみなす改良主義の旧左翼と、新左翼の最良の遺産とを融和させるべきであると訴えた。「わたしたちはみな国に誇りをもつべきです。左翼の二つの陣営が成し遂げたことが、いつの日か歴史家によって高く評価される国に」[38]。米国の歴史の一部である暴力や悪が目に入らなかったわけではない。晩年の彼は、国の未来について悲観的な見方をくり返し吐露している[39]。それでも彼なりの愛国心と「根拠なき希望」を捨てることはなかった。寛容、個人の自由、社会的平等の要求という、米国のリベラルが伝統として掲げてきた理念が勝利するだろうという希望を。

ローティのヒューマニズム

「反動的な形而上学者の小さな一派」に属していた若き大学生が幻滅を味わい、哲学のうぬぼれを根本から批判するようになり、そしてついには、想像力と自己創造が支配する「リベラル・ユートピア」をえがく著名な知識人として物議を醸すにいたるまでの軌跡を、ここまで簡単にスケッチしてきた。それをふまえて、ローティのディープ・ヒューマニズムの意味を説明しよう。

メタ哲学の抽象的なトピックを論じるときも、白熱した議論の的である、真理、客観性、実在の本性をめぐる問題や、人権にかんする倫理的・政治的問題を論じるときも、さらには日常生活における宗教の役割を論じるときも、ローティの著作にはある主題が再三にわたり大きく登場している。〝われわれ自身、そして同じ人間以外に、頼れるものは存在しない〟という主題である。依るべき外部の権威などありはしない。たとえそれを神と見なそうとも、真理や実在と見なそうとも――。現代哲学のもっとも重要な論争は次の論争である、と彼はいう。

今日の哲学を見ていて思うのは、表象主義者――人間とは無関係に内的本質をもつ実在なるものがあり、人間にはそれを把握する義務があると信じる人びと――と、反表象主義者とのあいだに、きわめて大きな溝があるということだ。F・C・S・シラーは「プラグマティズムとは……実のところ、ヒューマニズムを知識の理論に応用したものにすぎない」と述べたが、これは正しい指摘だと思う。人間は、たがいに対してのみ責任を負うというヒューマニストの主張は、表象主義と実在論の放棄を意味する。シラーがいいたいのはそういうことだろう。(40)

「堅固な哲学的因習」を打ち砕くため、ローティはあえて挑発的にふるまった。ひどく否定的なニュアンスの言葉をつかい、論敵にそれをぶつけるのを楽しんでいるようだった。わたしの考える〝人間の共感と連帯〟は自文化中心主義だ、と彼はいう。味方のジェフリー・スタウトが、ローティのプラグマティズムはある種の「ナルシシズム」だと評すると、ローティは次のように切り返した。

スタウトはナルシシズムというが、わたしなら自分たちへの信頼というだろう。わたしの見るところ、プラグマティズムの核心は、〝われわれ人間はたがいに対してのみ説明責任を負う〟という主張につきる。われわれは、われわれに対して説明責任をはたす者にだけ、つまりは会話のパートナーにだけ説明責任を負うのである。原子や神に対して説明する義理はない。少なくとも、向こうがわれわれと会話をはじめるまでは。(41)

プリンストンでの教え子だったロバート・ブランダムが主著『明示化する』を発表すると、ローティは心からそれを歓迎した。理由はやはり彼のヒューマニズムにある。ブランダムが構築しているのは、自分のヒューマニズムのヴィジョンを裏づけてくれる討議的・社会的実践の理論である、とローティは解釈するのである。一八世紀以来、今日の分析哲学もふくめて、認識論と意味論の大部分は表象主義によって支配されてきた。ローティは、そうした表象主義をブランダムが徹底的に批判している点を高く買うのだ。しかし、さらに重要なことがある。語用論の説明力への大きな期待。人間の社会的実践のなかには、暗黙の規範がふくまれているという主張。コミットメント、資格付与、責任の強調。こうしたブランダムのテーマにローティは熱い支持をよせるのだ。彼の解釈では、議論での人のやりとりだけで概念的規範は説明できることをブランダムは示したのである。「人間の目的にとって好都合であること。それ以外に、語彙の使用を正当化する権威はない。人間以外のものに対して、われわれはいかなる義務も負っていない(42)」。

ローティがブランダムの新ヘーゲル主義的な企図を熱烈に支持し、ブランダムが教え子としてローティに感謝をささげる。この構図には皮肉な面もある(ローティのいう意味での「アイロニー」ではないが)。ブランダムのかかげる目標は体系的なものであり、現代の分析哲学で重要な、認識論や形而上学、意味論や語用論の多くの問題が入念に論じられる。その意味で、当てこすりとレトリックを駆使しながら体系的哲学や論証をにべもなく一蹴するローティよりも、体系志向の強いセラーズに、ブランダムははるかに近い。ローティとはちがって、哲学者には、真理と客観性にかんするプラグマティックな理論を全面的に展開する責任があると考えるのだ。一方のローティはといえば、『偶然性』でこう公言している。「論証で、しかじかの語彙を置き換えるべきだと訴えるつもりは毛頭ない。かわりに、自分が良いと思う語彙が多様なトピックの記述に応用できることを示して、その魅力を訴えようと思う」[43]。そしてこう付け加える。「テーゼの賛否両論を検討するだけの哲学は、面白かったためしがほとんどない」[44]。しかし、哲学的論証の意義を否定したにもかかわらず、ローティは最後まで洗練された論客でありつづけた。ハーバマス、デイヴィドソン、クワイン、マクダウェル、ウィリアムズ、パットナム、デネットをはじめとする、数々の論者への応答がそれを物語っている。

ローティのヒューマニズムへの疑問

率直にいって、筆者はローティのヒューマニズムにかんして態度を決めかねている。たしかに、おなじ人間をつねに気づかい、経済的不公平、辱め、いわれのない残虐行為に苦しむ人びとへの同情と共感を広げようと、たえず心を砕いてきたことは賞賛にあたいする。（概念的、道徳的、政治的な）規範の役割は社会的実践に訴えることで過不足なく説明できるという、彼やブランダム、古典的プラグマティストの意見にも異論はない。哲学がアカデミックになり、職業化がすすみ、専門的になるにしたがって、人間の日常的な関心からますます遠ざかり、それとは無関係になりつつあるというローティの懸念もよくわかる。また、ジェファソン、エマソン、ホイットマン、デューイに代表される、根源的民主主義というアメリカの最良の伝統を守り、成長させようとする彼の試みも立派だと思う。

ローティの英雄の一人、ウィリアム・ジェイムズは、哲学者のヴィジョンの重要性を高らかに説いた。曰く、「人のヴィジョンは、その人物にかんする重要な事実にほかならない」。

哲学の歴史全体を見渡すと、どの体系も、いくつかの主要なタイプに帰着することがわかる。これらのタイプは、人間の巧みな知性によって専門用語の衣を着せられてはいるが、実はその一つひとつがヴィジョンであり、人生の意味のとらえ方、生きることの意義の受けとめ方なのである。それは各人の性格や経験全体をとおして否応なしに身についたものであり、たいがいは、他よりも役に立つ考え方ということで採用された——としか言いようのない——ものなのだ。(45)

こうした見方はローティも同じであり、実際そう語ってもいる。表象、真理、客観性、実在への執着を哲学者が捨て去る日、人びとの会話が掛け値なしに変わる日、想像力と自己創造が花ひらく日を、彼は夢みた。デューイのえがく理想の民主主義的文化を「もはや客観的認識という理想ではなく、美的向上という理想によって支配される文化(46)」としてとらえ、その実現に近づくことを願いつづけた。「プラトニズム」に幻滅した若き日々から、「哲学は何の役にたつのか?」という問いは彼の頭を離れることがなかった。納得のいく答えはないのではないか、と絶望したこともあった。それでも、「文化政治学としての哲学」(これは彼の最後の論文集のタイトルでもある)は、人びとに幸福をもたらし、リベラル・ユートピアへの希望を鼓舞する一助になるかもしれない、と考えるようになったのである。

「君とローティのいちばんの違いは何なのか?」そう問われつづけて久しい。わたしは決まってこう答えている。哲学者としてのわたしの歩みは、デューイによる確実性の追求批判と、哲学の再構築の要求は正しいという確信のもとにはじまった、と。わたしには、ローティが経験したような幻滅を感じたことはない。表象主義や伝統的な認識論、基礎づけ主義を繰り返し批判しなければならないと考えたこともない。デューイが示唆したように、哲学の再構築こそが重要だと思っていた。わたしにとってプラトンは、ローティの戯画にあるような「プラトニスト」ではなく、のちに彼が支持するようになった対話——つねに途上にあって終わることのない対話——の偉大な擁護者であった。ローティは「躓きし神」症候群に冒されていたのだろう。[*4] はじめて哲学に夢中になったころの彼は、プラトンが線分の比喩で語ったような、「仮設のさらに上方」にある、知徳一如の領域にまでのぼりつめることができると本気で思っていた。分析哲学に転じてからも、最初のころは、正しい哲学者のあり方をようやく見つけたと半ば信じていた。彼が幻滅を完全に克服したとは思わない。じっさい彼は、哲学的治療者の役割を演じるか、それとも予言者の役割を演じるかで揺れつづけた。(47)

幻滅の代償は小さくなかった。哲学の論証を信頼することをやめたばかりか、それを耐えがたく感じるようになってしまったのだ。ローティが賞賛を惜しまない哲学者、たとえばセラーズ、デイヴィドソン、ブランダム、ハーバマスを思い起こしてほしい。彼らの見解には大きな幅があるが、それぞれの立場を打ち出す手際の美しさ、巧みさ、きめ細かさ、一言でいえば哲学的論証の精緻さにはきわだったものがある。ところが『哲学と自然の鏡』を上梓したあとのローティは、周到な論証というものに我慢できなくなったのである。そうはいっても、どれだけ想像力にあふれた「再記述」であろうと、それだけで十分なはずがない。ローティがリベラルな民主主義の讃歌をうたい、愛国心の重要性を肯定するときでさえ、真摯な社会改革家というよりも、大統領候補つきのスピーチライターのように聞こえてしまう危険があるのだ。実践面に留意することにかけては人後に落ちないと自認するプラグマティストから見れば、ローティは、彼の目標や希望を実現する手だてについて、何もはっきりとしたことは述べていないのである。(48) また、哲学の伝統的な二分法や区別に疑問を呈しているにもかかわらず、彼が導入する安直な区別——体系的と啓発的、公共的と私的、論証と再記述、発見と制作——は、ともすれば問題を解明するよりも曖昧にするものでしかない。ローティには、真理や客観性、「物事の正しい理解」について哲学的に正しい語りかたがあると考える人を、まるで偶像崇拝——外部の権威への拝跪――の「罪」を着せるかのように非難することもあった。しかし、こうした異議申し立ては度が過ぎているというしかない。哲学者がかつての悪弊にふたたび染まるのを恐れるあまり、ジェフリー・スタウトのいう「ナルシシズムに陥らないプラグマティズムの三大要件」を、彼はあっさり放棄してしまったのだ。「(一)わたしたち探究者は物事を正しく理解することに関心がある。(二)この関心を理解するには、それがどのような社会的実践の文脈で示されたものかを考慮する必要がある。(三)まがい物の説明でしかない〝実在との対応〟という考え方と、その関心が結びついていると考える必要はない」[49]という三つの要件を。

晩年の論文でローティは、「プロ」の哲学者のなかに深く根をおろした「分析系と大陸系」という区別の問題に立ち返っている。そして、この区別がお粗末で誤解を招きやすいと感じた彼は、「分析系と会話系」という区別にとって替えることを提案する。

今日、哲学の教授たちのなかには、彼らを二分するきわだった対立がある。その対立は、「分析系と大陸系」ではなく「分析系と会話系」という区分で特徴づけるのがいいだろう。この対立を、〝真理と理性を愛する人びと〟と〝劇的な効果やレトリックの勝利を好む人びと〟との対立であるとか、〝想像力の欠けたうすのろ連中〟と〝自由な精神の持ち主〟との対立のように考える誘惑から、自分の身を守る一助になるかもしれないからだ。むしろそれは、人間のおかれた状況についての、二つのまったく異なる考え方の対立と見るべきである。……哲学は数学のごとき学たりうる。人間のこれまでの生き方をただ要約するのではなく、人間の生活の構造的特徴にやどる真理を、決定的なかたちで論証してみせるのが哲学である――。こうしたプラトン的な考えを抱くカントに、ヘーゲルは異を唱えた。以来、今日にいたるまで、くだんの対立はますます深刻の度をましていったのである。[50]

ローティはみずからを「会話系」の哲学者として位置づける。「袋小路を打開し、会話がより実り豊かなものになることを願いながら」「言葉づかいを変える」よう提案し、「新たな言葉を流布させる」[51]、文化政治学にとりくむ哲学者である。プラグマティズムの主題がさまざまな国で精力的に論じられている今日の状況は、ローティの挑発的戦略に負うところが大きい。同世代のだれよりも、彼は哲学者(ならびに哲学者以外の人びと)にプラグマティズムを真剣に受け止めさせたのである。『哲学と自然の鏡』が次の言葉で締めくくられていたことを思い出そう。「哲学者の道徳的関心は、西欧の会話の継続に向けられるべき」である。「わたしが言いたいのはそれだけだ」[52]。過去半世紀の哲学者のなかで、ローティほど人びとの会話をはずませた論客はいない。どれほど手厳しく批判する人でも、それは認めるはずである。

訳者あとがき

本書はRichard J. Bernstein, *The Pragmatic Turn* (Polity Press, 2010)の全訳である。著者の仕事にはすでにいくつも邦訳があるので、人物についてあらためて紹介する必要はないと思う。哲学教師として、ヨーロッパの思想家とのよき対話者として、そしてプラグマティズムの再評価を担ってきた中心人物のひとりとして、著者の活躍ぶりはすでにおなじみのはずだ。その健筆ぶりは衰えを知らず、本書の刊行後も三点の著書が発表されている(*Violence: Thinking without Banisters*, Polity Press, 2013; *Pragmatic Encounters*, Routledge, 2015; *Ironic Life*, Polity Press, 2016)。また、本書を承けて、主として若手の論者による批判的検討と著者による応答を収めた論集も編まれている(Judith M. Green ed., *Richard J. Bernstein and the Pragmatist Turn in Contemporary Philosophy*, Palgrave Macmillan, 2014)。

「プロローグ」でも注意をうながしているように、著者はプラグマティズムに本質的な核があるとは考えない。「プラグマティズム」はアコーディオンのような言葉であり、大雑把にパースやジェイムズやデューイらに始まる哲学上の運動を指すこともあれば、パースの意味の理論を指すこともある。そもそも彼らが「プラグマティスト」と呼ばれるようになったこと自体が歴史の偶然でしかない。したがって、著者がいままで「プラグマティスト」を自認したこともない。あるのはただ、自分がプラグマティズムの思想家たちの関心に触発され、影響をうけたという事実だけだ――そうバーンスタインは語っている。では、著者を惹きつけたその関心とは何か。右に挙げた二〇一五年の本で、彼はそれをつぎのように整理している。

(1)反基礎づけ主義とデカルト主義批判
(2)可謬主義
(3)探究者の共同体、および実践の社会性
(4)多元主義と偶然性
(5)行為主体の視点、および理論と実践の連続性
(6)生き方としての民主主義

著者が「プラグマティズムのエートス」の特徴とも呼ぶこうした関心は、本書を貫く主題でもある。前半の四つの章では、振幅の大きな古典的プラグマティストの思想から上述の主題を抽出するとともに、彼らに対するヘーゲルの影響が吟味される。後半の五つの章では、これらの主題が現代の議論のなかでどう生きているか、またどう生かされるべきかが、パットナムやハーバマス、ローティの議論を素材に検討される。しかし、アングロサクソンの哲学を論じ、大陸系の哲学について語るからといって、両者を架橋しようなどという意図はないとバーンスタインはいう。「大学院生のとき以来、自分にとっては良い哲学と悪い哲学があるにすぎない」(*European Journal of Pragmatism and American Philosophy*, VI-1, p. 139, 2014)のだと。

では、その良し悪しを分けるものとは何なのだろうか。著者のその判断の背景には、哲学にかんす

る基本的な問題意識、「狭い専門的な問題だけを論じるのではなく、人間の幅広い文化と経験」に哲学は向き合うべきだという意識が控えているようだ。いまわたしたちが抱える、倫理的、社会的、文化的問題――デューイのいう「人間の問題」――への取り組みを哲学は忘れてはならないという、使命感にも似た思いである。著者がヒラリー・パットナムやフィリップ・キッチャーの仕事を高く評価するのも、テクニカルな問題を扱う卓越した技量だけでなく、そうした視野の広さが彼らにあると認めるからなのだ。

いわば新旧のプラグマティストとの対話という体裁で編まれた本書は、著者自身がプラグマティズムの歴史を綴ったものではないと断りながらも、〝プラグマティズムの衰亡と分析哲学の台頭〟という従来の「物語」を刷新し、米国の哲学について「より精妙で入り組んだ」物語を語る流れに棹さすものとなっている。大戦後の米国の哲学を支配する雰囲気について、リチャード・ローティはかつてこう述べた。「一九四五年頃の米国の哲学者たちは、良かれ悪しかれ、デューイに――ということはつまりプラグマティズムに――飽き飽きしていた。プラグマティズムこそ米国の民主主義の哲学であり、デューイこそ今世紀の米国がほこる偉大な知識人である等々と聞かされることに嫌気が差していたのだ。新しい何か、哲学者として没頭できる何かを彼らは欲しがった。ヒトラーの台頭をはじめとするさまざまな歴史的偶然によって、そこに現れたのが論理的経験主義、すなわちいま〝分析哲学〟と呼ばれるものの初期の形だった」(H. J. Saatkamp Jr. ed., *Rorty and Pragmatism*, Vanderbilt University Press, 1995, p. 70)。こうした知的雰囲気がどのような経緯で醸成されたにせよ、何かが別の何かに取って代わられたという単純な図式で歴史をとらえることは、著者もいうように粗雑の誹りをまぬかれない状況になっているようだ。たとえば、古典的プラグマティストとヨーロッパの学者との関係に新たな光を投じたものとして、本書の注でも言及されているラッセル・B・グッドマンの研究(『ウィトゲンシュタインとウィリアム・ジェイムズ』岩波書店、二〇一七年)がある。二〇一三年にはウィーン大学で「論理実証主義とプラグマティズム」をテーマとする国際会議が開催され、その成果がVienna Circle Institute Yearbookの一冊として二〇一七年に刊行されている。ジョージ・A・ライシュの『冷戦はいかに科学哲学を変容させたか』(ケンブリッジ大学出版局、二〇〇五年)は、デューイのいう「人間の問題」から米国の哲学者の関心がそれていった経緯について、ひとつの解釈を与えるものとして読むことができるだろう。歴史物語の旧套を脱して、新たな視線で先人の思索と向き合い、それを契機に読者が「会話」を始めること——そこにこそ著者の願いはあるにちがいない。

翻訳は、四章までを廣瀬、五章からあとを佐藤が担当し、全体の調整には廣瀬があたった。既訳の文献も参照させていただいたが、訳出にあたり多少手を加えたことをお断りしておく。作業の過程では、多くの方たちのご協力をたまわった。質問にお答えいただいた著者のバーンスタインさん。訳者たちの共同作業をお膳立てしてくれた直江清隆さん。つたない訳稿を読んで意見を寄せてくれた長滝祥司さんと村上佳子さん。遅々として作業が進まぬうち、日暮れて道に迷い、滑落寸前だった訳者たちを稜線まで引き上げてくれた岩波書店の押田連さん。これらの方々のお力がなければ、本書はなかった。

二〇一七年九月

訳者記す

リチャード・J.バーンスタイン

1932年生．ニュースクール・フォー・ソーシャル・リサーチ教授．著書多数，邦訳に『科学・解釈学・実践』(全2冊)『手すりなき思考――現代思想の倫理－政治的地平』『根源悪の系譜――カントからアーレントまで』など．

廣瀬 覚

仙台市医師会看護専門学校非常勤講師．訳書に『1冊でわかる科学哲学』，共訳書に『哲学の道具箱』『倫理学の道具箱』．

佐藤 駿

東北大学大学院文学研究科助教．著書に『フッサールにおける超越論的現象学と世界経験の哲学――『論理学研究』から『イデーン』まで』．

哲学のプラグマティズム的転回
リチャード・J.バーンスタイン

2017年10月26日　第1刷発行

訳　者　廣《ひろ》瀬《せ》 覚《さとる》　佐《さ》藤《とう》 駿《しゅん》

発行者　岡本 厚

発行所　株式会社 岩波書店
〒101-8002 東京都千代田区一ツ橋2-5-5
電話案内 03-5210-4000
http://www.iwanami.co.jp/

印刷・三秀舎　製本・松岳社

ISBN 978-4-00-024057-4　Printed in Japan

事項索引

＊本文のみを対象とし，訳注・原注は含めない。
＊関連する議論の標題としてまとめた項目もある。

ア　行

アイデンティティの政治学　→ 政治
アイロニー(irony)　314, 316, 320
厚い倫理的概念・薄い倫理的概念 (thick/thin ethical concepts) 239-41
意識(consciousness)
　——と言語論的転回(the linguistic turn)　227, 228, 258, 259
　——と根本的経験論(radical empiricism)　87, 209-12
　——と第二性(Secondness)　199-201
一元論的観念論　→ 観念論
意味論(semantics)　181, 182, 202, 203
　推論主義的——(inferential)　23, 157, 181, 182
　表象主義的——(representationalist) 147
因果(causality)
　——的限定(causal determination) 31, 60, 205
　——的制約(causal constraint)　72, 75
ウィーン学団(Vienna Circle)　17
薄い倫理的概念　→ 厚い倫理的概念
英米系の哲学・哲学者(Anglo-American philosophy/philosophers)　ix, xi, 144, 158
オプティミズム(optimism)　92

カ　行

懐疑主義(skepticism)
　認識論的／認識論上の——(epistemological)　27, 54
　倫理的——(ethical)　250-3
解釈学(hermeneutics)　41
　——的循環(hermeneutic circle) 248
　——と言語論的転回(the linguistic turn)　227
　存在論的——(ontological)　191
概念(concept)
　——的限定(conceptual determination) 60
　——分析(conceptual analysis)　38, 307, 308
概念を用いた実践(discursive practices) 23, 157, 180-4
外部との衝突(Outward Clash)　69, 74, 75
科学(science)
　——至上主義(scientism)　12, 33, 214, 243
　——的客観性　→ 客観性
　——と認知的価値(cognitive values) 237-9
価値(values)

事実と——の二分法(fact/value dichotomy)　232-43
政治的——(political)　239-43
認識論的——(epistemological)　237, 239
認知的——(cognitive)　237-9
倫理的——(ethical)　239-43, 295-7
可謬主義・可謬主義者(fallibilism/fallibilists)　44, 54, 147, 148, 170, 214, 259, 268, 286, 287
還元主義(reductionism)　31, 38, 154
——的自然主義　→ 自然主義
——的唯物論　→ 唯物論
関心(care, Sorge)　29
観念論(idealism)
一元論的——(monistic)　88, 143
言語論的——(linguistic)　72, 182, 203, 206, 229, 272
絶対的——(absolute)　87, 92, 136, 140, 143, 259
超越論的——(transcendental)　259
ドイツ——(German)　9, 86, 87, 135, 142
ヘーゲルの——(Hegelian)　69, 135, 136, 152
記号(signs)
——と言語論的転回(the linguistic turn)　58, 228, 258, 259
——と思考(thoughts)　26, 28, 65-9
——と推論過程(inferential processes)　58
——と第三性(Thirdness)　201, 202, 205
記号論(semiotics/semeiotics)　65-9
気質の衝突(clash of temperaments)　161-3, 165, 188
基礎づけ主義(foundationalism)　x, 28, 39, 42, 50, 69, 147, 206, 228, 322　「メタファー」の項目も参照
規範(norm)
——的語用論　→ 語用論
——的な正しさ(normative rightness)　261, 262, 270, 272, 292, 293
道徳——(moral)　270-2, 280-2, 293-300, 302
規約主義(conventionalism)　167, 174, 181, 182, 184, 187
客観主義(objectivism)　42, 166
客観性(objectivity)
——と概念を用いた実践(discursive practices)　180-6
——と共同体(community)　53, 54, 248, 249
——と実在(reality)　163-8, 174
——と社会的実践(social practice)　166, 167, 174, 184, 248
——と真理(truth)　→ 真理
——と探究(inquiry)　168-70
——と道徳規範(moral norms)　281-2
——と道徳的構成主義(moral constructivism)　280-2, 292-3
——と道徳的実在論(moral realism)　245-53
——とヒューマニズム(humanism)　320
——と連帯(solidarity)　166, 267, 313
——のプラグマティックな説明(pragmatic accounts of)　167-71, 181

科学的——(scientific)　245-7
ソフトな／ハードな——(soft/hard)　187
道徳的——(moral)　243-53
旧ソ連　→民主主義
教育(education)
——とプラグマティズム(pragmatism)　12
——と民主主義(democracy)　131
共同体主義　→民主主義
共和主義　→民主主義
経験(experience)
——と言語論的転回(the linguistic turn)　189-95, 227-9
——とダーウィン流の自然主義(Darwinian naturalism)　218, 219, 223, 224, 226
——の完成的局面(consummatory phase of)　222, 223
——の諸相(varieties of)　207-16
——の流れ(stream of)　208
——の美的側面(aesthetic phase of)　222, 223
——の三つのカテゴリー的側面(three categorical aspects of)　195-206　「現象学と経験のカテゴリー」も参照
——の野蛮な強制力(brute compulsion of experience)　74, 76-8, 91, 203, 205, 206, 291
ギリシャの——観(Greek conception of)　224, 225
純粋——(pure)　208-12
否定としての——(as negation)　204
ヘーゲルの——概念(Hegelian concept of)　217, 218
経験主義／経験論(empiricism)
——と観念・印象(ideas, impressions)　84
——と経験(experience)　208-12, 219-26
——と事実／価値の二分法(the fact-value dichotomy)　235
——と多元主義(pluralism)　82-91
根本的——(radical)　86, 87, 208-12
論理的——(logical)　17, 31, 306
経験的知識　→知識
形而上学クラブ(Metaphysical Club)　3, 8, 14, 36
形而上学的実在論　→実在論
決定論(determinism)　12, 214
言語(language)
——ゲーム(games)　75
——と経験(experience)　207, 215-7
——と言語論的転回(the linguistic turn)　227-9
——と事実の区別(language-fact distinction)　311
言語論的観念論　→観念論
言語論的転回(linguistic turn)　ix-xi, 17, 20, 30, 58, 130, 145, 189-92, 194, 195, 203, 206, 212, 213, 216, 227-9, 258, 260, 266, 307
——と経験(experience)　→経験
——とコミュニケーション(communication)　227, 228
——と主観性(subjectivity)　227, 228, 258
——と分析哲学(analytical philosophy)　145, 227
——と民主主義(democracy)　130,

131
——をはたすべき理由(reasons for making)189, 190
言語論的プラグマティズム(linguistic pragmatism) → プラグマティズム
現象学と経験のカテゴリー(phenomenology and categories of experience) 195-206
第一性(Firstness) 74, 141, 195, 197-200, 205, 207, 221
第二性(Secondness) 74-6, 141, 195, 197, 199-201, 205, 206, 229, 291, 301, 302
第三性(Thirdness) 74-7, 141, 148, 195, 196, 198, 201, 202, 204-7
言説理論(discourse theory) 191
見当違いの具体性の誤謬(fallacy of misplaced concreteness) 84
見物人の知識説(spectator theory of knowledge) x, 12, 28, 300
語彙(vocabularies) 192, 266, 268, 308, 314
行為者としての人間(human agency) 12
行為と討議(action and discourse) 275-80, 282-92
構成主義(constructivism) 280-2, 292-4
公民権運動(Civil Rights movement) 39
拷問(torture) 298
合理主義的プラグマティズム → プラグマティズム
心の表象説(representational theories of mind) 212
個人主義 → 民主主義
コミュニケーション行為(communicative action) 35, 65, 259, 260-2, 270, 293
語用論(pragmatics) 181, 203, 320
規範的——(normative) 23, 181
形式的——(formal) 260, 270, 274
根源的民主主義(radical democracy) 36, 39, 117-34, 321
——と言語論的転回(the linguistic turn) 228
根本的経験論 → 経験論

サ 行

事実と価値の二分法 → 価値
自然主義(naturalism)
——的形而上学(naturalistic metaphysics) 192
——とピッツバーグ・ヘーゲル派(the Pittsburgh Hegelians) 153-5
還元主義的——(reductive) 12, 33, 259
ダーウィン(流)の——(Darwinian) 193, 217, 223, 226
弱い——(weak) 259, 260
露骨な——(bald) 155
実験主義(experimentalism) 15, 16
実在と客観性 → 客観性
実在論(realism)
——的直観(realistic intuitions) 163, 186-8, 203, 206, 265, 267-9, 276, 280, 292, 293, 300
形而上学的——(metaphysical) 173, 242-4, 247
道徳的——(moral) 245-53, 292-5
認識論的——(epistemological) 259, 280-2, 300, 302
プラグマティックな——(pragmatic) 243, 244

実証主義・実証主義者(positivism/positivists)　40, 236, 237
論理——(logical)　17, 31, 189, 204, 233, 235, 306
実践(practices)　→ 社会(的実践), 概念を用いた実践
実存主義(existentialism)　1, 34, 40, 145, 256,
質的思想(qualitative thought)　36
事物的存在(presence-in-hand)　29
『思弁哲学雑誌』(Journal of Speculative Philosophy)　9, 24, 47, 135, 147
社会(society)
——ダーウィニズム(Social Darwinism)　127
——的協働　→ 民主主義
——的実践(social practices)　12, 23, 24, 157, 182, 258, 320, 321
「客観性」の項目も参照
——的正当化と真理(social justification and truth)　267-9
社会契約説　→ 民主主義
宗教(religion)
——的経験(religious experience)　11, 88, 207, 208, 213-5
——的不寛容(religious intolerance)　98
自由主義　→ リベラリズム
主観主義(subjectivism)　53
主観性　→ 言語論的転回
主観的個体主義(subjective individualism)　27
主知主義(intellectualism)　84, 142, 214
——的誤謬(intellectualist fallacy)　84
純粋経験　→ 経験
情態性(situatedness, Befindlichkeit)　29
情緒主義・情緒説(emotivism, emotive theory)　235, 236
所与の神話(Myth of the Given)　27, 28, 39, 58, 70-2, 74, 75, 77, 78, 147, 151, 199, 204-6, 311
新カント派(neo-Kantianism)　9, 212
新左翼　→ 政治
心身同一説(mind-body identity theory)　307, 308
新ヘーゲル主義(neo-Hegelianism)　266, 270, 293
真理(truth)
——と概念をもちいた実践(discursive practices)　183-5
——と規範的正しさ(normative rightness)　261, 262, 270, 272, 293
——と客観性(objectivity)　162-7, 187, 264, 265, 269, 272, 292, 293, 295, 297, 302, 320, 323
——と正当化(justification)　171-80, 187, 263-72, 288-91
——と正しさ(rightness)　274-80
——とヒューマニズム(humanism)　318, 320, 323, 324
——の「戒め」用法(cautionary use of)　168, 176, 267, 268, 288, 289
知るという営みに即した——の理解(epistemic conception of)　204, 263-6, 272, 276, 279
正当化を超えた——(justification-transcendent)　288-91
二つの顔をもつ——(Janus-faced concept of)　279, 280, 282-92

無制約的な――(unconditional)
288-91
推論(inference)
――主義的意味論(inferential semantics) → 意味論
――的知識 → 知識
――のプロセス／過程(inferential processes) 58, 62, 65, 169
スコラ哲学とデカルト主義(scholasticism and Cartesianism) 25, 26, 47, 59
正義(justice) 128, 145, 238, 251, 273, 297, 315, 316
政治(politics)
――的価値 → 価値
――哲学(political philosophy) 39
アイデンティティの――学(identity) 104
新左翼の――思想(New Left) 145, 317, 318
戦いとしての――(agonistic) 129
文化――学(cultural) 317, 322, 325
正当化と真理 → 真理
制約(constraint)
合理的――(rational) 72-4
野蛮な――(brute) 74, 75, 203, 204
世界改善説(meliorism) 92
世界内存在(being-in-the-world) x, 28, 29, 220
相互主観性(intersubjectivity) 35, 183, 184, 186, 187
相対主義(relativism) 33, 42, 79-82, 94, 181, 182, 185, 238, 240, 243, 268, 314
――と多元主義(pluralism) 244
悪しき――(bad) 166, 167, 174, 187
倫理的・文化的――(ethical/cultural) 240, 241
存在論(ontology)
――的解釈学(ontological hermeneutics) → 解釈学
――的二元論(ontological dualism) 27, 212

タ 行

第一性・第二性・第三性 → 現象学と経験のカテゴリー
大陸系の哲学・哲学者(Continental philosophy/philosophers) xi, 32, 38, 158, 159, 165, 231, 311, 324
多元主義(pluralism) 82-91, 142, 211
――と客観性(objectivity) 243-5
――と人種(race) 96-105
――と政治(politics) 95-7
――と相対主義(relativism) 79-82
――の倫理(ethics of) 92-5
正しさと真理 → 真理
脱構築(deconstruction) 43, 191
探究 → 客観性
探究者の共同体(community of inquirers) 53, 54, 170
知識(knowledge)
経験的――(empirical) 70, 73, 77, 205, 224
推論的――(inferential) 58, 59, 147
直観的――／認識(intuitive cognition) 58-62, 65, 69, 199
超越論的哲学(transcendental philosophy) 257-9, 274
直観(intuition)

——主義(intuitionism)　39, 58-65, 74, 142
——的知識　→ 知識
——的な自己意識(intuitive self-consciousness)　63-5
定言命法(categorical imperative)　297
ディープ・ヒューマニズム(deep humanism)　304, 318-25
デカルト主義(Cartesianism)　ix, x, 25-8, 47-69, 73, 78-82, 141
——へのプラグマティックな代案(pragmatic alternative to)　69-78
デカルト的不安(Cartesian Anxiety)　42
哲学史(history of philosophy)　38, 144
哲学における先入見(prejudices in philosophy)　x, 41, 48, 50, 54, 176, 203, 225
ドイツ観念論　→ 観念論
投企(projection, Entwurf)　29
討議理論(discourse theory)　270
討議倫理(discourse theory of ethics)　191, 271, 295
道具主義・道具的実験主義(instrumentalism/instrumental experimentalism)　11
道具的存在(readiness-to-hand)　29
統語論(syntax)　181, 202, 203
統制的理念としての真理と正当化(truth and justification with regulative ideals)　176-180
道徳(morality/morals)
——規範　→ 規範
——的客観性　→ 客観性
——的構成主義(moral constructivism)　→ 構成主義
——的実在論　→ 実在論
——的な正しさ(rightness)　270-5

ナ　行

内観の能力(introspection, power of)　26, 65
南北戦争(Civil War)　7, 8, 14
認識論(epistemology)　28, 33, 39, 52, 84, 86, 173, 192, 219, 231, 247, 260, 320, 322
——的懐疑論(epistemological skepticism)　→ 懐疑主義
——的価値　→ 価値
——的実在論(epistemological realism)　→ 実在論

ハ　行

パーソナリティ→ 民主主義
反事実的条件文(counterfactuals)　38, 175
ピッツバーグ・ヘーゲル派(Pittsburgh Hegelians)　148-59
批判的常識主義(critical commonsensism)　49, 50
ヒューマニズム　→ ディープ・ヒューマニズム
ヒュームの規則性説(Humean regularity theories)　206
表象主義(representationalism)　166, 173, 192, 316, 320, 322
——的な意味論　→ 意味論
表象と言語論的転回(representation and the linguistic turn)　227
複線的論証(multiform argumentation)　26, 55-7, 62

プラグマティズム(pragmatism)
　——とドイツ哲学(post-war German philosophy)　xi, 8, 9, 17, 33-6, 135, 142, 147
　——の起源と意味(origin and meaning of)　1-7
　——の根本指針(pragmatic maxim)　4, 52, 67, 68, 77
　言語論的——(linguistic)　229
　合理主義的——(rationalist)　157
プラグマティックな実在論　→実在論
フランクフルト学派(Frankfurt School)　40, 145
プルマン・ストライキ(Pullman strike)　127
フレームワークの神話(myth of the framework)　81, 82
文化政治学　→政治
分析系のイデオロギー(analytical ideology)　37
分析的・総合的の区別(analytic-synthetic distinction)　38, 234, 235
分析哲学／哲学者(analytical philosophy/philosophers)　ix-xi, 17, 18, 20, 22, 32, 33, 37-40, 135, 144, 145, 158, 159, 202, 206, 213, 216, 227, 292, 293, 304, 306, 307, 310, 311, 314, 320, 323
　——と言語論的転回(the linguistic turn)　ix, xi, 17, 227, 307-10
　——への疑念(doubts about)　310-4
文脈主義(contextualism)　266, 268, 270, 272, 282, 293
米西戦争(Spanish-American war (1898))　95
ヘーゲルの観念論　→観念論
ヘーゲル＝マルクス主義的伝統(Hegelian-Marxist tradition)　40
ペシミズム(pessimism)　92
ベトナム反戦運動(anti-Vietnam War movement)　39
方法知(know-how)　12, 23, 28, 29, 182
保証つきの主張可能性(warranted assertibility)　168
ポスト構造主義(poststructuralism)　212, 227
ポストモダニズム(postmodernism)　42
『ポピュラー・サイエンス・マンスリー』(Popular Science Monthly)　47

マ　行

マルクス主義(Marxism)　34, 39, 40, 145, 255
民主主義(democracy)／民主政治(democratic politics)
　——とインテリ層(intelligentsia)　113, 114
　——と貴族政治(aristocracy)　112, 113
　——と旧ソ連((former) Soviet Union)　108, 119, 120
　——と共同体主義(communitarianism)　123-6
　——と共和主義(republicanism)　36, 130
　——と個人主義(individualism)　113
　——と社会契約説(Social Contract theory)　109, 110
　——と社会的協働(social cooperation)

130-2
——と絶対主義(absolutism)　120
——と知性・知的行為(intelligence/intelligent action)　129, 130, 247
——とパーソナリティ(personality)　113, 116
——とモラリズム(moralism)　117
——とリベラリズム(liberalism)　123-6
——と倫理的共同体(ethical communities)　248, 249
——の認識論的正当化(epistemological justification of)　247
——の倫理(ethics of)　109-14
根源的——　→根源的民主主義
創造的——(creative)　x, 115, 134, 223
討議——(deliberative)　129, 248, 251
民主政治における対立(conflict in democratic politics)　126-30
民主政治のエートス(democratic ethos)　41, 112, 117 120, 131, 133
民主的リアリズム(democratic realism)　113, 114
命題知(knowing-that)　29, 182
メタファー(metaphor)
基礎(づけ)の——(foundation)　55, 56
鎖の——(chain)　55-7
モラリズム　→民主主義

ヤ・ラ・ワ　行

野蛮な制約　→制約
唯物論(materialism)
還元主義的——(reductive)　214, 259
消去主義的——(eliminative)　308
唯名論(nominalism)　31
善き生の理論(good life theories)　273

リベラリズム・自由主義(liberalism)　117, 314
「民主主義」の項目も参照
倫理(ethics)
——的価値(ethical values)　→価値
——的共同体　→民主主義
——の討議理論　→討議理論
多元主義の——　→多元主義
民主主義の——　→民主主義
歴史主義(historicism)　33, 192, 193, 217, 223
新——(new)　192
連帯(solidarity)　316, 319
「客観性」の項目も参照
論理(logic)
——経験主義　→経験主義
——実証主義　→実証主義
——的限定(logical determination)　31, 205

我・汝社会性(I-thou-sociality)　180, 183, 184
我・我々社会性(I-we-sociality)　180, 183, 184

人名索引

＊本文のみを対象とし，訳注・原注は含めない。
＊人物と関連して話題が継続している場合には，当の人物の名前が現れないページもまとめて示した場合がある。

ア　行

アガシー(Agassiz, L.)　214
アダムズ(Addams, J.)　127, 133
アドルノ(Adorno, T.)　42, 145, 297
アーペル(Apel, K.-O.)　xi, 33, 34, 165, 171, 175, 176, 178, 239, 255, 257
アリストテレス(Aristotle)　153-5, 173, 195, 224, 252, 305
アーレント(Arendt, H.)　40-1
ウィトゲンシュタイン(Wittgenstein, L.)　x, 17, 20, 21, 23, 24, 28-33, 58, 65, 75, 81, 88, 151-3, 157, 165, 191, 202, 204, 205, 216, 227, 265, 266, 312
ウィリアムズ(Williams, B.)　239-42, 321
ウェストブルック(Westbrook, R. B.)　114, 127, 223
ヴェルマー(Wellmer, A.)　xi, 164, 165, 171-3, 176-80, 183, 184
ウェンデル・ホウムズ(Wendell Holmes, O. Jr.)　14, 37
ヴラストス(Vlastos, G.)　309
エマソン(Emerson, R. W.)　133, 317, 321
オクレント(Okrent, M.)　30
オースティン(Austin, J. L.)　17, 191

カ　行

ガーダマー(Gadamer, H.-G.)　41, 42, 48, 191, 204, 227, 310, 311
ガリー(Gallie, W. B.)　66
ガリレオ(Galileo)　246
カルナップ(Carnap, R.)　16, 21, 191, 233, 305
カレン(Kallen, H.)　97-102
カント(Kant, I.)　8, 10, 21, 37, 63, 76, 77, 86, 135, 140, 147, 148, 155, 156, 159, 195, 243, 256-60, 270, 272-4, 294, 302
グッドマン(Goodman, N.)　305
グラムシ(Gramsci, A.)　145
グリーン(Green, T. H.)　87, 135
クワイン(Quine, W. V. O.)　x, xi, 18-21, 91, 149, 165, 191, 213, 234, 311, 321
ケプラー(Kepler, J.)　246
コペルニクス(Copernicus, N.)　246
ゴーリキー(Gorky, M.)　133

サ　行

サッダーム・フセイン(Saddam Hussein)　288, 289
サルトル(Sartre, J.-P.)　310, 311
サンタヤーナ(Santayana, G.)　98, 192

タ　行

ナ・ハ　行

マ　行

ヤ・ラ・ワ　行

参考文献

Aboulafia, M. (ed.) (1991) *Philosophy, Social Theory and the Thought of George Herbert Mead.* SUNY Press, Albany.

Alexander, T. (1987) *John Dewey's Theory of Art, Experience, and Nature: The Horizons of Feeling.* SUNY Press, Albany.

Apel, K.-O. (1981) *Charles S. Peirce: From Pragmatism to Pragmaticism,* trans. J. M. Krois. University of Massachusetts Press, Amherst.

Bergmann, G. (1953) Logical Positivism, Language, and the Reconstruction of Metaphysics. Repr. in Rorty (ed.) 1967, pp. 63–71.

——— (1964) *Logic and Reality.* University of Wisconsin Press, Madison.

Bernstein, R. J. (1959) Knowledge, Value, Freedom. In C. W. Hendel (ed.), *John Dewey and the Experimental Spirit in Philosophy,* pp. 63–92. Liberal Arts Press, New York.

——— (1961) John Dewey's Metaphysics of Experience. *Journal of Philosophy* 58, pp. 5–14.

——— (1964a) Four Witnesses to a Mississippi Summer: The Educator. *The Nation* 28 (December).

——— (1964b) Peirce's Theory of Perception. In E. C. Moore and R. Robin (eds), *Studies in the Philosophy of Charles Sanders Peirce: Second Series,* pp. 165–84. University of Massachusetts Press, Amherst.

——— (1965) Action, Conduct, and Self-control. In Bernstein (ed.) 1965, pp. 66–91.

——— (1966a) *John Dewey.* Washington Square Press, New York.

——— (1966b) Sellars' Vision of Man-in-the-universe. *Review of Metaphysics* 20/1, pp. 113–43; and 20/2, pp. 290–316.

——— (1971) *Praxis and Action.* University of Pennsylvania Press, Philadelphia.

——— (1976) *The Restructuring of Social and Political Theory.* Harcourt, Brace, Jovanovich, New York.

——— (1977) Hannah Arendt: The Ambiguities of Theory and Practice. In T. Ball (ed.), *Political Theory and Praxis: New Perspectives,* pp. 141–58. University of Minnesota Press, Minneapolis.

——— (1980) Philosophy and the Conversation of Mankind. *Review of Metaphysics* 33/4, pp. 725-75.
——— (1981) Introduction to Apel 1981.
——— (1983) *Beyond Objectivism and Relativism: Science, Hermeneutics, and Praxis.* University of Pennsylvania Press, Philadelphia. 丸山高司ほか訳『科学・解釈学・実践』全 2 冊，岩波書店，1990 年.
——— (1987) One Step Forward, Two Steps Backward: Rorty on Liberal Democracy and Philosophy. *Political Theory* 15/4, pp. 538-63.
——— (1991) *The New Constellation: The Ethical-Political Horizons of Modernity/ Postmodernity.* Polity, Cambridge. 谷徹・谷優訳『手すりなき思考』産業図書，1997 年.
——— (1995a) American Pragmatism: The Conflict of Narratives. In H. J. Saatkamp, Jr (ed.), *Rorty and Pragmatism,* pp. 54-67. Vanderbilt University Press, Nashville, Tenn.
——— (1995b) Whatever Happened to Naturalism? *Proceedings and Addresses of the American Philosophical Association* 69/2, pp. 57-76.
——— (1996) The Retrieval of the Democratic Ethos. *Cardoza Law Review* 17/4-5, pp. 1127-46.
——— (2003) Rorty's Inspirational Liberalism. In C. Guignon and D. R. Hiley (eds), *Richard Rorty,* pp. 124-38. Cambridge University Press, Cambridge.
——— (2005) *The Abuse of Evil: The Corruption of Politics and Religion since 9/11.* Polity, Cambridge.
——— (2006a) Derrida: The Aporia of Forgiveness? *Constellations* 13/3, pp. 394-406.
——— (2006b) *The Pragmatic Century: Conversations with Richard J. Bernstein,* ed. S. G. Davaney and W. G. Frisina. SUNY Press, Albany.
——— (2007) The Romance of Philosophy. John Dewey Lecture. *Proceedings and Addresses of the American Philosophical Association* 81/2, pp. 107-19.
——— (ed.) (1960) *John Dewey: On Experience, Nature, and Freedom.* Liberal Arts Press, New York.
——— (ed.) (1965) *Perspectives on Peirce.* Yale University Press, New Haven. 岡田雅勝訳『パースの世界』木鐸社，1978 年.
Bradley, F. C. (1968) *Essays on Truth and Reality.* Clarendon Press, Oxford.
Brandom, R. (1994) *Making It Explicit.* Harvard University Press, Cambridge, Mass.
——— (1997a) Replies. *Philosophy and Phenomenological Research* 57, pp. 189-204.
——— (1997b) Study Guide to Sellars 1997.
——— (2000a) *Articulating Reasons: An Introduction to Inferentialism.* Harvard University Press, Cambridge, Mass. 斎藤浩文訳『推論主義序説』春秋社，2016 年.

——— (2000b) Facts, Norms, and Normative Facts: A Reply to Habermas. *European Journal of Philosophy* 8/3, pp. 356–74.
——— (2000c) Vocabularies of Pragmatism: Synthesizing Naturalism and Historicism. In Brandom (ed.) 2000, pp. 156–83.
——— (2002a) Pragmatics and Pragmatism. In J. Conant and U. M. Zeglen (eds), *Hilary Putnam: Pragmatism and Realism*, pp. 40–59. Routledge, New York.
——— (2002b) *Tales of the Mighty Dead: Historical Essays in the Metaphysics of Intentionality*. Harvard University Press, Cambridge, Mass.
——— (ed.) (2000) *Rorty and his Critics*. Blackwell, Oxford.
Burke, K. (1941) *The Philosophy of Literary Form: Studies in Symbolic Action*. Louisiana State University Press, Baton Rouge. 森常治訳『文学形式の哲学』国文社, 1983 年.
Canning, K. (1994) Feminist History after the Linguistic Turn: Historicising Discourse and Experience. *Signs* 19/2, pp. 368–404.
Cohen, M. (1992) Rooted Cosmopolitanism: Thoughts on the Left, Nationalism, and Multiculturalism. *Dissent* 39/4, pp. 478–83.
Conant, J. (1997) The James/Royce Dispute and the Development of James's Solution. In R. A. Putnam (ed.), *The Cambridge Companion to William James*, pp. 186–213. Cambridge University Press, Cambridge.
Cooke, M. (2003) The Weakness of Strong Intersubjectivism: Habermas's Conception of Justice. *European Journal of Political Theory* 2/3, pp. 281–305.
Davidson, D. (1986) A Coherence Theory of Truth and Knowledge. Repr. in Lepore (ed.) 1986, pp. 307–19.「真理と知識の斉合説」, 清塚邦彦ほか訳『主観的, 間主観的, 客観的』(春秋社, 2007 年)所収.
——— (2000) Truth Rehabilitated. In Brandom (ed.), 2000, pp. 65–73.「真理の復権」, 柏端達也ほか訳『真理・言語・歴史』(春秋社, 2010 年)所収.
Descartes, R. (1979) *The Philosophical Works of Descartes*, ed. E. Haldane and G. R. T. Ross, 2 vols. Cambridge University Press, Cambridge. 三宅徳嘉ほか訳『デカルト著作集』全 4 巻, 白水社, 2001 年.
Dewey, J. (1927) *The Public and Its Problems*. Henry Holt and Co., New York. 阿部齊訳『公衆とその諸問題』ちくま学芸文庫, 2014 年.
——— (1969–90) *The Collected Works of John Dewey 1882–1953* (*Early Works, Middle Works, and Later Works*). Southern Illinois University Press, Carbondale.
——— (1960) *On Experience, Nature, and Freedom*, ed. R. J. Bernstein. Liberal Arts Press, New York.
——— (1981) *The Philosophy of John Dewey*, ed. J. J. McDermott. University of Chicago Press, Chicago.

——— (1998) *The Essential Dewey*, vols 1 & 2. Indiana University Press, Bloomington.
——— (2007) *Essays in Experimental Logic*, ed. D. C. Hester and R. B. Talisse. Southern Illinois University Press, Carbondale.
Dickstein, M. (ed.) (1988) *The Revival of Pragmatism: New Essays in Social Thought, Law, and Culture*. Duke University Press, Raleigh, NC.
Dreyfus, H. L. (1991) *Being-in-the-World: A Commentary on Heidegger's* Being and Time, *Division I*. MIT Press, Cambridge, Mass. 門脇俊介監訳『世界内存在』産業図書，2000 年.
Edie, J. (1987) *William James and Phenomenology*. Indiana University Press, Bloomington.
Feigl, H. and Sellars, W. (eds) (1949) *Readings in Philosophical Analysis*. Appleton-Century-Crofts, New York.
Fine, A. (2007) Relativism, Pragmatism, and the Practice of Science. In Misak (ed.) 2007, pp. 50–67.
Fodor, J. (1994) Concepts: A Potboiler. *Cognition* 50, pp. 95–113.
Fultner, B. (2003) Introduction to Habermas 2003.
Gadamer, H.-G. (1989) *Truth and Method*, trans. J. Weinsheimer and D. G. Marshall, 2nd rev. edn. Crossroad, New York. 轡田収ほか訳『真理と方法』全 3 冊，法政大学出版局，1986–2012 年.
Gallie, W. B. (1952) *Peirce and Pragmatism*. Penguin, New York.
Glaude, Jr., E. S. (2007) *In a Shade of Blue: Pragmatism and the Politics of Black America*. University of Chicago Press, Chicago.
Goodman, R. G. (2002) *Wittgenstein and William James*. Cambridge University Press, Cambridge. 嘉指信雄ほか訳『ウィトゲンシュタインとウィリアム・ジェイムズ』岩波書店，2017 年.
Gross, N. (2008) *Richard Rorty: The Making of an American Philosopher*. University of Chicago Press, Chicago.
Habermas, J. (1971) *Knowledge and Human Interests*. Beacon Press, Cambridge, Mass. 奥山次良ほか訳『認識と関心』未來社，2001 年.
——— (1973) Wahrheitstheorien. In H. Fahrenbach (ed.), *Wirklichkeit und Reflexion: Walter Schulz zum 60. Geburtstag*, pp. 211–65. Pfullingen, Neske.
——— (1987a) *The Philosophical Discourse of Modernity*. MIT Press, Cambridge, Mass. 三島憲一ほか訳『近代の哲学的ディスクルス』全 2 冊，岩波書店，1990 年.
——— (1987b) *The Theory of Communicative Action*, 2 vols. Polity, Cambridge. 河上倫逸ほか訳『コミュニケイション的行為の理論』全 3 冊，未來社，1985–7 年.
——— (1992) *Postmetaphysical Thinking: Philosophical Essays*. Polity, Cambridge. 藤

沢賢一郎・忽那敬三訳『ポスト形而上学の思想』未來社，1990 年.
——— (1993) *Justification and Application*. MIT Press, Cambridge, Mass.
——— (2000a) From Kant to Hegel: On Robert Brandom's Pragmatic Philosophy of Language. *European Journal of Philosophy* 8/3, pp. 322-55.
——— (2000b) Richard Rorty's Pragmatic Turn. In Brandom (ed.) 2000, pp. 31-55.
——— (2002) Postscript: Some Concluding Remarks. In M. Aboulafia, M. Bookman, and C. Kemp (eds), *Habermas and Pragmatism*, pp. 223-33. Routledge, New York.
——— (2003) *Truth and Justification*, trans. and ed., B. Fultner. MIT Press, Cambridge, Mass. 三島憲一ほか訳『真理と正当化』法政大学出版局，2016 年.
Hacking, I. (2007) On Not Being a Pragmatist: Eight Reasons and a Cause. In Misak (ed.), 2007, pp. 32-49.
Harris, W. T. (1867) The Speculative. *Journal of Speculative Philosophy* 1, pp. 6-22.
Haugeland, J. (1982) Heidegger on Being a Person. *Nous* 16/1, pp. 15-26.
Hollinger, D. A. (1985) *The American Province*. Johns Hopkins University Press, Baltimore.
Holmes, O. W. and Pollock, F. J. (1941) *The Correspondence of Mr. Justice Holmes and Sir Frederick Pollock 1874-1932*, ed. M. D. Howe, 2 vols. Harvard University Press, Cambridge, Mass.
Honneth, A. (1996) *The Struggle for Recognition: The Moral Grammar of Social Conflicts*, trans. J. Anderson. MIT Press, Cambridge, Mass. 山本啓・直江清隆訳『承認をめぐる闘争〔増補版〕』法政大学出版局，2014 年.
——— (1998) Democracy as Reflexive Cooperation: John Dewey and the Theory of Democracy Today. *Political Theory* 26, pp. 763-83.「反省的協働活動としての民主主義」，加藤泰史ほか訳『正義の他者』(法政大学出版局，2005 年)所収.
——— (2008) *Reification: A New Look at an Old Idea*. Oxford University Press, Oxford. 辰巳伸知・宮本真也訳『物象化』法政大学出版局，2011 年.
Hook, S. (1974) *Pragmatism and the Tragic Sense of Life*. Basic Books, New York.
Hookway, C. (1985) *Peirce*. Routledge & Kegan Paul, London.
Hume, D. (1978) *A Treatise of Human Nature*. Clarendon Press, Oxford. 土岐邦夫・小西嘉四郎訳『人性論』(抄訳)中央公論新社，2010 年.
James, W. (1902) *Varieties of Religious Experience*, Longmans, Green and Company, New York. 桝田啓三郎訳『宗教的経験の諸相』全 2 冊，岩波文庫，1969-70 年.
——— (1920) T*he Letters of William James*, ed. H. James, 2 vols. Atlantic Monthly Press, Boston.
——— (1975a) *Pragmatism*. Harvard University Press, Cambridge, Mass. 桝田啓三郎訳『プラグマティズム』岩波文庫，1957 年.
——— (1975b) *The Will to Believe*. Harvard University Press, Cambridge, Mass. 福鎌

達夫訳『信ずる意志』日本教文社，1961 年.
——— (1977a) *A Pluralistic Universe*. Harvard University Press, Cambridge, Mass. 吉田夏彦訳『多元的宇宙』日本教文社，1961 年.
——— (1977b) *The Writings of William James*, ed. J. J. McDermott. University of Chicago Press, Chicago.
——— (1981) *Principles of Psychology*, 2 vols. Harvard University Press, Cambridge, Mass.
——— (1987) *Essays, Comments, and Reviews: The Works of William James*, ed. F. Burkhardt. Harvard University Press, Cambridge, Mass.
Jay, M. (2005) *Songs of Experience: Modern American and European Variations on a Universal Theme*. University of California Press, Berkeley.
Joas, H. (1985) *G. H. Mead: A Contemporary Re-examination of his Thought*. Polity, Cambridge.
——— (1996) *The Creativity of Action*. Polity, Cambridge.
Kallen, H. M. (1956) *Cultural Pluralism and the American Idea: An Essay in Social Philosophy*. University of Pennsylvania Press, Philadelphia.
——— (1996) Democracy versus the Melting-pot: A Study of American Nationality (1915). In W. Sollors (ed.), *Theories of Ethnicity: A Classical Reader*, pp. 67–92. New York University Press, New York.
Ketner, K. L. (1998) *His Glassy Essence: An Autobiography of Charles Sanders Peirce*. Vanderbilt University Press, Nashville, Tenn.
Kloppenberg, J. (1986) *Uncertain Victory: Social Democracy and Progressivism in Europe and American Thought 1870–1920*. Oxford University Press, New York.
——— (1998) Pragmatism: An Old Name for Some New Ways of Thinking. Repr. in Dickstein (ed.) 1998, pp. 83–127.
Kuklick, B. (2001) *A History of Philosophy in America: 1720–2000*. Clarendon Press, Oxford.
Lafont, C. (1999) *The Linguistic Turn in Hermeneutic Philosophy*. MIT Press, Cambridge, Mass.
——— (2002) Is Objectivity Perspectival? Reflections on Brandom's and Habermas's Pragmatist Conceptions of Objectivity. In M. Aboulafia, M. Bookman, and C. Kemp (eds), *Habermas and Pragmatism*, pp. 185–209. Routledge, London.
Lepore, E. (ed.) (1986) *Truth and Interpretation: Perspectives on the Philosophy of Donald Davidson*. Blackwell, Oxford.
Levine, S. M. (2010) Habermas, Kantian Pragmatism, and Truth. *Philosophy and Social Criticism* 36/6, pp. 677–695.
Locke, A. (1925) *The New Negro: An Interpretation*. Arno Press, New York

——— (1992) *Race Contacts and Interracial Relations.* Howard University Press, Washington, DC.

Lovejoy, A. O. (1963) *The Thirteen Pragmatisms.* Johns Hopkins University Press, Baltimore.

McDermott, J. (1976) *The Culture of Experience: Philosophical Essays in the American Grain.* New York University Press, New York.

McDowell, J. (1996) *Mind and World.* Harvard University Press, Cambridge, Mass. 神崎繁ほか訳『心と世界』勁草書房，2012 年.

——— (2000) Towards Rehabilitating Objectivity. In Brandom (ed.) 2000, pp. 109–22.

Mead, G. H. (1964) *George Herbert Mead: Selected Writings,* ed. A. J. Reck. Bobbs-Merrill Co., New York.

Menand, L. (2001) *The Metaphysical Club: A Story of Ideas in America.* Farrar, Straus, and Giroux, New York. 野口良平ほか訳『メタフィジカル・クラブ』みすず書房，2011 年.

Misak, C. (1991) *Truth and the End of Inquiry: A Peircian Account of Truth.* Clarendon Press, Oxford.

——— (2000) *Truth, Politics, Morality: Pragmatism and deliberation.* Routledge, London.

——— (2007) Pragmatism and Deflationism. In Misak (ed.) 2007, pp. 68–90.

——— (ed.) (2007) *New Pragmatists.* Oxford University Press, Oxford.

Mouffe, C. and Critchley, S. (eds) (1996) *Deconstruction and Pragmatism.* Routledge, London. 青木隆嘉訳『脱構築とプラグマティズム』法政大学出版局，2013 年.

Murphy, J. P. (1990) *Pragmatism: From Peirce to Davidson.* Westview Press, Boulder, Colo.

Okrent, M. (1988) *Heidegger's Pragmatism.* Cornell University Press, Ithaca, NY.

Peirce, C. S. (1931–5). *Collected Papers,* vols 1–5, ed. C. Hartshorne and P. Weiss. Harvard University Press, Cambridge, Mass.

——— (1958). *Collected Papers,* vols 7–8, ed. A. W. Burks. Harvard University Press, Cambridge, Mass.

——— (1984) *Writings of Charles S. Peirce: A Chronological Edition,* vol. 1. Indiana University Press, Bloomington.

——— (1992) *The Essential Peirce: Selected Philosophical Writings,* vol. 1: *1867–1893,* ed. N. Houser and C. Kloesel. Indiana University Press, Bloomington.

——— (1998) *The Essential Peirce: Selected Philosophical Writings,* vol. 2: *1893–1913.* The Peirce Edition Project. Indiana University Press, Bloomington.

——— and Lady Welby (1977) *Semiotic and Significs: The Correspondence between*

Charles S. Peirce and Victoria Lady Welby, ed. C. S. Hardwick. Indiana University Press, Bloomington.
Perry, R. B. (1948) *The Thought and Character of William James*, 2 vols. Harvard University Press, Cambridge, Mass.
Pippin, R. (2008) *Hegel's Practical Philosophy: Rational Agency as Ethical Life*. Cambridge University Press, Cambridge.
Pitkin, H. and Shumer, S. (1982) On Participation. *Democracy* 2, pp. 43-54.
Popper, K. (1959) *The Logic of Scientific Discovery*. Basic Books, New York. 大内義一・森博『科学的発見の論理』全 2 冊，恒星社厚生閣，1971-2 年.
——— (1963) *Conjectures and Refutations: The Growth of Scientific Knowledge*. Routledge & Kegan Paul, London. 藤本隆志ほか訳『推測と反駁』法政大学出版局，1980 年.
——— (1974) Normal Science and its Dangers. In I. Lakatos and A. Musgrave (eds), *Criticism and the Growth of Knowledge*, pp. 51-8. Cambridge University Press, Cambridge.「通常科学とその危険」，森博監訳『批判と知識の成長』(木鐸社，1985 年) 所収.
Proudfoot, W. (ed.) (2004) *William James and a Science of Religion: Reexperiencing the Varieties of Religion*. Columbia University Press, New York.
Putnam, H. (1987) *The Many Faces of Realism*. Open Court, La Salle, Ill.
——— (1990) *Realism with a Human Face*, ed. J. Conant. Harvard University Press, Cambridge, Mass.
——— (1991). A Reconsideration of Deweyan Democracy. In M. Brint and W. Weavers (eds), *Pragmatism in Law and Society*, pp. 217-42. Westview Press, Boulder, Colo.
——— (1994) *Words and Life*. Harvard University Press, Cambridge, Mass.
——— (1995) *Pragmatism: An Open Question*. Blackwell, Oxford. 高頭直樹訳『プラグマティズム』晃洋書房，2013 年.
——— (1997) Interview with Hilary Putnam. *Cogito* 314, pp. 44-53.
——— (2002a) *The Collapse of the Fact/Value Dichotomy*. Harvard University Press, Cambridge, Mass. 藤田晋吾・中村正利訳『事実／価値二分法の崩壊』法政大学出版局，2006 年.
——— (2002b) Comment on Robert Brandom's Paper. In J. Conant and U. M. Zeglen (eds), *Hilary Putnam: Pragmatism and Realism*, pp. 59-65. Routledge, New York.
——— (2004) *Ethics without Ontology*. Harvard University Press, Cambridge, Mass. 関口浩喜ほか訳『存在論抜きの倫理』法政大学出版局，2007 年.
Rorty, R. (1956) The Concept of Potentiality. Ph.D. dissertation, Yale University, New Haven.

——— (1961a) Pragmatism, Categories, and Language. *Philosophical Review* 70, pp. 197–223.
——— (1961b) Recent Metaphilosophy. *Review of Metaphysics* 15/2, pp. 299–318.
——— (1965) Mind-Body Identity, Privacy, and Categories. *Review of Metaphysics* 19/1, pp. 24–54.
——— (1967) Metaphilosophical Difficulties of Linguistic Philosophy. In Rorty (ed.) 1967, pp. 1–39.
——— (1977) Dewey's Metaphysics. Repr. in Rorty 1982, pp. 72–89.
——— (1979) *Philosophy and the Mirror of Nature*. Princeton University Press, Princeton. 野家啓一監訳『哲学と自然の鏡』産業図書，1993 年.
——— (1982) *Consequences of Pragmatism*. University of Minnesota Press, Minneapolis. 室井尚ほか訳『プラグマティズムの帰結』ちくま学芸文庫，2014 年.
——— (1987) Thugs and Terrorists: A Reply to Bernstein. *Political Theory* 15/4, pp. 564–80.
——— (1989) *Contingency, Irony, and Solidarity*. Cambridge University Press, Cambridge. 齋藤純一ほか訳『偶然性・アイロニー・連帯』岩波書店，2000 年.
——— (1990) Introduction to Murphy 1990.
——— (1997a) Introduction to Sellars 1997.
——— (1997b) What Do You Do When They Call You a 'Relativist'? *Philosophy and Phenomenological Research* 57, pp. 173–7.
——— (1998a) *Achieving Our Country: Leftist Thought in Twentieth-Century America*. Harvard University Press, Cambridge, Mass. 小澤照彦訳『アメリカ 未完のプロジェクト』晃洋書房，2000 年.
——— (1998b) *Philosophical Papers*, vol. 3: *Truth and Progress*. Cambridge University Press, Cambridge.
——— (1999) *Philosophy and Social Hope*. Penguin, New York. 須藤訓任・渡辺啓真訳『リベラル・ユートピアという希望』(抄訳)岩波書店，2002 年.
——— (2000a) Response to Brandom. In Brandom (ed.) 2000, pp. 183–90.
——— (2000b) Universality and Truth. In Brandom (ed.), 2000, pp. 1–30.
——— (2003) Comments on Jeffrey Stout's *Democracy and Tradition*. Paper read at American Academy of Religion Annual Meeting, Atlanta, Ga. 23 November.
——— (2004) Philosophy as a Transitional Genre. In S. Benhabib and N. Fraser (eds), *Pragmatism, Critique, Judgment: Essays for Richard J. Bernstein*, pp. 3–28. MIT Press, Cambridge, Mass.
——— (2007) *Philosophical Papers*, vol. 4: *Philosophy as Cultural Politics*. Cambridge University Press, Cambridge. 冨田恭彦・戸田剛文訳『文化政治としての哲学』(抄訳)岩波書店，2011 年.

——— (ed.) (1967) *The Linguistic Turn: Recent Essays in Philosophical Method.* University of Chicago Press, Chicago.
Rosenthal, S. (2004) Peirce's Pragmatic Account of Perception: Issues and Implications. In C. Misak (ed.), *The Cambridge Companion to Peirce,* pp. 193–213. Cambridge University Press, Cambridge.
Rucker, D. (1969) *The Chicago Pragmatists.* University of Minnesota Press, Minneapolis.
Russell, B. (1912) *The Problems of Philosophy.* Oxford University Press, London. 高村夏輝訳『哲学入門』ちくま学芸文庫，2005 年.
——— (1949) *The Analysis of Mind.* Allen & Unwin, London. 竹尾治一郎訳『心の分析』勁草書房，1993 年.
Ryan, A. (1995) *John Dewey and the High Tide of American Liberalism.* Norton, New York.
Sandel, M. J. (1982) *Liberalism and the Limits of Justice.* Cambridge University Press, Cambridge. 菊池理夫訳『リベラリズムと正義の限界』勁草書房，2009 年.
Sellars, W. (1949) Realism and the New Way of Words. In Feigl and Sellars 1949, pp. 424–56.
——— (1963) *Science, Perception, and Reality.* Routledge, London.
——— (1997) *Empiricism and the Philosophy of Mind.* Harvard University Press, Cambridge, Mass. 浜野研三訳『経験論と心の哲学』岩波書店，2006 年.
Short, T. L. (2004) The Development of Peirce's Theory of Signs. In C. Misak (ed.), *The Cambridge Companion to Peirce,* pp. 214–40. Cambridge University Press, Cambridge.
Shusterman, R. (1992) *Pragmatist Aesthetics: Living Beauty, Rethinking Art.* Blackwell, Oxford. 秋庭史典訳『ポピュラー芸術の美学』(抄訳)勁草書房，1999 年.
Smith, J. E. (1963) *The Spirit of American Philosophy.* Oxford University Press, New York. 松延慶二・野田修訳『アメリカ哲学の精神』玉川大学出版部，1980 年.
——— (1970) *Themes in American Philosophy.* Harper & Row, New York.
Stewart, J. C. (1992) Introduction to Locke 1992.
Stout, J. (2004a) *Democracy and Tradition.* Princeton University Press, Princeton.
——— (2004b) Radical Interpretation and Pragmatism: Davidson, Rorty, and Brandom on Truth. In N. Frankenberry (ed.), *Radical Interpretation in Religion,* pp. 25–52. Cambridge University Press, Cambridge.
——— (2007) On Our Interest in Getting Things Right: Pragmatism without Narcissism. In Misak (ed.) 2007, pp. 7–31.
Taylor, C. (2002) *Varieties of Religion Today: William James Revisited.* Harvard University Press, Cambridge, Mass. 伊藤邦武ほか訳『今日の宗教の諸相』岩波書店，

2009 年.
Tugendhat, E. (1989) *Self-Consciousness and Self-Determination.* MIT Press, Cambridge, Mass.
Wellmer, A. (2004) The Debate about Truth: Pragmatism without Regulative Ideas, trans. W. Egginton. In W. Egginton and M. Sandbothe (eds), *The Pragmatic Turn in Philosophy: Contemporary Engagements between Analytic and Continental Thought,* pp. 93–114. State University of New York Press, Albany.
Wenley, M. (1917) *The Life of George Sylvester Morris.* Macmillan, New York.
Westbrook, R. B. (1991) *John Dewey and American Democracy.* Cornell University Press, Ithaca, NY.
Whitehead, A. N. (1959) *Science and the Modern World.* Mentor Books, New York. 上田泰治・村上至孝訳『科学と近代世界』松籟社，1981 年.
Wild, J. (1969) *The Radical Empiricism of William James.* Doubleday, Garden City, NY.
Wilshire, B. (1968) *William James and Phenomenology.* Indiana University Press, Bloomington.
Wittgenstein, L. (2001) *Philosophical Investigations,* trans. G. E. M. Anscombe, 3rd edn. Blackwell, Oxford. 丘沢静也訳『哲学探究』岩波書店，2013 年.

その他の邦訳

大坪重明ほか訳『ウィリアム・ジェイムズ著作集』全 7 巻，日本教文社，1960–2 年.
上山春平責任編集『世界の名著 48 パース　ジェイムズ　デューイ』中央公論社，1968 年.
米盛裕二・内田種臣・遠藤弘編訳『パース著作集』全 3 巻，勁草書房，1985–6 年.
W・ジェイムズ著・伊藤邦武編訳『純粋経験の哲学』岩波文庫，2004 年.
W・S・セラーズ著・神野慧一郎ほか訳『経験論と心の哲学』勁草書房，2006 年.
植木豊編訳『プラグマティズム古典集成』作品社，2014 年.

原　注

プロローグ

(1)　James 1977b, pp. 345-6〔邦訳『プラグマティズム古典集成』24 頁〕. ジェイムズの講演は,『大学クロニクル』(カリフォルニア州バークリー)の 1898 年 9 月号で最初に公刊された.『哲学・心理学・科学方法雑誌』(1904 年)には, その改訂版が掲載されている.

(2)　James 1977b, p. 347〔前掲書 27〜8 頁〕.

(3)　James 1977b, p. 348〔前掲書 28 頁〕.

(4)　本文では, これがプラグマティズムにかんする最初の——創設について語った——説明だと述べた. というのも, 現在に至るまでのプラグマティズムの物語は, プラグマティズム史をめぐって対立する複数の叙述の物語と見ることができるからだ. Bernstein 1995a を参照のこと.

(5)　1907 年, 未公刊の草稿でパースは次のように述べている.「70 年代のはじめ, われわれオールド・ケンブリッジの若き一団が, あるときはわたしの書斎に, またあるときはウィリアム・ジェイムズの書斎につどった. なかば皮肉まじりに, なかば反抗心を込めて, その会合は“形而上学クラブ”と呼ばれた. 当時, 不可知論が大いばりで幅をきかせ, 形而上学と名のつくものには片っ端から大仰に眉をひそめてみせていたからだ」〔前掲書 262 頁〕. MS 318 は Peirce 1998, p. 398 に再録されている. 形而上学クラブとその参加者については, Menand 2001 を見よ.

(6)　James 1977b, p. 348〔前掲書 28 頁〕. ジェイムズが言及しているのは, パースの論文にある次の一節である.「では, 信念とは何か. それは, 知的生活という交響曲を織りなすフレーズのひとつひとつを区切る, 半終止の調べである」(Peirce 1992, p. 129〔前掲書 177 頁〕).

(7)　Peirce 1992, p. 132〔前掲書 182 頁〕.

(8)　James 1977b, pp. 377-8〔前掲書 39 頁〕.

(9)　Peirce 1998, pp. 334-5〔前掲書 204〜5 頁〕. 同じ論考で, パースは「プラグマティズム」という言葉の採用理由を説明している.

> 実験家タイプの人間の常として, わたしも自分で確認できたことを定式化しようとつとめ, 次のような説を立てるに至った. 概念の意味, すなわち語や句のもつ理性的な意味は, その概念が日々の行動におよぼすと考えられる影響のな

かにしかない．実験の結果として生じようのないものは，行動に直接影響をおよぼすこともありえない．だとすると，概念の肯定にせよ否定にせよ，そこからどんな現象が実験上導かれると考えられるかを余すところなく正確に明らかにできれば，それが当の概念の完全な定義になる．概念にそれ以上の内容は決してない――．このような説を表すものとして，わたしは「プラグマティズム」という名称を考案した．友人たちのなかには，「プラクティシズム」や「プラクティカリズム」と呼ぶべきではないかという意見もあった．……しかし，わたしのようにカントから哲学を学び，昔もいまもカント的観点からものを考えるのが習いになっている人間にとって，ドイツ語の「プラクティッシュ」と「プラグマーティッシュ」という言葉は，天と地ほどの開きがある．実験家から哲学に転じた経歴をもつ者であれば，たいていはそう思うだろう．プラクティッシュは，実験家タイプの精神にとって足下のおぼつかない思想の領域に属する概念だが，プラグマーティッシュは，人間のたてた確固たる目的との関係を表す概念だからである．ところで，わが新説のいちばんの特徴は，理性的な認識と理性的な目的とを切り離せないものとしてみる点にある．わたしが「プラグマティズム」という言葉を選んだのも，そうした事情を勘案したからなのだ．(Peirce 1998, p. 332〔前掲書 200〜1 頁〕)

(10)　Lovejoy 1963, p. 1.
(11)　Sellars 1963, p. 1.
(12)　Peirce 1984, pp. 132-59 を参照のこと．
(13)　Dewey 1981, p. 52〔前掲書 349 頁〕．初期デューイのヘーゲル主義，およびヘーゲルから「知らぬ間に遠ざかっていった」事情については，「絶対主義から実験主義へ」(Dewey 1981, pp. 1-13)の自伝的スケッチも見よ．
(14)　ふつうロイスは，キリスト教的な解釈をほどこした絶対的観念論を唱える新ヘーゲル派のひとりと目されているが，パースの仕事，とりわけ記号と解釈の理論の重要性も鋭く見抜いていた．彼は「解釈者の共同体」という独自の視点を導入して，プラグマティズムを拡張し深化させている．Kuklick 2001 を見よ．
(15)　ここで「古典」期というとき，19 世紀末から 20 世紀はじめにかけての，プラグマティズムとかかわりのある思想家が念頭にある．また，慣習にしたがい，「米国の古典的プラグマティスト」という表現で，パース，ジェイムズ，デューイの 3 人を指すことにする．しかし，この言い方はひどく誤解をまねきやすい．ジョージ・ハーバート・ミードやジョサイア・ロイスなど，プラグマティズム運動に重要な貢献をした多くの人びとの仕事を無みするものだからである．さらに，プラグマティズムをパース，ジェイムズ，デューイの 3 人に限定することは，ジェイン・アダムズなどの著名な女性や，アレイン・ロックなどのアフリカ系米国人の貢献を無視することにもなる．

(16)　1910年，ジョン・デューイは「ダーウィニズムの哲学への影響」(Dewey 1981, pp. 31-41)という重要な論文を発表した．「哲学におけるダーウィンの重要性」という最近の講義(未刊)で，フィリップ・キッチャーは，デューイのこの論考を「『種の起源』の登場から100年のあいだに発表された，哲学的にもっとも優れたダーウィンへの応答」と呼んでいる．〔「ダーウィニズムの哲学への影響」は，*Popular Science Monthly* 75(1909)掲載の「ダーウィンの哲学への影響」(Darwin's Influence on Philosophy)が初出．改訂改題のうえ，*The Influence of Darwin on Philosophy, and Other Essays in Contemporary Thought* (1910)に再録される．八杉龍一編訳『ダーウィニズム論集』(岩波文庫，1994年)に邦訳がある．〕

(17)　ジェイムズと現象学の関係については，Wilshire 1968, Wild 1969, Edie 1987を見よ．

(18)　Dewey 1981, p. 46〔邦訳『プラグマティズム古典集成』340頁〕．

(19)　この運動の歴史についてはRucker 1969を見よ．

(20)　「絶対主義から実験主義へ」でデューイは，『心理学原理』にみられる客観的な生物学的傾向について次のように述べている．それは「いにしえの生物学が抱いたプシュケー観への回帰に根ざしている．しかし，アリストテレス以後の長足の進歩のおかげで，その回帰は新たな力と価値を蔵するようになった．この考え方が導入され利用されるようになったのは，ひとえにウィリアム・ジェイムズの功績だが，その事実はあまり知られていないのではなかろうか．……とにかく，それは次第にわたしの思想に入り込み，古びた信念を変化させる酵素の役割をはたしたのである」(Dewey 1981, p. 11)．

(21)　とくに，デューイの重要で影響力をもった「心理学における反射弓の概念」(Dewey 1981, pp. 136-48)を見よ．デューイの知的発展を理解するうえで，この論文が大切であることは，Bernstein 1966a, pp. 15-21で論じた．

(22)　デューイの「ダーウィニズムの哲学への影響」(Dewey 1981, pp. 31-41)を見よ．

(23)　Dewey 1981, p. 56〔前掲書354〜5頁〕．

(24)　ibid.〔前掲書355頁〕．

(25)　Peirce 1998, p. 341〔前掲書218〜9頁〕．

(26)　Menand 2001, p. xi〔邦訳2頁〕．

(27)　Menand 2001, pp. xi-xii〔邦訳3頁〕．

(28)　Bernstein 2006b, pp. 1-14も参照のこと．

(29)　デューイは，みずからの知識観を「道具的」という言葉で特徴づけているが，この表現について次のように述べている．「折にふれ，わたしは“道具”としての知識という見方を述べてきた．しかし，これを奇妙な意味にねじまげて解釈し，批判をする例がいくつもみられた．実際の内容は単純なものだ．知識は，行動を制御することで，われわれの直接的な経験を豊かにしてくれる．その意味で，知識は道具であるということだ」(Dewey, *LW* 10: 294)．

The Collected Works of John Dewey 1882-1953 からの引用は，慣例にしたがい，シリーズ名(*Early Works*(*EW*)，*Middle Works*(*MW*)，*Later Works*(*LW*))，巻数，頁番号の順に表記した．

(30) すでに述べたように，プラグマティズムの意味と起源をはじめて物語風に語ったのはジェイムズの「哲学的概念と実際的効果」(1898年)である．パースによる説明は「プラグマティズムとは何か」(1905年)を見よ．デューイの説明は「アメリカにおけるプラグマティズムの発展」(1925年)にある．ジョージ・H・ミード「アメリカを舞台としたロイス，ジェイムズ，デューイの哲学」(1929年)も参照のこと．これはMead 1964に再録されている．プラグマティズムの意味と射程をめぐる論争については，Bernstein 1995aで論じた．

(31) これはリチャード・ローティの有名なアンソロジーのタイトルである．「言語論的哲学」によって起こった「革命」の詳しい分析については，Rorty 1967, pp. 1-39を見よ．

(32) Rorty 1979, p. 10.

(33) Rorty 1990, p. 5.

(34) Putnam 1990, p. xi.

(35) Misak 2007, p. 2.

(36) Brandom 2000a, p. 34〔邦訳46頁〕.

(37) Rorty 1979, p. 6〔邦訳23～4頁〕. Rorty 1982, pp. 37-59〔邦訳176～228頁〕の，ローティによるハイデガーとデューイの比較も参照のこと．

(38) 「人に備わるとされる能力についての問い」，「四つの能力の否定から帰結するもの」，および「論理法則の妥当性の根拠」．「認知シリーズ」として知られるこれらの論文は，Peirce 1992, pp. 11-82に再録されている．

(39) Peirce 1992, p. 28〔邦訳『プラグマティズム古典集成』93頁〕.

(40) ibid.〔前掲書94頁〕.

(41) Peirce 1992, p. 30〔前掲書96～7頁〕.

(42) Sellars 1997, p. 14〔邦訳122頁〕.

(43) ホネットは，ハイデガーとデューイの「実践」――実存主義的なアンガジュマンとしての実践――概念を吟味するなかで，2人の類似性を探っている．

(44) Honneth 2008, p. 30〔邦訳35～6頁〕.

(45) Dreyfus 1991は，「ニーチェ，パース，ジェイムズ，デューイといったプラグマティストの著作にすでに含まれている洞察」(p. 6〔邦訳7頁〕)をハイデガーは先鋭化したと主張する．Haugeland 1982も参照のこと．そこで彼は，「ハイデガーを，ふつうよりもフッサールやサルトル(あるいは，少なくともその一方)と距離をおいてとらえ，むしろデューイに――また，それには及ばないものの，セラーズや後期ウィトゲンシュタインに――近いものとして描こうと思う」(p. 15)と述べている．

(46) Putnam 1995, p. 52〔邦訳74頁〕. プラグマティズムにおける「実践の優位の

強調」を正しく理解しなくてはならない．プラグマティストは，理論と実践の伝統的な序列をたんに逆転させるのではない．理論それ自体を生み，支えるものこそ，討議を媒介とする社会的実践にほかならないと主張しているのだ．

(47)　かなりあとになってローティは見解をあらため，プラグマティズムにとってパースの存在はさほど重要ではなく，ジェイムズとデューイはパースのカント主義に反発していた，と主張するようになった．このようにかつての主張を翻すことになったとはいえ，パースとウィトゲンシュタインにかんするローティの初期の論文には豊かな洞察があふれている．パースの「重要性を否定」するに至った事情についてはRorty 1982, p. 161〔邦訳443～4頁〕を見よ．

(48)　Rorty 1961a, pp. 197-8.

(49)　Rorty 1961a, p. 198.

(50)　Rorty 1961a, pp. 198-9．この一節に付した脚注で，ローティはこう述べている．

> なかでもパースとウィトゲンシュタインは，とくに見事な相補関係にある．1人が魅力あるとびきり抽象的なカテゴリー装置を提示すれば，もう1人はきわめて具体的な難問を読者につきつけるからだ．パースの怪しげな数秘学的カテゴリーは，あまりに抽象的で哲学史の常套句とかけ離れている．だからこそ，ウィトゲンシュタインから何が学べるかを理解するうえで，おそらく最善の手がかりになる．反対に，ウィトゲンシュタインの斬新で断片的な難問やアフォリズムは，時として，パースの謎めいた言葉づかいの意味を照らし出してくれるのである．

(51)　ウィリアム・ジェイムズとウィトゲンシュタインの関係については，グッドマンの研究が参考になる．Goodman 2002を見よ．

(52)　Bernstein 1981, pp. xix-xxviiを参照のこと．

(53)　この背景については，Apel 1981, pp. vii-xiを見よ．

(54)　Apel 1981, p. ix.

(55)　Apel 1981, pp. ix-x.

(56)　Habermas 2003を見よ．

(57)　Honneth 1998を参照のこと．

(58)　Honneth 2008, pp. 36-40を参照のこと．

(59)　筆者の知的遍歴については，Bernstein 2007でさらに詳しく述べた．

(60)　1931年5月15日付け，オリヴァー・ウェンデル・ホウムズのフレデリック・J・ポロック宛書簡(Holmes and Pollock 1941, vol. 2, p. 287所収)．

(61)　Bernstein 1959, 1961, 1964b, 1965を見よ．

(62)　20世紀なかばの分析哲学については，ローティの「今日のアメリカ哲学」(Rorty 1982, pp. 211-230〔邦訳552～590頁〕)を見よ．

(63) 「実在論と新しい言葉づかい」は，Feigl and Sellars 1949 に収められたウィルフリッド・セラーズの初期の論文のタイトルである．

(64) Bernstein 1966b.

(65) 拙稿「4 人の証人が語るミシシッピー夏季プロジェクト——教育者の証言」(Bernstein 1964a)を見よ．〔この年の夏，黒人の投票権登録を呼びかける「フリーダム・サマー」キャンペーンが展開された．著者は，キャンペーンに加わったイェール大学の学生グループとともに，ミシシッピーを訪れている．「この夏ミシシッピーですごした幾日かは，わたしの人生でもっとも濃密で，生き生きとした，重要なものだった．それはわたし 1 人の体験ではない．わたしの知るかぎり，彼の地に行ってきたという人のほとんど全員が，どれほど短い滞在であっても，同じような気持ちを胸に抱いて帰路についたのだ．このプロジェクトは公民権にとってだけでなく，その参加者にも同じように大きな意味をもったのである．真の公民権とは何かを，あらためてそれは教えてくれたのだ」(ibid., p. 512)．このときミシシッピー入りした学生ボランティアと地元活動家のあわせて 3 人が，クー・クラックス・クランによって誘拐，殺害されている．Richard Bernstein, *Pragmatic Encounters*, Routledge, 2015, p. 17 も参照のこと．〕

(66) Bernstein 1977 を参照のこと．

(67) アーレントとデューイにかんする Bernstein 2005 での議論を見よ．

(68) Peirce 1992, pp. 28-9.

(69) Bernstein 1983, pp. 16-20〔邦訳 32〜40 頁〕を参照のこと．

(70) Habermas 1987a, p. 408〔邦訳第 1 分冊 370〜1 頁〕．

(71) Habermas 1987a, p. 408〔邦訳 372 頁〕．

(72) 1948 年，『哲学の再構築』の再版にあたって，デューイは新しい序文を書いた．そこで彼は次のように述べている．

> 今日では，「哲学の再構築」のほうが，「哲学における再構築」よりも題名としてはふさわしいだろう．というのも，この間の出来事が本書の基本前提を明確なかたちで浮かび上がらせたからである．すなわち，哲学に固有の任務，問題，主題は，哲学が生まれる母体である共同体の生活の圧力や緊張から生じるという前提であり，したがってその問題は人間の生活とともに変化するという前提である．人間の生活はつねに歩みの途上にあり，時として人類史における危機や転換点を構成するのだ．(ジョン・デューイ「序論——25 年後に見た再構築」，Dewey, *MW* 12: 256)〔河村望訳『デューイ＝ミード著作集 2』，人間の科学社，1995 年，163 頁〕

フィリップ・キッチャーは，「選ばれなかった道」という最近の論文でこう述べている．「哲学は再構築を必要としている．ジェイムズが 1907 年にそう考えたの

と同じくらいに．デューイが1930年にそう考えたのと同じくらいに．……あとになってみれば，実証主義の精密さの魅力は，ジェイムズやデューイを悩ませた人間の大問題から改革の運動をそらせてしまったようだ．しかし，1世紀たったいま彼らの著作を読み返してみると，この2人が根本の問題を見抜いており，今日の哲学もそれを最重要の課題とすべきであるという思いを禁じえない」．〔P. Kitcher, Der Andere Weg, in: M. Hartmann, M. Willaschek (hrsg.), *Die Gegenwart des Pragmatismus*, Suhrkamp, Frankfurt am Main, 2013.〕

(73) Bernstein 1991 および Bernstein 2006a 所収の拙論「生真面目な戯れ――デリダの倫理的・政治的地平」，および「モダンとポストモダンの寓話――ハーバマスとデリダ」を見よ．Mouffe and Critchley 1996 も参照のこと．

(74) エリザベス・グッドスタインはケネス・バークの一節に注意をうながしてくれた．プラグマティズムの特徴である開かれた会話のあり方が，このくだりには要約されている．

> どこかの客間に入っていく自分を想像してみよう．遅れて行ったので，ほかの客はとうの昔に到着して，すでに談論風発を繰り広げている情景を．皆が議論に熱中しているため，何の話か教えてくれる人もいない．けれども実をいえば，彼らが来るずっと前から議論は始まっており，ここにいる誰も，これまでの話の流れを逐一説明することはできないのだ．やむなくしばし聞き手にまわる．そのうち主旨がつかめたと思えるようになる．そこで話にちょっと口をはさむ．すると誰かが答える．それにまた応答する．弁護を買う者が現れる．反対意見をぶつけてくる者も現れる．味方の援護射撃の出来ぐあいで，相手は困ったり喜んだりする．しかし議論はつきない．すでに夜も更けた．もう辞すべき頃合いだ．そして部屋を去る．だが，あいかわらず議論の熱は冷めることがない．(Burke 1941, pp. 110-11〔邦訳81頁〕)

第1章

(1) プロローグの注38を見よ．

(2) Peirce 1992, p. 28〔邦訳『プラグマティズム古典集成』93頁〕．

(3) ibid.〔前掲書94頁〕．

(4) Peirce 1992, pp. 28-9〔前掲書94～5頁〕．

(5) 成熟期のパースの哲学では，この点が明確にされている．1909年に執筆された草稿にある，「信念の確定」への批判(Peirce 1998, pp. 455-7)を見よ．

(6) 先入見にかんするパースの主張と，解釈学においてガーダマーが展開した先入見と予断の擁護論とを比較してみるのもおもしろい．ガーダマーはデカルト主義を公然と批判しているが，(『真理と方法』では)解釈学と「方法」を明確に区別している．彼には，方法を，自然科学でもちいられる科学的方法と考えるきらいがある．

しかしパースの主張によれば，科学を含むすべての探究は，先入見を背景とすることではじめて理解できるようになるのだ．ガーダマーについて論じた Bernstein 1983, pp. 126-31〔邦訳 273〜284 頁〕を見よ．

(7) Peirce 1992, p. xx より引用．

(8) Popper 1963.

(9) Hookway 1985, p. 229.「正当化はどこかで中断しなければならない」というパースの主張を，ウィトゲンシュタインの『哲学探究』の一節と較べてみよ．「根拠を並べつくしてしまえば，もう固い岩盤に到達したのだ．スコップもそこで曲がってしまうのだ．そんなときには，「こんな具合にやっているわけですよ」と言いたくなる」(Wittgenstein 2001, §217〔邦訳 162〜3 頁〕)．

(10) 5.514 より．*Collected Papers of Charles S. Peirce* からの引用は，慣例にしたがって，巻数とパラグラフ番号で示す．

(11) Sellars 1997, p. 79〔邦訳 88 頁〕．

(12) Peirce 1992, p. 29〔前掲書 95 頁〕．

(13) Peirce 1992, pp. 129-30〔前掲書 178 頁〕．「観念を明晰にする方法」でパースは，デカルト(およびライプニッツ)の「明晰判明な観念」に詳細な批判をくわえ，こう結論づけている．「あの大いにもてはやされた“論理学の装飾品”たる教義，明晰判明の教えはまずまず魅力的なのかもしれないが，そろそろ年代物の宝石は骨董箱にでもしまって，もっと現代にふさわしいものを身につけるべき時だろう」(Peirce 1992, p. 126〔前掲書 172 頁〕)．

(14) Peirce 1992, p. 132〔前掲書 182 頁〕．理解を明晰にし，「既存の信念を秩序だてる」作業は，次の 2 段階から始まる．第一に，概念になじむこと．第二に，定義を分析することである．

(15) Peirce 1992, p. 52〔前掲書 138〜9 頁〕．

(16) これは，カール・ポパーが『推測と反駁』(Popper 1963)で展開したテーマでもある．

(17) Bradley 1968, p. 209.

(18) Peirce 1992, p. 29〔前掲書 96 頁〕．

(19) Descartes 1979, vol. 1, p. 149〔井上庄七ほか訳『省察・情念論』，中央公論新社，2002 年，34 頁〕

(20) Sellars 1997, p. 73〔邦訳 81 頁〕．

(21) Peirce 1992, p. 29〔前掲書 96 頁〕．「観念論以外の哲学」という言葉から，パース自身は観念論の立場を自認していたらしいことがうかがえる．初期論文におけるパースの観念論の理解は，カントの影響が色濃い．観念論のなかの「真理」と思われる要素を，強い実在論，とりわけ普遍的対象にかんする実在論と結びつけることが，パースの一貫した課題だった．観念論と実在論についてのパースの理解がどう発展していったか(そして彼のプラグマティシズムにどう反映していったか)につい

ては，フックウェイとアーペルの議論が参考になる．Hookway 1985 と Apel 1981 を見よ．

(22) Russell 1912, p. 73〔邦訳 57 頁〕．

(23) Peirce 1992, p. 11〔前掲書 61 頁〕．

(24) ibid.〔前掲書同所〕．

(25) Peirce 1992, p. 12n.〔前掲書 63 頁〕．

(26) ローティはパースとウィトゲンシュタインを比較しているが，それについてはすでに本書 31～32 頁で論じておいた．第 6 章 195～206 頁の，パースのカテゴリーについての議論も見よ．

(27) Peirce 1992, p. 12〔前掲書 62～4 頁〕．

(28) Peirce 1992, p. 18〔前掲書 72 頁〕．

(29) ibid.〔前掲書 73 頁〕．

(30) Peirce 1992, p. 20〔前掲書 78 頁〕．

(31) Peirce 1992, pp. 20-1〔前掲書 79 頁〕．

(32) Peirce 1992, p. 21〔前掲書 80 頁〕．

(33) ibid.〔前掲書同所〕．

(34) Peirce 1992, p. 22〔前掲書 83 頁〕．

(35) Peirce 1992, p. 24〔前掲書 85 頁〕．

(36) パースの記号学は，言語だけでなく，非言語的記号や自然の記号も包摂するものである．

(37) Gallie 1952, p. 125. “生きた記号体系の要素となってはじめて記号は記号たりうる”とはどういうことかをギャリーは説明しているが，その説明からも，パースとウィトゲンシュタインの類似が見てとれる．

(38) パースは，解釈項の分類を幾度となく試みている．たとえば Peirce 1998, p. 409 を見よ．そこでは「情緒的」，「勢力的」，「論理的」解釈項について論じられている．

(39) Peirce 1992, p. 132〔前掲書 182 頁〕．パースの記号論の変化と発展を跡づけたものとして，Short 2004 がある．

(40) 5.402 n. 3.

(41) 5.427.

(42) 5.504.

(43) 「行為・行動・自己制御」(Bernstein 1965)，および本書第 6 章 195～206 頁の，パースのカテゴリーについての議論を見よ．

(44) ショートはこの発展を，パースの初期の記号論がかかえていた欠点の修正としてとらえている．「1907 年に起きた学説上の根本的革命は，概念の解釈項(もっと正確にいえば，究極の論理的解釈項)が習慣の概念ではなく，習慣そのものであると認識されたことだった」(Short 2004, p. 228)．筆者は，これが「根本的革命」

だったという説に納得しているわけではない．むしろパースは，理論として成熟をみた彼の記号論と，習慣についての初期の主張とのつながりを，いっそう掘り下げて表現しているのだと思う．

(45)　5.491.

(46)　Peirce 1992, p. 223.

(47)　Davidson 1986, p. 310〔邦訳 224 頁〕.

(48)　Sellars 1997, p. 14〔邦訳 3〜4 頁〕.

(49)　McDowell 1996, p. xi〔邦訳 1 頁〕.

(50)　McDowell 1996, pp. 8-9〔邦訳 33 頁〕.

(51)　McDowell 1996, p. 14〔邦訳 41 頁〕.

(52)　McDowell 1996, p. 16〔邦訳 45 頁〕.

(53)　McDowell 1996, p. 17〔邦訳同所〕.

(54)　「第二性」にかんするマクダウェルの理解については，Bernstein 1995b で分析した．

(55)　McDowell 1996, p. 10〔邦訳 35 頁〕.

(56)　パースとマクダウェルの類似点と相違については，Bernstein 1995b で検討した．

(57)　本書 195〜206 頁を見よ．

(58)　1.336.

(59)　2.138.

(60)　経験の説明にあたって，第二性と第三性のカテゴリーにうったえる必要があることをパースは強調している．

> もし経験の力がただやみくもな強制力として働くのだとしたら，この世界をはじめて経験する人にとっては，何をどう考えようと構わないということになるかもしれない．なぜなら，自分の考えを第二性そのものと合致させることは決してできないだろうからだ．
>
> 　しかし幸いにも，経験には第三性がある．われわれは理性を鍛え上げて，この理にかなった要素との合致の度合いを深めていくことができるのである．(6.160)

パースは，個別的なものとしての行為と一般的なものとしての行動とを区別する際にも，第二性と第三性をもちいている．Bernstein 1965 を見よ．

(61)　第二性と第三性というパースのカテゴリーは，原因と理由というおなじみの区別には対応していない．この点は，本書の第 6 章 195〜206 頁で説明しておいた．

(62)　7.647.

(63)　7.643．傍点強調はバーンスタイン．

(64)　パースとマクダウェルには，この他にも似通った点がある．マクダウェルの

いう「受動性」は，パースのいう「制御できない心の働き」に近い．パースはこう述べている．

> 論理的にみて，推論と瓜二つの心の働き〔が存在する〕．意識にのぼらないので制御ができず，そのため論理的批判にさらされることがないという点をのぞけば，それは推論とそっくりである．しかしこの世界では，それは大きな違いを意味する．なぜか．推論とは本来，じっくりと考え，自分を制御しながらするものである．……熟慮にもとづく以上，推論はそもそも批判的なものである．制御できないものを「良い」とか「悪い」などと評したところで，なんの意味もない．推論には自己制御が不可欠なのだ．(5.108)

(65)　3つのカテゴリーすべてを考慮したパースの知覚論については，Bernstein 1964b で詳しく分析しておいた．Rosenthal 2004 も参照のこと．

(66)　セラーズの『経験論と心の哲学』に寄せた「学習の手引き」で，ブランダム(Brandom 1997b)は，セラーズが非推論的信念の存在をどういう意味で肯定し，どういう意味で否定しているかを，ていねいに整理している．このように意味を区別することには，パースも異論はあるまい．この区別からは，第二性と第三性の相互作用を見てとることができる．

> 「非推論的信念」が，ほかの信念との推論による結びつきを一切把握しなくても抱くことのできる信念のことだとすれば，セラーズにとって，非推論的信念なるものは存在しない．なぜなら，文を理解すること，命題の内容を把握すること(これは信念を抱くための必要条件である)は，それを理由の空間のなかに位置づけることであり，理由をあげたり問いただしたりするゲームのなかで推論上の役割を担わせることだからである．たとえば，その文は何か別の内容を含意するとか，別の内容とは両立しないとかいった具合にだ．ただし，分節化に推論の助けが不可欠な内容であっても，それに報告者がコミットしていることが推論を介さずにわかる場合には，報告や信念を「非推論的」と呼ぶことはできるだろう．つまり，ほかの信念や主張ではなく，なんらかの非言語的，非認識的な周囲の状況への反応から，それがわかる場合である．非推論的信念だけでは，言説の層は形づくれない．非推論的な報告だけの言語ゲームなどありえまい．(Brandom 1997b, p. 153〔邦訳 186 頁〕)

第2章

(1)　Bernstein 1983, p. 18〔邦訳 35～6 頁〕．

(2)　Bernstein 1983, p. 19〔邦訳 37～8 頁〕．

(3)　Rorty 1982, p. 166〔邦訳 456 頁〕．

(4)　Popper 1974, p. 56〔邦訳 82 頁〕.
(5)　ibid.〔邦訳同所〕.
(6)　フレームワークの神話に対するポパーの批判については，Bernstein 1983, pp. 79-93〔邦訳 164〜190 頁〕で論じた.
(7)　James 1975b, pp. 5-6〔邦訳 2〜3 頁〕.
(8)　James 1975b, p. 5〔邦訳 3 頁〕.
(9)　Hume 1978, p. 1〔邦訳 12 頁〕.
(10)　Hume 1978, p. 4〔邦訳 15 頁〕.
(11)　James 1981, vol. 1, p. 219.
(12)　James 1981, vol. 1, p. 195.
(13)　James 1977b, p. 172〔伊藤邦武編訳『純粋経験の哲学』17 頁〕.
(14)　Whitehead 1959, p. 143〔邦訳 192 頁〕.
(15)　James 1977a, p. 27〔邦訳 37〜8 頁〕.
(16)　James 1977a, p. 26〔邦訳 35〜6 頁〕.
(17)　James 1975a, p. 73〔邦訳 112 頁〕.
(18)　James 1977a, pp. 14-15〔邦訳 17 頁〕.
(19)　James 1977a, p. 44〔邦訳 69 頁〕.
(20)　James 1977a, p. 77〔邦訳 126 頁〕.
(21)　James 1975a, p. 35〔邦訳 49〜50 頁〕.
(22)　James 1975a, p. 61〔邦訳 92 頁〕.
(23)　James 1975a, p. 137〔邦訳 209 頁〕.
(24)　James 1977b, p. 629〔邦訳『ウィリアム・ジェイムズ著作集 1』225 頁〕.
(25)　James 1977b, pp. 629-630〔前掲書 226 頁〕.
(26)　James 1977b, p. 631〔前掲書 228 頁〕.
(27)　ibid.〔前掲書 229 頁〕.
(28)　腰のすわった多元主義については，Bernstein 1991, pp. 335-9〔邦訳 521〜6 頁〕での議論を見よ.
(29)　James 1977b, p. 645〔前掲書 265 頁〕.
(30)　Perry 1948, vol. 2, p. 310 より引用.〔この一節は「フィリピンをめぐる混乱」(The Philippine Tangle)と題された記事からのもの．1898 年に勃発した米西戦争で，米国は，フィリピンのスペインからの独立運動を表向き支援した．だが米国大統領マッキンリーは翌年のフィリピン共和国建国を承認せず，武力でフィリピンを植民地化してしまう．ジェイムズはこうした米国のやり方に憤り，この記事を投稿した．Robert D. Richardson, *William James: In the Maelstrom of American Modernism*, Mariner Books, 2007, pp. 383f. を参照のこと.〕
(31)　Perry 1948, vol. 2, p. 315 より引用.
(32)　James 1987, p. 171.

(33) Kallen 1996, p. 78.
(34) Kallen 1996, p. 89.
(35) Kallen 1996, p. 92.
(36) ibid.
(37) Kallen 1956, p. 55.
(38) Stewart 1992, pp. xxiv-xxv.
(39) Stewart 1992, p. xxxiii.
(40) Locke 1992, p. 58.
(41) James 1977a, p. 77〔邦訳 126 頁〕.

第3章

(1) Dewey, *LW* 17: 472.
(2) Dewey, *EW* 1: 228〔河村望訳「民主主義の倫理」187 頁,『デューイ＝ミード著作集 1』, 人間の科学新社, 1995 年, 所収〕.
(3) Dewey, *EW* 1: 231〔前掲書 191 頁〕.
(4) ibid.〔前掲書 191〜2 頁〕.
(5) Dewey, *LW* 2: 328〔邦訳『公衆とその諸問題』185〜6 頁〕.
(6) Dewey, *EW* 1: 234〔邦訳「民主主義の倫理」191 頁〕.
(7) Dewey, *EW* 1: 236〔前掲書 198 頁〕.
(8) Dewey, *EW* 1: 237〔前掲書 199 頁〕.
(9) Dewey, *EW* 1: 238〔前掲書 200 頁〕.
(10) Dewey, *EW* 1: 240〔前掲書 202〜3 頁〕.
(11) ibid.〔前掲書 202 頁〕.
(12) Dewey, *EW* 1: 242〔前掲書 204〜5 頁〕.
(13) Dewey, *EW* 1: 241〔前掲書 204 頁〕.
(14) Dewey, *EW* 1: 243-4〔前掲書 207 頁〕.
(15) Westbrook 1991, p. xv.
(16) Dewey, *LW* 14: 227.
(17) Dewey, *LW* 14: 226.
(18) Dewey, *LW* 14: 227.
(19) Dewey, *LW* 11: 298-9.
(20) Ryan 1995, p. 369.
(21) Dewey, *LW* 11: 309.
(22) Dewey, *LW* 11: 331.
(23) デューイのぎくしゃくした文章には, 当然ながら批判が浴びせられてきた. しかし反面で, 生き生きとして情熱に満ちているのも事実である. トロツキーに答えて執筆した「手段と目的」は, その白眉というべきものだろう.

(24) Dewey, *LW* 13: 354.

(25) ジョン・デューイ「手段と目的――その相互依存関係とレオン・トロツキーの『彼らの道徳とわれらの道徳』論」(Dewey, *LW* 13 所収).

(26) Dewey, *MW* 10: 48〔邦訳『プラグマティズム古典集成』542 頁〕. デューイへのよくある批判――それはデューイに同情的な立場からも向けられたものだが――として，人間の悪に対する深い理解や，人生の悲劇的側面をとらえる視点の欠如が指摘されている．見当違いのこうした批判を論駁したものとして，Hook 1974 および Glaude 2007 を見よ．グロードは，デューイのプラグマティズムで人種問題が無視されているにもかかわらず，今日の米国の黒人が直面する問題を解き明かし、事態の改善へとつながる道を照らしだす材料がそこにふくまれていることを示した．Bernstein 2005 も見よ．

(27) Dewey, *LW* 5: 61. デューイを批判する「左派」には,「企業自由主義」を擁護しているとして彼を攻撃する者がいた．とくに有名なのはクリストファー・ラッシュである．しかしアラン・ライアンも指摘するように,「デューイの産業社会観はゆるやかな意味でのコーポラティズムにもとづく批判であるという点で，ラッシュの見方は的確ではあるのだが，その帰結を彼は誤解している．“ゆるやかな意味で”という但し書きを見落としてはならない．デューイの批判は，コーポラティズム的国家の擁護や現代の企業の擁護とは無関係だからだ．デューイは，現代における企業のあり方のほぼすべてを嫌っていた．官僚主義的なヒエラルキー構造，工場労働者やオフィスのホワイトカラーの型にはめられた労働，経営と現場の労働との分離，人間と自然の接点の欠如――こうしたものを嫌悪していたのだ」(Ryan 1995, p. 177).

(28) Dewey, *LW* 2: 325〔邦訳『公衆とその諸問題』180 頁〕.

(29) Dewey, *LW* 14: 225.

(30) Dewey, *LW* 14: 217.

(31) Sandel 1982, p. 147〔邦訳 244〜5 頁〕.

(32) Dewey, *LW* 2: 370〔前掲書 264 頁〕.

(33) Dewey, *LW* 11: 290.

(34) ibid.

(35) Dewey, *LW* 11: 45.

(36) Dewey, *EW* 1: 237.

(37) Westbrook 1991, p. 80.

(38) Pitkin and Shumer 1982, pp. 47-48.

(39) Dewey, *LW* 14: 227.

(40) Honneth 1998, p. 765〔邦訳 312 頁〕.

(41) Honneth 1998, p. 780〔邦訳 335 頁〕. デューイの民主主義理解の現代的意義については，スタウトが熱のこもった擁護論を展開している．Stout 2004a を見よ．

(42) Dewey, *EW* 5: 93〔邦訳「私の教育学的信条」30 頁，杉浦宏・石田理訳『今日の教育』，明治図書，1974 年，所収〕.

(43) Dewey, *LW* 14: 229–30.

(44) 近年，「根のあるコスモポリタン」という表現は独自の命をもつようになったが，この言葉を最初に使ったのはミッチェル・コーエン(Cohen 1992)ではなかっただろうか.

第 4 章

(1) Harris 1867, p. 5.

(2) 英国の観念論はヘーゲルと奇妙な緊張関係にある．絶対者，内的関係，具体的普遍といったテーマは，ヘーゲルから取り入れたものだ．しかしそこには，『精神現象学』のほとばしる情熱も，歴史的対立や政治闘争にかんする広い視野も，ほとんど見あたらない.

(3) James 1977a, p. 7〔邦訳 3 頁〕.

(4) Dewey, 1981, p. 2.

(5) デューイは，若いころの哲学的関心が，T・H・ハクスリーの教科書を使った生理学の授業で培われたものだと述べている.

> ずいぶん昔に，知的な側面にかんして自分に起きたことを正確に話すのは簡単ではない．しかしそれを学んだおかげで，相互依存関係や部分の相関が織りなす全体の統一性といったものが，感じとしてつかめた印象がある．それが未熟だった知性を感動させ，どの分野の素材もしたがうべき，ものの見方のモデルのようなものを生み出したのである．(Dewey 1981, p. 2)

(6) Dewey, 1981, p. 6.

(7) Wenley 1917, pp. 136–7 より引用.

(8) Dewey 1981, p. 7.

(9) デューイの『論理学の研究』に対するパースの書評(8.188–90)を見よ.

(10) 5.436〔邦訳『プラグマティズム古典集成』227〜8 頁〕.

(11) 8.328.

(12) パースのカテゴリーについては，本書 195〜206 頁の議論を参照のこと.

(13) 本書 199〜201 頁を見よ.

(14) James 1977a, p. 44〔邦訳 69 頁〕.

(15) James 1977a, p. 63〔邦訳 103 頁〕.

(16) James 1977a, p. 44〔邦訳 68 頁〕.

(17) James 1977a, p. 46〔邦訳 72 頁〕.

(18) James 1977a, p. 49〔邦訳 78〜9 頁〕.

(19)　パースとセラーズの類似点については，Bernstein 1964b で検討した．
(20)　『実践と行動』で筆者はこう述べた．

> 『精神現象学』冒頭の「意識」の部では，感覚的確信，知覚，悟性が論じられるが，現代の哲学者がこの箇所を読んだり論じたりすることは稀である．これは残念な事態というしかない．なぜなら，現代の分析哲学には認識論の弁証法的発展が繰り返しみられるが，ヘーゲルのこの箇所は，それに対する鋭利で辛辣な注釈と批判として読むことができるからである．現代の認識論研究は，「センス・データ」を基礎とする現象主義から，認識論的な基礎としての「もの言語」の強調へと進み，そこから「理論的構築物」の重要性を悟る段階にうつり，最終的には全体的な「概念枠」や「言語ゲーム」への「新たな」関心へと段階を踏んできた．その歩みは，ヘーゲルが『精神現象学』の冒頭部で素描したものと酷似している．この50年のあいだに起きた認識論の発展には，折々の弁証法的段階にヘーゲルが指摘したのと似た問題点を見いだすことができる．ヘーゲルがいまの状況を予見していたというのではない．認識論上のさまざまな立場が弁証法的に発展していく過程——この時代では，言語論の形をまとって繰り返しているわけだが——を，掛け値なしに洞察していたと言いたいのだ．(Bernstein 1971, p. 24)

(21)　McDowell 1996, p. ix〔邦訳 iv 頁〕．
(22)　Brandom 2000a, p. 32〔邦訳 44 頁〕．
(23)　Brandom 2000a, p. 33〔邦訳 44〜5 頁〕．
(24)　McDowell 1996, p. 44〔邦訳 85〜6 頁〕．
(25)　マクダウェルのもとの講義では，デイヴィドソンはこの斉合主義を文字どおり代表する論客とされ，その見方には「死角」があると非難された．その後マクダウェルは，デイヴィドソンを引き立て役に使い，その主張を歪めているとして批判されてきた．その結果，出版された講義では「デイヴィドソンとその文脈」という後書きがつけ加えられ，なぜ「デイヴィドソンを敵ではなく味方と」(McDowell 1996, pp. 129〔邦訳 211 頁〕)見なすのかが説明されている．
(26)　McDowell 1996, p. 26〔邦訳 58〜9 頁〕．
(27)　McDowell 1996, p. 27〔邦訳 61 頁〕．
(28)　McDowell 1996, p. 85〔邦訳 146〜7 頁〕．ロバート・ピピンは Pippin 2008 で，このヘーゲル的自然観について詳説している．とくに第 2 章「自然性と精神——ヘーゲルの両立主義」を見よ．
(29)　こうしたハードルと，マクダウェルがなおも直面せざるをえない問題については，Bernstein 1995b での議論を見よ．
(30)　McDowell 1996, p.76〔邦訳 134 頁〕．

(31)　Brandom 2000a, p. 33〔邦訳 45 頁〕.

(32)　Brandom 2000a, pp. 33-4〔邦訳 45〜6 頁〕. 規範性理解に対するカントの寄与, およびカントの説明がかかえる問題点については, Brandom 1994 の第 1 章「規範的プラグマティズムに向けて」(pp. 3-66)での詳しい説明を見よ.

(33)　Brandom 2000a, p. 34〔邦訳 46 頁〕.

(34)　ここで筆者が言いたいこと, そしてまた米国のプラグマティズムの伝統にかんしてブランダムの特徴づけに筆者が賛成できない理由は, 彼が『推論主義序説』でもうけた区別を使って説明できる. 彼はヘーゲルの「合理主義的プラグマティズム」と「概念同化主義」を区別した. 前者は「言葉や行為を理解するうえで, 理由の文脈にもっとも高い地位をみとめる」(2000a, p. 34〔邦訳 46 頁〕)のに対し, 後者では, 概念を使う動物と使わない動物との連続性に力点がおかれる. しかし, 合理主義的プラグマティストと概念同化主義者の両方であっていけない理由はない. パースの立場がまさにそれだった. 次の一節から, さまざまなレベルの自己制御の連続性と差異をパースがどのように理解していたかをうかがうことができる. そこには, ブランダムが人間的合理性の特徴と見なすものも含まれている.

> 意識には露ほどものぼることのない抑制や調整の働きがある. 次の段階になると, それは本能的ともいえる自己制御の形になる. さらに, 訓練によって得られる自己制御がある. 次に, みずからが師となって自分自身を訓練し, 自己制御の働きそのものを制御できるようになる. このレベルに達すると, 訓練の大半――もしくはすべて――は, 想像のなかで可能になる. 自分を訓練し, 制御の働きを制御するとき, どんなに特殊で非合理なものであれ, なんらかの道徳規則が念頭にはあるはずだ. しかし次の段階になると, この規則の改善が企てられるかもしれない. つまり, 制御の制御をさらに制御するのである. そうするためには, 非合理的な規則よりも高級な何かを視野におかねばならない. 何らかの道徳原理をたずさえていなければならない. さて, この道徳原理は, 優れたものにかんする美的な理想像にもとづいて制御される. もちろん, いま枚挙してきたよりも多くのレベルがあることは間違いない. その数に限りはないかもしれない. 獣類にも複数の制御レベルがあることは確かだろう. しかし, 人が彼らにまさっているのは, 人間が器用だからというよりもむしろ, 制御のレベルの数が獣類よりも多いことが理由として大きいように思われるのだ. (5.533)

(35)　5.367〔邦訳『世界の名著 48』58 頁〕.

(36)　Rorty 1997a, p. 11〔邦訳 xiv 頁〕.

(37)　Rorty 1997a, pp. 11-12〔邦訳同所〕.

第5章

(1)　James 1975a, p. 11〔邦訳 11〜2 頁〕．ジェイムズ・コナントは，哲学における気質の役割にかんしてジェイムズが抱いていた見解を，次のように明快に説明している．

> 哲学者は自分の気質に対して責任を負うことを学ばねばならない．責任を負うには，哲学的な確信を深めるうえで気質がひとつの役割を担っていることを率直に認める必要がある．……また，自分を魅了する哲学に乗り気でない人がいるとき，相手はそのどこがどう不満なのかに，気質のせいで思い至らないこともある．相手の理解を阻むそうした気質の側面にも，反省を怠ってはならない．(Conant 1997, p. 208)

(2)　Rorty 2000a, p. 184.

(3)　Wellmer 2004, p. 95.

(4)　わたしが「悪しき相対主義」という言い方をするのは，コレステロールのように，相対主義にも「良い」ものと「悪い」ものがあるからだ．文脈，正当化，言語の相対性について，異論の余地を排し，「悪しき相対主義」にも陥らず，肯定的に語る方法はいくらでもある．プラグマティズムの伝統と両立する種々の反基礎づけ主義的相対主義については，Fine 2007 の有益な議論を見よ．

(5)　McDowell 2000, p. 110．ローティの思想は一枚岩ではなく，いくつもの要素がせめぎ合っている．Stout 2007 は，その点について論じたきわめて優れた論文である．スタウトによれば，ローティはB・ランベルグとのやりとりのなかで重大な譲歩をしており，真理と客観性に対するそれまでのにべもない態度を部分的に改めている．そして，「探究の客観的次元を十分に考慮したプラグマティズム」の可能性を示唆しているという(Stout 2007, p. 17)．それはまた，スタウト自身がうちだそうとする立場でもある．

(6)　客観性概念の役割は科学だけにかぎられないこと．道徳や政治を論じる場面でも，それはたしかな役割をになっていること．客観性のプラグマティックな解釈には，こうした見方の擁護が大きな動機としてある．ミサックやパットナム，スタウトといったプラグマティストの動機は明らかにこれである．

(7)　『論理学——探究の理論』でデューイは，「保証つきの主張」という表現の導入にあたり，次のように記している．「これまで述べてきたことを踏まえれば，“保証つきの主張”という用語のほうが，なぜ“信念”や“知識”より好ましいかも理解しやすいだろう．まずこの用語には後者のような曖昧さがない．また，探究が主張を保証するという含みもある．“知識”を抽象的な探究にかかわる，一般的，抽象的な語としてとらえるならば，それは“保証つきの主張可能性”を意味することになる．現実性ではなく可能性を表す言葉を用いるのは，個々の探究から導かれる具体的な結論がみな，ひとつの企て——たえず更新されていく継続的な企て——の一部

をなしているという認識があるからだ」(Dewey, LW 12: 17〔河村望訳『行動の論理学』，人間の科学新社，2013年，19頁〕).

(8) 「“真である”という言葉にはいろんな使い方があるが，言語的実践から簡単に消し去ることができないのは戒めの用法だけだろう．正当化と真理とを対比して，“この信念は正当かもしれないが，真ではない”というのが，戒めの用法である．哲学の外の世界では，あまり知識をもたない情報の受け手と詳しい知識をもつ受け手とを対比したり，過去の受け手と未来の受け手とを対比したりするのに，この戒めの用法がもちいられる．哲学以外の文脈で真理と正当化が対比されるのは，要するに，(新たなデータの発見や，より巧妙な仮説による説明，対象を記述する語彙の変化などのおかげで)今まで思いつかなかった異論がこの先唱えられるかもしれないことを肝に銘じるためなのだ」(Rorty 2000b, p. 4).

(9) Peirce 1992, p. 139〔邦訳『プラグマティズム古典集成』193頁〕．シェリル・ミサックによれば，パースは真理を「定義」しようとしているのではない．パースの狙いは，「粗略にできないふたつの課題について，その違いを浮き彫りにしようというものである．ひとつは，真理などの概念を分析的に定義する作業．それは，この概念に出会ったことのない人にとって有益かもしれない．もうひとつは，そうした概念をプラグマティズムの観点から解明する作業．つまり，実践においてその概念がどのような役割をになっているかを説明することである」(Misak 2007, p. 68)．パースが比重をおくのは，プラグマティックな解明のほうである．ミサックは，パースとデフレ主義を唱える現代の論者とを比較している．そして，重要な点で似てはいても，パースのプラグマティズムがデフレ主義とは別物であることを示そうとする．

(10) Peirce 1992, p. 52〔前掲書138〜9頁〕.

(11) Peirce 1992, p. 89.

(12) 合意と収束の区別については，ミサックの議論を参照のこと(Misak 1991, pp. 122-4)．Putnam 1990はパースの「収束」テーゼを批判している．このテーゼによって，パースは「形而上学的実在論」という誤った立場にコミットする羽目におちいった，というのが彼の見方である．

(13) Misak 2000, pp. 49-50より引用．ミサックによる再定式化は，パースに対してよく向けられる異論の一部をクリアしてはいるが，やはり問題をまぬかれない．「実りある」探究がなされているかどうかを判断する規準はあるのだろうか？　この信念ならば「御しがたい経験や論証によって覆されることはない」などと，どうしていえるのか？　パース流のプラグマティズムに沿った真理観をミサックは擁護するのだが，そのやり方は微妙に変化してきた．最近の論文ではこう述べている．「パースの流儀にならうプラグマティストはこういうにちがいない．真理と主張との密接なつながりを理解するならば，すなわち“pは真である”という主張は“p”という主張にほかならないことを理解するならば，主張の実践とそこに含まれるコミ

ットメントに視線を移し，真理についてもっと内容のあることを語れるようになるし，またそうあらねばならない，と」(Misak 2007, p. 70)．主張したり信念を抱いたりといった営みには「義務」と「コミットメント」が絡んでいるとミサックが強調するとき，彼女は，主張と真理との関係についての，ロバート・ブランダムの考え方に大きく近づいている．Misak 2007, p. 71 のブランダムにかんする注を見よ．

(14) Wellmer 2004, p. 97．いまではハーバマスもパットナムも，真理と客観性について抱いていた当初の見方を否定している．とはいえ，彼らが最初に提案した，知るという営みに即した真理観の影響は大きい．そんな彼らの自己批判は，真理と客観性を，プラグマティズムの観点からより細やかに理解する一助となった．真であることを「理想化された合理的受容」としてとらえる見方がどのような問題を抱えているかについては，ジェフリー・スタウトの概説を見よ(Stout 2004b, pp. 250-6)．ハーバマスのプラグマティックな真理観の修正については，第 8 章 282〜293 頁で検討する．

(15) 探究と正当化の「理想的条件」をつまびらかにする試みについては，ヴェルマーによる批判(Wellmer 2004)を参照のこと．Hacking 2007 と Fine 2007 は，実際の科学研究もまた歴史のなかの営みであることを透徹した洞察力で論じている．実際の科学の展開をみれば，探究の手続き，基準，規範は，斬新で思いがけない変化を繰り返している．そのため彼らは，科学的正当化の「理想的条件」を，歴史の枠を超えて決定的なかたちで述べることには懐疑的である．パースは科学史にも入念に目配りしているが，科学の歴史性も，論証の規範が科学の発展とともに移り変わっていることも鋭く見抜いていた．

(16) Davidson 2000, p. 66.

(17) Fodor 1994, p. 111.〔概念の理論説とは，理論が異なればそこに属する概念も異なるという説を指す.〕

(18) ローティとハーバマスのあいだには「普遍妥当性」と「文脈を超越した真理主張」という概念の役割をめぐって意見の食い違いがあるが，正当化の基準にまつわるこの問題もまた重要な争点のひとつといえるだろう．「普遍妥当性」や「文脈を超越した真理主張」といった概念に訴える必要などありはしないし，たとえそれを持ち出したところで空疎なおしゃべりになるのが関の山である，とローティは考える．一方，それらの概念はコミュニケーションと討議による正当化実践の必要条件であり，決して欠かすことができない，というのがハーバマスの主張である．Rorty 2000b および Habermas 2000b を見よ．

(19) ローティは次のように述べている．「ブランダムは，わたしが「正当化実践と真理とは根本から切り離せるという見方に，強硬に反対している」という．……たしかに，かつてはそうだった．“真である”という語を分析不可能なものと見なせば，何の不都合もなくふたつは切り離せると，デイヴィドソンが教えてくれるまでは」(Rorty 2000a, p. 184)．

(20)　この章では，「相互主観的」，「社会的」，「共同体的」という3つの表現を区別せずにもちいたが，これらを慎重に区別することはもちろん重要である．わたしの知るかぎり，パースが「相互主観的」という言葉を使うことはなかったが，それには相応の理由がある．この語は，第一に独立の主体や自律的な主体の存在を示唆し，第二にそうした主体どうしのあいだに何かが起きていることを示唆する点で，誤解をまねきやすい．しかし，われわれが主体と見なしているものは社会的な相互行為によって構成されるというのが，パースの基本的な(そして大半のプラグマティストが共有する)主張のひとつなのである．それはデューイのいう「社会的なものの優位」に相当する．さらに，“社会的なもの”という包括的概念を，“共同体的”社会と呼ばれるより特殊なタイプの社会から慎重に区別することも(目的によっては)重要である．たとえばデューイは『公衆とその諸問題』で，“社会的なもの”と“共同体的なもの”という基本的な区別を導入している．

(21)　Peirce and Welby 1977, p. 73．続けて，パースはこう述べる．

でもきっとおっしゃるでしょうね，あなたはその命題を不可謬の真理だと公言しているではありませんか，と．断じて否，これは単なる定義なのです．「探究の歩みを遠くまで進めていけば，その先には何らかの信念が待っている．このことは不可謬の真理である」――そういいたいのではありません．わたしはただ，自分がまことの真理と呼ぶのはそうした信念だけだといっているのです．そのような真理がほんとうに存在すると，絶対確実に知っているわけではありません．(ibid.)

(22)　Wellmer 2004, p. 101.
(23)　ibid.
(24)　Wellmer 2004, p. 102.
(25)　Wellmer 2004, pp. 102-3.
(26)　Wellmer 2004, p. 103.
(27)　ブランダムが客観性の概念について述べていることと，自分の立場が近いことをヴェルマーは認めている．Wellmer 2004 の注 12 および注 19 を見よ．
(28)　ブランダムは，プラグマティズムの意味をきわめて広くとらえており，米国のプラグマティストたちのプラグマティズムだけでなく，「ヘーゲル的プラグマティズム」，「ハイデガー的プラグマティズム」，「ウィトゲンシュタイン的プラグマティズム」という言い方もたびたびしている．だが，ブランダムは米国のプラグマティストたちについても，自分と彼らの関係についても，ゆがんだ見方をしていると思う．規範的語用論と推論主義的意味論を展開するという自分の企図が，米国のプラグマティズムの鼻祖であるパースによってどれだけ先取りされていたかを，彼はわかっていない．Brandom 2002a とヒラリー・パットナムによるコメントを参照

のこと．米国の古典的プラグマティズムにかんするブランダムの理解に，パットナムは鋭い批判を加えている．筆者もそのほとんどの論点に賛成である．

(29) Brandom 1994, p. xvi.

(30) Brandom 1994, p. xiv. Stout 2004b には，ブランダムのプラグマティズムについての(さらには，真理と正当化にかんするブランダム，デイヴィドソン，ローティの理解の類似と相異についての)明快で有益な説明がある．

(31) ブランダムの立場とは，要するに一種の「言語論的観念論」ではないのか？こうした論難に対して，「それは根拠のない懸念だ」と彼は応える．「概念をもちいた実践が経験的・実践的にどう制約されているかという点は，必ず押さえておかねばならない．どの主張が真か(すなわち，何が事実か)を決めるのはわれわれではない．どのノイズや印がどの主張を表現するのかを決めるのは——あえていえば，どれが真なる主張を表現するのかを決めるのは——ある意味でわれわれである．しかし，経験的・実践的な制約がわれわれの勝手な気まぐれに課せられていることは，概念をもちいたわれわれの実践にあまねく見られる特徴なのである．……このような意味での概念をもちいた実践は，世界のその他の部分から離れて存在するわけではない」(Brandom 1994, p. 331)．ここにもやはり，パースとの色濃い類似が認められる．探究やわれわれの討議実践が世界の側からどう制約されているかを，パースは第二性のカテゴリー，すなわちわれわれを制約する野蛮な強制力という概念で浮き彫りにしようとした．しかし彼はまた，この制約と正当化との混同も戒めている．正当化は，共同体による統制された探究の結果なのである．

(32) Brandom 1994, p. xxiii.

(33) ジェフリー・スタウトは，ブランダムがプラグマティズムの立場から客観性と真理をどう理解しているかを明快に分析している．ブランダムの企図は「ナルシシズムに汚されていないプラグマティズム」である，と彼は指摘する．Stout 2004b および Stout 2007 を見よ．

(34) Brandom 1994, p. 599. ブランダムのいう我・汝社会性は，パースのいう探究者の共同体に近い．パースは共同体を，何が真であり何が実在するかを決める，特権的な，「もののような存在」とは考えていない．逆に，進行中の探究にたずさわる個々人の，ダイナミックな相互作用にこそ彼の力点はある．

(35) Brandom 1994, p. 600.

(36) ibid.

(37) Brandom 1994, p. 601.

(38) Rorty 1997b, p. 175.

(39) Brandom 1997a, p. 201. 客観性にかんするブランダムの説明の要点は，ローティへの応答で述べられている．客観性をめぐるローティとブランダムの見解の違いについては，Stout 2004b, pp. 47-52 が参考になる．

(40) 事象関与的な命題的態度と言表関与的な命題的態度については，Brandom

1994 の第 8 章の議論を見よ．この区別がブランダムによる客観性の説明に果たす役割は，Brandom 1997a でのローティへの応答で簡潔に述べられている．

(41) ブランダムに共感しつつも，鋭い批判を加えたものとして，Lafont 2002 を参照のこと．彼女は次のように述べている．何らかの視点とのむすびつきを認めるブランダムの説明は，「世界のあり方を語るゲームなるもの」が存在するという前提に立っている．その場合の世界とは，「実践の場にのぞむすべての人にとって同じひとつの，各人の態度からは独立した世界」である．そして，「この最小限の実在概念は，特定の視点とむすびついてもいないし，ほかの概念に還元可能でもない」(p. 202)．客観性にかんするブランダムの議論はローティも取り上げている．Rorty 1998b を参照のこと．

(42) Rorty 1998b, p. 133.

(43) ローティはこの区別を Rorty 1997b で導入している．

> 従来からある直観を調和させることと，従来の直観を新しい直観におき換えることとの境界線は，もちろん鮮明ではない．ちょうど，直観と，直観を表現するメタファーとの境界線がぼんやりしているのと同じである．だがどちらの境界線も，ときには役に立つこともある．コペルニクスやカントール，ダーウィンやアインシュタイン，フロイトやニーチェのように，「きみが今まで頼りにしてきた直観はいよいよまずいことになってきたね．そろそろ新しい直観を磨き上げようじゃないか」と指摘してやることは，これまでも無駄ではなかったのである．わたしの勘では，ブランダムは後者，つまりより傲岸不遜な策をとるほうが賢明ではないだろうか．慎みを欠いたメタ哲学の枠組みのなかに彼自身の言語哲学を位置づけ，哲学的省察の手にかかれば，粗野な輩の直観も篤学の士のメタファーもうち捨ててかまわないと考えるべきではないだろうか．(Rorty 1997b, p. 177)

「ロバート・ブランダムにおける社会的実践と表象」という論文でも，ローティは同様のことを指摘している．

> デイヴィッド・ルイスはかつてこう述べた．われわれが抱く種々の直観を突きあわせ，なるべく多くの直観を保持する道を探すのが哲学だ，と．だが，わたしはこう思う．直観も逆説の告発も，過去の声として扱うこと，よりよい未来の創造を妨げかねない因子として遇すること，それが哲学ではないかと．もちろん過去の声は，つねに真摯に受け止めねばならない．世の中のさまざまな意見に敬意を払うことではじめて，修辞的な効果も生まれるからだ．しかし，ごく稀にではあっても，そうした声にあえて耳をふさぐよう人びとを説き伏せることができなければ，知的・道徳的な進歩は不可能だろう．(Rorty 1998b, p. 137)

ときには直観を「捨て」ねばならないと考える点では，ヒラリー・パットナムもローティと基本的に同じ意見である．「未曽有の物質的・知的な大変革期にあって，どの直観は確実に保持できるか，どの直観は捨てねばならないか，その見極めこそが哲学者の役目だと思う」(Putnam 1987, p. 30)．とはいえ，どれが「捨てねばならない」直観かについて，2 人の意見が異なることはいうまでもない．

第 6 章

(1) Bergmann 1953, p. 63.

(2) Bergmann 1964, p. 177. ローティは次のように述べている．「ここでベルクマンがもちい，わたしがこの論文集のタイトルに使った“言語論的転回”という表現は，管見の及ぶかぎり，ベルクマン自身による造語である」(Rorty 1967, p. 9).

(3) Rorty 1967, p. 3.

(4) Jay 2005, p. 3.

(5) Canning 1994, p. 369. 経験の役割と言語論的転回をめぐる，歴史家やフェミニストの論争については，マーティン・ジェイの『経験の歌』での議論を見よ．とくに，経験に訴えることを批判して物議をかもした，ジョーン・W・スコットの議論の分析(Jay 2005, pp. 249-55)を参照のこと．

(6) ローティのいう「語彙」の意味については，Brandom 2000c の解説を見よ．

(7) 「経験」という語は，ロバート・ブランダムの 741 頁にも及ぶ大著『明示化する』(Brandom 1994)の索引に拾われてすらいない．ブランダムは，みずからのプラグマティックな企図をヘーゲルに重ね合わせている．しかし，経験概念がヘーゲルの『精神現象学』において際だった哲学的役割を演じているにもかかわらず，ブランダムはその哲学的な重要性を理解していない．

マーティン・ジェイはこう記している．

> プラグマティズム再興の過程で激しい議論が交わされたのは，この伝統にとって「経験」概念は本当に重要なのかという問題だった．なぜ論争が起きたかといえば，ローティがけんもほろろにその重要性を否定したからだ．……彼は，経験概念による解決が見せかけにすぎず，それなしに生きる勇気をもたない思想家にとって，いわば隠れた基礎づけ主義の役をはたしてきたと糾弾した．旋律を変えたからといって，経験の歌がよみがえるわけではない．レパートリーそのものから，この歌を抹消すべきである，と．(Jay 2005, p. 302)

ローティによる経験のお払い箱あつかいと古典的プラグマティズムの支持者からの激しい反発については，ジェイの議論が参考になる．Jay 2005, pp. 299-311 を見よ．

(8) 「デューイの形而上学」でのリチャード・ローティの引用(Rorty 1982, p. 72〔邦訳 199 頁〕).

(9)　Rorty 1977, p. 84〔邦訳 276〜7 頁〕.

(10)　プラグマティズムの伝統のもっとも優れた解説者であるジョン・E・スミス，ジョン・マクダーモット，リチャード・シュスタマンの 3 人は，この伝統における経験の重要性と意味をかねてから強調してきた.『アメリカ哲学の精神』(Smith 1963),『アメリカ哲学の主題』(Smith 1970),『経験の文化』(McDermott 1976),『プラグマティズムの美学』(Shusterman 1992)を見よ. プラグマティズムの伝統を研究する思想史家は，ローティが米国の古典的プラグマティストを歪めて解釈していること，とくに経験を「お払い箱」にしたことを厳しく批判している. Westbrook 1991 および Kloppenberg 1986, 1998 を見よ.

(11)　Peirce, 1998, p. 267.

(12)　Peirce 1992, p. 2.

(13)　Peirce 1998, pp. 268f.

(14)　Peirce 1998, p. 269.

(15)　8.239.

(16)　1.304〔邦訳『パース著作集 1』10 頁〕.

(17)　1.303〔前掲書 9 頁〕.

(18)　1.531 より. すでに述べたように，パースは，自分のカテゴリー図式とヘーゲルの図式とが密接な関係にあることに気づいていた. ただし質的な現前性の点で，両者に大きな違いがあることも認めている.

> どんなにつまらない対象でもいい，何かが心に現われるとき，きまって真っ先に気づくもっとも単純な性格は何だろうか. 間違いなく，その対象の現前性だろう. そこまではヘーゲルもまったく正しい. 彼はそれを直接性と呼んだ. しかし，現前性，あるがままの現前性，現在の現前性は抽象的であり純粋存在である，という説は明らかに誤っている. 抽象的なものが具体的なものよりも原初的であるとする自説に目が曇らされて，ヘーゲルは目の前にあるものが見えていなかったと言うしかない. 外に出て，青い空のもとで現前するものを，芸術家の目に映るがままに見てみよ. 詩的情調こそ，現前するものが現前するままに現れる姿に近いのである. (5.44〔前掲書 155〜6 頁〕)

(19)　Peirce 1998, p. 268.

(20)　ibid.

(21)　8.191.

(22)　Peirce 1998, p. 154〔前掲書 165 頁〕.

(23)　ibid.〔同所〕.

(24)　ibid.〔前掲書 166 頁〕.

(25)　1.345〔前掲書 34〜5 頁〕.

(26) 1.475〔前掲書147頁〕.

(27) Peirce 1998, p. 478.

(28) Peirce 1998, p. 410〔邦訳『プラグマティズム古典集成』284〜5頁〕. こうした記号の定義については，パース自身の解説がある.「プラグマティズム」(Peirce 1998, pp. 398-433〔邦訳『プラグマティズム古典集成』259〜330頁〕)を見よ.

(29) パースは，解釈項をいくつかのタイプに区分している. ある分類によれば，直接的，力動的，最終的解釈項の3つにそれは分かれる. パースが行動習慣と同一視した解釈項で，彼のプラグマティズムの根本指針にとってもっとも重要なのは，最終的，論理的解釈項である. Peirce 1998, pp. 430-3を見よ.

(30) Gadamer 1989, p. 354〔邦訳II，549頁〕.

(31) ここでは「認識」という語を，知識だけでなく，頭に浮かぶものすべてを含む広い意味で用いている.

(32) パースの実在論解釈は一筋縄ではいかず，生涯を通じて変化している.「信念の確定」論文では，「実在の事物があり，その性質はわれわれの意見にまったく依存しない」(Peirce 1992, p. 120〔邦訳『プラグマティズム古典集成』162頁〕)とある. パースはまた，あらゆる形の唯名論をしりぞけ，普遍的対象の実在性を擁護してもいる. 最近の哲学者のいう「実在論的直観」は第二性で十分説明できるというのが著者の意見だが，そのさい念頭にあるのは，パースの主張のうち，われわれが経験的に知りうるものには(たんなる「会話」の制約ではなく)外的な制約があるという一点のみである.

(33) Peirce 1992, p. 52.

(34)「言語論的転回」は20世紀に分析哲学とともに起こった，という思い込みが世間には見うけられる(ベルクマンも例外ではない). パースのセミオティクス(記号論)の先駆的意義を鋭く見抜いていたのは，言語学者，人類学者，映画理論家といった人びとであった. 彼の記号論はきわめて包括的で，その対象も言語にとどまらず多岐にわたる. ウィトゲンシュタインよりはるか以前(1868年)に，彼は次のように記している.

> 人間の意識のどんな要素にも，それと対応する要素を言葉のなかに見つけることができる. その理由は明白である. 人間が使う言葉や記号は，人間そのものだからだ. というのも，思考はすべて記号であるという事実と，人間の生活は思考の連なりであるという事実から，人間が記号であることが証明できるように，思考はすべて外的記号であるということから，人間が外的記号であることが証明できるからである. つまり，ラテン語の「ホモー」と「人間」という語が同一であるのと同じ意味で，人間と外的記号とは同一なのだ. というわけで，わたしの言語はわたし自身のすべてなのである. (Peirce 1992, p. 54. 傍点強調はバーンスタイン. 〔邦訳『パース著作集2』166〜7頁〕)

(35)　例えば，パースのジェイムズ宛書簡の抜粋(Peirce 1998, pp. 492-502)を見よ．

(36)　多くの争点にかかわる大きな対立として，実在論と唯名論をめぐる両者の立場の違いがある．パースは普遍的対象や法則が実在するというテーゼをあくまで擁護した．彼は，自分のプラグマティシズムが(一般的な)実践と行動にかんするものであり，(個別の)行為にかんするものではないと述べている．一方ジェイムズは，気質の面でも哲学においても徹底した唯名論者であった．

(37)　James 1977b, p. 282〔邦訳『純粋経験の哲学』108 頁〕．

(38)　パースは，ジェイムズの純粋経験の概念に不満だった．1904 年 10 月 3 日付の書簡では，憤懣やるかたなしといった調子でジェイムズを非難している．「貴殿のいう“純粋経験”はそもそも経験ではなく，別の名前で呼ぶべき代物です．こうした言葉の誤用は，悪しき習慣もはなはだしいと言わざるをえません．哲学が一個の科学たることを妨げるからです」(8.301)．この発言は，パースとジェイムズの気質の鮮明な違いを典型的に示している．パースは，哲学が最終的に真の科学になることを期待し，それゆえ専門用語の使用が必要であると訴えた．しかしそれこそが，ジェイムズのもっとも危惧したことだった．

(39)　根本的経験論にかんするジェイムズの著述から一部を精選したものとして，James 1977b の第 3 部を見よ．

(40)　James 1977b, pp. 169-70〔邦訳『純粋経験の哲学』11 頁〕．

(41)　James 1977b, p. 170〔前掲書 12 頁〕．

(42)　James 1977b, p. 172〔前掲書 17 頁〕．

(43)　James 1977b, p. 173〔前掲書 19 頁〕．

(44)　James 1977b, p. 174〔前掲書 21〜2 頁〕．

(45)　Russell 1949, p. 24〔邦訳 20 頁〕．

(46)　James 1977b, p. 173〔前掲書 19 頁〕．

(47)　言語論的転回を果たした現代の 2 人の哲学者，ヒラリー・パットナムとジョン・マクダウェルは，それぞれのやり方で知覚と経験にかんするある見方を擁護しようとしてきたが，その見方は「純粋経験」にかんするジェイムズの理解にきわめて近い．2 人とも，われわれが知覚できるものと「実在する」ものとのあいだに存在論的・認識論的なギャップはないと考えるからである．この点で彼らは，ウィルフリッド・セラーズのいう「日常的人間像」と「科学的人間像」との相違(と対立)を否定していると言えるだろう．「ジェイムズの知覚理論」(Putnam 1990, pp. 232-51)，および『心と世界』(McDowell 1996)，とくに第 2 講義「境界なき概念領域」を見よ．〔「日常的人間像」と「科学的人間像」については，『経験論と心の哲学』(勁草書房，2006 年)所収の「哲学と科学的人間像」を参照のこと．〕

(48)　マーティン・ジェイは，ジェイムズの企図に見られるこの側面を論じて，ポスト構造主義的な経験観との連続性を指摘している．「ジェイムズと純粋経験の探求」(Jay 2005, pp. 272-86)および「経験のポスト構造主義的再構成――バタイユ・

バルト・フーコー」(ibid., pp. 361-400)を見よ．

(49)　重要な例外，とりわけアルヴィン・プランティンガやニコラス・ウォルターストーフのような哲学者もいるが，こうした思想家でさえ，関心はもっぱら宗教的な信仰や信条をめぐる言語論的・認識論的問題に向けられており，宗教的経験の全振幅に向けられているわけではない．

(50)　James 1977b, p. 350〔邦訳『プラグマティズム古典集成』32 頁〕．

(51)　デイヴィッド・A・ホリンガーはジェイムズが抱いていた「科学の時代における宗教の運命にかんする不安」について語っている．それは，

> ジェイムズが生前に，彼の講演を聴き彼の本を買い求めた人びとの大半と，偽りなしに共有していた不安である．こうした不安を真摯に受けとめるなら，ジェイムズの知的核心をつかむのは容易い．それは，知識が生まれるプロセスについての，徹底して世俗的，自然主義的なヴィジョンであり，かなりの数の人がみずからの宗教的信条を――危険を承知のうえで――探究しさえすれば，宗教的に満足のいく知識が得られるかもしれないという希望である．不可知論者や実証主義者――彼らは「科学」の真の代弁者をもって任じていた――を前に影を潜めていた精力を傾注し，探究の文化を豊かなものにすることで，それを改革するのがジェイムズの願いだった．「根本的経験論」，「多元主義」，「プラグマティズム」として今日知られる哲学的議論を展開するまさにその過程で，彼はこの改革を推し進めようとしたのである．(Hollinger 1985, pp. 3-4)

(52)　James 1920, vol. 2, p. 127.『宗教的経験の諸相』，ひいては宗教的経験をめぐるジェイムズの省察を論じた二次文献は膨大な数にのぼる．簡潔な解説としては，Jay 2005, pp. 102-10 を見よ．Taylor 2002 および Proudfoot ed. 2004 も参照のこと．

(53)　James 1902, p. 31〔邦訳『宗教的経験の諸相』上巻 52 頁〕．

(54)　Jay 2005, p. 107, n. 100.

(55)　Dewey 1981, p. 8〔河村望訳『デューイ＝ミード著作集 1』，人間の科学社，1995 年，289～90 頁〕．

(56)　Dewey 1981 所収の「ダーウィニズムの哲学への影響」を見よ．

(57)　Dewey 1981, p. 137.

(58)　Dewey 1981, p. 147.

(59)　「心理学における反射弓の概念」についての拙論(Bernstein 1966a, pp. 14-21)を参照．

(60)　経験の経験主義的な見方に対するデューイの批判が存分に展開されたものとして，「哲学を回復させる必要」(Dewey 1981, pp. 58-97〔邦訳『プラグマティズム古典集成』所収〕)を見よ．この批判についての拙論(Bernstein 1971, pp. 200-13)も参照のこと．

(61) デューイは，人間の経験と呼ばれるもののなかに，何らかの反省や推論が含まれている可能性があることを明確に指摘している．「とはいえ，状況によっては，何らかの反省や推論が必要になることを否定するわけではない．つまり，牡蠣の“経験”や伸びゆく豆の蔓《つる》の“経験”とは少なくとも別の意味で，“経験”と呼べる状況である．人は病気を経験する．経験されるものは，たしかに理解の対象とはかけ離れている．しかし，知性の要素の介在で，病気が意識の経験になることは十分ありうる」(Dewey 2007, p. 5).

(62) Dewey 2007, p. 4.

(63) Dewey 1981, p. 555〔鈴木康司訳『芸術論』，春秋社，1969 年，38 頁〕.

(64) Dewey 2007, p. 6.

(65) ibid.

(66) デューイの「質についてのパースの理論」(Dewey 1960, pp. 199-210)，および「質的思考」(ibid., pp. 176-98)を見よ．

(67) Dewey 1981, 227-8〔邦訳『世界の名著 48』492〜3 頁〕.

(68) 「探究のパターン」(Dewey 1981, pp. 223-39〔前掲書 488〜506 頁〕)を見よ．

(69) Dewey 1981, p. 555〔邦訳『芸術論』39 頁〕.

(70) 拙著『ジョン・デューイ』では，デューイの思想の中心にある経験の美的次元について論じておいた．Bernstein 1966a の第 11 章「芸術的なもの・美的なもの・宗教的なもの」を見よ．また Shusterman 1992 と Alexander 1987 も参照のこと．

(71) Dewey 1981, p. 559〔前掲書 44 頁〕.

(72) Westbrook 1991, pp. 401-2. デューイは『人類共通の信仰』で，経験の宗教的な質を吟味している．「みずからの理想に一般的かつ恒久的な価値があると確信するがゆえに，障害をものともせず，死さえ恐れずその実現のためになされる活動は，いずれも質において宗教的である」(Dewey 1998, p. 410〔栗田修訳『人類共通の信仰』，晃洋書房，2011 年，43〜4 頁〕)．宗教をめぐるデューイの(ならびに，その他の論者によるプラグマティックな)省察を論じたものとして，Bernstein 2005 を見よ．

(73) Dewey 1960, pp. 71-2.

(74) Dewey 1960, p. 78.

(75) ibid.

(76) ibid.

(77) マーティン・ジェイは次のように指摘している．デューイによるギリシャの古典的な経験観の説明は，たしかに単純化されている．だが「経験をどう定義するにせよ，古代ギリシャの思想の主流において，経験は比較的つつましい役割しか演じなかったというデューイの指摘に一面の真理があることは否定しがたい．……プラトンとアリストテレスの遺産は，そのつど整合性をたもちながら，しばしば非ギ

リシャ的な思想の要素と折衷的に結びつき，中世哲学を支配したのである」(Jay 2005, p. 17).
(78) Dewey 1960, p. 80.
(79) Dewey 1960, p. 83.
(80) Dewey 1960, pp. 85-6.
(81) Dewey 1960, pp. 86.
(82) ibid.
(83) デューイは，経験の新たな実験的概念にかんするこの2つの論点を，「哲学を回復させる必要」(Dewey 1981 所収)で詳述している．
(84) Lafont 1999 を見よ．また，ユルゲン・ハーバマス「解釈学的哲学と分析哲学——言語論的転回の2つの相互補完的な形」(Habermas 2003, pp. 51-82〔邦訳 72〜118 頁〕)を参照せよ．
(85) Harbermas 2003, p. 3〔邦訳 4 頁〕.
(86) 「むしろコミュニケーション行為の理論や合理性の理論を展開するのに役立ったのは，言語への語用論的アプローチだった．それは批判的社会理論の基礎となり，道徳や法，民主主義についての討議理論的な考え方への道を拓くものとなった」(Habermas 2003, p. 1〔邦訳 1 頁〕).
(87) Habermas 1987b を見よ．また，「社会化による個体化——ジョージ・ハーバート・ミードの主観性の理論について」(Habermas 1992, pp. 149-204)，『自己意識と自己決定』(Tugendhat 1989)，『G・H・ミード——その思想の現代的再検討』(Joas 1985)，『承認をめぐる闘争』(Honneth 1996)，『哲学・社会理論・ミードの思想』(Aboulafia ed. 1991)も参照のこと．

第7章

(1) Putnam 1997, p. 52. パットナムの哲学的発展を概観したものとして，Putnam 1990 および Putnam 1994 に付されたジェイムズ・コナントの優れた序文を参照のこと．
(2) Putnam 1994, p. 152.
(3) ibid.
(4) Putnam 1990, p. xi.
(5) Putnam 2002a, p. 10〔邦訳 10〜1 頁〕.
(6) Putnam 2002a, pp. 20-1〔邦訳 24 頁〕.
(7) 「である」と「であるべし」の区別，事実と価値の区別の歴史にかんするパットナムの議論(Putnam 2002a, ch. 1)を見よ．
(8) この点については，Putnam 2002a で，とくに経済学に言及しながら詳しく論じられている．
(9) Putnam 1990 所収.

(10) Putnam 1990, p. 145.
(11) Putnam 2002a, p. 30〔邦訳 35 頁〕.
(12) Putnam 2002a, p. 31〔邦訳 35 頁〕.
(13) パットナムは，価値と規範を系統だてては区別していない．ただし，正しさの尺度やあるべきことの尺度に力点をおく文脈では，「規範」という言い方をしている．価値のすべてが規範というわけではない．パットナムは，ハーバマスが価値と規範の厳格な二分法を採用していると見なし，そこが自分と食い違う重要な点だとしている．パットナムはまた，道徳と倫理というハーバマスの二分法も認めない．
(14) 「不可欠性論法」については，Putnam 1994 の 153〜160 頁の説明を見よ．
(15) Putnam 1990, p. 138.
(16) Putnam 1990, p. 139.
(17) Sellars 1997, p. 76〔邦訳 85 頁〕.
(18) パットナムは，倫理的な意思決定についてはジェイムズに，政治的な意思決定についてはデューイに裨益されるところが多いと述べている．しかし，彼は倫理学と政治学の二分法を認めない．倫理学は倫理的な共同体を求めるが，そうした共同体に必要な実践をはぐくむことは政治的な企図だからである．
(19) Putnam 1990, p. 166.
(20) ibid.
(21) Putnam 1990, p. 165.
(22) Putnam 1990, p. 170.
(23) 科学と倫理というウィリアムズの二分法に対して，パットナムは多面的な批判をくわえている．Putnam 1990 の 165〜178 頁，Putnam 1994 の 188〜192 頁，および 217〜8 頁を見よ．
(24) Putnam 1990, p. 171. ローティとパットナムは意見の食い違う点が少なくないが，この基本テーゼにかんしてはローティも全面的に支持するだろう．
(25) 2000 年にヴェストファーレン・ヴィルヘルム大学で，パットナムのプラグマティズムをテーマにした会議が催された．引用した一節は会議のむすびに彼が述べたものである．
(26) Putnam 1990, p. 21.
(27) Putnam 1991, p. 217.
(28) Putnam 1991, p. 227. 「科学的方法」と呼べるものはひとつしかないという考え方を，パットナムは認めない．ただしパットナムによれば，デューイが倫理的問題の解決に科学的方法をもちいるとき，そのようなイメージで科学的方法をとらえていたわけではない．むしろデューイが意図していたのは，実験であり，創意工夫にもとづく代替仮説の案出であり，誰もが参加できる議論であり，論戦であり，たえざる批判を通じて共同体がみずからを正していくプロセスであった．
(29) Putnam 1990, p. 178.

(30) ibid.
(31) Putnam 1994, p. 175.
(32) ibid.
(33) Putnam 1994, p. 152.
(34) Putnam 1994, p. 151.

第8章

(1) Habermas 2002, p. 229.
(2) Habermas 2002 を見よ.
(3) パースは大学時代を振りかえって，次のように述べている.「3年間，わたしの頭は『純粋理性批判』のことでいっぱいだった．その誤りに気づくまでには，さらに何年もの時間が必要だった．大学を出るころには，ほとんど諳《そら》んじていたほどだった．毎日2，3時間，1日も欠かすことなく，この書に沈潜していたのである」(Ketner 1998, p. 139 の引用より).
(4) Habermas 2002, p. 227.
(5) Habermas 2003, pp. 10-11〔邦訳 13〜4 頁〕.
(6) Habermas 2003, p. 11〔邦訳 15 頁〕.
(7) Habermas 2003, pp. 88-9.
(8) Habermas 2003, p. 2〔邦訳 2 頁〕.
(9) Habermas 2003, pp. 27-8〔邦訳 35 頁〕.
(10) 「弱い自然主義」についてのハーバマスの発言はほんの素描にすぎない.「基本前提」の正確な意味を詳しく説明していないし,「強い(還元主義的な)自然主義の論者」の主張をしりぞけて「弱い自然主義」を擁護することができるという根拠も示していない．だが彼の自然主義は，米国のプラグマティストの自然主義に似ている．参加者の視点(2人称)と観察者の視点(3人称)の方法論的区別は,「存在論にかんして中立」であると彼は言う.

> 文化を隅々まで覆う自然史的連続性にかんするこうした包括的前提は，心身関係について(消去主義や還元主義的唯物論などの)いかなる哲学的前提にたつものでもない．むしろこの前提のおかげで，本来どの存在論にも加担しない種々の方法論の区別を，ものの側の区別としてとらえずにすむのである．超越論的哲学の観点から問題を設定するかぎり，参加者の視点にたって生活世界の構造を合理的に再構成する解釈学的アプローチと，そうした構造の自然史的由来に注目する，観察にもとづく因果論的分析とは，明確に区別されねばならない．
> (Habermas 2003, p. 28〔邦訳 35〜6 頁〕)

(11) Habermas 2003, p. 1〔邦訳 1 頁〕.

(12)　Habermas 2003, p. 110.
(13)　Habermas 2003, p. 1〔邦訳 1 頁〕.
(14)　「カントにおける純粋理性の“理念”からコミュニケーション行為の“理想的”条件へ――脱超越論化された“理性の使用”を考える」(Habermas 2003, pp. 83-130) という論文でハーバマスは，「コミュニケーション行為の理想的条件」のくわしい意味と系譜を，カントのいう理性の理念と関係づけながら説明している．ハーバマスによるカントの議論の再構成をみれば，プラグマティズムの観点から「脱超越論化された」カントに，彼がいかに多くを負っているかがわかる．
(15)　Habermas 2003, pp. 36-7〔邦訳 47 頁〕．ハーバマスは自分を批判する論客ともたえず議論をかわし，妥当と思った指摘があれば，それを勘案して自説を修正してきた．知るという営みに即した真理論の修正は，彼のなかに可謬主義の思想が深く根を下ろしていることを物語っている．
(16)　ハーバマスの真理理解にまつわる混乱と批判は，多くが Habermas 1973 に発している．真理の対応説と斉合説を否定しながら，みずからの見解に「真理の合意説」という不適切な名称をつけてしまったのだ．当時は，知るという営みに即した真理の理解に――世界についての真なる主張の正当化に――なによりも関心があった，と彼は認めている．初期の議論によせられた異論をうけてハーバマスは，「討議理論の観点からみた合理的な受容可能性の概念を修正した．受容可能性を，プラグマティズムの精神にもとづく，知るという営みから距離をおいた真理概念と結びつけることによって．ただし，“真理”と“理想的な主張可能性”を同じものと見なすことなしに」．

> このように修正しても，理性的討議の概念が，コミュニケーションの特権的形態という身分を失うことはない．討議の参加者に対して，自分の認知的視点をたえず脱中心化するよう促すコミュニケーション形態であることに変わりはないのだ．討議の実践を支えるコミュニケーションの前提は規範として厳格であり必須のものだが，修正前と同様に，それは公平な判断形成を強いる構造をもっている．真であることを確認する唯一のすべは，今度もまた議論しかない．疑いを差しはさまれた真理主張は，それ以外に吟味する手だてがないからだ．経験的信念の真理条件は，討議をへずに直接知ることができないのである．(Habermas 2003, p. 38〔邦訳 49～50 頁〕)

プラグマティックな「真理の合意説」は，(ハーバマス，パットナム，マクダウェルをはじめとする多くの論者によって)パースに由来するとたびたび指摘される．よく引用されるのは，初期パースの「観念を明晰にする方法」(1878 年)の一節である．「すべての研究者が最終的に合意するよう運命づけられている見解こそ，われわれが“真理”という言葉で意味しているものであり，この見解によって表現され

ている対象こそ“実在”というものなのだ」(Peirce 1992, p. 139〔邦訳『プラグマティズム古典集成』193頁〕). しかしシェリル・ミサックによれば，この初期の言明は「真理」についてのパースの省察を正しく伝えるものではない.

> プラグマティズムの創始者であるC・S・パースはこう述べた. 信念が真であるのは，どれだけ探究を進めても「覆せない」，あるいは改良の余地がない，あるいは失望につながらない場合であると. パースは折にふれてこの真理観を，“探究の果てに，信念が抱かれることを運命づけられている”という言い方で表明している. しかし，おしなべて言えば，“探究の果て”や“完全な証拠”といった不毛な観念から彼は距離をおこうとしていた. (Misak 2007, p. 68)

Misak(1991)も参照のこと.

(17) Habermas 2003, p. 8〔邦訳9～10頁〕.

(18) Habermas 2003, pp. 37-8〔邦訳48頁〕.

(19) Habermas 2003, p. 38〔邦訳同所〕.

(20) Habermas 2003, p. 254〔邦訳387頁〕. ハーバマスが世界を「あらゆる事実の集合」ではなく，「あらゆる事物の集合」と呼ぶ理由については，Habermas 2003, pp. 30-6〔邦訳38～46頁〕を見よ. 彼は，事実を物象化するタイプの表象主義を避けようとしている. 彼が擁護したいのは知るという営みに即した実在論であって，形而上学的実在論ではない.

(21) Habermas 2003, p. 2〔邦訳2頁〕.

(22) Rorty 1982, pp. xxix-xxx〔邦訳59頁〕.

(23) ハーバマスのローティ批判と，ローティの応答については，Brandom (ed.) 2000での応酬を見よ.

(24) Habermas 2003, p. 8〔邦訳9頁〕.「相互主観的に共有された生活世界と客観的世界との区別を消し去っている」との批判に対して，ブランダムは弁明している.『欧州哲学雑誌』(Habermas 2000a および Brandom 2000b)でのハーバマスとブランダムの論戦を見よ.

(25) Habermas 2003, p. 257.

(26) 実在論と世界の客観性にかんするハーバマスの理解が，概念的相対性と概念的多元主義にかんするパットナムの理解と本当に両立するのか，疑わしいという意見もあるだろう. 後者の詳説と擁護，ならびにパットナムによる存在論の「死亡記事」については，Putnam 2004を見よ.

(27) 倫理の討議理論を構築した当初，ハーバマスはまだ，倫理と道徳との重要な区別をじゅうぶん明確にしていなかった. この区別が形を整えたのは，「プラグマティックなもの，倫理的なもの，実践理性の道徳的使用について」という論文においてであった. そこでハーバマスは，実践理性の大きく異なる3つの用法と，3用

法の区別が不可欠である理由を説明している．また『正当化と適用』の序文では，こう記している．「その後は，“道徳の討議理論”と言った方が正確だということになるだろうが，あえて“討議倫理”という用語を使い続けることにする．すでに言葉として定着しているからだ」(Habermas 1993, p. vii)．

(28) Fultner 2003, pp. viii-ix.

(29) Habermas 2003, p. 239〔邦訳 367 頁〕.

(30) 「討議倫理はカントの伝統をじかに受け継ぐものである」とハーバマスは明言する．「なるほど，道徳の概念を狭くとらえ，正義の問題だけに焦点をしぼってはいるが」(Habermas 1993, pp. 1-2)．

(31) Habermas 2003, pp. 228-9.

(32) Habermas 2003, p. 229.

(33) Habermas 2003, pp. 229-30.

(34) パットナムを批判して，ハーバマスは次のように述べる．「形而上学と認識論では，パットナムは言語論的カント主義の路線をとるが，実践哲学では，プラグマティックに解釈したアリストテレスを参照点にしている．そこでは，ものごとの是非を最終的に決するのは幸福(エウダイモニア)の概念である．パットナムは自律を，理性的な道徳の自己立法というカント的意味ではなく，反省的生活を送ることという古典的な意味に解する．彼の哲学をこのようなかたちで述べることで，わたしは暗に，こうした分裂の代償がどれだけ高くつくかを問題にしている．プラグマティストのパットナムは，むしろカント主義の路線を貫いた方がましなのではないか，と」(Habermas 2003, p. 214〔邦訳 333 頁〕)．価値と規範をめぐる 2 人の論争については，パットナムの「価値と規範」(Putnam 2002a pp. 111-34)と，ハーバマスの応答「価値と規範――ヒラリー・パットナムのカント的プラグマティズムについて」(Habermas 2003, pp. 213-36〔邦訳 332〜364 頁〕)を見よ．

(35) Habermas 2003, pp. 247-8〔邦訳 378 頁〕．傍点強調はバーンスタイン．

(36) Habermas 2003, pp. 252-3〔邦訳 385 頁〕.

(37) 「プラグマティックなもの，倫理的なもの，実践理性の道徳的使用について」でハーバマスが論じる実践理性の 3 用法にしたがえば，職場への経路を導きだすのは「プラグマティック」な推論である．「ある目標を達成したい．それにはある課題を遂行せねばならない．やり方はいくつも考えられる．その中からひとつを選ぶ合理的な根拠がほしい」(Habermas 1993, p. 2)という時に，プラグマティックな推論は必要になる．

(38) Habermas 2000b, p. 49〔邦訳 318 頁〕.

(39) Habermas 2003, p. 256-7〔邦訳 390 頁〕.

(40) Habermas 2003, p. 268〔邦訳 404〜5 頁〕.

(41) Habermas 2003, p. 256〔邦訳 389 頁〕.

(42) ibid.〔邦訳同所〕

(43) Rorty 2000a, p. 57.

(44) Habermas 2003, p. 39〔邦訳 50〜1 頁〕. 傍点強調はバーンスタイン.

(45) ハーバマスは「探究」よりも「討議」という言い方を好む.「探究」という表現は独白をイメージさせ，コミュニケーションと討議における参加者の 2 人称の視点が明確にならないおそれがあると考えるからだ. しかしプラグマティストは，パースの時代からずっと，探究は本質的に「探究者の共同体」が関与する社会的プロセスであり，したがって 2 人称の視点を蔵していると強調してきたのである.

(46) Habermas 2000b, p. 48.

(47) Habermas 2003, p. 39〔邦訳 51 頁〕.

(48) Habermas 2000b, p. 44.

(49) ハーバマス批判の足がかりとして，本稿ではしばしばローティを引用している. しかし，筆者はローティの極端な文脈主義を受け入れているわけではないことを断っておく. また，「十分な理由」に訴えても，結局それは，何らかの社会集団がたまたま十分な理由として受け入れたものに訴えるのと変わりないとローティは言うが，筆者の見方はちがう.

(50) Habermas 2003, pp. 39-40〔邦訳 51 頁〕.

(51) Rorty 2000a, p. 57. 傍点強調はバーンスタイン.

(52) Habermas 2003, ibid.〔邦訳 51 頁〕.

(53) ibid.〔邦訳同所〕

(54) 1.336.

(55) パースの第二性については本書 199〜206 頁で論じておいた. ハーバマスの「2 つの顔をもつ」真理理論に対するスティーヴン・レヴィーンの鋭い批判(Levine 2010)も参照のこと.

(56) これまではハーバマスにしたがって，道徳にかんする彼の見解を構成主義と呼んできた. だが道徳的構成主義には，ジョン・ロールズの立場も含めて，さまざまな説があることは言うまでもない. メイヴ・クックは，ハーバマスの道徳的構成主義では「正義が議論によって達した合意として定義」される点に注意をうながしている.「理想的な正当化条件のもとで達成された合意は，妥当性を保証する」というのが彼の立場だと. クックは，こうした強い構成主義からはさまざまな問題が生じると指摘し，ハーバマスはもっと弱い構成主義を採用すべきであると論じている. すなわち，相互主観的な合意は，道徳規範の妥当性を正当化するための必要条件ではあるが，十分条件ではないと考える構成主義である(Cooke 2003, p. 288).

(57) Habermas 2003, p. 42〔邦訳 55 頁〕.

(58) Habermas 2003, p. 224〔邦訳 346 頁〕. パットナムのために公正を期して付言すれば，彼は道徳的実在論のこうした描像(戯画)もしりぞけている.「価値と規範」(Putnam 2002a, pp. 111-34)を見よ.

(59) Habermas 2003, p. 43〔邦訳 55 頁〕.

(60) Habermas 2003, pp. 228-9〔邦訳 352 頁〕.
(61) Habermas 2003, p. 228〔邦訳 351～2 頁〕.
(62) ibid.〔邦訳 352 頁〕
(63) ハーバマスによる倫理と道徳の二分法については，Bernstein 1996 でさらに詳しく批判しておいた.
(64) 「すべての当事者の視点から見て普遍化できる根本指針のみが，広く世人の同意を得ることのできる規範であり，またそのかぎりで承認されるにふさわしい――換言すれば，道徳的な拘束力をもつ――規範である」(Habermas 1993, p. 8). しかし，わたしたちが生きる複雑でグローバルな世界では，道徳や正義の問題をどう立てるかですでに意見が対立していることを思えば，このような定式化がほんとうに規範的な力をもちうるものなのか，疑問なしとしない.
(65) 拷問は「正当化」される，あるいは少なくとも極限状況で，何人もの命を救える情報が引き出せると信じるにたる十分な理由がある場合には許される，と考える人もいる.
(66) もちろんハーバマスは，道徳規範の正当化と適用の区別を意識していないわけではない. ただし，それぞれで異なるタイプの議論が求められる，というのが彼の考えである.

> 規範の正当化には，有限の――歴史のなかにあって，未来を見通すことのかなわない偏狭な――精神にとってあたりまえの限界が必ずついてまわる. したがって，未来に起きる予想だにしない個別ケースの組み合わせにどういう特徴があるかを，細大漏らさず考慮するなどできるはずもない. だからこそ規範の適用は，それ自体として，議論を通じて明確にせねばならないのである. ただしその際，判断の公平さが普遍化原理によって確保されることはやはりありえない. 当該の文脈でどう規範を適用すべきかは，実践理性を適切性の原理とともに働かせて考える必要がある. 問題とされる場面では，すでに妥当なものとして前提されている規範のうちどれがふさわしいかを，場面の重要な特徴をもらさず出来るだけ完全に把握して，判断しなければならない. (Habermas 1993, pp. 13-14)

しかしハーバマスは，正当化と適用との錯綜した弁証法的関係を重視していない. ところが，道徳規範の意味そのものは，適用範囲をどう見積もるかで決まるのである. 思いもよらない適用やその帰結を完全に見通すことはできない. パースが「プラグマティズムの根本指針」を最初に提案して以来，プラグマティストは，結果が概念の意味にどう影響するかを説きつづけてきたのである.
(67) Dewey 1998, p. 236.
(68) Dewey 1998, p. 269.

(69)　Habermas 2003, p. 224〔邦訳 346 頁〕.
(70)　パットナムもまた，ハーバマスが客観性を狭くとらえていることに疑問を呈している．本書 243～253 頁のパットナムについての議論を参照のこと．
(71)　Habermas 2003, p. 254〔邦訳 387 頁〕.
(72)　Dewey 1981, p. 234〔邦訳『世界の名著 48』500 頁〕.
(73)　ここでミードに言及する理由は 2 つある．ハーバマスが『コミュニケーション行為の理論』を展開するにあたり，根本的な役割をになったのがミードであったというのがひとつ．パットナム批判の文脈で，道徳的観点を構成主義の立場から説明するプラグマティストとして，ハーバマスがミードを引用している，というのがもうひとつの理由である．

> ミードによる定言命法の相互主観主義的な解釈では，自我や自文化にとらわれた解釈の視点を脱中心化することが不可欠であると力説される．自分以外の当事者が自己と世界をどう理解しているかを吟味すれば，そこには多極的な構造が浮かび上がってくる．たがいに相手の視点に立つことによって，自分自身の立場も，そうした構造をふまえたものになるのだ，と．こうした過程では，強い拘束力をもつ規範が妥当であるとは，普遍的承認に値するという意味になる．……というのも，討議実践のプラグマティックな前提には，人びとに相手の立場に立つよう強いる静かな強制力が宿っているからである．経験にかんするものであれ，数学であれ，価値評価であれ，道徳であれ，いかなる信念の正当化もそうした前提のうえに成り立っているのだ．もちろん脱中心化の必要性は，とりわけ正義の問題にかんして顕著である．（Habermas 2003, pp. 234-5〔邦訳 360 頁〕）

ハーバマスがミードについて述べている点については，筆者も異論はない．しかしハーバマスが述べていないことにも注意すべきだろう．ミードの「一般化された他者」の分析は，何らかの具体的な状況を背景にもつローカルな共同体から始まる．ミードにとって(またデューイにとっても)，ローカルな「倫理的」共同体と，より普遍的な「道徳的」共同体は，明確に区別されるものではない．ローカルな共同体の境界線を押し広げることで，わたしたちはより多くの人びとともに普遍性を追い求めていく．デューイもミードも，倫理と道徳の明確な区別は否定するだろう．2 人とも，地域社会の倫理的生活がはらむローカルな(個別的な)側面と普遍的な側面の両方を正しく見すえているのである．

第 9 章

(1)　Rorty 2004, p. 3．ローティは続けてこう記している．「この論文は，バーンスタインの異議にもう少し耐えられるように自分の哲学的見解を述べなおす，もうひと

つの試みである」(ibid.).

(2) 引用は Gross 2008, p. 123 から.〔「ウィーン学団を正す方法」と訳した “How to Square the Vienna Circle” は「無駄な努力をする」(square the circle)とかけた洒落.〕

(3) Rorty 1956, p. xvi.

(4) Rorty 1961a, pp. 197-8.

(5) Rorty 1961a, pp. 198-9.

(6) Rorty 1965, p. 24.

(7) ibid.

(8) Rorty 1965, p. 54.

(9) Rorty 1965, p. 25.

(10) ローティによる「語彙」のとらえかたの意味と帰結については,ロバート・ブランダムの見事な議論(Brandom 2000c)を参照のこと.

(11) ローティのメタ哲学理解を述べた初期の発言として,Rorty 1961b を見よ.

(12) 引用はローティ「知的自伝」,Gross 2008, p. 165 から.

(13) Rorty 1967, p. 33.

(14) Rorty 1967, p. 34.

(15) ibid.

(16) Rorty 1979, p. 5〔邦訳序論 23 頁〕.

(17) Rorty 1979, p. 13〔邦訳序論 32 頁〕.

(18) ibid.〔邦訳同所〕

(19) 『哲学と自然の鏡』について批判的に論じた拙論(Bernstein 1980)を見よ.

(20) Rorty 1979, p. 394〔邦訳 455 頁〕.

(21) Rorty 1982, p. 160〔邦訳 442 頁〕.

(22) Rorty 1982, p. 161〔邦訳 444 頁〕.

(23) ibid.〔邦訳同所〕

(24) Rorty 1982, p. 165〔邦訳 453 頁〕.

(25) ローティの「ポストモダン的」転回に対する筆者の批判については,Bernstein 1987 を見よ.ローティの応答(Rorty 1987)も参照のこと.

(26) Rorty 1989, p. 73〔邦訳 154 頁〕.

(27) 『偶然性・アイロニー・連帯』について批判的に論じた,拙論「ローティの自由主義的ユートピア」(Bernstein 1991, pp. 258-92〔邦訳 403〜460 頁〕)を見よ.

(28) Rorty, 1999, p. 5.

(29) Rorty 1999, p. 6.

(30) ibid.

(31) Rorty, 1999, p. 9.

(32) Rorty 1999, pp. 10-11.

(33) Rorty 1999, pp. 13.
(34) Rorty 1999, p. 20.
(35) Rorty 1989, p. xv〔邦訳 5 頁〕.
(36) ibid.〔邦訳同所〕
(37) Rorty 1998a, p. 58〔邦訳 63 頁〕.
(38) Rorty 1998a, p. 71〔邦訳 77 頁〕.
(39) リチャード・ローティ「2096 年から振り返る」(Rorty1999, pp. 243-51)を見よ.
(40) Rorty 2007, p. 134〔邦訳 145 頁〕.
(41) Stout 2007, p. 9 より引用.
(42) Rorty 1998b, p. 127.
(43) Rorty 1989, p. 9〔邦訳 25 頁〕.
(44) ibid.〔邦訳 24 頁〕. 哲学的論証にかんするローティの発言について考えてみよう.

> わたしの提案する哲学観によれば，たとえば真理の対応説や「実在の内的本性」といった観念には，それを否定する論証を哲学者に求めるべきではない．問題は，古くからあるなじみの語彙の使用を論証で批判しようとすると，その語彙を使って論証を組み立てることになるだろうという点にある．当の語彙にふくまれる肝心の要素が「それ自体として矛盾している」ことや，「みずからを脱構築する」ことを示すのが，論証に期待される役割である．だがそれは無理な相談というものだろう．なじみの言葉のなじみの用法が整合的でないとか，空虚であるとか，混乱しているとか，曖昧であるとか，「ただの比喩にすぎない」といったことを示す論証は，決定力を欠き，論点先取に陥らざるをえないからだ．(Rorty 1989, p. 8〔邦訳 23 頁〕)

(45) James 1977b, pp. 14-15〔邦訳 17 頁〕.
(46) Rorty 1979, p. 13〔邦訳 32 頁〕.
(47) ローティのなかでせめぎ合う，こうした相反する声については，ジェフリー・スタウト(Stout, 2007)の明敏な論文を見よ.
(48) ローティのリベラリズムに対する筆者の批判については，Bernstein 2003 を参照のこと.
(49) Stout 2007, p. 19.
(50) Rorty 2007, p. 127.
(51) Rorty 2007, p. 124.
(52) Rorty 1979, p. 394〔邦訳 455 頁〕.

訳 注

プロローグ

＊1 ジェイムズは，哲学者の気質を「柔らかい心」と「硬い心」の２つのタイプに分類した．「柔らかい心」の人には合理主義的，主知主義的，観念論的，一元論的等々の特徴がある．これに対して「硬い心」の人は経験主義的であり，感覚論的，唯物論的，多元主義的等々の特徴をもつとされる．『プラグマティズム』(岩波文庫，1957 年)第 1 講を参照のこと．

＊2 見物人の知識説とは，「知識の対象そのものは観察や探究といった心の働きに先だってあり，そうした働きには一切影響されない」(*The Quest for Certainty*, 1929, p. 23)という考え方を指す．それによれば，「知識に含まれる探索，探究，省察のプロセスがかかわるのは，あらかじめ存在するものであり」(ibid.)，「知るとは外から見物することにほかならない」(J. Hickman & M. Alexander (eds.), *The Essential Dewey*, Vol. 1, 1998, p. 65)．

＊3 ジョン・エドウィン・スミス(1921〜2009)は，「20 世紀半ばから後半の合理主義の風潮」のなかで，「流行遅れになった分野を擁護し，ときに復活させた」(ニューヨーク・タイムズ紙)哲学者．古典的プラグマティストやジョサイア・ロイスへの関心を呼び起こすことにも寄与した．邦訳に『アメリカ哲学の精神』(玉川大学出版局，1980 年)がある．

＊4 ヨギ・ベラ(1925〜2015)は米国の野球選手．「ヨギイズム」と呼ばれる，簡潔でウィットに富んだ言葉の誤用で知られる．

＊5 われわれは似たような感覚に気づくことがあるが，概念はそうした類似から引き出される(抽象される)と考えるのが抽象説である．

第 1 章

＊1 ハンス＝ゲオルク・ガダマー『真理と方法 II』(法政大学出版局，2008 年)II 章 1-a-β を参照のこと．

＊2 プラグマティズムの根本指針の定式化では，“conceive” や “conception” など，ラテン語の concipere(考える・思い描く)に由来する言葉が 5 つ使われている．

第 2 章

＊1 「見当違いの具体性の誤謬」とは，抽象的な観念を具体的実在とみなす誤りを

いう．ホワイトヘッド『科学と近代世界』第3章を参照のこと．
*2　部屋の例については，W・ジェイムズ『純粋経験の哲学』(岩波文庫，2004年)19頁以下を見よ．

第3章

*1　プルマン・ストライキとは，1894年のイリノイ州プルマンに端を発する全国規模の鉄道ストライキのこと．死者は30名にものぼり，争議の鎮圧には軍隊が投入された．
*2　これらの活動については，鶴見俊輔『デューイ』(講談社，1984年)を参照のこと．

第4章

*1　出典はトマス・グレイ「田舎の墓地で詠んだ挽歌」(1751)．福原麟太郎訳『墓畔の哀歌』(岩波文庫，1958年)所収．
*2　ジョン(1820〜98)とエドワード(1835〜1908)のケアード兄弟は，ともにスコットランドのヘーゲル主義者．リチャード・ホールデン(1856〜1928)は英国の政治家・哲学者．ウィリアム・ウォレス(1844〜97)はスコットランドの哲学者．ホールデンとセス(1856〜1931)を編者とする『哲学批評論集』(1883)には，トマス・ヒル・グリーン(1836〜82)への献辞がある．
*3　ウィトゲンシュタイン『哲学探究』95節(邦訳85頁)．

第6章

*1　W・ジェイムズ『純粋経験の哲学』の第3章「活動性の経験」を参照のこと．
*2　経験概念の移り変わりについては，『哲学の改造』(岩波文庫，1968年)の第4章「経験観念および理性観念の変化」でも論じられている．

第7章

*1　マッキーの「珍妙」(queer)という語の用法をふまえている．J・L・マッキー『倫理学——道徳を創造する』(哲書房，1990年)を参照のこと．
*2　パースのこれらの方法については，「信念の固め方」(邦訳『プラグマティズム古典集成』156頁以下)を参照のこと．

第8章

*1　石川文康訳『純粋理性批判』(筑摩書房，2014年)上巻，68頁．
*2　ハーバマスによれば，規範的な正しさの主張は，真理主張と類似の妥当性主張とみなさなければならない．したがって，道徳規範や倫理的言明が正しいかどうかは正当化の作業と切り離すことができず，そのかぎりで道徳は知識の問題となる．

ハーバマスはこうした考え方を「認知主義的倫理学」と呼ぶ．認知主義は，道徳言明もまた真や偽の値を取りうるという立場を指すことが多いが，彼がそうした言明に真理値の帰属を認めているわけではない．

＊3　遂行的矛盾とは，「私は死んだ」という発話のように，言明の内容とその主張を支える前提とが矛盾することをいう．

第9章

＊1　A・J・リーブリング(1904～63)は米国のジャーナリスト．

＊2　プロローグの訳注3を参照のこと．

＊3　R. Rorty, *Essays on Heidegger and Others*, Cambridge University Press, 1991 には，ハイデガーにかんする論文がいくつか収められている．

＊4　20世紀半ばにおいて，左翼が経験した社会主義への幻滅を，信仰の喪失という宗教体験になぞらえて表現した言葉．アーサー・ケストラーやアンドレ・ジッドらの証言集のタイトル(村上芳雄・鑓田研一訳『神は躓く』青渓書院，1950年)にちなむ．